Brigitte Halbmayr

Zeitlebens konsequent
Hermann Langbein
1912–1995

Eine politische Biografie

Brigitte Halbmayr

Zeitlebens konsequent
Hermann Langbein
1912–1995

Eine politische Biografie

braumüller

Das Buch basiert auf einem Forschungsprojekt, das vom Bundesministerium für Wissenschaft und Forschung, dem Nationalfonds der Republik Österreich für Opfer des Nationalsozialismus und dem Zukunftsfonds der Republik Österreich finanziert wurde.

Nationalfonds der Republik Österreich
für Opfer des Nationalsozialismus

der Republik Österreich

Bibliografische Information der Deutschen Nationalbibliothek
Die Deutsche Nationalbibliothek verzeichnet diese Publikation in der Deutschen Nationalbibliografie; detaillierte bibliografische Daten sind im Internet über http://dnb.d-nb.de abrufbar.

Printed in Austria

Bildnachweis: Privatarchiv Lisa Langbein: S. 18, 21, 25, 44, 112, 126, 131, 270, 277; Spanienarchiv im DÖW: S. 51, 52, 62; ITS Arolsen, Copy of Doc. No. 9913599#1 (1.1.6.1/0001-0189/0120/0149): S. 71; Archiv der staatlichen Gedenkstätte Auschwitz-Birkenau: S. 76; Nachdruck aus: Hermann Langbein, Der Auschwitz-Prozeß. Eine Dokumentation. Band 2 (Seite 932/933), Copyright © 1965 Büchergilde Gutenberg, Frankfurt am Main: S. 81; Zentrales Parteiarchiv der KPÖ: S. 147; ÖStA, Nachlass Hermann Langbein: S. 175, 223, 257; Ullsteinbild/picturedesk.com: S. 194; Brigitte Halbmayr: S. 289, 299; Gisela Ortner: S. 268; Yad Vashem, Jerusalem: S. 287

1. Auflage 2012
© 2012 by Braumüller GmbH
Servitengasse 5, A-1090 Wien

www.braumueller.at

Coverfoto: Lisa Langbein
Druck: Druckerei Theiss GmbH, A-9431 St. Stefan im Lavanttal
ISBN 978-3-99100-065-5

La vida es injusta, pero tiene sus momentos.
(Das Leben ist ungerecht, aber es hat seine Momente.)

Marcelo Figueras

Inhalt

Vorwort

Vielleicht hätte Hermann Langbeins Biografie schon früher geschrieben werden müssen. Doch Brigitte Halbmayrs Buch kommt zur rechten Zeit: hundert Jahre nach Langbeins Geburt; vor allem aber zu einem Zeitpunkt, da die Letzten, die das NS-Terrorsystem in den Lagern und im Widerstand kennengelernt und überlebt haben, bald nicht mehr ihre Erfahrungen weitergeben können.

Hermann Langbein war keiner, den man als „einfach netten" Menschen bezeichnet hätte. Zu klar sah er die politischen Zusammenhänge, zu deutlich zeigte er, wie zuwider ihm eine bequeme Anpassung an gegebene Verhältnisse war. Hermann Langbein war ein sperriger, aber ein konsequenter Mensch. Er war – zeitlebens – unbequem.

Eben deshalb ist der Titel dieser Biografie so passend. Hermann Langbein war konsequent – selbst unter Gefährdung seiner persönlichen Interessen. Als in den 1930er Jahren in Österreich die Zeichen der Zeit in Richtung Faschismus wiesen, wurde er Kommunist. Als es, im Frühjahr 1938, um die Spanische Republik nicht gut stand, schloss er sich dem Kampf der internationalen Brigaden an. Als er in Frankreich 1940 die Möglichkeit gehabt hätte, sich vor den Schergen des NS-Staates in Sicherheit zu bringen, wählte er einen Weg, der mit logischer Konsequenz ins Konzentrationslager führen musste. Als er in Auschwitz, als Schreiber eines SS-Arztes, eine unter den gegebenen Umständen relativ günstige Position innehatte, riskierte er alles, um sich im Netzwerk der Häftlinge am Widerstand zu beteiligen. Als ihm, 1945 und danach, die Kommunistische Partei politische Gestaltungsmöglichkeiten und soziale Sicherheit gewährte, setzte er dies alles aufs Spiel, weil er die Widersprüchlichkeit, die Verlogenheit im Kommunismus erkannte. Als er, nach seinem Bruch mit der KPÖ, die Chance erhielt, sich im sozialdemokratischen Milieu erneut existenzielle Sicherheit zu verschaffen, entschied er sich für die Rolle des Einzelkämpfers; des nach allen Seiten hin unabhängigen Chronisten von Auschwitz; des Vertreters der Generation der Überlebenden, die einer neuen Generation die Schlüsselerlebnisse vermittelte, für die der Name Auschwitz steht.

Doch auch als Einzelkämpfer blieb Langbein wesentlichen Überzeugungen treu. Seinen Vorstellungen von einer klassenlosen solidarischen Gesellschaft versuchte er durch gelebte Haltung gerecht zu werden. Schon in den Konzentrationslagern – vor allem in Auschwitz – war er gegen die vom NS-System etablierte Häftlingshierarchie angetreten. Langbein setzte auf die „Gleichwertigkeit aller Menschen" und konkretisierte dies später in den Bemühungen um die unterschiedslose Anerkennung aller Verfolgtengruppen: in Fragen von Entschädigungs- und Opferfürsorgeleistungen, beim Einschluss aller NS-Opfer in die Gedenkgesellschaften. Zudem gab er diese Überzeugungen in seinen Vorträgen weiter – in einfachen Sätzen, in einer klaren Sprache. Damit beeindruckte er nicht nur die Jugend, sondern auch seine erwachsene Zuhörerschaft. Auch viele (frühere) Kritiker und konkurrierende Weggefährten zollten ihm Respekt, beteiligten sich engagiert an seinen Aufklärungsprojekten.

Langbein blieb ein bescheidener Mensch; frei von den üblichen Eitelkeiten derer, die im Rampenlicht stehen. Durch seine Schriften, durch seine Vortragstätigkeit, durch sein ganzes Leben wurde er zu einer moralischen Autorität – in Österreich, in Europa. Wie und warum er dazu wurde, das wird in diesem Buch beschrieben und analysiert.

Der Gesellschaft für politische Aufklärung ist es ein wichtiges Anliegen, ihren Gründer Hermann Langbein zu seinem 100. Geburtstag in besonderer Weise zu würdigen. Die Idee einer „politischen Biografie" fand breite Unterstützung und Umsetzung. Als Autorin konnte das „junge" Gesellschaftsmitglied Brigitte Halbmayr gewonnen werden. Die Sozialwissenschafterin hat diese verdienstvolle, aber schwierige Aufgabe souverän bewältigt. Sie porträtiert den großen Auschwitz-Chronisten und gesellschaftspolitischen Aktivisten, kommt aber auch dem Menschen und Privatmann Hermann Langbein sehr nahe. Sie zeigt ihn facettenreich in diversen Tätigkeitsfeldern, würdigt seine Verdienste und scheut nicht davor zurück, problematische Lebensabschnitte und Ereignisse differenziert und kritisch, aber sehr respektvoll zu behandeln. Mit diesem eindrucksvollen „Langbein-Buch" trägt die Autorin wesentlich zum Weiterwirken des großen Aufklärers bei. Dafür ist ihr zu danken und dem Werk große Verbreitung zu wünschen.

Wien/Innsbruck, im Januar 2012 *Anton Pelinka, Erika Thurner*
Vorsitzende der Gesellschaft für politische Aufklärung

Vorbemerkung der Autorin

„Hermann Langbein? – Menschen in Auschwitz!" Diese Assoziation bekam ich im Laufe der Recherchen zur vorliegenden Biografie oft zu hören, und das mit Recht. Das Leben und Wirken Hermann Langbeins war auf das Engste mit Auschwitz verbunden und wird es im kulturellen Gedächtnis auch bleiben. Zwei Jahre war Hermann Langbein im Konzentrations- und Vernichtungslager Auschwitz-Birkenau interniert; sein späteres Leben widmete er vorrangig der Erforschung dieses Schreckensortes. Und wann immer er seine Stimme zu anderen gesellschaftspolitischen Themen erhob, argumentierte er auf der Grundlage dessen, was er in Auschwitz erlebt und gesehen hatte.

Spätestens mit seinem Werk „Menschen in Auschwitz" ordnete sich Hermann Langbein in die Reihe jener ein, die – wie er selbst Verfolgte des NS-Regimes – bis heute für eine wissenschaftliche Aufarbeitung oder literarische Reflexion der nationalsozialistischen Vernichtungspolitik stehen: Margarete Buber-Neumann, Stéphane Hessel, Imre Kertész, Ruth Klüger, Eugen Kogon, Primo Levi, Hans Maršálek, Nico Rost, Germaine Tillion, Jorge Semprún, Elie Wiesel, Simon Wiesenthal – ehemalige Gefangene der Konzentrationslager Auschwitz, Buchenwald, Dachau, Groß-Rosen, Mauthausen und Ravensbrück.

„Menschen in Auschwitz" vereinigt zweierlei: die Zeugnisse vieler ehemaliger Häftlinge und zugleich – für Hermann Langbein besonders wichtig – die Beschreibung der Strukturen, die dazu führten, dass sich Menschen als Herrscher über Leben und Tod anderer aufspielen konnten. Mit dem Frankfurter Auschwitz-Prozess verfolgte Langbein nicht allein das Ziel, die Massenmörder zur Rechenschaft zu ziehen und ihre individuelle Verantwortung aufzuzeigen, er legte es von vornherein auch darauf an, das System Auschwitz sichtbar zu machen, diesen riesigen Apparat aus offiziellen Erlässen und inoffiziellen Abmachungen, aus Befehlsvollzug und individuellem Übereifer, aus Tötungslust und Vernichtungsabsicht der SS. Dabei vergaß er nie, auf den Widerstand der Häftlinge gegen die Gewalt hinzuweisen und ihren Versuch, angesichts all dessen dennoch Mensch zu bleiben.

Hermann Langbein wurde nicht allein durch Auschwitz geprägt. Der gebürtige Wiener war auch jahrelanger überzeugter Kommunist, er war einsatzfreudiger Spanienkämpfer, unerbittlicher Lehrmeister, nimmermüder Streiter für Demokratie, politischer Aufklärer, moralische Autorität und liebevoller Familienvater. All diese Facetten eines ungewöhnlichen Lebens sollen in der vorliegenden Biografie zur Sprache kommen.

Doch wie stellt man ein so vielschichtiges Leben dar? Wie lässt sich eine Person treffend wiedergeben? Und was vermag eine politische Biografie überhaupt zu leisten?

Über das Wesen und den Wert einer Biografie gibt es mittlerweile zahlreiche Abhandlungen, da diese literarische Gattung ebenso beliebt wie umstritten ist. Im theoretischen Diskurs darüber scheinen mir insbesondere folgende Aspekte von Bedeutung:

Eine Biografie soll die verschiedenen Facetten einer Persönlichkeit im Laufe ihres gesamten Lebens erfassen. Das wird nicht ohne Widersprüchlichkeit möglich sein. Monokausale Erklärungen für ein bestimmtes Verhalten führen zu einem falschen, nachträglich konstruierten „roten Faden", der dem realen Leben mit all seinen Zufällen und Wegkreuzungen nicht gerecht wird. Jegliche Retrospektive ist im Kontext der Zeit zu werten, in der sie vorgenommen wird. Aufgabe einer Biografie ist es nicht, jedes Detail eines ereignisreichen Lebens zu dokumentieren, sondern die großen Linien nachzuzeichnen, selbst wenn sie widersprüchlich verlaufen. Das aber immer in Bezug auf den zeitgeschichtlichen Kontext. So kam es mir im Kapitel über das Konzentrations- und Vernichtungslager Auschwitz-Birkenau darauf an, jenes Auschwitz zu vermitteln, das Langbein erinnert hatte. Auf wesentliche Daten und Hintergründe zu Auschwitz konnte ich dennoch nicht verzichten, um Langbeins Erzählungen einen Rahmen zu bieten.

Wenn ich im Anschluss daran Langbeins Rolle in einzelnen Handlungsfeldern skizziere – im Internationalen Auschwitz Komitee, beim großen ersten Frankfurter Auschwitz-Prozess, bei der Einbeziehung von Zeitzeugen und Zeitzeuginnen in die politische Bildung an Österreichs Schulen, um nur einige zu nennen –, soll dies keineswegs die Leistungen anderer darin tätiger Personen schmälern. Es versteht sich von selbst, dass Langbein wohl kaum in der Lage gewesen wäre, im Alleingang so vieles zu bewirken.

Zentrale Quelle für die vorliegende Biografie war neben den Interviews, die ich geführt habe, sowie jenes Interview, das Anton Pelinka mit Langbein zu dessen 80. Geburtstag geführt hatte, der Nachlass Hermann Langbeins. Die umfangreiche Dokumentation seiner Arbeit, die im Österreichischen Staatsarchiv gelagert ist, umfasst über dreihundert Ordner bzw. Kartons und zeugt von seinem immensen Fleiß: in erster Linie handelt es sich um Korrespondenzen (129 Ordner), aber auch um persönliche Notizen, Druck- und Zeitschriften, Berichte von Zeitzeugen und Zeitzeuginnen, Prozessunterlagen, Adresskarteien, Manuskripte, Korrekturfahnen und Materialsammlungen (allein zu „Menschen in Auschwitz" knapp ein Dutzend Kartons). Bereits diese Aufzählung verdeutlicht, dass eine rigorose Auswahl schon bei der Materialsichtung notwendig war. Dasselbe gilt für die Zitate aus Interviews sowie für Langbeins Werke.

In dem mir vorliegenden Quellenmaterial fanden sich mehrfach widersprüchliche Angaben, diese wurden sachlich richtiggestellt; nachweislich falsche Fakten wurden stillschweigend korrigiert.

Im Interesse einer guten Lesbarkeit habe ich gesprochene Sprache in schriftliche übersetzt. Dies gilt nicht nur für die zitierten Passagen aus meinen Interviews, sondern auch für bereits gedruckt vorliegendes Interviewmaterial. Darüber hinaus habe ich die Schreiben von und an Hermann Langbein, wie sie in seinem Nachlass erhalten sind, redigiert und mich durchgängig an die neue Rechtschreibung gehalten.

Dem Gebot der Lesbarkeit des Textes folgt auch der Quellennachweis. Um eine Flut an Anmerkungen zu vermeiden, sind lediglich weiterführende Erklärungen, Zitate aus wissenschaftlicher Literatur sowie die Herkunft von Zahlen und eventuell umstrittenen Fakten in Endnoten belegt. Dort finden sich zudem nur die Kurzverweise; die genaue Werkangabe ist im Literaturverzeichnis nachzulesen. Alle weiteren Quellen sind in einem eigenen Abschnitt zusammengefasst.

Ich habe Hermann Langbein persönlich nicht gekannt. Die intensive Beschäftigung mit ihm hat mir gezeigt, dass er in und für Österreich – und darüber hinaus – vielen ein Vorbild war. Er war eine moralische Instanz, die Österreichs Umgang mit der Vergangenheit wichtige Impulse verliehen und Maßstäbe gesetzt hat, die auch in ferner Zukunft noch gelten werden.

Wien, im Januar 2012 *Brigitte Halbmayr*

Wie wird man Kommunist?

Der Apfel fällt oft weit vom Stamm

Als Hermann Langbein am 18. Mai 1912 im Wiener Alsergrund zur Welt kam, war Otto, der Erstgeborene, knapp eineinhalb Jahre alt. Die Eltern, Arthur und Margarete Langbein, geborene Haas, hatten die dreißig längst überschritten. Sein großer Bruder Otto sollte Hermann stärker prägen als sonst jemand in seinem Umfeld.

Der Vater arbeitete als Buchhalter, die Mutter als Handarbeitslehrerin. Viel lieber hätte sie als allgemeinbildende Lehrerin unterrichtet, doch da sie nicht singen konnte, was vorausgesetzt wurde, musste sie sich mit dem Handarbeitsfach begnügen. Auch Arthur Langbein übte nicht seinen Wunschberuf aus. Nach dem frühen Tod des Vaters sah er sich gezwungen, für seine Mutter und die sechs jüngeren Schwestern den Lebensunterhalt aufzubringen. So nahm er eine Stelle als Buchhalter in einer Textilfirma an, schrieb Mahnbriefe und dergleichen, anstatt seinen Traum vom Medizinstudium zu verwirklichen. „Er stöhnte unter dem Joch, in das er gezwängt war", erinnert sich Hermann später an die berufliche Unzufriedenheit seines Vaters.

Es waren also kleinbürgerliche, nicht sonderlich glückliche Verhältnisse, in die Hermann hineingeboren wurde. Arthur Langbein war Jude, jedoch zum evangelischen Glauben übergetreten, um die katholische Offizierstochter – Margaretes Vater war Oberstleutnant im Berufsmilitär der k.u.k.-Monarchie – heiraten zu können. Warum er sich nicht katholisch taufen ließ, ist heute nicht mehr nachzuvollziehen. Die Familie hielt die hohen evangelischen Feiertage ein; am Reformationstag ging man in die Kirche, Hermann und sein Bruder wurden konfirmiert. Hermann sah all dies als Pflichtübung an, er empfand sich nie als religiös. Zumindest einem Elternteil musste aber an einer gottgefälligen Erziehung gelegen sein: Die Kinder wurden zu Abendgebeten im Knien angehalten. Mit 19 Jahren trat Hermann 1931 aus der Religionsgemeinschaft aus.

Rechts: Tante Olga, Hermann Langbein und seine Mutter Margarete, Cousin
Leopold Spira mit Eltern und Schwester Emma Spira

„Ich glaub, das war eine ziemlich brutale Kindheit. Alle Geschichten,
die ich kenne, sind ziemlich heftig. Der Papa
hat's nicht leicht gehabt als Kind", weiß
Tochter Lisa aus den Erzählungen ihres
Vaters zu berichten.

Hermann war erst zwölf Jahre alt,
als seine Mutter an Brustkrebs starb.
Ihrem Tod im Alter von 48 Jahren
gingen lange Jahre des Leidens vor-
aus, viele Spitalsaufenthalte und
mehrjährige Bettlägerigkeit daheim. Bei der Pflege mussten die
Buben kräftig mithelfen.

Arthur Langbein, ein eher kühler,
autoritärer Vater – Jahrgang 1865, damals also bereits knapp sechzig Jahre

Hermann Langbein im Alter von ca. sechs Jahren

alt –, suchte eine Ersatzmutter für die Buben. Es fand sich Tante Else, eine Schwester der Mutter. Die familiäre Gerüchteküche will von einem Heiratsantrag Arthurs an seine Schwägerin wissen, den sie aber ablehnte. Trotzdem sorgte Tante „Tjotka", wie sie allseits genannt wurde, liebevoll für ihre Neffen Otto und Hermann, als eine Art Tagesmutter, wie man heute sagen würde. Nach der Schule gingen die Buben zu ihr in die Wohnung in der Piaristengasse auf ein Mittagessen. Tante Else kümmerte sich wohl auch um den Haushalt in der Pfluggasse im 9. Wiener Gemeindebezirk, wo die Langbeins wohnten. Angesichts der emotionalen Distanz zwischen dem autoritären Vater und seinen Söhnen mag ihnen ihre Zuneigung doppelt wertvoll erschienen sein.

Zudem teilten sie mit der Tante, wie im Laufe der Jahre immer deutlicher wurde, die politische Weltanschauung – im Gegensatz zum Vater, der als Deutschnationaler ein erklärter Anhänger Otto von Bismarcks war, weshalb er seinen ersten Sohn nach ihm benannte. Wie der Reichskanzler hing er der Idee eines großen, starken Deutschlands nach, und so erhielt sein jüngerer Sohn den Namen des Helden der Cherusker. Er hatte die „Wiener Neuesten Nachrichten" abonniert – trotz des dort offen geäußerten Antisemitismus –, die Vorläuferin der Nazi-Zeitung. Auch besaß Arthur Langbein sämtliche Bücher des Großdeutschen Heinrich Friedjung, was Hermann später gern anführte, um die politische Einstellung seines Vaters zu beschreiben.

Diesem Gedankengut konnten beide Söhne nichts abgewinnen und wandten sich früh dem Kommunismus zu.

Zu einem guten Teil wurde Hermann in der Schule politisch geprägt, allerdings infolge seiner Opposition zur dort vorherrschenden Geisteshaltung. Dem Vater war es ein Anliegen, den Söhnen eine gute Ausbildung zu ermöglichen. Sie sollten es einmal, beruflich wie ökonomisch, besser haben als er. Daher besuchten beide das Gymnasium in der Wiener Gymnasiumstraße, im bürgerlichen 19. Bezirk, unweit des betuchten Cottage-Viertels gelegen. Dies konnten sie nur, weil ihnen das Schulgeld ganz beziehungsweise teilweise erlassen wurde. Die Söhne empfanden es als peinlich, wenn in der Klasse die Rede darauf kam. In einem Erinnerungstext an seine Schulzeit urteilte Hermann Langbein über diese Schule: „Unvergessen blieb, dass wir weitaus ausführlicher philosophische und politische Probleme kennenlernen mussten, die im Altertum diskutiert wurden, als diejenigen des 19. Jahrhunderts, ganz zu schweigen von der Problematik der Zwanzigerjahre, von der Gegenwartsliteratur, von den damals immer stärker werdenden Auseinandersetzungen, die selbstverständlich auch junge Suchende beschäftigten. Diese Themen wurden im Unterricht nicht abgehandelt. Aber natürlich blieben sie nicht außerhalb der Schulmauern. Nebenbemerkungen, Anspielungen und indirekte Hinweise von Professoren gaben Wissbegierigen Antworten auf Fragen, die sie mehr interessierten als die Punischen Kriege, die Biografie Goethes oder chemische Formeln. Und solche Nebensätze wiesen in der Regel in eine Richtung, die damals modern war: zu Gedankengängen, die bald darauf in diejenigen mündeten, die der Nationalsozialismus vehement vertreten hat. Unmissverständlicher Antisemitismus wurde von Professoren in Witzform verbreitet – und wir lachten über derlei Scherze."

Allein an seinen Deutschprofessor Alois Hornung dachte er wegen dessen humanistischer Gesinnung in Anerkennung und Dankbarkeit zurück.

Außerhalb der Schule profitierte Langbein vor allem von den Büchern, die er verschlang – er las alles, was ihm unter die Finger kam, weniger zum Spaß und Zeitvertreib als vielmehr, um bewusst seinen Horizont zu erweitern. Ab Juli 1928 führte er sogar Buch über seine Lektüre: Jeder Titel wurde mit zwei Zeilen Kritik versehen, anfangs noch in Kurrent, gegen Jahresende 1929 dann in lateinischer Schrift. Die letzten Eintragungen datieren aus dem Juni 1935, als er Ernst Züchners Buch „Der weiße Magnet" über Polarfahrten in fünf Jahrhunderten las. „Lebendig geschrieben", vermerkte Hermann Langbein.

Den wichtigsten Einfluss auf sein Weltbild und seine politische Gesinnung nahm indes sein Bruder Otto. Hermann betonte dies in jedem Interview und jedem Text, wenn es um seine weltanschauliche Reifung ging. Wodurch sich bei Otto hohes politisches Interesse und kommunistische Gesinnung so früh und deutlich formten, ist nicht überliefert. Fest steht, dass die enge geistige Bindung der beiden Brü-

Olbracht: „Der vergitterte Spiegel" Kommunist im (Olmützer)
Östauer „Gefängnis". Mittelmäßige.
Pirandello: „6 Personen suchen einen Autor" (Filmbuch) 6 Ge-
stalten vom Dichter geschaffen lassen ihn nicht aus.
Kisnow: „Schanghai" Querschnitt. Kolonialer Luxus, tiefstes
Elend. Moralische Verkommenheit. Komm. Ideen. Sehr gut.
Sinclair: „So macht man Dollar" Junger Junge wird Millio-
när ohne geringste produktive Arbeit. Sehr instruktiv.
Schwarz: „Kohlenpott" Querschnitt durch das Ruhrgebiet
und seine sozialen Verhältnisse. Oft reformistisch.

Mai 1935

Lewis: „Die Hauptstrasse" Junge Frau kämpft gegen Provinz-
schicksal, ohne etwas Erreichen zu können.
Wilkinson: „Die Neun" Englische Gewerkschaften während
eines Streiks. Reiche edelmütige Menschen. Sekretärin.
Buck: „Die Mutter" Chinesische Bäuerin, der ihr Mann durch-
gegangen. Sehr gut das Alter dargestellt. Gut!
A. Zweig: Junge Frau von 1914" Junges Liebespaar, durch
den Weltkrieg zerrissen. Schreibung intellektuell gut.
Traven: „Die Brücke im Dschungel" Kurze Novelle. Knabe
ertrinkt im Fluss. Bergung seiner Leiche.
Strasser: „Geschmeiss um die Blendlaterne" Journalisten.
Schneider: „Spione in der Schweiz während des Weltkrieges.
Knittel: „Therese Etienne" Bauernmagd heiratet alten Guts-
besitzer, verliebt sich in seinen Sohn. Mord und Sühne.

Juni 1935

Tucholsky: „Lerne Lachen ohne zu weinen" Kurze Satiren,
Erzählungen und Gedichte. Teilweise recht gut.
Traven: „Das Land des Frühlings" Beschreibung von Chiapas,
u. seinen Bewohnern. Philosophisch. Sehr interessant.
Mehring: „Zur deutschen Geschichte" Marxistische Geschichts-
auffassung. Luther - Gustav Adolf - Bismark.
Zichtner: „Das weisse Magnet" Geschichte der Nordpolfahr-
ten bis Nobileexpedition. Lebendig geschrieben.

Aus: „Meine Lektüre Juli 28". Langbein notierte alle gelesenen Bücher und
kommentierte sie.

der sich damals bereits etablierte und bis zum Tod Ottos in den späten 1980er Jahren anhielt.

Bereits als Gymnasiast war Hermann also politisch links eingestellt. Da er dies auch offen nach außen trug, galt es für ihn, sich gegen den herrschenden Zeitgeist zu stellen und seinen Standpunkt zu
behaupten, wie an mehreren Episoden in seinen Lebenserinnerungen

deutlich wird. So fuhr der Achtzehnjährige im Sommer 1930 mit einem Freund im Faltboot von Ulm nach Wien. Als der Freund am Bug eine Hakenkreuzfahne anbringen wollte, lehnte Hermann entschieden ab, mit Erfolg. Möglicherweise, so interpretierte er selbst im Nachhinein, war diese Aktion auch der Opposition gegenüber seinem Vater geschuldet.

Im Maturajahr versammelte sich am 12. November 1930, dem Tag der Republik, wie damals der Staatsfeiertag hieß, die ganze Schule im Turnsaal zu einem Festakt. Für die Festrede wurde stets ein Schüler der 8. Klasse ausgesucht; diesmal fiel Hermann die Aufgabe zu. Der Deutschlehrer im Maturajahr, Professor Anton Müller - laut Hermann „ein eindeutiger Nazi" - verlangte am Vortag des Festaktes von ihm, Passagen einzufügen, die die wichtige Rolle des „großen deutschen Bruders" betonten – was Hermann jedoch verweigerte. Auch diese Aktion erklärte er später mit der politischen Opposition zu seinem Vater und, in diesem speziellen Fall, zu dem betreffenden Professor.

Was Hermann Langbein über seine Matura berichtete, lässt nicht nur seine Klugheit und einen verborgenen Stolz durchscheinen, sondern auch den Kleingeist seiner politischen Gegner. Der erwähnte, äußerst rechts eingestellte Professor Müller, der auch Geschichte lehrte, stellte seinem Schüler bei der Matura eine Frage zu Karl Marx (wenngleich das Thema im Unterricht gar nicht vorgekommen war), wohl weil er von Hermanns linker Gesinnung wusste. Damit hoffte er vermutlich, beim sozialistisch eingestellten Inspektor, der den Vorsitz bei der Prüfung führte, einen guten Eindruck zu hinterlassen. Der Inspektor selbst, so Hermann, wusste sicher auch nicht viel von Marx, denn das Marx-Referat ging glatt durch. Lehrer Müller strahlte – und die Prüfung war bestanden.

Hermanns Opposition zum Vater zeigte sich nicht nur in seiner politischen Haltung – ein Konflikt, der bis zu dessen Tod andauerte –, sondern auch in der Berufswahl. Er sollte, so wünschte es sich sein Vater, Arzt werden und damit wohl stellvertretend dessen eigenen, unerfüllten Berufswunsch verwirklichen. (Bruder Otto war nach der Matura 1929 an die Universität gegangen und studierte Geografie.) Hermanns Herz schlug jedoch für die Schauspielerei, und davon ließ er sich auch nicht abbringen. Er spielte schon während der Schulzeit in einer Laiengruppe, in der zwar ein pränazistischer Wind wehte, doch durften Juden und Jüdinnen sogar Hauptrollen übernehmen – solange sie nur gut spielten. Die „Deutsche Spielschar", wie sich die Gruppe nannte, führte im November 1929 Schillers „Kabale und Liebe" auf, beide Langbein-Brüder wirkten hier mit. Ein Programmzettel vom 5. April 1930, auf dem Hermann Langbeins Name vorkommt, kündigt eine Vorstellung im Stadttheater in der Wiener Skodagasse an: „Pension Schöller", eine Posse in drei Aufzügen von Carl Laufs.

Ohne seinen Vater zu fragen, stellte sich Hermann – am Tag vor der mündlichen Matura! – beim Direktor des Deutschen Volkstheaters, Rudolf Beer, vor, der ihm tatsächlich einen zweijährigen Elevenvertrag ab Herbst 1931 anbot. Als Hermann gestand, dass er die Matura noch vor sich hatte, hielt Beer sein Angebot aufrecht, das die Verpflichtung enthielt, einerseits Schauspielunterricht zu nehmen und andererseits kleine Rollen zu spielen.

Bereits in seiner ersten Saison kam „Hermann Lang", wie er sich als Schauspieler nannte, in 27 unterschiedlichen Stücken bei insgesamt über zweihundert Vorstellungen zum Einsatz, vom Kindertheater („Hänsel und Gretel") über Werke österreichischer Klassiker wie Johann Nestroy („Lumpazivagabundus") und Ferdinand Raimund („Der Bauer als Millionär") bis hin zu Stücken zeitgenössischer Autoren wie Frank Wedekind („Frühlings Erwachen"). Nicht nur im Deutschen Volkstheater stand er auf der Bühne, sondern auch im Raimundtheater, in den Kammerspielen und im Pressburger Stadttheater.

Nach Anfeindungen des Wiener Publikums verließ Direktor Beer im Jahr 1932 das Volkstheater in Richtung Berlin, musste jedoch nach der Machtergreifung Hitlers im Jänner 1933 wieder zurückkehren. Bis 1938 leitete er die Scala Wien, wo auch Langbein immer wieder auftrat, nachdem Beers Nachfolger am Volkstheater sein Engagement nicht verlängert hatte. So versuchte Hermann, inzwischen Mitte zwanzig, sich mit Schauspielunterricht und Rollen an anderen Theatern über Wasser zu halten, was ihn auch ins Kabarettfach schnuppern ließ (Kabarettgruppe „Stachelbeere" im Café Colonnade) und unter Regisseur Ernst Lönner ans Kleine Theater führte.

Dank Hermann Langbeins Sinn für Ordnung und einem gewissen Hang zur Akribie lässt sich sein Bemühen, sich in wirtschaftlich schweren Zeiten über Wasser zu halten, an den Aufzeichnungen seiner Schauspielabende der Spielsaisonen 1931/32 bis 1935/36 nachvollziehen. Insgesamt führte er von September 1931 bis Dezember 1935 nahezu sechshundert Auftritte an, darunter Publikumserfolge wie „In jeder Ehe …" von Chesterton/Neale, „Die Trafik Ihrer Exzellenz" von Ladislaus Bus-Fekete oder das von Beer in der Scala inszenierte Stück „Dr. med. H. Prätorius" von Curt Goetz. Dem leichteren Bühnenrepertoire scheint Langbein durchaus zugeneigt gewesen zu sein. Darauf deuten auch die beiden Theaterstücke hin, die er selbst in diesen Jahren verfasste – wenngleich die im Dialekt geschriebenen Stücke „Heinzelmännchen", eine Fabel in sechs Bildern, und „Doppelspiel", elf Bilder von Hermann Lang (wie es im Untertitel heißt; Lang verwendete er damals als Künstlername oder Pseudonym), einen moralisierend-lehrreichen Duktus aufweisen und soziale Probleme aufgreifen, etwa hohe Arbeitslosigkeit.

Die Schauspielerei war tatsächlich Langbeins große Leidenschaft, was manch späterer Weggefährte mit Staunen zur Kenntnis nahm, da er als eher kühl und kontrolliert galt. Doch scheint eine gewisse Leichtigkeit in jungen Jahren Hermann durchaus zu eigen gewesen zu sein – eine Unbeschwertheit, die ihm die Ereignisse des nächsten Jahrzehnts nehmen sollten.

Die Begeisterung für das Theater rieb sich indes mit seiner zweiten großen Passion, der er sich ab Mitte der 1930er Jahre verstärkt widmete: dem politischen Engagement. Hermann Langbein schilderte später in Interviews die lang anhaltende Rivalität der beiden Leidenschaften und einen Dreierschritt in deren Entwicklung: Anfangs glaubte er, sie ließen sich nicht vereinen – und entschied sich fürs Theater. Dann merkte er, dass er auch als Schauspieler in hohem Ausmaß politisch aktiv sein konnte. Mit Beginn der Verhaftungen während des Austrofaschismus wurde jedoch seine ursprüngliche Sichtweise bestätigt: entweder – oder. Da er durch längere Gefängnisaufenthalte nicht mehr verlässlich einsetzbar war, musste er sich entscheiden – und wählte die Politik.

Titel des Stückes:	Verfasser:	Ort der Aufführung:	Zeit d. Aufführung		Rolle:
„Der Bauer als Millionär"	Raimund	Raimundtheater	12.11.31(n)		Ajaxerle
„In jeder Ehe..!"	C. Chesterton u. R. Neale	Kammerspiele	12.11.31	13.11.31	Cyrill Field
„Hänsel und Gretel"	E. Janko	Raimundtheater	14.11.31(n)		Elfenkönig
„In jeder Ehe..!"	C. Chesterton u. R. Neale	Kammerspiele	14.11.31	19.11.31	Cyrill Field
„Der Bauer als Millionär"	Raimund	Raimundtheater	21.11.31(n)		Ajaxerle
„Der Bauer als Millionär"	Raimund	"	22.11.31(n)		Ajaxerle
„Der Graue"	Friedrich Forster	Deutsches Volkstheater	30.11.31	1.12.31	Harald Becker
„In jeder Ehe..!"	C. Chesterton u. R. Neale	Kammerspiele	6.12.31(n)		Cyrill Field
„Der Graue"	Friedrich Forster	Deutsches Volkstheater	7.12.31		Harald Becker
„In jeder Ehe...!"	C. Chesterton u. R. Neale	Kammerspiele	13.12.31(n)		Cyrill Field
„Der Bauer als Millionär"	Raimund	Deutsches Volkstheater	20.12.31(n)		Ajaxerle
„Das vierte Gebot"	Anzengruber	Raimundtheater	22.12.31	23.12.31	Höller
„Der Bauer als Millionär"	Raimund	Deutsches Volkstheater	25.12.31(n)		Ajaxerle
„Das vierte Gebot"	Anzengruber	Raimundtheater	25.12.31	29.12.31	Höller
„Das vierte Gebot"	Anzengruber	Raimundtheater	24.1.32(n)		Höller
„In jeder Ehe..!"	C. Chesterton u. R. Neale	"	25.1.32		Cyrill Field
„In jeder Ehe..!"	C. Chesterton u. R. Neale	"	27.1.32	29.1.32	Cyrill Field
„Winnetou"	nach Karl May v. Zimmer	"	30.1.32(n)		Bob
„In jeder Ehe..!"	C. Chesterton u. R. Neale	"	30.1.32		Cyrill Field
„Der Bauer als Millionär"	Raimund	Deutsches Volkstheater	31.1.32(n)		Ajaxerle
„In jeder Ehe..!"	C. Chesterton u. R. Neale	Raimundtheater	3.2.32		Cyrill Field
„In jeder Ehe..!"	C. Chesterton u. R. Neale	"	5.2.32		Cyrill Field
„Winnetou"	nach Karl May v. Zimmer	"	6.2.32(n)		Bob
„Freiwild"	Schnitzler	Kammerspiele	7.2.32		Poldi Grehlinger (Schülerauftr.)
„Collega Crampton"	G. Hauptmann	Raimundtheater	12.2.32		Feist
„Winnetou"	nach Karl May v. Zimmer	"	13.2.32(n)		Bob
„In jeder Ehe..!"	C. Chesterton u. R. Neale	Deutsches Volkstheater	14.2.32(n)		Cyrill Field
„Collega Crampton"	G. Hauptmann	Raimundtheater	15.2.32		Statist
„Collega Crampton"	G. Hauptmann	"	18.2.32		Statist
„Hänsel und Gretel"	E. Janko	"	20.2.32(n)		Elfenkönig
„Collega Crampton"	G. Hauptmann	"	21.2.32		Statist
„Goethe"	Friedell u. Polgar	Kammerspiele	22.2.32	27.2.32	Züst
„Der Smaragdring"	C. Corrinth	Deutsches Volkstheater	28.2.32(n)		Casparius
„Goethe"	Friedell u. Polgar	Kammerspiele	28.2.32	3.3.32	Züst
„In jeder Ehe..!"	C. Chesterton u. R. Neale	Raimundtheater	6.3.32(n)		Cyrill Field ...
„Goethe"	Friedell u. Polgar	Deutsches Volkstheater	13.3.32(n)		Züst
„Caramba!"	Haberer-Helasco u. Halton	"	19.3.32		Ein Boy
„In jeder Ehe...!"	C. Chesterton u. R. Neale	"	20.3.32(n)		Cyrill Field
„Caramba!"	Haberer-Helasco u. Halton	"	21.3.32	24.3.32	Ein Boy

Aus: „ROLLEN Hermann Lang". Langbeins persönliche Statistik über seine Bühnenpräsenz

Doch der Reihe nach: zurück ins Jahr 1932. In jenem Jahr war Otto der Kommunistischen Partei Österreichs beigetreten; Hermann folgte dem Bruder im Jänner 1933. Mit diesem Schritt wollte er dem Älteren durchaus nacheifern, wie Hermann freimütig zugab. Der äußere Anlass war jedoch „der Aufschwung der Nationalsozialisten und die Überzeugung, dass allein die KPÖ in jener Zeit der wirtschaftlichen Not und des Erstarkens des Faschismus jene Kraft darstellte, die am entschiedensten gegen die nationalsozialistische Gefahr ankämpfte", wie er später festhielt. In ganz Europa war der Faschismus im Vormarsch, einzig die Kommunisten hielten überzeugend dagegen, wie auch Langbeins Cousin Leopold Spira später ausführte: Sowohl die Sozialdemokratie als auch die „bürgerliche Demokratie" hatten ihre Untauglichkeit als Kampfboden gegen den Faschismus und für den Sozialismus erwiesen.

Dann überstürzten sich die politischen Ereignisse: Das zweite Zusammentreffen seiner „Zelle", wie die kommunistischen Bezirksgruppen sich nannten – wie üblich in einem „Tschocherl" (so wird im Wiener Dialekt eine kleine Kneipe genannt) in der Badgasse im 9. Bezirk –, erlebte Hermann an jenem Tag, an dem Hitler in Deutschland an die Macht gelangte. Die offizielle kommunistische Perspektive war zu dieser Zeit noch optimistisch: Sein Zellenobmann Sedlacek meinte, Hitler würde sich nur ein paar Wochen halten. In Österreich wurde Hermanns neue politische Heimat jedoch schon wenige Wochen später, im Mai 1933, in die Illegalität gedrängt. Nach dem Verbot des Schutzbundes Anfang März war dies ein weiterer Schritt der austrofaschistischen Regierung, die Arbeiterbewegung zu zerschlagen.

Wie sich noch vielfach zeigen sollte, führten Schwierigkeiten bei Hermann Langbein niemals zu Resignation, sondern zu wachsendem Kampfgeist. So auch in dieser Situation: Mit großem Eifer stürzte er sich in die illegale Arbeit. Man darf vermuten, dass diese Entscheidung wiederum – nicht nur, aber auch – aus Opposition zum Vater heraus fiel. Arthur Langbein drohte mehrfach, seine kommunistischen Söhne anzuzeigen. Das tat er zwar nicht, doch die Drohung stand groß im Raum.

Möglicherweise verhinderte der Tod des Vaters eine Eskalation des innerfamiliären Konflikts: Arthur Langbein starb am 20. April 1934 im Alter von 69 Jahren an den Folgen eines Herzinfarkts.

Im Visier der Polizei

Zum ersten Mal festgenommen wurde Hermann Langbein im Februar 1935. Die Wohnung der beiden Langbein-Brüder war mittlerweile als Kommunisten-Wohngemeinschaft polizeibekannt. Nachdem der Vater nicht mehr lebte, zogen vor allem Studenten, die Otto von der Universität kannte, zu ihnen. Zum Jahrestag der Februarkämpfe erwartete die Polizei Demonstrationen. Um diese zu unterbinden, wurden bekannte politische AktivistInnen prophylaktisch rund um den 14. Februar eingesperrt. Ein oder zwei Tage vorher wurde die komplette Wohngemeinschaft ins Polizeirevier Boltzmanngasse abgeführt und nach dem 12. Februar wieder entlassen, also nur vorübergehend arretiert.

Die nächste Verhaftung zog stärkere Konsequenzen nach sich. Als Mitverantwortlicher für die Herausgabe der hektografierten Zeitung „Klassenkampf", das illegale KP-Organ, geriet Hermann Langbein nach einer Propagandaaktion in Polizeigewahrsam, gefolgt von Untersuchungshaft und schließlich Gefängnis. Im Polizeijargon liest sich das folgendermaßen: „Der Beschuldigte hat am 30.III.1935 abends in der Grundlgasse vor dem Weltbiographkino in Gesellschaft von Gesinnungsgenossen die Internationale gesungen und kommunistische Flugzettel gestreut; er hat somit durch ein Verhalten, welches geeignet war, Ärgernis zu erregen und sich als politische Demonstration darstellt, die Ordnung an einem öffentlichen Orte gestört und dadurch eine Übertretung nach § 1 der Vdg. der Bundesregierung vom 19.5.1933. BGbl. Nr. 185, begangen. Gemäß § 1 der zit. Vdg. wird gegen den Beschuldigten ein Arrest von 90 Tagen verhängt."

Hermann Langbein erinnerte sich Jahrzehnte später noch genau an diese Blitzdemonstration vor dem Kino zwischen dem Franz-Josefs-Bahnhof und der Friedensbrücke: „Ich bin, nach meiner Mutter, auch unmusikalisch und traue mich nie, irgendwo öffentlich zu singen, weil ich weiß, das klingt nicht ganz richtig. Ich singe sehr gerne, aber das darf niemand hören. Und ich habe dort die Internationale nicht mitgesungen, aber den Mund habe ich aufgemacht."

Was nach der Verhaftung passierte, konnte er lediglich anhand der Spuren auf seiner Kleidung rekonstruieren: „Ich hatte eine völlige

Gedächtnislücke. Die Kieberer (so wird die Polizei in Wien genannt, BH) müssen mich niedergeschlagen haben, das weiß ich, weil ich am Knie die Hose zerrissen hatte. Aufgewacht bin ich in einer Polizeiwachstube direkt neben der Friedensbrücke. Einer hat mich angebrüllt und dadurch bin ich wach geworden. Dann hat er meine Personalien aufgenommen, ich bin eingesperrt worden und habe meine Polizeistrafe bekommen. Ich weiß jetzt nicht wie viel, drei Monate vielleicht. Und ich habe dagegen rekurriert."

Letzteres brachte ihm einige Nächte in der Arretierzelle des Kommissariats ein, bei den Betrunkenen und Kleinkriminellen, da den Polizeijuristen die Mehrarbeit verärgerte, die ihm durch den Rekurs entstanden war. Dieser blieb jedoch wirkungslos. So kam Hermann Langbein – wie alle aus politischen Gründen Inhaftierten – auf die „Liesl", das Gefängnis in der Rossauer Kaserne.

Ließ er sich dadurch von seiner Gesinnung und seinem Tun abbringen? Keineswegs. So wurde er im Herbst 1936 abermals verhaftet, und abermals weitete sich die Haftzeit aus. Insgesamt war er nahezu ein Jahr eingesperrt. Die Verhaftung geschah in der Wohnung seiner damaligen Freundin Margarete Wetzelsberger, eine junge Kommunistin, die er über die Parteiarbeit kennengelernt hatte und die auch mit seinem Bruder Otto eng befreundet war. Gretl war, als sie den an Tuberkulose erkrankten Otto in der Lungenheilanstalt Grimmenstein besuchte, im Garten der Anstalt in jugendlichem Übermut auf einen Baum geklettert und heruntergefallen. Wegen einer Wirbelverletzung musste sie nun das Krankenbett hüten. Währenddessen hatte ein Bürodiener in ihrer Arbeitsstätte, einem Hutmodesalon mit betuchter Kundschaft, Gelegenheit zu schnüffeln und verständigte die Polizei, die kommunistisches Propagandamaterial und eine Handfeuerwaffe samt Munition beschlagnahmte.

Während der Hausdurchsuchung bei Gretl kamen auch Briefe zum Vorschein, die Hermann Langbein, Isidor Brumberg und Robert Doležal nicht nur als harmlose Krankenbesucher, sondern als aktive Kommunisten zu erkennen gaben. Kurz nach Gretl wurden die drei ebenfalls verhaftet. Zwei Wochen später war auch Otto Langbein an der Reihe. Am 17. Februar 1937 wurde gegen alle fünf Genannten Untersuchungshaft verhängt, vier Monate später endete das Gerichtsverfahren für Hermann Langbein mit einem Strafmaß von vier Monaten. Gretl bekam einige Monate mehr aufgebrummt, die anderen wurden in ähnlicher Höhe wie Langbein verurteilt.

Da die Untersuchungshaft eingerechnet wurde, kam Hermann Langbein gegen Ende September 1937 wieder nach Hause – die vorangehende Polizeistrafe eingerechnet, hatte er ein ganzes Jahr hinter Gittern verbracht. Die endgültige Entlassung verzögerte sich aber, weil er sich in der Haft zuerst mit Scharlach und weiters mit Diphterie angesteckt hatte, weshalb man ihm aus Angst vor der Ansteckungsgefahr einen vorübergehenden Heimgang aufzwang – er selbst hätte lieber die Haftzeit als Kranker absolviert. Fürs Absitzen der noch fehlenden Tage musste er nachträglich als Gesunder nochmals beim Landesgericht vorstellig werden.

Im Herbst 1937 war Hermann Langbein 25 Jahre alt, polizeibekannter Kommunist, vorbestraft, zuvor mehrfach arbeitslos und konnte sich nur recht und schlecht über Wasser halten. Über Prag nach Moskau zu emigrieren war für ihn keine Option, wenngleich die Sowjetunion das Vorbild schlechthin für den Jungkommunisten darstellte. Daran änderten auch die Berichte über die stalinistischen Säuberungsprozesse 1937 nichts, die in der bürgerlichen Presse nachzulesen waren – Hermann Langbein tat sie wie alle anderen Genossen als „Feindpropaganda" ab. Vielmehr verfolgte Langbein nach seiner Enthaftung im September 1937 die Idee, nach Spanien zu gehen und sich den Internationalen Brigaden anzuschließen. Die Partei erlaubte es ihm jedoch nicht, sondern betraute ihn stattdessen mit der Organisation der Vermittlung von Freiwilligen nach Spanien. Und Langbein gehorchte.

Doch Anfang 1938 spitzte sich die politische Lage abermals zu. Innen- wie außenpolitisch war Österreich zunehmend unter den Druck der Nationalsozialisten geraten. Mit dem Berchtesgadener Abkommen, das dem österreichischen Bundeskanzler Kurt Schuschnigg am 12. Februar 1938 aufgezwängt wurde, war der Anfang vom Ende der Eigenständigkeit Österreichs besiegelt: Mit dem Abkommen garantierte Schuschnigg die Freilassung aller inhaftierten Nationalsozialisten – immerhin erstreckte sich die Amnestie auch auf alle SozialdemokratInnen und KommunistInnen –, deren fortan freie

Betätigung und die Ernennung des Nationalsozialisten Arthur Seyß-Inquart zum Innen- und Sicherheitsminister.

Unter dem Eindruck dieser Entwicklung schrieb Hermann Langbein einen Brief an die Vaterländische Front und bot seine Mitarbeit an, die tatsächlich akzeptiert wurde. Eine von Schuschnigg für den 13. März angesetzte Volksabstimmung über die Unabhängigkeit Österreichs beflügelte die politisch Aktiven. Langbein verschaffte sich sogar die rot-weiß-rote Armbinde der Vaterländischen Front, um glaubhaft zu machen, dass er mit ihr hinter der Parole „Rot-weiß-rot bis in den Tod!" stand. Schließlich waren es die österreichischen Kommunisten, die seit vielen Jahren mit Leidenschaft die nationale Frage diskutierten, Österreich als selbständige Nation propagierten und damit den Kampf gegen jede Anschlusstendenz untermauerten.

Umso enttäuschter erkannte Langbein, wie seine neuen Kameraden der Vaterländischen Front auf die Absage der Volksabstimmung mit Resignation statt mit Protest reagierten. Für sich selbst sah er nur noch eine Möglichkeit: auf schnellstem Wege Österreich zu verlassen, und zwar in Richtung Spanien.

Endlich Spanien!

Große Siege, herbe Verluste

Als am 12. März 1938 nationalsozialistische Truppen Deutschlands in Österreich einmarschierten, war klar: Hermann Langbein musste sein Heimatland verlassen. Für einen kommunistischen Aktivisten wie ihn war die Verhaftung nur eine Frage von Tagen. Tatsächlich klopfte die Gestapo bald an seine Tür – er aber nächtigte wohlweislich andernorts, allerdings noch in Wien.

Der Entschluss, wohin die erzwungene Reise gehen sollte, stand fest: über Paris nach Spanien zu den Internationalen Brigaden, in deren Reihen er längst kämpfen würde, wenn die KPÖ es befürwortet hätte.

Am 22. März 1938 überquerte Hermann Langbein gemeinsam mit seiner Freundin Gretl auf Schiern die Berge in die Schweiz und eilte weiter nach Paris. Die Grenzen mussten sie illegal überschreiten; ihre Pässe hatte die Polizei ihnen schon 1937 abgenommen. Erste Anlaufstelle war eine ehemalige Gefängniszellen-Kollegin, Anna Sussmann, die ihrem Mann Heinrich ins Exil gefolgt war. Sie nannte den Neuankömmlingen die Pariser Adresse jener Organisation, die die Freiwilligen nach Spanien lotste.

Hermanns Bruder Otto hatte sich schon vor ihm auf den Weg in die Emigration nach Frankreich gemacht. Wegen seines Lungenleidens konnte Otto jedoch nicht mit nach Spanien gehen, und auch Gretl blieb in Paris. Hermann Langbein aber brach mit einer Gruppe von Österreichern, unter ihnen auch sein Cousin Poldi Spira, am 9. April mit dem Zug Richtung Süden auf. In einem kleinen Ort am Fuße der Pyrenäen wurde die Gruppe von einem Führer in Empfang genommen, der sie bei Nacht über die Berge nach Spanien führte. Nahezu lautlos, nämlich in Schuhen mit Bastsohlen, schlichen sie durch die Finsternis. Südlich der Pyrenäen wartete abermals ein Führer auf sie, der die Männer zu einem Lastwagen brachte, mit dem sie schließlich nach Figueras, zu einem Stützpunkt der Interbrigadisten, gelangten.

Dort angekommen, ging es für Hermann Langbein viel zu langsam weiter. „Was mir sehr, sehr leid tut, ist, dass hier sehr viel Zeit verloren geht. Du weißt, wie ungeduldig ich in solchen Fällen bin." Dies schrieb er bereits am zweiten Tag nach seiner Ankunft Gretl und Otto nach Paris. Es entwickelte sich ein reger Briefverkehr zwischen ihnen; Hermann schrieb immer beiden gemeinsam.

Seine bis Anfang Dezember 1938 verfassten Briefe nahm die Tante beim Weihnachtsbesuch in Paris an sich und mit nach Wien; auf diese Weise sind sie erhalten geblieben. Die Erlebnisse dieser knapp acht Monate bei den Internationalen Brigaden sind gut dokumentiert, da Hermann Langbein regelmäßig und ausführlich schrieb. Die Briefe geben Einblick in den Alltag eines Interbrigadisten mit all seinen Aufregungen, glücklichen Momenten, Entbehrungen und Ernüchterungen. Hermann Langbein veröffentlichte sie selbst gut vierzig Jahre später unter dem Titel „Pasaremos. Briefe aus dem Spanischen Bürgerkrieg".[1]

Dass alles so langsam ging, hatte mit der herrschenden politischen Situation zu tun. Francos Armeen hatten einige Tage zuvor eine Offensive gestartet, die sie am 15. April 1938 erfolgreich abschließen konnten: Mit dem Durchstoß südlich des Ebro bis zum Mittelmeer war das republikanische Spanien zweigeteilt, ein schmerzlicher Einschnitt, sowohl im geografischen als auch im psychologischen Sinne. Eine große Wunde war geschlagen. Zu dieser Zeit dauerte der Spanische Bürgerkrieg bereits knapp zwei Jahre an; schlecht ausgerüstete republikanische Armeen kämpften gegen eine militärische Übermacht unter Francos Generälen.

Wie war es zu dieser Situation gekommen? Am 16. Februar 1936 hatte in Spanien die Volksfront, ein Zusammenschluss aus Sozialisten, Kommunisten und liberal gesinnten Republikanern, bei freien, allgemeinen Wahlen über die konservativen Kräfte – vertreten von Monarchie, Klerus und Armee – gesiegt. Die neue Regierung versetzte jene Generäle, die während der Aufstände der Arbeiterschaft unter der bisherigen konservativen Regierung besonders brutal vorgegangen waren, in die Peripherie, General Franco etwa auf die Kanarischen Inseln, von wo aus er ein halbes Jahr später einen Putsch einleitete. Zuerst erhoben sich die faschistischen Generäle in Spanisch-

Marokko, kurz darauf auch auf der Iberischen Halbinsel. Bereits eine Woche später, am 26. Juli 1936, landeten deutsche und italienische Flugzeuge in Spanisch-Marokko, um die Putschisten zu unterstützen. Die demokratisch regierten europäischen Länder hingegen verschrieben sich der Nichteinmischung in diesen Konflikt und führten mit den faschistischen Mächten Deutschland und Italien beständig Verhandlungen darüber, an deren Vereinbarungen sich jedoch nur Großbritannien und das für die Spanische Republik so wichtige Nachbarland Frankreich hielten.

Während Frankreich die Grenzen zu Spanien schloss, stimmte das offizielle Italien zwar der Nichteinmischung zu, italienische Flugzeuge landeten aber dennoch auf Mallorca, zehntausende Italiener kämpften auf der Seite Francos; deutsche Flugzeuge bombardierten Madrid. Militärische Hilfe für die Spanische Republik kam lediglich von der UdSSR, in Form von Waffen und Beratern (doch trafen die ersten Waffen nicht vor Oktober ein). Kurz zuvor – Franco hatte sich soeben zum Staatschef des „nationalen Spaniens" ausgerufen – war die Gründung von Volksarmeen beschlossen worden. Noch im Oktober billigte die Republik auch die Aufstellung der Internationalen Brigaden. Zehntausende Freiwillige aus ganz Europa, ja sogar aus Nord- und Südamerika, Nordafrika, Palästina und Asien strömten nach Spanien, um gegen den aufkommenden Faschismus zu kämpfen – auch zahlreiche Frauen unterstützten den Kampf der Republik gegen das faschistische Spanien und setzten für ihre demokratischen Ideale ihr Leben aufs Spiel: als Ärztinnen und Sanitäterinnen, anfangs auch bei den kämpfenden Einheiten. Viele kamen aus Ländern, in denen dieser Kampf bereits verloren war: aus Deutschland, Österreich oder Italien. Ihr erster großer Einsatz fiel auf die Verteidigung von Madrid im November 1936.

Das Jahr 1937 brachte Siege und Gebietsgewinne sowohl auf Seiten Francos als auch auf Seiten der Spanischen Republik. Francos Truppen nahmen im Februar die Stadt Málaga ein, aber ihr Versuch, die Verbindungslinie Zaragoza – Madrid zu unterbinden, konnte verhindert werden; italienische Truppen wurden bei Guadalajara geschlagen, aber ein Monat später zerstörten deutsche Flugzeuge der Legion Condor die Stadt Gernika/Guernica; die Schlacht bei Brunete dauerte nahezu den gesamten Juli, das ganze Jahr über wechselten Siege und Niederlagen einander ab. Zudem kam es im Mai 1937 zwischen den Anarchosyndikalisten und den regulären republikanischen Einheiten in Katalonien zu massiven Auseinandersetzungen, die bis zur Verfolgung der „trotzkistischen" POUM durch den sowjetischen Geheimdienst und seine spanischen Handlanger reichten. In den militärisch schweren Monaten gab es auch auf politisch-diplomatischer Ebene Rückschläge für die Republik: Bereits Anfang Juli 1937 stellten sich Spaniens Bischöfe hinter den „Kreuzzug" Francos, im Oktober entsandte der Vatikan einen Nuntius an Francos Regierungssitz. Deutschland und Spanien starteten zur Jahresmitte Angriffe auf die spanische Flotte im Mittelmeer, Großbritannien setzte im Herbst einen Geschäftsträger in Francos Reichshälfte ein.

Eine herausragende Rolle in diesen Schlachten spielten die Internationalen Brigaden. Die Interbrigadisten waren gegen Jahresende 1936 nach Sprachgruppen neu organisiert und den Bataillons neu zugeteilt worden; zum Teil wurden diese mit Spaniern aufgefüllt. So kam es, dass die meisten Österreicher schließlich in der XI. Internationalen Brigade kämpften, die sich Anfang April 1938, als Hermann Langbein Spanien erreichte, aus insgesamt vier deutschsprachigen Bataillons zusammensetzte: Bataillon Edgar André, Bataillon Thälmann, Bataillon Hans Beimler und Bataillon 12. Februar 1934. Am Stichtag 27. Juni 1937, vor der Brunete-Offensive, zählte die XI. Brigade bei einer Mannschaftsstärke von 1.975 Mann bereits vierhundert Spanier in ihren Reihen.[2]

Langbein war von Beginn an dem 12. Februar-Bataillon zugeteilt. Von den kämpfenden Österreichern – insgesamt waren 1.400 Frauen und Männer im Einsatz – waren bereits weit über hundert gefallen, einige auch an Typhus im Herbst 1937 gestorben. Die Hälfte aller Gefangennahmen von österreichischen Interbrigadisten erfolgte beim Durchstoß der Franquisten ans Mittelmeer Anfang April 1938. Man fasste die versprengten Gruppen am Nordufer des Ebro zu militärischen Mikroeinheiten zusammen und richtete Beobachtungsstände ein. „Es wäre maßlose Übertreibung", so Landauer in seiner Einführung zum Lexikon der österreichischen Spanienkämpfer, „da noch von einer Verteidigungslinie zu sprechen. Die Stimmung war dementsprechend schlecht."[3]

So war, als Hermann Langbein Mitte April 1938 in Spanien eintraf, die Lage auf militärischem Feld schon weitgehend entschieden, was er auch wusste, aber, so erzählte er später Anton Pelinka[4]: „Das wollt ich nicht wahrhaben. Franco war ja schon zum Meer durchgestoßen und Katalonien war abgesperrt von Zentralspanien, also dass es scheußlich ausschaut, hab ich ja gesehen. Aber ich hab diese Hoffnung noch gehabt und meine Einstellung war, ich will nicht in irgend so einer Emigranten-Organisation sein, die man unterstützen muss und die jetzt vom Geld der Sammelnden existiert, sondern wenn ich schon nicht zu Hause sein kann, will ich was machen. Und da sah ich nur die Möglichkeit in Spanien."

Kampf gegen Hunger und Langeweile

Diese Situation bekamen die neu angekommenen Interbrigadisten natürlich zu spüren. Es dauerte mehrere Tage, bis man Langbein und die mit ihm Eingetroffenen vom Stützpunkt Figueras in ein Ausbildungslager überstellte, das sie sich selbst erst einrichten mussten. Vom Ausbildungslager weiter südlich in Albacete waren sie nämlich durch Francos Mittelmeerdurchstoß abgetrennt. Doch auch hier ging Langbein alles viel zu langsam. Bis es tatsächlich zu militärischen Übungen kam, wurde es Mai. „Heute endlich das erste Mal scharf geschossen!", berichtete er am 2. Mai nach Paris.

Endlich waren sie auch der Front ein Stück näher gerückt. Die viele freie Zeit nützten die Interbrigadisten für politische Schulungen, sogenannte „Polit- und Instruktionsstunden", sie fertigten Wandzeitungen an, lernten Spanisch – auch hier beklagte Langbein seinen mäßigen Fortschritt –, veranstalteten Kulturabende für spanische Kinder und dergleichen mehr. Die Langeweile ließ sie allzu oft an ihren Hunger denken und an das köstliche Essen daheim. Seine Erzählungen darüber packte Langbein in ein politisches Statement: Anhand der kulinarischen Träume entwarf er Österreich als eigene Nation – ein Kernstück der kommunistischen Überzeugung der

Österreicher: „Das Essen ist eines der meistbesprochenen Themen. Hier zeigt sich immer die nationale Eigenart am besten und hier kann man auch herrlich feststellen, dass Österreich eine eigene Nation ist: Unsere Wunschträume sind fast ganz auf böhmische Mehlspeisen spezialisiert, darin sind wir echte Wiener, und unser Zuckerbäcker hat Talent im Ausmalen von guten Sachen. Und mich könnt Ihr Euch ja vorstellen dabei. Oh!"

Briefe und vor allem Paketsendungen halfen, dem andauernd nagenden Hungergefühl für kurze Zeit zu entkommen, hoben aber auch die Moral in der Gruppe. Gretl und Otto, so ist den Briefen von Hermann zu entnehmen, schickten fleißig Pakete, in denen sie auch andere Freunde und Genossen bedachten und nach Möglichkeit zuvor mitgeteilte Wünsche erfüllten: „Bitte nichts, was nicht zu essen ist, außer eventuell eine gute, harte Zahnbürste samt wenig empfindlichem Futteral und eine recht gute Zahnpasta. Die hiesigen genießen nämlich nicht mein Vertrauen. Ansonsten bevorzuge ich Süßes, Kondensmilch und Schoko sind ideal."

Es war eine Sensation, wenn ein Duschwagen hielt und die Männer und Frauen in den Genuss einer warmen Dusche kamen. Die Versorgung mit passender Kleidung war dürftig, das spanische Schuhwerk ein Problem, weil viel zu schmal geschnitten. Kein Wunder, dass Hermann Langbein allgemein wegen seiner genagelten Bergschuhe aus Österreich, den „Goiserern", beneidet wurde. Zu seiner großen Freude schickte ihm Otto ein Goisererfett zur Pflege dieses Schatzes, und noch lange Zeit taten ihm die Schuhe gute Dienste.

Infolge der Frontbewegungen fiel es den Interbrigadisten schwer, ihre persönlichen Gegenstände beieinander zu halten; schnell galt etwas als „herrenlos". So war ein solider Rucksack, in den er sich laufend kleine Säcke nähte, um sein Hab und Gut besser ordnen zu können, für Hermann ein weiterer wichtiger Teil seiner Ausrüstung. Dessen „Leerung" durch andere Interbrigadisten – als „Kameradschaftsdiebstahl" wollte er dies nicht verstanden wissen – stellte eine bittere Erfahrung dar, denn auch einige wichtige persönliche Habseligkeiten gingen dabei verloren.

In Spanien lernte Hermann Langbein das Wort „organisieren" kennen, das er in seinen Briefen erklärte: „Organisieren, das heißt, sich für Geld oder Zigaretten Lebensmittel verschaffen, und ist eine Hauptbeschäftigung aller in der Freizeit." Wie oft wird er in späteren Jahren in deutschen Konzentrationslagern dieses Wort noch hören und in die Tat umsetzen müssen – nicht um sein Dasein zu verbessern, sondern als lebensrettende Maßnahme.

All diese Alltagssorgen verstärkten in ihm das Gefühl, nicht gebraucht zu werden: „Ich kann Euch gar nicht sagen, welches Gefühl ich hie und da habe, wenn ich daran denke, dass ich nun zwei Monate da bin und rein gar nichts getan habe als gefressen und Geld eingesteckt." In seiner Verzweiflung griff Langbein auf ein altes Sprichwort zurück: „Die Hälfte seines Lebens wartet der Soldat vergebens."

Aber dann endlich konnte er berichten, dass er am 21. Juni mit vierzehn weiteren Männern, darunter fünf Österreicher, der „Transmission" genannten Nachrichtenabteilung zugeteilt worden war. Der Ton, die Kameradschaft, das politische Niveau und die Arbeitsweise nahmen ihn sofort ein. Zu Fred, Friedolin genannt, Kurt und Gustl fand er schnell einen guten Draht, wenngleich ihn grämte, dass er unter den Kameraden keinen echten Freund fand: „Ich bin kein guter Kamerad; nicht in dem Sinn, dass ich ein schlechter wär. Ich kann nur nicht ein gutes Verhältnis mit den einzelnen herstellen. Jeder hat so seine Eigenheiten und kleinen Schwächen, über die ich hinwegsehen kann, die ich aber bei einer Freundschaft nicht in Kauf nehmen kann. So hab ich ein ‚gutes' Verhältnis zu recht vielen, ein Vertrauensverhältnis aber zu keinem Einzigen in der Kompanie. Das kränkt mich sehr, denn der Mangel muss offensichtlich bei mir liegen."

Seine Einheit wurde nur von Deutschsprachigen und Spaniern gestellt, letztere leicht in der Überzahl und überwiegend sehr jung. Langbein genoss die Ausbildung in der Abteilung, wie er im Brief vom 28. Juni berichtete: „Hier hab ich in den letzten Tagen recht viel gelernt, morsen etc., und ich hab glücklicherweise nicht mehr dieses ekelhafte Gefühl, Zeit zu verlieren." Langbein wirkte nun in der „grupo técnico", die in einer besonderen Art der Verständigung unterwiesen wurde: mit Hilfe von Spiegeln anhand des Morsealphabets Nachrichten über größere Distanz zu vermitteln.

Gut zwei Wochen kam Langbein auf Schulung zur Division, um die Verbindungsschwierigkeiten zwischen ihr und der Brigade zu klären. Das brachte zwar gewisse Annehmlichkeiten mit sich, aus seiner Sicht jedoch abermals „wenig Organisation und viel Zeitverlust, etwas, woran ich mich noch immer nicht gewöhnt habe." Zudem fühlte er sich vom politischen Leben seiner Kompanie ausgeschlossen – wo ihm die Politstunden doch so viel bedeuteten! Und noch immer las er jede gedruckte Zeile, die ihm unter die Finger kam; mit besonderer Begeisterung „Weg und Ziel", das österreichische, nun in der Illegalität produzierte KP-Organ, und aus der Bibliothek – sofern greifbar – Werke von Marx und Lenin.

Wichtig waren ihm auch die Diskussionen untereinander sowie mit den spanischen Kameraden. Die Spanier respektierte er nicht nur, wie in seinen Briefen deutlich wird, er hegte offenbar zu ihnen und ihrem schönen Land eine große Zuneigung.

Endlich im Einsatz!

Schließlich war es so weit: In der Nacht vom 24. zum 25. Juli 1938 setzte die republikanische Armee an mehreren Stellen über den Ebro – der Beginn der großen Schlacht im Ebro-Bogen. Langbein war mit seiner Transmissionskompanie unter den ersten, die zum Einsatz kamen. Zu dritt – drei „Bergsteiger", wie sie von ihrem Leutnant Sepp Spanner aus Favoriten gerufen wurden – kletterten sie einen zweihundert Meter steil abfallenden Abhang zum Ebro hinunter, um eine Telefonlinie zu legen, die mit Unterwasserkabeln eine möglichst schnelle Kontaktaufnahme mit den Truppen am anderen Ufer erlauben sollte, sobald sie dort angelangt wären. Die Telefonverbindung stand auf Anhieb, auch wenn der erste Versuch der Verständigung misslang und Langbein den Weg hinauf und hinunter noch einmal zurücklegen musste, um alles zu prüfen – die drei „Bergsteiger" waren einfach schneller gewesen als jene, die die Verbindung zur Zentrale herstellten.

Langbein war zunächst hochzufrieden, endlich im Kampfgeschehen mitwirken zu können. Dabei gehörte er nicht einmal zu denen, die mit einem Gewehr ausgestattet worden waren – mehr als die Hälfte der Interbrigadisten mussten ohne auskommen. Doch nun lernte er den Krieg mit all seinen Schrecken kennen: „So ein Schlacht-feld: Gestank von Geschützen, Blut, Dreck, aufgerissene Krater und in der Umgebung graugefärbte Natur, überall herumliegende Sachen, Decken, Mäntel, Patronen, Fetzen, Pferdeleichen – die Menschenlei-chen werden bald eingegraben –, ein Bild, an das man sich gewöhnen kann, ein Bild, das einen aber schwer verlassen kann."

Was er Gretl und Otto nicht mitteilte, war seine erste direkte Be-gegnung mit dem Tod: wie Sanitäter einen auf der Bahre Liegenden achtlos auf den Boden kippen und zum Schlachtfeld zurückhasten. Der Kamerad ist tot, doch der Eindruck dieser scheinbar beiläufigen Handlung gräbt sich tief in Langbeins Gedächtnis.

Bald darauf kommt der Tod noch viel näher: Eine Granate schlägt sechs bis sieben Meter neben ihnen in einer Schlucht ein – vier Tote und vier ernstlich Verletzte. „Der neben mir saß (ein Deutscher), sank blutüberströmt über mich und ich musste mich erst unter ihm hervorarbeiten, die anderen waren auch alle auf der Stelle tot. Einer – Moses aus Leipzig, ich kannte ihn noch am besten von den vieren – badete gerade und lag nun unter dem Wasser. Und die Verwunde-ten schrien. Wir mussten schnell ins Refugium, alles kugelte überei-nander, vor uns lagen die Leichen derer, mit denen wir noch vor we-nigen Minuten Witze gemacht oder gestritten hatten."

Langbein selbst trug bei diesem Granatenangriff nur eine Beule auf dem Kopf davon. Ähnliches Glück sollte er noch mehrmals ha-ben: Einige Wochen später fand er, als er vom Essenholen zu seinem Schlafplatz zurückkam, einen mindestens zwölf Zentimeter langen Granatsplitter vor. Und ausnehmend großes Glück hatte er auch am 21. September während eines lang anhaltenden Artilleriefeuers: „Mein Refugium war ziemlich luftig gebaut und Ernst, ein 45-jähri-ger Saarländer, lud mich in sein viel sichereres ein. Ich ging hinüber und es war gut: Franco schickte eine Granate direkt zu mir, da sie mich nicht fand, ärgerte sie sich anscheinend sehr und tötete augen-blicklich meine Feldflasche, verwundete mein Essgeschirr, schlitzte meinen Rucksack auf und bohrte sich in diese Blockpost hinein."

Drei Tage lang – Hermann Langbein war inzwischen zum Cabo, also zum Gefreiten, befördert worden, was ihn, wie er in einem Brief an Gretl und Otto eingestand, sehr freute – standen die Interbrigadisten immer wieder unter Beschuss. Was das Kampfgeschehen betraf, waren diese drei Tage die schlimmsten – und auch die letzten an der Front, nicht nur für Langbein, sondern für alle Freiwilligen der Internationalen Brigaden.

Wohin nun?

Zu ihrer großen Überraschung wurden sie in der Nacht auf den 24. September abgezogen. Juan Negrín, Ministerpräsident der Spanischen Republik, hatte dies wenige Stunden zuvor in einer Rede vor dem Völkerbund in Genf angekündigt. Offenkundig wollte er mit dieser Entscheidung Franco in einem diplomatischen Schachzug zum Verzicht auf die vom faschistischen Italien und nationalsozialistischen Deutschland geleistete Hilfe zwingen, was jedoch misslang.

Die international ausgerichtete „Nichteinmischungskommission" hatte die Rückberufung aller ausländischen Freiwilligen bereits am 5. Juli, also noch vor der Ebro-Offensive der republikanischen Armee, beschlossen. Von da an war der „Freiwilligenrückzug" Gesprächsthema unter den Interbrigadisten. Ein jeder musste überlegen, was das für ihn bedeuten würde, wie sein Dasein weitergehen könnte. Auf politischer Ebene war bereits verhandelt worden, wie der Abzug kontrolliert vor sich gehen könne, eine Forderung, die Franco von Beginn an zurückwies. Für Negrín hatte sich zunehmend der Eindruck verstärkt, dass er nicht mehr auf eine Unterstützung der Großmächte rechnen konnte und die Spanische Republik sich damit zunehmend in einer aussichtslosen Situation befand. Das Einlenken Frankreichs und Großbritanniens gegenüber Deutschland im „Münchener Abkommen" (Abtreten des Sudetenlandes an Deutschland) bestätigte diesen Eindruck nachhaltig.

Für die Interbrigadisten war der Abzug, als es tatsächlich dazu kam, ein Schock. Plötzlich lag die ungewisse Zukunft direkt vor ihnen. Denn natürlich hatten sich die Männer und Frauen zuvor immer wieder gefragt, wie wohl ihr Einsatz in Spanien enden würde. Für Hermann Langbein als überzeugten Kommunisten waren diese Überlegungen selbstverständlich eng mit jenen Plänen verknüpft, die

die Partei für ihn haben würde. Doch sah er mit der Zeit ein, dass sie außerstande war, tausenden ehemaligen SpanienkämpferInnen im Europa an der Schwelle der 1940er Jahre, am Vorabend eines Weltkrieges, eine berufliche und existenzielle Heimat zu bieten.

Konkreter waren die Zukunftsüberlegungen mit seiner Freundin Gretl verbunden, die sich in Paris ihrerseits um ihr Fortkommen Gedanken machte. Anfang Mai 1938 schien es, als würde Stella - ihre ehemalige Wiener Chefin, nachdem sie aus „rassischen" Gründen flüchten musste - einen Hutsalon in London eröffnen und Gretl dorthin mitnehmen. Knapp zwei Monate später stand für Stella jedoch Australien als Ausreiseland fest – dies erschwerte die gemeinsamen Zukunftspläne für Gretl und Hermann erheblich. In einem Brief vom 24. Juni schrieb Hermann an Gretl: „Mir ist das Wichtigste, dass Du kein ‚Emigrantenleben' hast, sondern richtige Arbeit, die Dich freut; das Zweitwichtigste, dass ich Dich in Reichweite habe. ... Hier wirst Du Dich – fürcht' ich – entscheiden müssen, ob Du Dein Leben lieber für Dich oder mit mir leben willst. Ich weiß, dass Dir diese Entscheidung schwerfallen wird, da Du stolz und selbständig bist – und mich gern hast." Ein paar Tage später teilte er ihr seinen Entschluss mit: dass er nicht auf ein Leben hier in Europa verzichten mochte, um sie in Australien bei sich zu haben. Ab da ist es ein ständiges Hin und Her in den Briefen; einmal rät er ihr zu bleiben, dann eher zu fahren, auch Gretl selbst schwankt stark in ihrem Für und Wider. Als sie sich endlich entschlossen hatte, stellte sich plötzlich die Frage nach einem Pass – auf diesen wichtigen Aspekt hatten alle im Trubel der Aufregungen vergessen. Aber auch das ließ sich mit etlicher Zeitverzögerung regeln.

Inzwischen wurde der „Freiwilligenabzug" immer intensiver diskutiert, und so entwickelte sich auch für Langbein eine Auswanderung nach Australien zu einer realen Option. Hermann bat Gretl, ihre für Mitte September anvisierte Abreise um ein paar Wochen zu verschieben: „Wenn die Partei mit mir nichts anzufangen weiß außer Emigranterln, die Sowjetunion nix – was ich sicher annehme –, so wär ich schon für Australien, nehme an, dass die Völkerbundstaaten eventuell prozentuell die aus den faschistischen Ländern unter sich aufteilen. Was wird das für eine Zukunft werden? Wieder ein Kapitel im Leben zu Ende, schneller als gedacht. Es war ein lehrreich strenges. Hoffentlich, dass es jetzt schnell geht und wir uns bald sehen, so unnötiges Herumziehen ist eklig."

Hoffnungen und Enttäuschungen, unrealistische Einschätzungen der Lage, Gerüchte und Spekulationen bestimmten die kommenden Wochen – nur konkrete Anhaltspunkte, wie es für die Interbrigadisten weitergehen würde, gab es wenige. Bereits Ende September hatte Hermann Langbein die Vorahnung, dass sie möglicherweise in eine Art Konzentrationslager kommen könnten, bevor man sie auf die aufnahmebereiten Länder verteilen würde. Dann wieder meinte er, er könnte innerhalb weniger Wochen zu Otto und Gretl nach Frankreich. Mit einer Zukunft am anderen Ende der Welt, in Australien, haderte er immer wieder. Je länger aber das Warten andauerte, desto konkreter malte er sich ein Leben mit Gretl in Sidney aus, sah sich mit ihr lesend im Wohnzimmer sitzen, die Bibliothek einrichten, träumte von einem gemeinsamen Sohn.

Solche Zukunftsträume brauchte Hermann Langbein auch, um sich von seinen realen Alltagsproblemen abzulenken. Immer wieder liest man in seinen Briefen von zeitweiligem starkem Durchfall, wunden Füßen, die zu eitern begannen, und schmerzenden Geschwüren am After. Letztere ließen ihn schließlich doch zum Arzt gehen. Die Interbrigadisten waren längst aus dem Heeresverband entlassen und militärisch verabschiedet worden, als er in einem Spital unterkam. Die Diagnose: Hämorrhoiden, die größten, die der untersuchende Arzt je gesehen hatte, Operation nicht ausgeschlossen. Trotz der Schmerzen kam Hoffnung in Langbein auf. Vielleicht würde er als „veritabler" Kranker ganz oben auf der Liste landen und Spanien bald verlassen dürfen? Doch die Formalitäten verzögerten sich so sehr, dass er noch in Spanien gesundete, und so fügte er sich in sein Schicksal: „… und ich möchte doch nicht gern meinen Spanienaufenthalt mit einer Tat beschließen, deren ich mich später schämen müsste, verstehst Gretl?"

Die Völkerbundkommission hatte festgestellt, dass sich noch 12.208 Internationale auf dem Territorium der Spanischen Republik befanden. Nach und nach kehrten die Interbrigadisten, die aus demokratisch regierten Ländern stammten, in ihre Heimat zurück. Übrig blieben jene, die nicht zurück konnten: neben Leuten aus Kuba und einigen kleineren Gruppen aus Überseeländern waren dies Männer und Frauen aus Deutschland, Österreich, der Tschechoslowakei, Polen, Rumänien, Jugoslawien und Italien – Freiwillige aus jenen Ländern, die diktatorisch regiert, besetzt oder nicht mehr existent waren.

Die zermürbende Wartezeit nahm für sie kein Ende. Wenngleich sie sich mit Sprach- und Politkursen zu beschäftigen wussten, Langbein intensiv für Australien sein Englisch verbesserte – die Ungewissheit zehrte an den Nerven. Immer weiter verschob sich das geplante Wiedersehen, bis klar war: Gretl musste ohne ihn losfahren. Am 6. November kamen endlich die versprochenen Fragebögen zu den Antragstellern in Spanien, ein paar Tage später die ersehnte Völkerbund-Kommission. Aber für eine gemeinsame Reise mit Gretl nach Australien war es bereits zu spät. So schrieb Hermann wehmütig und etwas bange an seine Freundin: „Jetzt, wo ich sicher weiß, wir sehen uns in Frankreich nicht mehr, tut's mir leid, obwohl ich vorher uns beiden eingeredet hab, dass das eh gleich ist. Hab auch heimlich bissel Angst, dass meine Australienreise nicht so klaglos klappen wird. Das würd mich ungemein ärgern. Na still, vielleicht ist alles in Ordnung. Wegen Wegfahren: Es ist jetzt jeden Tag möglich, allerdings auch, dass es noch lange dauert. Alle Formalitäten sind jedenfalls beendet. Und warten haben wir gelernt."

Am 22. November konnte Langbein das Spital verlassen und stieß zu seinen Kameraden in Bisaura de Ter. Dort arbeitete er im Redaktionskomitee von „Pasaremos", der Zeitung der 11. Brigade, beteiligte sich an den Schulungen und Kursen, unterrichtete Mathematik. Er schrieb ein Gesuch um Einreise- und Arbeitserlaubnis nach Australien und eines um dreimonatigen Aufenthalt für Frankreich, dann wollte er ohnehin weiter; ein Exilantenleben, so betonte er immer wieder, kam für ihn nicht in Frage. Wie sich später herausstellte, erreichten die Bittschreiben ihre Adressaten nicht mehr, da der militärische Vorstoß in Katalonien ihren Versand vereitelt hatte.

Im Nachwort zu den veröffentlichten Briefen berichtete Langbein später über die letzten zwei Monate (aus denen keine Briefe erhalten blieben): „Wir waren in dem damals kleinen Ort Calella am Meer

PASAREMOS

INFORMACIONES DEL COMISARIO DE GUERRA DE LA XI BRIG.MIXTA

Montag, den 28. November 38

UNSERE BEIMLER = DURRUTI = FEIER

kam man als gelungen bezeichnen, soweit die Beteiligung der Internationalen in Frage kommt. Die Reden waren ausgezeichnet, nicht zu lang und konkret in den Formulierungen. Die Ausschmueckung liess einen Ausspruch DURRUTIs vermissen. Und warum besitzt die Gemeinde zwar 2 Fahnenstangen, aber keine republikanische Fahne?

Der Besuch der Veranstaltung durch die Dorfbewohner, unter denen sich eine grosse Anzahl Fabrikarbeiter befinden, war gleich null. Zudem fehlten die Kameraden der spanischen Intendanz und die Fluechtlinge vollstaendig. Es fehlte im Dorfe absolut die muendliche Agitation, sowohl durch uns als auch von den Organisationen.

Soviel ich weiss, sind durch unsere Initiative die Bestrebungen zur Bildung der festen, organisierten Volksfront im Gange. Unsere Kameraden, vor allem diejenigen, die privat wohnen, die Verbindungskomités mit den Betrieben, kurzum wir alle muessen Agitatoren unserer selbstgestellten Aufgaben sein.

Sollte noch einmal eine Kundgebung stattfinden, dann muss es uns gelingen, das ganze Dorf auf die Beine zu bringen, vor allem aber die Belegschaften der Fabriken, unsere spanischen Kameraden von der Intendanz und die refugiados.

P.J. I/2

Unsere "Frage des Tages" wird bisher scheinbar noch nicht genuegend beachtet. Diskutiert die "Frage des Tages", besprecht sie und sendet uns knappe, kurze, klare Antworten. Die beste Antwort wird taeglich mit einer Zigarette praemiert!

DIE FRAGE DES TAGES

WESHALB FORDERT HITLER KOLONIEN ?

DIE ANTWORT AUF GESTERN

»Der Generalstreik in Frankreich wird eine Klaerung der Volksfront verursachen, denn gewisse Elemente, die die Interessen des Volkes nicht vertreten, werden entlarvt werden. Besonders aber wird er eine Verstaerkung der Volksfront-Bewegung herbeifuehren, da Schwankende sehen, wer bereit ist, wahrhaft fuer ihre Lebensinteressen zu kaempfen!

MÄNNER MACHEN GESCHICHTE
HAMPELMÄNNER MACHEN GESCHICHTEN

DIE XI. F.T.F. BESTAND AUS MÄNNERN!

„Pasaremos, Organ der XI. Brigade", redigiert von Hermann Langbein

untergebracht. Die Zeit war hart. Jede Hoffnung, bald wegzukommen, wurde immer wieder enttäuscht. Wir hungerten gemeinsam mit der Bevölkerung."

Die zermürbende Untätigkeit wurde unmittelbar vor Weihnachten unterbrochen, als Francos Truppen eine Offensive gegen Katalonien starteten, der die republikanischen Truppen kaum mehr etwas entgegenzustellen hatten; der Fall von Barcelona war nur eine Frage von Tagen. Ein Flüchtlingsstrom wälzte sich zur französischen Grenze. Doch diesen Rückzug galt es zu schützen: Die Interbrigadisten wurden noch einmal aufgerufen, der bedrängten Republik zu Hilfe zu kommen, in der Hoffnung auf eine ähnlich wundersame Wendung des Schicksals für Barcelona wie im Herbst 1936 für Madrid, als Interbrigadisten entscheidend den Vormarsch der Franco-Truppen gestoppt hatten. Die Grenzen zu Frankreich waren nach wie vor geschlossen, die spanischen Republikaner wie die Interbrigadisten saßen in der Falle. Dies mag, so urteilte Hans Landauer später, ein wesentlicher Grund dafür gewesen sein, dass sie dem Aufruf, abermals zu den Waffen zu greifen, Folge leisteten – wenngleich die Sinnhaftigkeit des Einsatzes heftig diskutiert und der Umstand kritisiert wurde, „dass alle ehemaligen Offiziere und Kommissare unter ‚Kaderschutz' standen und deshalb nicht mitkämpfen würden."[5]

Es waren schließlich 205 Deutsche und 275 Österreicher, die am 23. Jänner 1939 Richtung Barcelona marschierten, zunächst noch unbewaffnet, um die Stadt vor der Einnahme durch Franco-Truppen zu verteidigen. Doch schon drei Tage später musste sich Barcelona ergeben, die Freiwilligen setzten sich wieder Richtung Frankreich in Bewegung. Eine der letzten Szenen, die Hermann Langbein erinnerte, mag von der allgemeinen moralischen Zerrüttung zeugen, die damals um sich griff: „Eine Gruppe, in der sich auch Österreicher befanden, wurde in ein von Stacheldraht eingezäuntes Geviert hineingetrieben. Es hieß, sie hätten die Durchführung eines Befehls verweigert. Marty stand da und man sagte, er bestehe darauf, sie deswegen exekutieren zu lassen. Aber der ehemalige Chef unserer 11. Brigade und andere österreichische Offiziere haben das verhindern können. Damals fiel ein schwerer Schatten auf das idealisierte Bild, das ich mir bis dahin von diesem französischen Kommunistenführer gemacht hatte."

Am 8. Februar reihten sich die letzten Interbrigadisten in den Flüchtlingsstrom ein – unter ihnen Hermann Langbein. Tags darauf erreichten sie die französische Grenze. „Es war grotesk", so Langbein, „während der ganzen Zeit an der Front hatte ich kein Gewehr; nun trug ich eines."

Landauer zu den letzten Stunden auf spanischem Boden: „Dort ereignete sich eine Szene, die mich damals tief bewegte und mir heute operettenhaft anmutet: Nachdem wir unsere Gewehre auf einen Berg von Waffen geworfen hatten, kam uns André Marty entgegen, der Oberbefehlshaber der Internationalen Brigaden, dessen menschliche Qualitäten umstritten sind. In der Hand hielt er die Trikolore der Spanischen Republik. Wir formierten uns zu Dreierreihen. Der Mittelsmann der ersten Reihe übernahm die Fahne, und mit dem Lied der Internationalen Brigade legten wir die letzten Meter auf spanischem Boden zurück, wobei Marty die armselige Parade abnahm. Dann wurde die Fahne eingerollt und an den Franzosen zurückgegeben."[6]

In französischen Lagern

Saint Cyprien – nichts als Sand und Stacheldraht

„Allez! Allez!" waren die ersten Worte, die die Flüchtlinge auf französischem Boden zu hören bekamen – und bald nicht mehr hören konnten. „Allez! Allez!", „Weiter! Weiter!", wurden sie vorangetrieben, von Kolonialsoldaten aus Senegal und Marokko, von Angehörigen der Garde mobile, der berüchtigten französischen Sonderpolizeitruppe. Immer weiter und schnell, schnell! Über 400.000 Männer und Frauen, auch Kinder, stolperten die Straßen entlang, einem ungewissen Schicksal entgegen.[7] Sie marschierten an Depots mit Kisten, Fässern und Flugzeugmotoren vorbei, die das offizielle Frankreich im Sinne seiner „Nichteinmischungspolitik" nicht über die Grenze nach Spanien ließ. Auch Lebensmittel und Medikamente befanden sich darunter – ein Griff in eine Kiste mit Trockenmilch verwöhnte für eine Weile Gaumen und Magen, erhöhte aber den Durst umso mehr. Und wieder hieß es „Allez! Allez!"

Endlich erreichten die Flüchtlinge den ihnen zugedachten Platz: ein sandiger Küstenstreifen am Mittelmeer. Allein die Bezeichnung, „Camp d'accueil", Empfangslager, wie die Stacheldrahtgevierte in Argelès-sur-Mer und Saint Cyprien genannt wurden, verhöhnte schon die dort Zusammengepferchten: Es gab nur das Meer, den Sand, der sich in alle Kleiderfalten und Körperöffnungen drängte, kilometerlangen Stacheldraht und die Schreie der Soldaten, die sie nach ihrer Herkunft und militärischen Einheit befragten. Das war der Empfang: kein Dach über dem Kopf, kein Strohsack, keine Pritschen, kein Windschutz, nichts gegen die Kälte. Und vor allem: keine Latrinen![8]

Fast alle Österreicher kamen nach Saint Cyprien. In dem zweihundert Meter breiten und zwei Kilometer langen Küstenstreifen versuchten sie, unter 90.000 Flüchtlingen zusammenzubleiben und sich irgendwie zu organisieren. Auf Druck des deutschen Schriftstellers Ludwig Renn (eigentlich: Arnold Vieth von Golßenau), der bald sowohl von den Lagerinsassen als auch von den französischen Behörden als Sprecher anerkannt war, kam nach einigen Tagen endlich Baumaterial ins Lager, sodass sich die Häftlinge notdürftige Unterkünfte aus Wellblech und Planen bauen konnten, die sie Baracken nannten, weil sie ja doch ein wenig den kalten Wind abhielten. Etwas zu essen, Kochkessel und Brennmaterial gab es schließlich auch.

Langsam entwickelte sich ein Lageralltag. Die Österreicher reagierten auf die Forderungen der französischen Bewacher nach militärischen Strukturen, indem sie eine Art Lagerleitung mit je zwei Repräsentanten der Kommunistischen Partei und der Revolutionären Sozialisten besetzten, wenngleich die Kommunisten weit in der Überzahl waren. Hermann Langbein erwähnt in seinem Werk „Die Stärkeren", aus dem hier und im Folgenden zitiert wird, dass der Lagerleitung neben ihm noch zwei weitere Wiener angehörten; einer von ihnen war Rudolf Friemel.

Die Verschläge aus Holz und Dachpappe mit Wellblechdächern waren bald von Wandzeitungen geziert, die prämiert wurden; aus Konservendosen wurde Essgeschirr angefertigt – so half man sich über die ersten Tage und Wochen, man raufte sich zusammen. Allein das Latrinenproblem konnte nicht gelöst werden: Vor aller Augen musste die Notdurft am Strand verrichtet werden.[9]

Die eine Frage, die alle beschäftigte, lautete: Wie lange müssen wir hier ausharren? Was wird aus uns werden, wo liegt unsere Zukunft? Wie schon in Spanien plagte die Internierten auch hier eine zermürbende Ungewissheit. Dies galt besonders für die österreichischen und deutschen Kämpfer, ebenso wie für die Polen, Jugoslawen, Ungarn, Rumänen und seit dem 15. März 1939, nach der Besetzung der Tschechoslowakei durch Deutschland, auch für die Tschechen und Slowaken. Die Nachrichten aus Spanien waren nicht minder trostlos: Bereits am 27. Februar, einen Monat vor der endgültigen Niederlage der Republik, hatten Frankreich und Großbritannien die Franco-Regierung anerkannt – den internierten Spanienkämpfern muss dies, nach dem schmählichen Empfang, als weitere Demütigung erschienen sein. Oberst Casado, bislang für die republikanische Regierung in Madrid kämpfend, hatte Anfang März gegen sie geputscht; der antikommunistische Flügel gewann dadurch Oberhand. Der daraufhin gebildete Nationale Verteidigungsrat wollte mit

Franco ein Friedensabkommen aushandeln, er jedoch forderte die bedingungslose Kapitulation der republikanischen Armee. Am 29.
März 1939 besetzen Franco-Truppen Madrid.

Vom Spanienkämpfer zum Volkshochschulleiter

Bevor ein Seuchenproblem in den Lagern am Mittelmeer aufkommen konnte – das Meer spülte die Exkremente immer wieder in
Richtung Lager, der Gestank muss entsetzlich gewesen sein –, ging es
gut zwei Monate später, Mitte April 1939, weiter ins nächste Lager:
Am Fuße der westlichen Pyrenäen war in Windeseile ein weiteres
„Camp d'accueil" errichtet worden, diesmal mit Unterkünften:
382 Baracken reihten sich in Gurs dicht aneinander. Aus allen Lagern am Strand waren die Inhaftierten hierher verfrachtet worden –
Interbrigadisten aus 59 Nationen sowie Spanier der Volksarmee. In
dreizehn Gruppen zusammengefasst, bildeten die Baracken sogenannte „Îlots", Inselchen, die mit den Buchstaben A bis M versehen
wurden. Die deutschen und kubanischen Kämpfer waren dem Îlot I
zugeteilt. Österreicher galten als Deutsche; korrigierten sie bei der
Registrierung ihre Nationalität mit „Non, Autrichien!", kam die Antwort: „Ah, un autre chien", „noch so ein Hund".[10]

Die nationalen Kontingente hatten sich in Kompanien zu organisieren: Deutsche und Österreicher stellten zusammen sieben Kompanien zu je 125 Mann, die achte Kompanie war jene der Kubaner.
Dann gab es noch die neunte Kompanie, die jene (mehrheitlich deutschen) Spanienkämpfer umfasste, die sich der stalinistischen Ordnung in den anderen Kompanien nicht unterordnen wollten, sich im
Geiste schon der Fremdenlegion (sie hatte bereits in Saint Cyprien
offensiv um Mitglieder geworben) verschrieben hatten oder sich sonst
wie demoralisiert der Ungewissheit ergaben, die alle Lagerinsassen
teilten. Starke politische wie persönliche Konflikte bestimmten das
Verhältnis der Angehörigen der neunten zu jenen der anderen Kompanien.

Die Erleichterung beim Anblick fester Baracken wich schnell einer Ernüchterung: „Die Baracken sind ganz leer. Keine Betten, keine

Pritschen, keine Strohsäcke und auch keine richtigen Fenster, sondern nur kleine Klappen, wie man sie in Ställen hat", erinnerte sich Langbein. Abermals war viel zu „organisieren", um sich einrichten zu können. So froh die Inhaftierten waren, den ewigen Sand hinter sich gelassen zu haben – der Matsch, zu dem sich der Lehmboden des Lagers verwandelte, kaum dass es zu regnen begonnen hatte, plagte sie bald ähnlich. Das Essen war genauso eintönig und ebenso wenig bekömmlich wie in Saint Cyprien. Hermann Langbein konnte den gesalzenen Trockenfisch und den Brei aus Kichererbsen bald nicht mehr sehen. Was sich gebessert hatte, waren die sanitären Möglichkeiten: Jedes Îlot verfügte über eine Freiluftlatrine, deren volle Kübel per Kleinbahn aus dem Lager transportiert wurden – „Scheißexpress" oder auch „Goldexpress" nannten die Inhaftierten diese Schmalspurbahn. Das Wasser zur Körperpflege kam direkt aus der Gave. Der Fluss führte jedoch im Sommer 1939 wenig Wasser, und die zwei zentralen Depots waren bald leer. Im darauffolgenden Winter froren schließlich die Leitungen ein.

Geblieben war die Ungewissheit über die bevorstehende Zukunft. Um sich abzulenken, wurde ein reges Bildungs- und Kulturprogramm aufgezogen – die Inhaftierten waren offiziell zu keiner Arbeit gezwungen, sie mussten aus eigenem Antrieb gegen den Müßiggang und die damit einhergehende Demoralisierung ankämpfen. Neben den alltäglichen Verrichtungen wie Aufräumen, Wäschewaschen, Essenholen oder Wegepflastern wurde gelernt, geübt, geturnt und gesungen – die österreichische Lagerkapelle erfreute sich rundum, insbesondere bei den italienischen Internierten, großer Beliebtheit.

Selbstverständlich hatte auch die politische Schulung einen hohen Stellenwert: „Französische Freunde haben uns ein neues, gerade erschienenes Buch geschickt, den ‚Kurzgefassten Lehrgang der Geschichte der Kommunistischen Partei der Sowjetunion'. Sofort haben sich in jeder Baracke Gruppen gebildet, die miteinander das Buch durcharbeiten, Kapitel um Kapitel." Langbein wollte in seiner geplanten Autobiografie über seine Leitungsaufgaben in der kommunistischen Organisation berichten – da es nicht dazu kam, wissen wir nun wenig darüber. Hans Landauer erinnert sich, dass Langbein die Mitglieder der KP dazu angehalten hat, sich in Dreiergruppen zu organisieren. „Dort haben wir stur alles auswendig gelernt", meint Landauer rückblickend.

Was sehr wohl die Jahrzehnte überdauert hat, ist die Erinnerung an die „Österreichische Volkshochschule Gurs". Die Idee dazu stammte von Leopold Spira: Es drängte ihn, die allerorts sichtbaren Anstrengungen, sich sinnvoll zu betätigen und weiterzubilden, in geordnete Bahnen zu lenken. In Hermann Langbein fand er sofort einen begeisterten Unterstützer. Podium und Bänke wurden errichtet – mangels Baumaterial aus übereinandergestapelten Rasenstücken: dreizehn Bankreihen mit Sitzplätzen für bis zu zweihundert Kameraden. Ebenso umstandslos wurden die Unterrichtsgegenstände und -modi festgelegt sowie Lehrpersonal für die einzelnen Fächer gefunden: Deutsch, Mathematik, Geografie, Geschichte, Naturgeschichte und Physik waren unter den ersten Angeboten; in späteren Semestern kamen Englisch, Französisch und Spanisch sowie Stenografie und Chemie dazu. Montag und Freitag wurde halbtags unterrichtet, Dienstag, Donnerstag und Samstag ganztägig. Nicht fehlen durfte die tägliche Turneinheit, die Hans Hertl leitete, anfangs am Nachmittag, später als Morgensport.

Die Volkshochschule Gurs, geleitet von Hermann Langbein, bestand ab Juni 1939.

Hermann Langbein beim Unterrichten in der Volkshochschule Gurs

In einem Bericht vom Juli 1939 hielt Hermann Langbein, Leiter der Volkshochschule Gurs, fest: „Die Schule besteht seit 7. Juni und bis jetzt sind nur zwei Stunden ausgefallen. Darauf sind wir recht stolz. In die Volkshochschule sind 153 Kameraden als Hörer eingetragen. Unser ältester Hörer ist 48 Jahre alt, unser jüngster Lehrer 24. Jeder Hörer ist durchschnittlich in drei Kurse eingeschrieben. ... Viele, viele Schwierigkeiten haben wir bei unserer Arbeit. Zuerst galt es, eine einheitliche Zeit festzustellen. Wir trieben uns einen Wecker auf, haben ihm ein Häuschen gebaut und jetzt läutet er zu Beginn und Ende jeder Stunde. Bei Regen können wir nicht in der Schule sein. Die Kameraden haben ihre Zustimmung dazu gegeben, dass bei Regenwetter die Stunden in verschiedenen Baracken stattfinden können. ... Ferner hatten wir keine Bleistifte, keine Hefte, keine Radiergummis. Wir halfen uns anfangs, so gut wir konnten, und dank der Unterstützung unserer Freunde in den demokratischen Ländern sind wir heute schon so weit, dass jeder Hörer seinen Bleistift und die meisten ein Heft haben. ... Dass es schwer ist, hungrig zu lernen, brauche ich nicht erst schreiben. Wer selbst einmal hungern musste, kennt das Gefühl. Wir haben einen Schülerrat geschaffen, der von den Hörern gewählt wurde und die Lehrer beim Vortrag beraten soll, das Tempo mitbestimmen soll und der dafür sorgt, dass Kameraden, die langsamer auffassen, mit Kameraden, die schon einige Vorkenntnisse haben, den Stoff jeder Stunde nochmals durchnehmen, sodass auch sie dem Unterricht folgen können."

Deutlich lässt dieser Bericht die Disziplin erkennen, die der Schulleiter an den Tag legte und auch von seinen Schülern erwartete. Bei entsprechender Führung und bestandener Prüfung gab es denn auch lobende und anerkennende Worte des Lehrers oder Schulleiters. Anhand der erhalten gebliebenen Zeugnisse zeigt sich, dass mindestens fünf Semester durchgeführt wurden. Lajos Falusi, so erzählt Langbeins Tochter Lisa, erinnerte sich noch lange daran, wie ihr Vater Konsequenz und Pünktlichkeit vorlebte, selbst wenn sämtliche äußere Umstände dagegen sprachen. „Es war Winter, es war saukalt. Sie haben keine Heizung gehabt und nur eine ganz dünne Decke. Alle haben versucht, im Bett liegen zu bleiben, solange es nur irgendwie geht, es gab wenig Anreiz aufzustehen. Und dann hat er gesagt: ‚Da hast du die Uhr stellen können: Um Punkt acht geht draußen der Hermann vorbei – Bibliothek aufsperren.' Das hat er mit Sicherheit gemacht, das bezweifle ich nicht." Die Bibliothek umfasste gerade mal um die zehn Bücher. Die Buchausgabe wie den Unterrichtsbeginn „läutete" Gustl Holzer, ein Kamerad aus Kärnten in der Funktion eines Schuldieners ein, mit einem Eisenhammer schlug er auf eine Eisenstange, der „Klang" war weithin zu vernehmen.

Die Wirkung der Volkshochschule auf die Kameraden war enorm und ist in zahlreichen Erinnerungen lebendig. Johann Körner denkt in Dankbarkeit an diese Zeit zurück: „Wir lernten nicht allein des Zeitvertreibs wegen. Viele, denen erst nach 25, wie man so sagt, der ‚Knopf' aufging, hatten nun Gelegenheit, das nachzuholen, wozu es in der Schulzeit nicht reichte. Ohne Scheu bekenne ich mich auch zu diesem Kreis. Heute noch bin ich unserem Kameraden Hermann Langbein dankbar, der es so schön und einfach verstand, sein Wissen anderen zu übermitteln. Durch ihn lernte ich erst wirklich die Regeln der Orthografie und Grammatik verstehen und damit zugleich die Schönheit der Ausdrucksmöglichkeit unserer Muttersprache zu lieben. Zwar stolpere ich auch heute noch manchmal, aber zu meiner

Schulzeit reihte mich mein Deutschlehrer nur unter die ‚Hornochsen‘. Manche von uns, sogar Bauernburschen, studierten mit großem Erfolg die höhere Mathematik, Algebra, wovor ich mich heute noch fürchte."

Hans Landauer, in Gurs ganze achtzehn Jahre jung, erinnerte sich einiger weiterer Lehrer: Neben Langbein selbst, der Deutsch unterrichtete, hob er Poldi Spira hervor, der Geschichte lehrte; Alfred Rettenbacher aus Villach vermittelte Philosophie und Mathematik, Egon Steiner und Walter Wachs Französisch, Hans Bily Chemie; außerdem lehrten Hans Landesberg und Heinrich Dürmayer. „Abgesehen vom ‚großen‘ Unterricht bildeten wir uns auch privat weiter. Beim Vokabellernen wurde ‚abgefragt‘, im kleinen Kreis Grammatik gebüffelt. Der Volkshochschule Gurs bin ich noch heute dankbar. Sie hat es vielen von uns ermöglicht, die Zeit im Lager nicht nur unbeschadet, sondern sogar gestärkt an Wissen und Moral zu überstehen. Durch sie wurde das Zusammenleben unter widrigen Umständen erträglich, und es ergaben sich Freundschaften, die kurz darauf von unschätzbarem Wert waren. Ohne Zuwendung, ohne Solidarität, ohne Kameradschaft hätte es im KZ kein Überleben gegeben. Und es waren österreichische Spanienkämpfer, die sowohl in Dachau (wo 382 von uns landeten) als auch in anderen deutschen Konzentrationslagern (wo weitere 77 litten) Funktionen innehatten, durch die sie manches zum Guten wenden konnten."[11]

Gut zehn Jahre später noch einmal nach seinen Erinnerungen an Hermann Langbein befragt, meint Landauer: „Positiv in Erinnerung sind mir von diesen Lehrern nur der Spira und der Langbein. Dass Langbein von sich eingenommen war, hat mich nicht abgestoßen. Ich war ja gierig, etwas zu lernen und daran Freude zu haben. Also für mich war er, und ich glaub für alle, eine ausgesprochen positive Person."

In einem Brief an Johann Eichinger (damals in der UdSSR) erwähnt Julius Feidl weitere Aktivitäten in Gurs: Volkshochschulbroschüren, die die Lagerbewohner erarbeiteten, 400 Exemplare der Schrift ‚6 Monate KZ‘ sowie kleine Alben und Linoleumdruckmappen, künstlerisch und liebevoll gestaltet; von über tausend hergestellten Fotografien und Postkarten ist die Rede, von einem Riesenrad und einem Damespiel aus Ochsenknochen und viel Kulturarbeit.[12] Die Lagerinsassen versandten ihre Arbeiten in die halbe Welt, damit erhofften sie sich weitere Zuwendungen von auswärts, nicht nur an Materialien, um sich künstlerisch zu betätigen, sondern wohl auch zusätzliche Nahrungsmittel. Denn auch in Gurs war der Hunger ein Dauerthema.

Mit Herbstbeginn verschlechterte sich die Versorgungslage – parallel zu den immer bedrückender werdenden politischen Entwicklungen. Mit jedem Tag, der ins Land zog, verringerten sich die Chancen, freizukommen. Die Angebote der Franzosen, in die Fremdenlegion zu wechseln, wiesen fast alle österreichischen Inhaftierten entschieden zurück. Schon lange zuvor hatten sie beschlossen, möglichst zusammenzubleiben; einige wenige verließen das Lager mit einem größeren Invalidentransport Richtung Sowjetunion. Für eine kleine Gruppe ging buchstäblich in letzter Minute die große Hoffnung in Erfüllung, von einem demokratischen Land aufgenommen zu werden. Unter ihnen war Poldi Spira: „Am 27. August landeten wir in England. Fünf Tage später marschierte die Wehrmacht in Polen ein, Frankreich und Großbritannien erklärten Hitlerdeutschland den Krieg. Nun nahm England niemanden mehr auf."[13]

Die wahren Tatsachen hinter den historischen Entwicklungen dieser letzten Sommertage des Jahres 1939 wollte – und konnte – Hermann Langbein nicht wahrhaben: „Ich trau mich zu sagen, dass wir einfach das gefressen haben, was uns die kommunistische Parteiführung gesagt hat." Gemeint ist die KPÖ, deren Führung von Paris aus arbeitete; ihre offizielle Linie besagte: „Die Engländer und Franzosen haben die Russen hingehalten, sie wollten Hitler auf Stalin hetzen, sodass dieser aus Not, um sich herauszuhalten, den Pakt mit Hitler schließen musste." So die Erklärung, die sich die Kommunisten in den westeuropäischen Ländern nach dem Hitler-Stalin-Pakt vom 23. August 1939 zurechtgelegt hatten.[14]

Mit der Kriegserklärung Frankreichs gegenüber Deutschland verschlechterte sich die Lage der in Gurs Zurückgebliebenen abermals. Ab 1. September galten sie wie alle internierten Ausländer als Feinde. Tauschgeschäfte mit den Wachmannschaften und der umliegenden Bevölkerung wurden schwieriger, aus dem Ausland kamen weniger

Geld- und sonstige Sendungen, neben dem Hunger machten den Internierten Feuchte und Kälte zu schaffen. Erst nach längerem Kampf setzte die Lagerleitung der Häftlinge bei den Franzosen durch, dass Öfen aufgestellt wurden; doch um Brennmaterial herbeizuschaffen, mussten die Gefangenen Baracken zerlegen. In dieser Notsituation beschloss die Lagerleitung, dass das gesamte Geld, das von draußen ins Lager kam, dem Kollektiv gehören sollte. Für den Einzelnen wendete sich die Not so meist nur geringfügig zum Besseren, oft aber wurden die Entbehrungen umso stärker wahrgenommen, was unweigerlich zu Spannungen führte.

Die Lagerleitung hatte beschlossen, General Gamelin, dem Oberbefehlshaber der französischen Truppen, ihre Bereitschaft zum Kampf in deren Reihen und gegen den Faschismus anzubieten, ein Schreiben, dem alle Österreicher und insgesamt zweitausend Spanienkämpfer zustimmten, das von französischer Seite jedoch unbeantwortet blieb. Stattdessen warb abermals die Fremdenlegion um sie; sie sollten in Arbeitskompanien Bunker bauen und Wälle an der Verteidigungsfront gegen Deutschland aufschütten, in Spezialeinheiten nach Finnland verschifft werden und dergleichen. Die Gefangenen lehnten mehrheitlich ab.

Die aggressiver werdende Haltung gegenüber den „feindlichen Ausländern" zeigte sich auch darin, dass die Garde mobile im Lager immer aktiver wurde. Jede Ansammlung erschien ihr verdächtig, schnell witterte sie eine kommunistische Verschwörung; Barackeninspektionen nach verbotener Literatur und Verhöre, die zerschlagene Gesichter hinterließen, häuften sich. Als eines Tages eine Liste mit vierzig Namen die österreichische Lagerleitung erreichte, darunter hauptsächlich Personen, die den Franzosen als besonders politisch, besonders kommunistisch umtriebig galten, war darauf auch Hermann Langbein genannt. Die Leitung der Volkshochschule gab er an den Steirer Ludwig Lackner weiter, dann ging es mit seinen Gefährten, unter ihnen Leo Engelmann, Walter Wachs, Sioma Lechtmann und Alois Peter, auf Transport in ein anderes Lager: Le Vernet, südlich von Toulouse.

Die Zeiten werden noch härter

In Le Vernet herrschte ein militärischer, schärferer Tonfall als in den Lagern davor. Der Tag begann mit Appellstehen, die Häftlinge wurden zu verschiedenen Arbeiten eingeteilt, etwa in der Küche. Nach der Niederlage der Spanischen Republik für die Internierung von zwölftausend spanischen Soldaten adaptiert, wechselte mit Kriegsbeginn im Herbst 1939 die Belegschaft, die ab nun primär aus „feindlichen Ausländern" und „antifaschistischen Intellektuellen" bestand, darunter bekannte und als gefährlich eingestufte deutsche und französische Kommunisten, frühere Mitglieder der Internationalen Brigaden, Reichsdeutsche politischer und unpolitischer Natur, jüdische Emigranten, Italiener, Belgier und viele Nationen mehr.

Ab 1940 nahm das Internierungslager Zustände an, die später mit jenen deutscher Konzentrationslager verglichen wurden.[15] Arthur Koestler hat sie in seiner Autobiografie im Kapitel „Abschaum der Erde" beschrieben.[16] Keine Heizmöglichkeiten, was im Sommer noch erträglich, im Winter jedoch für viele tödlich war. Die Betonböden ließen sich zwar leicht sauber halten, verbreiteten aber eine enorme Kälte, die in die hungernden Körper kroch. Hunger entwickelte sich zum dominanten Thema, erinnerte sich Hermann Langbein. „Wenn man Hunger hat, ist es doppelt so kalt, und wenn man friert, hat man doppelt so großen Hunger." Die Essensrationen wurden immer kleiner, sodass die österreichischen Spanienkämpfer, die auch hier zusammenhielten, sich eine Waage zulegten, um die Brotrationen möglichst gerecht verteilen zu können und so Streitereien zu verhindern.

Not machte erfinderisch: „Heute hat es wieder große Aufregung gegeben. Aufregung, Nervosität und einen schönen Abend. Es ist nämlich heute der Hund des Kommandanten verschwunden. Der Kommandant hat sich sehr aufgeregt und wir haben ein gutes Nachtmahl gehabt, denn der Hund war groß und gut genährt. Rudl Had, der einmal in einem bekannten Wiener Hotel Koch war, hat heute seinen großen Tag. Nach dem Essen fragt er jeden, dem er begegnet: ‚Hast du überhaupt geschmeckt, dass das ein Hund war? Man hat es doch überhaupt nicht schmecken können.' Rudl hat eine Soße gemacht, die in seinem Hotel bestimmt einen vornehmen französischen Namen bekommen hätte."

Als die Essensrationen abermals gekürzt wurden und sich bei einigen der Gesundheitszustand deutlich verschlechterte, schlug Leo Engelmann im österreichischen Kollektiv vor, die vorhandenen Lebensmittel nicht mehr zu teilen, sondern sie dem Arzt zur Versorgung der Schwächsten zu überlassen. Das Kollektiv fügte sich, doch wie hart der Beschluss für den Einzelnen war, bekannte auch Langbein freimütig: „Jetzt weiß ich erst richtig, was Hunger ist. Es gibt Stunden, so vor der Brotfassung, wo man wirklich Schmerzen hat, wo man nichts anfangen kann, nicht lesen und nicht reden und nicht einmal gescheit denken. Ich habe mich schon ein paar Mal dabei erwischt, wie ich mit Neid, ja mit richtigem Neid den Kranken zugeschaut habe, wenn sie etwas ‚extra' bekommen. – Das ist nicht schön."

Die Topinamburen, die Hermann Langbein dort erstmals und gleich als neue Plage kennenlernte, waren meist verfault. Ratten und Mäuse bevölkerten das Lager – von den Häftlingen in Konservendosen gegart, waren die Tiere immer noch schmackhafter als das, was sie sonst vorgesetzt bekamen.[17] Schließlich wagten die Häftlinge im Februar 1941 eine Hungerrevolte. Die mutmaßlichen, überwiegend kommunistischen Anführer des Aufstands wurden verhaftet, das Essen in den darauffolgenden Wochen aber tatsächlich besser und nahrhafter.

Was den ehrgeizigen Kommunisten Langbein auch am Leben hielt, war geistige Nahrung: Von Szymon, einem polnischen Kameraden, den er später in Auschwitz wiedersehen sollte, borgte er sich täglich stundenweise „Das Kapital" von Marx aus. „In der Früh und nach dem Mittagessen les ich immer ein paar Absätze, langsam und gewissenhaft."

Unter den Genossen im Lager diskutierte man selbstverständlich immer wieder die triste Situation und mögliche Auswege. Die politischen Ereignisse verhießen keine Entspannung der Situation, vielmehr deutete alles auf weitere Eskalation hin: Kurz nach der Ankunft Langbeins in Le Vernet am 5. Juni 1940[18] hatten die Nationalsozialisten Paris eingenommen, Frankreich musste sich eine Woche später ergeben. Die unbesetzte Zone Vichy-Frankreichs stand realiter unter deutscher Militärverwaltung. Immer wieder kamen deutsche Kommissionen ins Lager, die die internierten Reichsdeutschen – laut Kundt-Kommission, die am 17. August 1940 in Le Vernet eintraf und dort 283 Reichsdeutsche zählte – mit einer „Heim ins Reich"-Option lockte. Der Erinnerung Langbeins folgend kamen zuerst deutsche Offiziere, dann Zivilisten, die den „Ostmärkern" unter ihnen, die schon unter Schuschnigg geflohen waren, geradezu schmeichelten: Nach drei bis vier Monaten Umschulungslager könne jeder von ihnen einen Arbeitsplatz bekommen und wer Leistung zeige, habe eine Zukunft im Reich. Ernsthafte Überlegungen wurden angestellt, diese Option zu wählen – denn was waren die Alternativen nach zwei Jahren Lagerhaft? Bahnbau in der afrikanischen Sahara, so lautete jedenfalls das französische Angebot.[19]

In dieser Situation riet die KPÖ ihren Anhängern, sich für die Repatriierung zu melden – in der irrigen Annahme, sie könnten daheim zum Widerstand gegen das Naziregime beitragen. Dieser Rat war keine ausgemachte Sache. Immer wieder diskutierte die Parteileitung die Frage, ob man sich freiwillig dazu melden solle oder nicht. Bis dahin sprachen die kommunistischen Parteitheoretiker vom „imperialistischen Krieg", in den Frankreich und England gegen Deutschland verstrickt waren.[20] Hermann Langbein übernahm, wie er später in einem Interview schilderte, die Überlegungen der Parteiführung: Gefangener sei er dort wie da, nach der angekündigten Umschulung der Rückkehrer könne er aber in Österreich eventuell politisch aktiv sein. Schließlich schrieb man an die deutsche Repatriierungskommission in Vichy, dass man zur Rückkehr in die Heimat bereit sei. Ausdrücklich ausgenommen waren Juden und sonst stark gefährdete Personen, insbesondere kommunistische Spitzenfunktionäre, die bereits in Auseinandersetzungen mit Nationalsozialisten verwickelt gewesen waren. Langbein zählte (sich) nicht dazu.

Doch die Entscheidung ließ auf sich warten. Zwischenzeitlich gab es für Hermann Langbein noch eine Wiedersehensfreude mit seinem Bruder. Otto war vor den Deutschen aus Paris in ein Dorf in Mittelfrankreich geflohen; den beiden Brüdern gelang es, wieder Kontakt aufzunehmen, nachdem sie sich zuletzt im April 1938 gesehen hatten. Da in Le Vernet zur Zeit von Langbeins Internierung Besuch empfangen werden durfte, sagte Otto zu, im Oktober für zwei Tage zu kommen. Selbstverständlich brachte er seinem Bruder so viel Essen wie nur möglich mit, das im Kollektiv aufgeteilt wurde – nur die Frischmilch behielt Hermann für sich allein. „Milch, wirkliche Milch. Langsam trinke ich, immer wieder setze ich ab." Vier Wochen später kam eine Karte von Otto – aus dem Internierungslager Gurs.

„Morgen geht endlich unser Transport nach Deutschland", formulierte Langbein retrospektiv in „Die Stärkeren" die Hoffnung auf einen Neuanfang in Deutschland – und vermittelte gleichzeitig die damit verbundenen unrealistischen Erwartungen.

Das verhasste „allez, allez" der Franzosen konnten sie hinter sich lassen – es erwartete sie das „raus, raus, schneller, schneller" der deutschen Bewacher, die im Tonfall keineswegs freundlicher waren. Doch was war schon der Tonfall im Vergleich zu den übrigen Härten, die sie in deutschen Lagern erwartete.

Das erste Jahr im Konzentrationslager: Dachau

Das Rollwagenkommando

Die Gestapo hatte früh schon ihren „Anspruch" auf die Spanien-kämpfer angemeldet, auch auf die „ostmärkischen". In einem Schreiben der Gestapo Wien vom 7. Juli 1938 an die Landeshauptmann-schaft Niederdonau heißt es, alle zurückkehrenden Spanienkämpfer seien in Sammeltransporten unverzüglich der Gestapo zu überstellen; diese Anordnung, ursprünglich am 2. Dezember 1937 vom Geheimen Staatspolizeiamt in Berlin erlassen, habe nun auch für das ehemalige Bundesgebiet Österreich ihre Gültigkeit.[21] Die Verordnung der Schutzhaft regelte ein Erlass des Chefs der Sicherheitspolizei und des Sicherheitsdienstes vom 25. September 1940. Ihm zufolge seien „reichsdeutsche und ausländische ehemalige Rotspanienkämpfer grundsätzlich festzunehmen und mindestens für die Dauer des Krieges über diese Schutzhaft zu verhängen, soweit nicht Gerichtsverfahren gegen sie anhängig" wären.

Die insgesamt 458 österreichischen Spanienkämpfer, die in nationalsozialistischen Konzentrationslagern landeten, ahnten während des Transports Richtung Deutschland noch nichts von ihrem weiteren Schicksal. Die Gestapo ließ sie über das Ziel nicht nur im Unklaren, sie täuschte ihnen vielmehr eine tatsächlich bevorstehende Rückkehr in ihre Heimat vor: In Karlsruhe ließ man die Männer für die Weiterfahrt nach Regionen geordnet in den Zug steigen – die Wiener, die Salzburger, die Grazer, die Linzer. Doch beim Umsteigen in München galt diese Ordnung nicht mehr: Alle wurden in einen auf einem Nebengleis wartenden Zug getrieben, schnell musste es gehen. Am 1. Mai 1941 erreichten 145 Österreicher das Konzentrationslager Dachau.[22]

Obwohl die Männer Strapazen und Schikanen aus den französischen Lagern gewohnt waren, traf sie die Verachtung, die ihnen hier in Dachau entgegenbrandete, wie ein Schlag ins Gesicht. Einen solchen gab es auch im wortwörtlichen Sinne gleich als „Willkommensgruß", kaum dass sie vom Lastwagen heruntergesprungen waren, der sie vom Bahnhof ins Lager gebracht hatte.

Hermann Langbein nach seiner
Ankunft in Dachau, Mai 1941

Die Aufnahmeprozedur schockierte die an so einiges gewöhnten Internierten. Hunger, primitivste Behausungen, Demütigungen durch die Bewacher, hoffnungslose Perspektiven – all das kannten sie. Doch Ziel der SS war, den Willen der Häftlinge von Beginn an zu brechen, ihnen ihre Persönlichkeit, ihre Identität zu rauben. In Dachau begegneten sie auf Schritt und Tritt roher Gewalt und Willkür, von der ersten Minute an. Dieser Schrecken vermochte aber auch Widerstandsgeist wachzurufen; Langbein führte vierzig Jahre später diese allerersten Lagereindrücke als stärkste Triebkraft für den Einsatz gegen die Lagerbedingungen an: „Ich habe das besonders stark empfunden, als bei unserer Einlieferung in Dachau der Lagerführer Zill den ältesten von uns [Spanienkämpfern] geschlagen hat und wir mit den Händen an der Hosennaht hatten danebenstehen müssen. So hat sich mir diese im Vergleich zu all dem später Erlebten unbedeutende Episode deutlich eingeprägt."

Ebenfalls ungewöhnlich für die Neuankömmlinge: Die gesamte Aufnahmeprozedur wurde von Häftlingen durchgeführt; die SS stand dabei, um sie anzutreiben. In der Aufnahmekanzlei erhielten die Neuen eine Nummer – fortan das einzig gültige Erkennungszeichen der Häftlinge gegenüber den Bewachern. Langbein galt in Dachau von nun an als die Nummer 25-1-33. Bestandteil der Aufnahmeprozedur war ein „Ariernachweis". Langbeins Vater galt nach NS-Kriterien als Jude – zum Entsetzen des Schreibers verschwieg Langbein dies nicht, sondern griff zu einer halbherzigen Notlüge: Sein Vater sei lange verstorben; er wisse, dass dieser „Mischling" gewesen sei, aber nicht, welchen Grades. So stand es fortan in Langbeins Akt. In Dachau aber wurde er weiterhin als „Rotspanier", also als politischer Häftling, behandelt.[23]

Nach einer Ganzkörperrasur erkannten sich die Neuankömmlinge in blau-weiß gestreifter Häftlingskleidung und unbequemen Holzpantoffeln gegenseitig kaum wieder.

Die ersten Wochen verbrachten sie in Quarantäne – Seuchen gehörten in jedem Lager zu den Schreckensszenarien der SS. Nicht enden wollende, sinnlose Exerzierübungen verfehlten ihre demoralisierende Wirkung nicht: Mit Holzschuhen an den Füßen stellten sie eine einzige Qual dar. In den Blocks musste penibel auf Ordnung und Sauberkeit geachtet werden, für die inspizierenden SS-Männer eine gern wahrgenommene Gelegenheit, die Häftlinge zu schikanieren. „Der Blockführer visitiert die Spinde und findet immer etwas, weil er etwas finden will. ‚So, also ihr seid die Rotspanier. Feine Vögel seid ihr. Wer war von euch Offizier? Wird's bald?' Vier treten vor. Wortlos gibt der Blockführer mit dem Milchgesicht jedem eine Ohrfeige. Und schlagen können sie gut, die SSler. Peter Loisl steht neben mir. Jetzt zittert er vor Wut und ist ganz weiß im Gesicht", schilderte Langbein später in „Die Stärkeren".

Bei der ersten Arbeitszuteilung kam er ins Rollwagenkommando. Mit bloßer Körperkraft mussten die großen Wägen voller Stroh, Heu oder Dünger gezogen werden. Die einprägsamsten Fuhren waren jedoch die Leichentransporte: Jeden Morgen holte das Rollwagenkommando die Leichen aus dem Krankenbau und fuhr sie zum Krematorium im Wald außerhalb des Lagers. Aus den Särgen tröpfelte das Leichenwasser, Gestank breitete sich aus. Beim Krematorium hatten sie die ausgemergelten Körper – ein jeder mit seiner auf die Brust geschriebenen Häftlingsnummer – aus den Särgen zu heben. Langbein atmete auf, als ihn der Wiener Kommunist Josef Lauscher, genannt Pepi, von dieser belastenden Arbeit befreite. Lauscher war bereits im Mai 1938 nach Dachau gekommen, dementsprechend niedrig war seine Häftlingsnummer und hoch seine Funktion: Er war Lagerläufer. Im Revier, dem Häftlingskrankenbau, wurde ein Schreiber mit perfekten Maschinenschreib- und Stenografierkenntnissen gesucht, Lateinkenntnisse von Vorteil – eine wichtige Stelle, die, so das Bestreben der Kommunisten, mit einem verlässlichen Genossen besetzt werden sollte. Dafür kamen nur wenige in Frage.

Kommunisten kontra Sozialdemokraten

So wurde Langbein dem Arzt Dr. Rudolf Brachtel als Schreibkraft zugeteilt, Interne Abteilung (auf Block 3, später auf Block 5). Brachtel war neu in Dachau und wollte eine Röntgenstation aufbauen. In einem Konzentrationslager hieß dies: Versuche an Menschen. Für Dachau sind eine Reihe von pseudomedizinischen Experimenten belegt: bewusst herbeigeführte Malariainfektionen, Tests der Wirkung von Sulfonamidpräparaten (etwa gegen Gonorrhö oder Lungenentzündung), Leberpunktionen im Zuge einer im Lager grassierenden Gelbsuchtepidemie, Unterkühlungsversuche, sogenannte Höhenversuche in einer fahrbaren Unterdruckkammer, Versuche zur Trinkbarmachung von Meerwasser. Die verantwortlichen Ärzte: Rudolf Brachtel, Claus Schilling, Hellmuth Vetter, Kurt Plötner, Sigmund Rascher und Wilhelm Beiglböck. Die ersten drei Genannten lernte Langbein in Dachau persönlich kennen.

Von Beginn an hinterfragte Langbein die Anordnungen der SS, aber auch jene der Häftlingsfunktionäre, nach ihrem eigentlichen Ziel und besprach Auffälligkeiten mit engsten Vertrauten. Er versuchte, kranken Häftlingen wirksame Behandlung und Pflege zukommen zu lassen und gefährdete Personen zu retten. Vor allem beobachtete Langbein genau das Verhalten der Ärzte; so konnte er sie später mit seinen Erinnerungen konfrontieren und mehrfach gegen sie aussagen.

In „Die Stärkeren" gab Langbein einige Episoden wieder, etwa die Punktionen von Gelbsuchtpatienten – ohne Narkose stach Brachtel den Erkrankten eine Nadel in die Leber: „Auf unsere Interne Station kommen in der letzten Zeit immer mehr, die epidemische Gelbsucht haben. Dr. Brachtel findet diese Fälle äußerst interessant. Mir ist es immer unbehaglich, wenn Brachtel besonderes Interesse für etwas zeigt." Ein weiteres Beispiel: die Malariaversuche des emeritierten Professors Claus Schilling an über tausend Häftlingen; an die hundert von ihnen starben daran. Auf der Malariastation wurden gesunden Häftlingen Stechmücken auf den Arm gesetzt. In Folge litten die Infizierten an periodischen Fieberanfällen, die mit Medikamenten teilweise noch gesteigert wurden. „Die Wirkung der Medikamente wird genau registriert. Sie [die Versuchspersonen] magern ab, bekommen schwarze Ränder unter den Augen. Immer wieder haben sie diese Anfälle. Schilling ist ein gründlicher Professor. Er verlangt neue Versuchskaninchen und bekommt sie auch. Im Lager gibt es zu all den Ängsten eine neue: Nur nicht für den Malariablock ausgesucht werden."

Die fahrbare Luftdruckkammer war ein weiterer Schreckensort. Darin konnte Über- wie Unterdruck erzeugt werden; die sogenannten „Höhenversuche" sollten die Druckverhältnisse simulieren, denen ein Fallschirmspringer ausgesetzt ist. Langbein ließ sich von einem Pfleger die Auswirkungen schildern: „Sie haben die Leute noch als lebend hergeschleppt. Ich hab sie sofort aufschneiden müssen, und dabei haben sie einen Apparat angeschlossen, der die Herztöne aufzeichnet. Das Herz hat noch geschlagen, wie ich sie schon offen gehabt habe."

Neben der Leichenkammer befand sich ein gut eingerichteter Sektionsraum, in dem auch – von Häftlingen – Präparate angefertigt wurden, unter anderem geschmacklose, makabre Dekorationsobjekte. Besonders begehrt bei der SS waren Totenschädel mit vollständigem Gebiss. „Als ich einmal lachte, hat Brachtel mir befohlen: ,Machen Sie den Mund auf. Sie haben ja noch alle Zähne.' Und nach einer kurzen Pause meinte er zu Heini [dem Oberpfleger], der danebenstand: ,Wenn er einmal krank wird, verständigen Sie mich'."

Rasch war durchschaut, dass die „Invalidentransporte" nicht, wie von der SS behauptet, in „Schonungslager, wo es nur leichte Arbeit gibt" gingen, sondern in Tötungsstätten – dass das Ziel Hartheim in Oberösterreich hieß, wussten die Häftlinge allerdings nicht. Mauthausen oder ein Ort in dessen Nähe schwirrte gerüchteweise durchs Lager. Allerdings fiel ihnen auf, dass die Effekten, also die Habseligkeiten, die den Männern beim Betreten des Lagers abgenommen worden waren, üblicherweise mit auf Transport gingen – bei den Alten, Gebrechlichen und Behinderten jedoch nicht.

Hermann Langbein versuchte mit seinen Mitstreitern, einige dieser Todgeweihten zu retten. Etwa den erst 19-jährigen Berliner Juden Száma Nowak, den die Kameraden im Revier aufgepäppelt hatten und der wieder Zuversicht geschöpft hatte. Oder einen verdienstvollen Arzt: Dafür sprach Langbein bei Brachtel selbst vor und informierte ihn, dass der jüdische Häftlingsarzt Dr. Siegmund Kreuzfuchs, ein bekannter Röntgenfacharzt, ebenfalls auf der Liste stehe. Eine Zeit lang hatte er – auf Langbeins Vermittlung hin – dem SS-Arzt bei der Abfassung wissenschaftlicher Abhandlungen geholfen. Brachtel beantwortete Langbeins Bitte, Kreuzfuchs von der Liste zu nehmen, jedoch mit dem Satz: „Warum? Gönnen Sie ihm keine leichtere Arbeit?"

Langbein entsetzte nicht nur Brachtels Reaktion, er war auch verärgert über seinen Kameraden Franz Olah, der als oberster Funktionshäftling in der zentralen Schreibstube des Krankenreviers die Transportliste ergänzen musste. Zu wenige Namen befanden sich nämlich auf der von der SS bereits erstellten Liste. Langbein hatte Olah ausdrücklich ersucht, frühzeitig die Namen bzw. Nummern kursieren zu lassen – ihm ging es in erster Linie um gefährdete Spanienkämpfer. Olah indes stellte sich unwissend. Dies war nicht der einzige Konflikt mit ihm: Hier trafen ein Kommunist und ein Sozialdemokrat aufeinander – beide hielten nichts von der politischen Überzeugung des anderen.

Die tonangebenden Sozialdemokraten, schon viele Jahre in Dachau, waren zudem überzeugte Antikommunisten: Otto Skritek und Franz Olah aus Österreich, Kurt Schumacher und Karl Zimmermann aus Deutschland. Vermutlich waren sie nicht glücklich über die Ankunft der vielen Spanienkämpfer, die zumeist kommunistisch gesinnt waren[24], sich um wichtige Funktionen bemühten und großen

Zusammenhalt sowie Einsatzbereitschaft füreinander mitbrachten. Beide Seiten versuchten, ihr Netzwerk zu festigen. In Dachau war die Rivalität zwischen den Kommunisten und den Sozialdemokraten, nicht zuletzt durch den Hitler-Stalin-Pakt, sehr stark (wenngleich es neben aller Konkurrenz auch viele Beispiele vorbildhafter Zusammenarbeit gab). Langbein berichtete, er habe zwischen Zimmermann und Skritek ein Gespräch belauscht, in dem es darum ging, wie sie sich der Kommunisten entledigen könnten.[25]

Seit dem Überfall des Deutschen Reiches auf die Sowjetunion hatte die SS in Dachau die kommunistischen Gefangenen systematisch aus den wichtigsten Lagerpositionen entfernt und vorwiegend durch Sozialdemokraten ersetzt. In Langbeins Erinnerungen, die er schrieb, als er noch kommunistischer Funktionär war, kommen denn auch nur die Kameraden gut weg, die seine politische Gesinnung teilten: Pepi Lauscher, Hans Schwarz, Karl Lill, Loisl Peter, Sepp Leberstorfer, Ludwig Wörl und Mathias Neumeier. Von den Interbrigadisten „gehören alle die zu uns, die wir auch draußen miteinander waren und die nicht schwach geworden sind", heißt es dort in propagandistischer Manier. „Die Hilfe für unsere Genossen, das ist und bleibt die erste Aufgabe unserer Organisation. Jetzt haben wir nämlich nach langsamem, vorsichtigem Tasten schon so etwas wie eine Organisation. Jeder hat nur die Verbindung mit zwei, drei Kameraden. Keiner darf mehr wissen, als er unbedingt wissen muss, aber wir brauchen diese Art von Verbindung, damit wir planmäßig helfen können."

Jede Hilfe bedeutete, Widerstand zu leisten, Widerstand gegen die Unterwerfungs- und Vernichtungsabsichten der SS. Um wirksam helfen zu können, musste man Funktionen in der Lagerverwaltung innehaben – und sie entsprechend ausüben. Ein Funktionshäftling in einem Konzentrationslager bewegte sich ständig im Spannungsfeld zwischen „Handlanger für die SS" und „Einsatz für seine Mithäftlinge". In jedem Lager herrschte große Rivalität um diese Positionen, in erster Linie zwischen den „Kriminellen" und den „politischen Häftlingen", die wegen antinazistischer Tätigkeiten verfolgt wurden.[26]

Doch auch die „Politischen" waren keine homogene Gruppe, sondern rivalisierten untereinander. Die SS schürte absichtlich die Konkurrenz unter den Häftlingen – nur eine hierarchisierte Menschenmenge, die um Macht und Einfluss, Gunst und Privilegien kämpfte, ließ sich beherrschen. Die Rangordnung, festgemacht an Verfolgungsgrund und Nationalität, war grundlegend für das Lagerleben; sie wurde von der SS eingeführt, von den Häftlingen jedoch mitgetragen. Reichsdeutsche Kriminelle und Politische standen in allen Lagern an der Spitze der Hierarchie, Russen, Juden und „Zigeuner" zuunterst. Sobald ein Häftling eine Funktion innehatte, sah er sich aus der Masse der Machtlosen herausgehoben, waren seine Überlebenschancen gestiegen – wenngleich es noch ein weiter Weg war, um zur „Lageraristokratie" oder „Lagerprominenz" zu gehören.

Die satte Ruhe der Prominenten

Hermann Langbein war früh in diesen Wettbewerb eingestiegen. Als Schreiber im Krankenrevier bekam er auch seinen Schlafplatz dort. So lernte er die Eigenheiten des gesamten Revierpersonals kennen – und wusste bald, wer sich für die Kranken einsetzte und wer allzu eilfertig der SS zu Diensten war. Seine Schwierigkeiten hatte er mit dem Revierkapo Sepp Haiden, einem Österreicher und früheren Schuschnigg-Anhänger (in Dachau als Despot des Krankenbaus verschrien[27]), sowie mit dessen Nachfolger, dem deutschen Sozialdemokraten Karl Zimmermann; außerdem mit Heini Arbeiter, dem Oberpfleger, und zahlreichen anderen, die Willkür walten ließen oder, wie Langbein sich ausdrückte, es sich zu bequem gemacht hatten.

Zu Letzteren wollte Langbein von Beginn an nicht gehören. Ihm imponierten Leute wie Karl Lill, kommunistischer Funktionär aus Karlsbad, „ein Mensch, der immer helfen will, wo er nur kann". In die Dachauer Häftlingsrangordnung hatte ihn der Deutsche Ludwig Wörl eingeführt, einer von den „niederen Nummern". Er vermittelte ihm auch die weitaus größere Bedeutung des „Organisierens" in einem deutschen Konzentrationslager: Das Beschaffen von begehrten Gütern, die sich eintauschen ließen, konnte lebensrettend wirken; vor allem wirkte es Macht erhaltend. Eines Sonntags gingen die beiden auf der Lagerstraße spazieren, am Abend setzten sie sich auf die Bank vor dem Fenster der Schreibstube, erinnert sich Langbein später: „Da sitze ich zwischen den Prominenten, gehöre eigentlich selbst schon zu ihnen, meine Hände sind glatt, meine Wangen sind nicht eingefallen wie die der meisten, mein Gewand ist ohne Flicken. Aber die satte Ruhe des Prominenten fehlt mir. Ich will sie nie bekommen, das verspreche ich mir selbst."

Langbein gehörte zur privilegierten Klasse jener, die beim Arbeiten ein Dach über dem Kopf hatten, die nicht bis zur völligen Erschöpfung geschunden wurden, die sich nicht für ein dringend benötigtes Stück Stoff oder eine bessere Hose zu kriminellen Handlungen erniedrigen mussten, die nicht Gefahr liefen, vor Hunger wahnsinnig zu werden. Er war sich der außergewöhnlichen Stellung eines Funktionshäftlings jedoch bewusst (die sich, das sei vorweggenommen, in Auschwitz noch weitaus stärker von der Masse der Häftlinge abhob als in Dachau). Doch er versuchte, im Widerstand gegen den Terror der SS seine Fähigkeiten auch für möglichst viele andere einzusetzen – ganz im Sinne seines obigen Versprechens.

Zwischenzeitlich versah ein neuer Stationsarzt in Dachau seinen Dienst: Eduard Wirths. Schnell machte sich Langbein einen Eindruck von ihm: „Groß, schütteres schwarzes Haar, sehr helle Augen, bestimmtes Wesen." Wirths bestand darauf, dass Pfleger Heini seine Befehle umsetzte und dass die Visite an den Krankenbetten ihren Namen auch verdiente. Mit einem alten Polen versuchte er sich auf Polnisch zu verständigen, und er freute sich über ein Lob Langbeins, der es bedauerte, als Wirths eine andere Station übernahm. Damit wie auch mit dem EK II-Ordensband im Knopfloch seiner Uniform, das ihm einen Fronteinsatz bescheinigte, unterschied sich Wirths von den anderen SS-Ärzten. Er war nur wenige Monate in Dachau, doch sollten sich seine Wege noch mit denen Langbeins kreuzen.

Auch Langbein stand ein Wechsel bevor: ins KZ Auschwitz-Birkenau. Dort war eine Fleckfieberepidemie ausgebrochen, geschultes Personal aus dem „Vorzeigelager Dachau" sollte die Seuche bekämpfen helfen. Neben Langbein standen die Namen von fünfzehn anderen reichsdeutschen Pflegern und Schreibern des Krankenbaus auf der Liste. Langbein war überzeugt, dass die sozialdemokratischen Kameraden die Hand im Spiel hatten: Es war eine günstige Gelegenheit, die kommunistischen Rivalen loszuwerden. Sein erster Verdacht fiel auf Zimmermann, mit dem er zuvor eine gröbere Auseinandersetzung geführt hatte. Langbein hatte eigenmächtig sogenannte „Schonungszettel" ausgestellt, die kranken Häftlingen vorübergehend Arbeit im Stubendienst ermöglichten. Zimmermann hatte Langbein zurechtgewiesen, dass er nur Schreiber auf der Station sei und nicht Pfleger. Langbein entgegnete: „Ich hab's getan, weil ich in erster Linie politischer Häftling bin, nicht Schreiber." Eine Ohrfeige für einen Funktionshäftling, der etwas auf sich hielt.

Langbein warf auch Olah vor, ihn bewusst auf die Liste für Auschwitz gesetzt zu haben – dies war lange Zeit eine Vermutung, die später vielfach bestätigt wurde. Die Passage in seinem Werk „Die Stärkeren", in der Langbein seine KZ-Erlebnisse festhielt und dabei diesen Vorwurf erhob, durfte Jahre später, nach einer Klage Olahs, nicht mehr gedruckt werden. Langbein hatte für die beiden inkriminierenden Vorfälle, die er in seinem Buch wiedergab, keine Zeugen; so nahm er die Passagen heraus.[28] Bekannt ist aber, dass Olah von der Fleckfieberepidemie wusste; diese unbedachte Mitteilung machte im Revier die Runde und sorgte für entsprechende Unruhe. Nicht nur unter diesen verschärften Umständen galt eine Überstellung nach Auschwitz für die Häftlinge als Todesurteil. Doch eine Intervention beim zuständigen SS-Arzt wurde als chancenlos eingeschätzt.

Auf der Liste der siebzehn Revierpfleger – allein der Name der Liste ist verräterisch: Langbein arbeitete nicht als Pfleger im Revier –, die am 19. August 1942 nach Auschwitz überstellt wurden, finden sich mindestens drei weitere Kommunisten, die aus den Überlieferungen Langbeins bekannt sind: Ludwig Wörl, Karl Lill und Mathias Neumeier. Langbein war der einzige österreichische Spanienkämpfer auf der Liste – von allen seinen Kameraden musste er sich verabschieden.

Den einzigen Hoffnungsschimmer konnte Pepi Lauscher ihm mit auf den Weg geben – zwei Namen für eine mögliche Kontaktaufnahme: Ernst Burger, „ein ganz prima Jugendgenosse, Sekretär des Jugendverbandes", und Ludwig Vesely, ebenfalls Jungkommunist. Langbein sollte den beiden Grüße von Pepi ausrichten, dann würden sie ihn schon einzuordnen wissen.

L i s t e

der nach dem Konzentrationslager Auschwitz überstellten Revierpfleger:

Lfd. Nr.:	Name:	Vorname:	H.Art:	Gef.Nr:	Geburts_Daten:	
1.	Wörl	Ludwig	Sch	1110	28. 2.06 München	2
2.	Fleischner	Hans	Sch2xKL	60	28.12.00 Gunzenhausen	2
3.	Klinek	Franz	Sch	14967	1. 3.08 Gänserndorf	4
4.	Langbein	Hermann	Sch	25133	18. 5.12 Wien	24
5.	Lill	Karl	Sch	1061	15. 3.08 Altrohl u	2
6.	Luger	Josef	Sch	143	1o. 1.1o Asbach	2
7.	Mathoi	Karl	Sch	13646	3o.1o.06 Füssen	2
8.	Neumeier	Mathias	Sch2xKL	161	24. 2.04 Oberreichbach	2
9.	Wiemholdt	Paul	Sch	21o9	17. 9.04 Anklamm	17
1o.	Wittmann	Georg	PSV	1316	19.12.12 Aachen	2o
11.	Zeibig	Fritz	Sch	23639	27.11.00 Leipzig	24
12.	Schilling	Adolf	Sch	1089	27. 8.03 Dresden	2
13.	Dennstädt	Hans	Sch2xKL	38	7. 1.95 München	2
14.	Hanbuch	Philipp	Sch	13843	3. 9.06 Pfungstadt	6
15.	Hofbauer	Rupert	Sch	14o53	17. 4.98 Straubing	4
16.	Greimel	Hans	Sch	1o19	3. 8.01 Salmannskirchen	6
17.	Blasinschek	Stanko	Sch	33228	4. 5.23 Dolic	17

Überstellungsliste von 17 Funktionshäftlingen des Krankenreviers in Dachau nach Auschwitz, darunter Hermann Langbein; Dachau, 19. August 1942

Mit diesen Empfehlungen im Ohr verließ Langbein in einem Zug, der seinen Weg über München und Hof nehmen sollte, das KZ Dachau. Endstation: das Vernichtungslager Auschwitz-Birkenau.

Am Abgrund – Auschwitz

Der Bericht

Als Hermann Langbein im August 1942 in Auschwitz eintraf, lief die Vernichtungsmaschinerie bereits auf Hochtouren.[29] In den ersten beiden Jahren ab Einrichtung des Lagers im Frühjahr 1940 war Auschwitz vor allem eine Leidensstätte des polnischen Volkes, seit dem Überfall auf die Sowjetunion im Juni 1941 auch eine tausender sowjetischer Kriegsgefangener. Bereits im März 1941 ordnete Heinrich Himmler, Reichsführer SS und Chef der deutschen Polizei, an, die Kapazität des Lagers von 10.000 auf 30.000 Gefangene zu erhöhen. Hunger, Schwerstarbeit, Krankheit und Folter trieben viele in den Tod; zahlreiche Häftlinge wurden ermordet. Anfang September 1941 fanden die ersten Tötungen durch Giftgas statt: Mehrere Hundert sowjetische Kriegsgefangene und 250 polnische KZ-Insassen starben in den Kellerräumen von Block 11, dem gefürchteten Bunker des Stammlagers Auschwitz, am Giftgas Zyklon B. Diese Opfer waren die Versuchspersonen für die späteren Massenvernichtungsaktionen.

Im selben Jahr noch kam der Befehl aus Berlin, im drei Kilometer entfernten Birkenau ein Lager für 100.000 Kriegsgefangene zu errichten. Nachdem die Ermordung der europäischen Jüdinnen und Juden beschlossen worden war, wurde Birkenau, auch Auschwitz II genannt, zum zentralen Ort der Massentötungen. Im Frühjahr 1942 trafen die ersten großen Transporte aus Frankreich und der Slowakei, aus Polen und dem Deutschen Reich ein, in den folgenden Monaten dann aus nahezu allen von Deutschland besetzten Ländern. Fanden die ersten Vergasungen in Birkenau noch in einer provisorischen Gaskammer statt, wurden später insgesamt sechs Gaskammern und vier Krematorien eingerichtet, um Hunderttausende Menschen zu vernichten. Im Jahre 1944, dem Höhepunkt der Deportationen, erreichten über 600.000 Juden und Jüdinnen jeden Alters Auschwitz-Birkenau; bis zu 500.000 gingen direkt in den Tod.

Jene, die bei der Selektion an der Rampe als arbeitstauglich eingestuft wurden, erwartete meist Schwerstarbeit, überwiegend in einem der zahlreichen Außenlager. Das erste von fast fünfzig wurde im Juli 1942 in Golleschau eingerichtet, die folgenden meist in der Nähe großer Industrieanlagen, wie etwa der Buna-Werke der IG Farben, woraus sich ein eigener Lagerkomplex, Auschwitz-Monowitz, entwickelte.

In Birkenau selbst herrschten katastrophale hygienische Zustände. Mangelernährung, Krankheiten und Seuchen rafften die ausgezehrten Menschen hinweg. Dazu kamen Menschenversuche, Folter aller Art und gezielte Tötungen. Bis zur Auflösung des Lagers im Jänner 1945 sollten es 900.000 Menschen sein, die nicht ins Lager aufgenommen, sondern direkt von der Bahnrampe in die Gaskammern getrieben wurden, in der überwiegenden Mehrheit Juden und Jüdinnen sowie Roma und Sinti. Von den rund 400.000 im Komplex Auschwitz-Birkenau registrierten Häftlingen kam rund die Hälfte zu Tode.

Von der Monstrosität des Lagers konnte Hermann Langbein im Sommer 1942 freilich noch nicht wissen. Allerdings machte er sich darüber, wie auch über die folgenden Entwicklungen, sukzessive – und für einen Häftling ungewöhnlich rasch – ein umfassendes Bild. Dies war ihm – mehr als allen anderen Häftlingen – durch seinen besonderen Arbeitsplatz als Schreiber des SS-Standortarztes von Auschwitz-Birkenau möglich, eine Funktion, die er nahezu zwei Jahre innehaben sollte. Vor allem aber: Langbein *wollte* wissen, was da genau vor sich ging. Von Beginn an verfolgte er das Ziel, Informationen zu sammeln, sie zu interpretieren, zu verbreiten – und zu verwerten. In einer stetig wachsenden Gruppe Gleichgesinnter versuchte er, unter Gefährdung des eigenen Lebens Sand ins Getriebe der Tötungsmaschinerie zu streuen, um die Lebensbedingungen der Häftlinge zu verbessern, Willkürakte der SS zu mildern und Menschenleben zu retten. Dies konnte ihm nur durch gute Kenntnis der Strukturen, taktische Klugheit und richtige Einschätzung des Handlungsspielraums gelingen – und immer wieder musste schlichtweg der glückliche, lebensrettende Zufall walten.

Dies alles vermittelt der gut 25-seitige Bericht, den Hermann Langbein, wieder ein freier Mensch, bereits in den Tagen vom 22. bis 25. April 1945 in Hannover verfasste und den britischen Autoritäten übergab. In klaren, eindringlichen Worten beschreibt Langbein darin die Zustände in deutschen Konzentrationslagern, und zwar anhand von Vorkommnissen, so betont er, die er selbst gesehen hat – von Mai 1941 bis Anfang April 1945 – oder von deren Wahrheit er sich zuverlässig überzeugen konnte. Ein Jahr Dachau, zwei Jahre Auschwitz und nahezu acht Monate im Lagerkomplex Neuengamme boten dafür reichlich Gelegenheit. Schon hier ist Langbein um Distanz zum Geschehen bemüht, versucht Strukturen und Strategien zu erkennen, klärt über Machtverhältnisse und Intrigen auf. Er nennt die Namen der wichtigsten SS-Führer mit ihren genauen Zuständigkeitsbereichen und Dienstgraden, schildert die Zusammensetzung der Häftlingsgesellschaft, belegt Zahlen und gibt Schätzungen von Opfern.

Wer Langbeins Bericht liest, kommt angesichts des Spektrums an Themen und des differenzierten Blicks ins Staunen. Denn dieser Text wurde vor über sechzig Jahren verfasst, kurz nach der Befreiung (und noch vor Kriegsende) und noch lange vor den abertausenden Seiten an Erfahrungsberichten und wissenschaftlichen Abhandlungen, die über die nationalsozialistische Vernichtungsmaschinerie mittlerweile existieren. Langbein schrieb ausschließlich nieder, was er selbst an Erkenntnissen aus dem Miterlebten gezogen hatte. Nicht nur die Meldungen von Auschwitz nach Berlin, die er als Schreiber des Standortarztes verfasst hatte, zitierte er, sondern auch Belegzahlen und Sterbestatistiken, Seuchenbekämpfungsmaßnahmen und Todesraten. Er schilderte die Verbrechen und Grausamkeiten in den Konzentrationslagern – und kommentierte nur selten den erlebten Schrecken mit eigenen Empfindungen und persönlicher Betroffenheit.

Als Schreiber im Häftlingskrankenbau

Er kam bereits als Häftlingsfunktionär in Auschwitz an, musste sich nicht „hocharbeiten". Von vornherein stand fest: Bislang als Schreiber eingesetzt, würde er auch im Auschwitzer Häftlingskrankenrevier diese Funktion ausüben – ebenso wie die anderen drei Schreiber, die

Auschwitz, politische Abteilung: Hermann Langbein wird unter der Nummer 60355 registriert.

mitüberstellt wurden, unter ihnen Karl Lill, ein „Genosse". Langbein übernahm die Nachtschicht, Lill die Tagschicht – allein das schon ein gravierender Unterschied zu Dachau: Nachtschicht in der Schreibstube des Krankenreviers. Sieben Häftlinge saßen an ihren Schreibmaschinen und tippten ausschließlich Todesmeldungen. Sieben Häftlinge am Tag, sieben in der Nacht, rund um die Uhr. Damit war von Beginn an klar: Auschwitz ist ein Todeslager – aber woher die vielen Toten? Alles Seuchenopfer? Das konnte nicht sein.

Jurek Czubak, ein junger polnischer Häftling mit perfekten Deutschkenntnissen, von Beruf Lehrer, führte den Neuling in die Arbeit ein (die Langbein später detailliert in „Die Stärkeren" beschrieb). Die übergebenen Karteikarten enthielten bereits alle relevanten Daten: Häftlingsnummer, Name, Geburtsdatum, Nationalität sowie Tag und Stunde des Todes. An Langbein lag es, die Todesursache festzusetzen – dabei solle er sich um Abwechslung bemühen, hieß es. Infektionskrankheiten seien allerdings als „Diagnose" verboten, vielmehr ein Wechsel zwischen Herzmuskelschwäche, Lungenentzündung und dergleichen gefragt. Czubak, Verantwortlicher der Nachtschicht in der Schreibstube des Krankenreviers, „Häftlingskrankenbau" genannt, erklärte ihm auch den Grund für die vielen Toten, auf den hellen Nachthimmel im Westen deutend: die Ermordungen in den Gaskammern von Birkenau. Dabei, so Czubak, kämen die meisten, die vergast würden, gar nicht erst ins Lager und somit deren Karteikarte nicht in ihre Hände; sie schienen nirgends auf. „Jetzt kommen ständig Judentransporte aus Frankreich und Holland an, darum sieht man auch den Lichtschein heute so stark", lässt Langbein Czubak später in „Die Stärkeren" sagen.

Ein weiterer offenkundiger Unterschied zu Dachau: Die höherrangigen Funktionshäftlinge waren nahezu ausschließlich deutsche Kriminelle, auffällig gut genährt und vielfach mit einem Prügel ausgestattet. Sie waren also in einem „grünen" Lager gelandet, was nichts Gutes ahnen ließ. Die Brutalität der „Grünen" kannten sie bereits von Dachau her. Auch der „Lagerälteste vom Häftlingskrankenbau", so die Bezeichnung des Revierkapos in Auschwitz, gehörte dazu. Langbein meinte, sein Misstrauen gegenüber den Neuankömmlingen aus Dachau zu spüren.

Auffällig war auch die Überbelegung des Lagers. Nicht nur in den beiden Stockwerken der gemauerten Baracken drängten sich die Menschen, sie schliefen selbst im Keller und am Dachboden. Und das Gros der Häftlinge waren ausgehungerte Gestalten. Ebenso überfüllt war das Revier: zwei Männer in jedem Bett, Kopf bei Fuß und Fuß bei Kopf. Es fehlte an allem Nötigen zur Versorgung der Kranken, keine Medikamente, nicht genug Tierkohle, keine Papierbinden für Verbände. Außerdem schlechte Luft in den Krankenzimmern, von Kot und Urin durchnässte Strohsäcke, keine Leintücher, keine Deckenbezüge. So war es in allen Krankenzimmern, in allen Blocks.

Langbein, in Auschwitz als Nummer 60-3-55 geführt, arbeitete noch nicht lange im Krankenrevier, als zwei neue Schreiber aufgenommen wurden, zwei junge Polen, deren Nummern noch höher waren als seine. Das bedeutete, sie mussten gute Verbindungen zu den schon länger hier inhaftierten Polen haben und einen gewissen Ruf mitbringen. Diese beiden Häftlinge, Józef Cyrankiewicz und Tadek Hołuj aus Krakau, sollten in Langbeins Leben noch eine bedeutende Rolle spielen – nicht nur in Auschwitz, auch in der Nachkriegszeit. Nach anfänglicher Zurückhaltung kamen sie bald ins Gespräch, und Langbein entdeckte in Józek, wie er Cyrankiewicz in Auschwitz nannte, einen Sozialisten, der vor einem Spanienkämpfer Achtung besaß.

Bald schon war Langbein mit den Vernichtungsaktionen in Auschwitz konfrontiert. Von seiner Schlafstätte aus – der obersten Pritsche im dreistöckigen Bett in Block 21 – beobachtete er eine der zahlreichen „Leerungen" von Block 20, dem Infektionsblock des Stammlagers. Man schrieb den 29. August 1942, als sämtliche Häftlinge – Hunderte Todkranke, bis aufs Skelett abgemagerte Gestalten, aber auch nahezu Genesene, denn der Gesundheitszustand spielte keine Rolle – in den Hof zwischen den beiden Blöcken getrieben wurden, nackt, nur mit Decken ausgestattet. Sanitäter Josef Klehr und Lagerarzt Friedrich Entress trieben alle Häftlinge auf eine Seite, dann mussten sie einzeln vor Entress aufmarschieren, der ihre Nummern in seinen Unterlagen abhakte. Verschlossene Tore sorgten dafür, dass kein Häftling entrinnen konnte; verschlossene Fenster des angrenzenden Blocks dafür, dass Jammern und Schreien ungehört blieben. Später kamen Lastwagen und fuhren die todgeweihten Häftlinge aus dem Hof Richtung Gaskammern. Die Belegung des gesamten Blocks wurde liquidiert, einschließlich des Personals – zur Seuchenbekämpfung, wie es offiziell hieß. Nach der Desinfektion der Baracke wurden die nächsten Kranken eingeliefert.

So früh wie möglich machte Langbein sich auf die Suche nach Ernst Burger und Ludwig Vesely, die ihm von Pepi Lauscher in Dachau als Kontaktpersonen genannt worden waren. Dabei bediente er sich in unbeobachteten Momenten der beiden großen Karteikästen des Krankenreviers, in denen alle Häftlinge verzeichnet waren – die noch lebenden in dem einen, die bereits verstorbenen in dem anderen. Nach mehreren Versuchen entdeckte er ihn: Burger Ernst, geboren in Wien am 15. Mai 1915. Er fand ihn unter den Fleckfieberkranken auf Block 20. Als er ihn besuchte, war Burger sehr schwach, aber am Weg der Besserung, den ersten Tag fieberfrei. Dass er dennoch nicht Opfer der oben geschilderten Liquidierung wurde, verdankte er vermutlich einem Netzwerk helfender Kameraden; er war gewarnt und frühzeitig entlassen worden. Ernst Burgers Auschwitznummer datierte aus dem Winter 1941.[30] Er bekleidete die Funktion des Schreibers in Block 4. Über Burger lernte Langbein auch Ludwig Vesely, genannt Vickerl, kennen, der in der Fahrbereitschaft als Schreiber tätig war. Ebenfalls in der Fahrbereitschaft arbeitete Rudi

Friemel, und zwar als Feinmechaniker – ihn kannte Langbein aus Gurs. Damals noch Vertreter der sozialistischen Fraktion unter den Häftlingen, zählte Friemel nun zum kommunistischen Netzwerk. Hermann Langbein gehörte umgehend dazu.

Während seiner Zeit im Häftlingskrankenbau (HKB) erlebte Langbein eine weitere für Auschwitz typische Veränderung: Zum einen wurden Häftlinge in Außenlager verlegt, die direkt an Industriestandorte angebunden waren, zum anderen siedelten sich Industriebetriebe in der Nähe von Häftlingslagern an. Jawischowitz bestand bereits als Außenlager bei einem großen Kohlebergwerk. Die überaus kräfteraubende Arbeit unter Tag forderte – bei mangelnder Versorgung – derart viele Todesopfer, dass das Lager alle paar Monate neu belegt werden musste. Im Oktober 1942 wurde einige Kilometer östlich vom Stammlager Auschwitz ein Häftlingslager bei einem Werk der IG Farben zur Gummi-Erzeugung („Buna-Werke") eingerichtet. Im Laufe des Bestehens von Auschwitz-Monowitz oder Auschwitz III, wie dieser Teil des Lagerkomplexes ab November 1943 hieß, wurden insgesamt über 10.000 Männer hier untergebracht, die für die IG Farben Zwangsarbeit verrichten mussten. Die Errichtung dieses Außenlagers ermöglichte den aus dem KZ Dachau abgeschobenen kommunistischen Häftlingsschreibern erste Erfolge im Besetzen wichtiger Posten in der Lagerverwaltung: Ludwig Wörl wurde Lagerältester des dortigen Krankenbaus.

Und eine weitere Versetzung stand an: Ein neuer SS-Standortarzt, Chef aller Ärzte im großen Lagerkomplex Auschwitz, war eingetroffen; er suchte Schreibpersonal. Der Kapo des Häftlingsreviers hatte die beiden „Dachauer", Lill und Langbein, dafür vorgesehen. So bezogen sie eine neue Schlafstätte, Block 24[31], direkt neben dem Lagereingangstor. Hier waren die Beschäftigten deutlich besser gestellter Arbeitskommandos untergebracht, vornehmlich jene, die direkt mit der SS in Kontakt kamen. Dies zeigte sich bereits im Erscheinungsbild der Häftlinge: sauber und vergleichsweise gut genährt, zumeist junge Polen. Sichtlich misstrauisch nahmen sie die Neuen in Empfang. Die Besonderheit der neuen Arbeitsstätte von Langbein und Lill: Sie lag außerhalb der Lagermauern, im sogenannten SS-Revier. Diese Einrichtung im ersten Stock eines Gebäudes – im Erdgeschoss

Räumlichkeiten der politischen Abteilung, in Sichtweite das später sogenannte „Alte Krematorium" – durchlief ein langer Gang. Zur einen Seite lagen die Krankenzimmer für die SSler, zur anderen Schreibstube, Büroräume, Arztzimmer, Diätküche und dergleichen. Bevor die Häftlinge mit dem Standortarzt zusammentrafen, hatte ihnen der diensthabende Spieß, der Vorgesetzte der SS-Mannschaft, noch die Regeln im SS-Revier eingeschärft: Genaue und schnelle Arbeit werde von ihnen erwartet und vor allem vollkommene Verschwiegenheit über alle Informationen und Vorkommnisse im Rahmen ihrer Tätigkeit. Sollten sie gegen diese Regeln verstoßen, wäre ihr Weg ins Krematorium die unmittelbare Folge. Als der SS-Standortarzt schließlich eintraf, war die Überraschung nicht nur auf Seiten Langbeins groß: Eduard Wirths erblickte Langbein – und bestellte ihn umgehend zu seinem Schreiber.

Im SS-Revier

Den Arbeitsalltag bestimmte von nun an eine Glocke in der Schreibstube des SS-Reviers: Sobald sie klingelte, musste Langbein ins Dienstzimmer des Standortarztes zum Diktat. Von Beginn an pflegte Wirths einen respektvollen Umgang mit Langbein. War er allein im Zimmer, konnte Langbein die sonst erforderliche „Meldung" („Häftling Nummer 60-3-55 bittet gehorsamst eintreten zu dürfen") unterlassen und durfte seine Schreibarbeiten sitzend verrichten. Immer wieder suchte Wirths das Gespräch mit Langbein, im Laufe der Monate immer öfter auch seine Einschätzung und seinen Rat. Vorerst wurde Langbein von den Korrespondenzen mit dem Stempel „Geheim!" ferngehalten, doch die Verbrechen ließen sich auch an den offiziell verfassten und nach Oranienburg[32] weitergeleiteten Nachrichten ablesen. Das Stammlager zählte im August 1942 über 10.000 Häftlinge. Weitaus größere Ausmaße erreichte Birkenau, wo es neben einem Männer- auch ein großes Frauenlager gab. Von den Arbeitslagern war Buna das größte, die Belegschaft wurde zudem sukzessive aufgestockt.[33] War Langbein schon in Dachau über die dortigen Sterblichkeitsraten von drei bis vier Prozent entsetzt gewesen, wurde

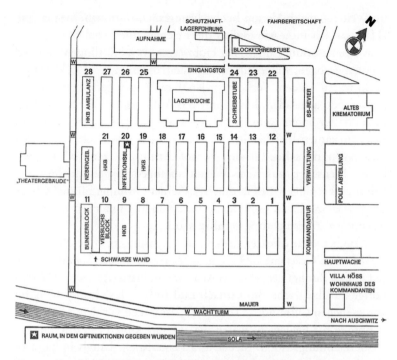

Plan von Auschwitz I (Stammlager); rechts oben das SS-Revier, in dem Langbein als Häftlingsschreiber für SS-Standortarzt Dr. Wirths eingesetzt war.

er hier im Lagerkomplex Auschwitz mit ganz anderen Zahlen konfrontiert. So fanden 1942 im August 26 Prozent der in diesem Zeitraum registrierten Häftlinge den Tod. Die Schreibstube war auch indirekt informiert, wenn wieder ein Transport verzweifelter Menschen an der Rampe einlangte. Dann fuhren ein SS-Arzt und ein SS-Sanitätsdienstgrad mit dem Sanitätsauto zum Bahnhof Birkenau. Dieses Prozedere wiederholte sich nahezu täglich.

Der Ablauf der großen Vernichtungsaktionen in Birkenau ließ sich im Kleinen an den Tötungen im „Alten Krematorium" beobachten – unter größter Vorsicht natürlich. Wer am Fenster gesehen wurde, dem war der Tod sicher.[34] Langbein allerdings hatte von seinem Arbeitsplatz aus direkten Einblick in das Geschehen. In seinem Bericht vom April 1945 (Hannover-Bericht), dem auch die meisten der im Weiteren geschilderten Beobachtungen entstammen, hielt er fest: „Hier sah ich nun, wie täglich die Leichenwagen vom Stammlager zum Krematorium fuhren, ein Holzwagen, von Häftlingen statt von Pferden gezogen, vollgefüllt mit Leichen, die mit alten Decken zugedeckt waren. In dem Vorhof wurden diese Wagen dann vom Sonderkommando abgeladen. Ich konnte das Aufklatschen der Schädel auf dem Pflaster hören, wenn es auf der Straße ruhig war. Aber nicht nur Leichen kamen hier herein: Wie oft sah ich mit Plachen bedeckte Lastwagen, die schnell in den Vorhof einfuhren. Dann sah ich, wie blasse Menschen aus dem Wagen sprangen. Später qualmte der Schlot, oft schlugen die Flammen aus seiner Öffnung. Einmal sah ich auch, wie ein Häftlings-Sonderkommando hier unter schwerster Bewachung zur Vernichtung geführt wurde."

Langbein war direkter Zeuge von Vergasungen, er beschrieb und erzählte das Gesehene mehrfach: Kurz nachdem die Todeskandidaten in den Bunker getrieben worden waren, kletterten zwei SS-Angehörige auf das flache Bunkerdach und füllten das Gas in die dafür vorgesehenen Öffnungen. Trotz der Gasmasken vor dem Gesicht erkannte er die beiden. Es waren die „Desinfektoren", so ihre Funktionsbezeichnung, Adolf Theuer und Hans Koch. Langbein hatte einen Antrag auf Milchzulage für sie schreiben müssen, da sie bei ihrer Arbeit „gesundheitsschädlichen Einflüssen" ausgesetzt seien.[35]

Kaum einer der im „Alten Krematorium" verbrannten Toten war eines natürlichen Todes gestorben. Unter den Verhältnissen eines Konzentrations- und Vernichtungslagers ist unter „natürlicher Tod" allerdings das alltägliche Sterben aufgrund von Mangelernährung, fehlender Hygiene, Sklavenarbeit, Auszehrung und Krankheiten zu verstehen und eine Folge von Schikane, Schlägen und Torturen. Über diese indirekten Tötungen hinaus waren zahlreiche direkte Tötungen Routine. Dazu gehörten die von der politischen Abteilung regelmäßig durchgeführten Erschießungen in Block 11, dem Bunker bzw. an der berüchtigten Schwarzen Wand. Die Häftlinge – vorwiegend Polen – mussten sich morgens in der Schreibstube melden, wurden zum Block 11 gebracht und dort an der Schwarzen Wand durch Genickschuss mit einem schallgedämpften Gewehr getötet. Ein Großteil der polnischen Intelligenz sowie die meisten polnischen Offiziere im Lager wurden hier ermordet.

Todesgefahr ging auch von manchen hochrangigen Funktionshäftlingen aus. Meist gab der Lagerälteste den Ton vor, die nachgereihten Hierarchien stimmten in die Melodie ein. Als Langbein nach Auschwitz kam, war der Berufsverbrecher Bruno Brodniewicz Lagerältester. Langbein bezichtigte ihn in seinem Hannover-Bericht des Massenmords. Nahezu jeden Abend registrierte das einrückende SS-Revierkommando Blutspuren auf der Lagerstraße. Auch am Weihnachtsabend fand sich eine große Blutlache unter dem von der SS aufgestellten Christbaum. Ernst Burger hatte Langbein seine Beobachtung erzählt: Der Lagerälteste stand im Gespräch mit anderen grünen Kapos und hatte diesen eben erklärt, dass er einen neuen Griff beherrsche, der – mit nur einer Hand ausgeführt – tödlich wirke. Um dies zu demonstrieren, rief er einen eben vorbeigehenden, zum „Muselmann" heruntergekommenen Juden zu sich, packte ihn am Genick und drehte es um.

„Muselmann" wurden im Lagerjargon jene Häftlinge genannt, die ihrer ganzen Erscheinung nach bereits dem Tod geweiht waren – und das waren in Auschwitz die meisten: bis auf das Skelett abgemagert, leerer, hoffnungsloser Blick, völlig apathisch, vom Hunger physisch wie psychisch ruiniert.[36] Sie alle hatten früh schon den Kampf ums Dasein aufgegeben, weil ihre Erfahrungen in Zeiten der Verfolgung und die Lebensumstände im Lager ihnen nur den nahen Tod in Aussicht stellten. Am stärksten betraf dies die jüdischen Häftlinge, die in allen Lagern, hier im Vernichtungslager Auschwitz-Birkenau jedoch erst recht, auf der untersten Stufe der Häftlingshierarchie standen. Nur die „Zigeuner", die ab Februar 1943 zu Tausenden in Birkenau im sogenannten „Zigeunerlager" gesammelt und nahezu alle in den Gaskammern ermordet wurden, rangierten sozial ebenso weit unten.[37]

Das absolute Gegenteil zu den „Muselmännern" stellte die „Lageraristokratie" oder „Lagerprominenz" dar[38], jene Schicht privilegierter Häftlinge, die in der von der SS eingerichteten Lagerselbstverwaltung einflussreiche Positionen innehatten und daher besondere Privilegien und Lebensumstände genossen. Mit der „Häftlingsselbstverwaltung" delegierte die SS ihr Exekutivrecht an gewisse Häftlinge – ohne jedoch die absolute Kontrolle abzugeben. Vor der Willkür der SS waren auch Funktionshäftlinge nicht geschützt. Diesen Druck gaben sie vielfach an die ihnen zu Gehorsam Verpflichteten weiter. Und auch sie beherrschten die Kunst, Konkurrenz zu erzeugen, um die eigene Macht zu sichern. So kam es nicht selten vor, dass besonders brutale und sadistische Häftlingsfunktionäre andere Leidensgenossen zu Tode prügelten bzw. prügeln ließen. Möglich war dies vor allem, so Langbein, weil es keine Instanz gab, vor der solche Leute sich hätten rechtfertigen müssen.

Nach Auschwitz wurden die meisten Menschen völlig ahnungslos deportiert – sofern sie nicht aus anderen Lagern oder Ghettos kamen, wo dieses Schreckenswort bereits die Runde gemacht hatte. All jenen, die direkt aus ihren Lebensumständen herausgerissen und nach Auschwitz gebracht wurden, war eine Umsiedlung in neues Wohngebiet vorgegaukelt worden. Daher trugen viele ihr wertvollstes Hab und Gut bei sich. Das gesamte Gepäck wurde ihnen aber noch an der Rampe, während brüllende SSler sie aus den Zügen trieben und deren Hunde bedrohlich kläfften, abgenommen und in einen eigenen Lagerabschnitt in Birkenau verfrachtet. Dieses „Kanada" genannte Depot steigerte das System des „Organisierens", das alle Lager beherrschte, ins Unermessliche. Bis das Gepäck der Neuankömmlinge sortiert und registriert war, konnten sich alle – nicht nur SS-Angehörige, sondern auch Häftlinge – aneignen, was ihnen gefiel, sofern sich ein Zugang zum Depot und Schmuggelwege ins Lager finden ließen. „Dabei waren SS-Angehörige und Häftlinge aufeinander angewiesen", schrieb Langbein in „Menschen in Auschwitz". „Der organisierende Häftling musste den SS-Mann bestechen, um vor dessen Kontrolle sicher zu sein, der SSler, der sich in Kanada etwas aneignen wollte, benötigte dazu Gefangene, denn er konnte nicht selbst unbemerkt in den Bergen von Gütern wühlen und auswählen."[39]

Was die Häftlinge für sich selbst ins Lager schmuggelten, setzten sie zum Tausch, zur Bestechung und somit als Machtmittel ein. Es war ein ständiges Geben und Nehmen – wenngleich in diesen „Handel" nur eine kleine Schicht eingebunden war, die es „sich richten" konnte: Aber deshalb gab es die Wohlgenährten, die nur bestes Essen zu sich nahmen und monatelang keine Lagerkost anrührten, die fein

Angezogenen, die Seidenhemden und Armbanduhren trugen, die körperlich Unversehrten, die nicht von Hungerödemen und Prügeln gekennzeichnet waren. Diese geringe Anzahl an Häftlingen stand in scharfem Gegensatz zur großen Masse jener, deren Verhungern sich nur von einem Tag auf den anderen hinauszuzögern schien, die mit irren Blicken nach etwas Essbarem suchten, die bereit waren, alles zu tun und herzugeben, um einen einzigen Bissen zu erhalten – der doch das Leben wieder nur um einen Tag verlängerte.

Von Zeit zu Zeit wurde das Lager von „Muselmännern" „gereinigt". Dazu stellte sich der Rapportführer (die höchste Instanz unterhalb des Schutzhaftlagerführers), SS-Hauptscharführer Gerhard Palitzsch, zum Tor und holte sich aus den Arbeitskommandos die Schwächsten heraus. Sie wurden später vergast. Eine dieser Aktionen hatte Langbein selbst miterlebt, als er krank im HKB lag: Vor seinem Fenster wurden die „Muselmänner", mehrheitlich Juden, zusammengetrieben und mussten sich nackt ausziehen – Anfang Dezember! „Es war erschütternd anzusehen, wie sie mit dem Ausziehen zögerten, wenn der Posten wegschaute, sich schnell wieder ein Stück anzogen, in der verzweifelten Hoffnung, vielleicht doch nicht sterben zu müssen oder wenigstens etwas später. Als unter Prügel sich schließlich auch die Letzten ausgezogen hatten, wurden sie in den Gang unseres Revierblockes gestellt", wie er in seinem Hannover-Bericht festhielt. An diesem Tag fehlte es allerdings an Transportmöglichkeiten in die Gaskammern, sodass die Häftlinge bis in die Nacht hinein, ohne Essen und Trinken und splitternackt, auf ihren bevorstehenden Tod warten mussten. Dass der ihnen gewiss war, zeigte ihre Kennzeichnung. In „Die Stärkeren" erinnerte sich Langbein: „Der Schreiber von unserem Block geht von einem zum anderen, vergleicht Namen und Nummer – er hat die Karteikarten in der Hand – und schreibt jedem mit Tintenstift seine Häftlingsnummer auf die Brust. Die Leichen in Auschwitz haben die Nummer auf die Brust geschrieben. Die hier zählen schon als Leichen und Ordnung muss sein."

Hermann Langbein war als SS-Standortschreiber weniger gefährdet als andere – das Schicksal als „Muselmann" blieb ihm, solange er diese Funktion ausübte, erspart. Abgesehen von seiner robusten psychischen und geistigen Verfassteit, die hilfreich war, war Langbein tatsächlich privilegiert, auch was die materiellen Lebensumstände in Auschwitz betraf. Die Häftlingsarbeitskräfte im SS-Revier fassten zusätzliche Rationen aus der SS-Küche: Diejenigen, die für die kranken SS-Männer das Essen holten, waren bei den Häftlingen in der SS-Küche gut bekannt und bekamen stets einen Aufschlag mit, den sie versteckten und später heimlich unter sich aufteilten. Das ermöglichte ihnen, ihre eigene Essensration, die sie am Abend am Block erhielten, an Bedürftigere weiterzugeben. Dazu zählten etwa auch die Franzosen. Sie konnten sich mit den Deutschen und Polen im Arbeitseinsatz meist nicht verständigen, was ihnen Schwerstarbeit und geringe Rationen einbrachte. Unter ihnen waren einige politisch Gleichgesinnte, die Langbein und seine Kameraden unterstützen wollten.[40]

Allerdings ereilte Langbein eine der im Lager am meisten gefürchteten Seuchen: Typhus. Von Mitte Oktober bis Anfang Dezember 1942 lag er krank im Häftlingskrankenbau. Wirths hatte ihm eines der beiden Einzelzimmer ermöglicht, das für die „prominenten" Häftlinge bestimmt war. Er war sich dieser Begünstigung nur zu gut bewusst, kannte er die Zustände doch aus seiner Zeit als dortiger Schreiber, wie auch von den Krankenbesuchen, die er Ernst Burger und später Mathias Neumeier abgestattet hatte. („Hias", wie Letzterer genannt wurde, war mit Langbein aus Dachau überstellt worden und hatte den Infektionsblock als Blockältester übernommen; er erlag schließlich selbst dem Fleckfieber.) Die „normalen" Häftlinge lagen zu zweit auf dünnen Strohsäcken, die Decken steif von Schmutzkrusten – Langbein indes wurde regelmäßig das durchgeschwitzte Leintuch gewechselt, viel Tee und ausreichend Essen gereicht. Doch das Fieber stieg bedrohlich; er empfand sich, als gäbe es ihn drei- oder vierfach, jede dieser inneren Gestalten kämpfte gegen die anderen an. Nachts quälten ihn Fieberträume, in denen ihm Klehr erschien, der ihm nach dem Leben trachtete. Wirths sah täglich nach Langbein. Erst als dieser über den Berg war, eröffnete der Standortarzt seinem Patienten, dass er an Bauchtyphus litt.

Während er im Häftlingskrankenbau lag, kamen viele seiner Freunde Langbein besuchen – hier konnten sie sich relativ ungestört unterhalten. Gemeinsam schmiedeten sie Pläne, wie sie ihre Tätigkeit besser organisieren könnten. Als österreichische Gruppe waren sie schon zu viert: Vickerl Vesely, Rudi Friemel, Ernstl Burger und er selbst. Sie waren sich einig, dass sie die Kontakte zu anderen Nationalitäten ausbauen müssten. Über den deutschen Dachau-Kameraden Ludwig Wörl hatten sie bereits Anschluss an die französischen Häftlinge, manche profitierten vom abgezweigten Essen aus dem SS-Revier. Zu den Juden – sie galten im Lager als eigene nationale Gruppe – war der Kontakt über weitere Mittelsmänner zu suchen, denn prominente Häftlinge zusammen mit Trägern des gelben Sterns auf der Lagerstraße erweckten unerwünschtes Aufsehen. Am meisten lag ihnen jedoch an einer guten Verbindung zu den Polen. Zum einen bildeten sie im Stammlager nach wie vor die größte Häftlingsgruppe, zum anderen waren einige mit niedrigen Nummern als Funktionsträger im Lager tätig. Dass sie untereinander gut vernetzt waren, hatten die vier schon in mehreren Situationen erfahren. Aber vor allem: Nur den Polen konnte es gelingen, Kontakte nach außen zu knüpfen, zum polnischen Widerstand, zu den Partisanen in der Gegend um Auschwitz, womöglich auch darüber hinaus. Burger und Langbein vereinbarten eine Arbeitsteilung. Burger war für die Innenkontakte zuständig, er sollte sich umhören, wer vertrauenswürdig und für eine gemeinsame, nationenübergreifende Aktivität zu gewinnen sei. Langbein übernahm die Aufgabe, die SS über den Standortarzt Wirths zu beeinflussen. Sie hofften, so mit kleinen Schritten den Allgemeinzustand im Lager verbessern zu können.

Eine wichtige Aufgabe hatte die ärztliche Führung in Auschwitz noch nicht in den Griff bekommen: Das Fleckfieber grassierte weiter. Hunderte Tote forderte es unter den Lagerinsassen. Und die Läuse machten auch vor den SS-Angehörigen nicht Halt, einige starben. Aus Oranienburg kamen deutliche Aufforderungen, sich verstärkt der Seuchenbekämpfung zu widmen. Plakate in den Blocks mit Sprüchen wie „Eine Laus – dein Tod", in Polnisch und Deutsch geschrieben, konnten kaum die erhoffte Wirkung erzielen.[41] Hier sah Langbein eine gute Möglichkeit einzuhaken. In einer günstigen Stunde sprach er Eduard Wirths auf die neuerlichen Todesfälle an und gab zu verstehen, dass er wichtige Informationen habe. Wirths musste ihm zuvor aber versichern, diese nicht gegen ihn zu verwenden – ging es doch um Handlungen anderer SS-Angehöriger, die kein Häftling wissen und schon gar nicht erwähnen durfte, darauf stand der Tod.

Langbein bekam den Eindruck, so erinnerte er sich später, dass Wirths als Oberster der SS-Ärzte in Auschwitz tatsächlich nichts von den Vorgängen im Krankenbau wusste, weder von den geschilderten „Leerungen" der Isolationsbaracke, noch vom sogenannten „Abspritzen"[42], das folgendermaßen funktionierte: Meldete sich ein Häftling beim Schreiber seines Blocks krank und genehmigte der Blockälteste oder Blockführer die Rückstellung aus dem Arbeitskommando, musste er sich beim Häftlingskrankenbau (HKB) zur Aufnahme melden. In der Ambulanz des HKB nahmen Häftlingsärzte Voruntersuchungen vor, bevor die Häftlinge einzeln dem SS-Arzt in Begleitung eines Sanitätsdienstgrades (SDG) vorgeführt wurden. Dies waren zu dieser Zeit meist Dr. Entress, der Lagerarzt des Stammlagers Auschwitz, und Josef Klehr. Bis zur Musterung beim Lagerarzt mussten die Häftlinge oft stundenlang nackt am Gang warten – bei winterlichen Temperaturen für einen Schwerkranken eine zusätzliche Tortur. Im Wesentlichen gab es zwei mögliche Urteile: Tatsächlich als Kranker in den HKB aufgenommen – oder mit einer Spritze ins Herz getötet zu werden. Doch fand die Phenolspritze nicht nur bei Schwerstkranken, etwa Häftlingen mit offener TBC, Anwendung, sondern auch bei leichteren Fällen. Dr. Entress hatte eher die auf der Karteikarte vermerkte Häftlingskategorie im Blick als den Kranken selbst. Entress fällte das Urteil, Klehr übernahm die Tötung. Dabei, so überlieferte Langbein, führte er manchmal vor der tödlichen Spritze auch noch Versuche durch, sogenannte Lumbalpunktionen: Mit einer Nadel stach er in die Wirbelzwischenräume, um Rückenmarksflüssigkeit zu entnehmen. Klehr, der deutlich Freude an dieser Behandlung und Tötungsart zeigte, durchkämmte oftmals selbst die Krankenstuben nach möglichen Opfern, sobald ihm die Zahl der von Entress selektierten Häftlinge zu gering erschien. Einige Dutzend Menschen täglich wurden auf diese Weise ermordet. Die Willkür der Selektion bei der Aufnahme in den Krankenbau hatte sich unter den Häftlingen im Lager herumgesprochen, sodass sie ihre Krankmeldung so lange wie nur irgend möglich hinauszögerten. Selbst Infizierte mit hohem Fieber schleppten sich zur Arbeit und verbreiteten so das Fleckfieber im Lager. Solange die Kranken fürchten müssten, die Krankmeldung nicht zu überleben, werde der Seuche nicht beizukommen sein, teilte Langbein dem Standortarzt mit.

Wirths vermochte diese Ungeheuerlichkeit nicht recht zu glauben. So lieferte ihm Langbein in Zusammenarbeit mit Ludwig Wörl, mittlerweile Lagerältester im HKB des Stammlagers, einige Zeit später einen Beweis – allein diese Aktion war ein gefährliches Unterfangen, doch von Erfolg gekrönt: Zu Hilfe kam ihnen der Umstand, dass reichsdeutsche Häftlinge – ungeachtet ihrer Funktion oder des Haftgrunds, allein dank ihrer Nationalität – bei der Aufnahme im HKB besser behandelt wurden. Es wurde unverzüglich eine Krankengeschichte angelegt und eine Röntgenaufnahme der Lunge vorgenommen. Im konkreten Fall, dessen Krankengeschichte Langbein Wirths später vorlegte, war die Lunge laut Befund in Ordnung; der Patient litt an Gastritis und Durchfall. Dennoch wurde er zum „Abspritzen" selektiert. Nachdem Wirths davon erfahren hatte, ließ er Entress zu sich bestellen und konfrontierte ihn mit der Akte. Beim Gespräch war Langbein selbstverständlich nicht anwesend – niemand durfte wissen, dass er dahinter steckte –, so ist dessen Inhalt nicht überliefert. Tatsächlich aber gingen diese Tötungen im Frühjahr 1943 deutlich zurück und wurden schließlich ganz eingestellt. Von nun an sah Wirths dem Lagerarzt genauer auf die Finger und ließ ihn später nach Auschwitz-Monowitz versetzen. Langbein erreichte, dass auch Klehr – Symbol für die Willkür im HKB – von dort abgezogen wurde.[43] Diese Maßnahmen bewirkten, dass das Fleckfieber im Stammlager rasch erlosch und schließlich auch in den anderen Lagern zurückging; die Sterblichkeitsrate sank um bis zu zehn Prozent monatlich.

Ein großer Erfolg für Wirths, aber ebenso für den Widerstand in Auschwitz. Die Gruppe um Ernst Burger hatte den Aktionsradius schon erweitert, Franzosen, Tschechen und Juden wusste sie bereits als verlässliche Mitglieder in ihren Reihen. Aber noch fehlte die Verbindung zu polnischen Widerstandsgruppen im Lager. Gemeinsam würden sie noch mehr erreichen können. Hinderlich wirkte sich hier aus, dass der polnische Widerstand stark national ausgerichtet war und viele Polen eine stark antisemitische und auch antirussische Einstellung an den Tag legten, eine Haltung, die die SS zusätzlich schürte. Es galt also einige Hürden zu überwinden, um gegenseitiges Vertrauen aufbauen zu können. Das entscheidende Vereinigungsgespräch fand am 1. Mai 1943 statt – ein Feiertag auch für die SS und somit gewonnene Freizeit für die Häftlinge.

Józek Cyrankiewicz und Hermann Langbein hatten sich geraume Zeit nicht mehr gesehen. Auch Józek war nicht mehr im Häftlingskrankenbau tätig, wo sie sich im August des Vorjahres kennengelernt hatten. Eines Tages trafen sie sich zufällig in der Birkenallee; Józek lud Hermann ein, ihn gelegentlich in seinem Block zu besuchen, wo er Schreiber war. Für diesen Besuch nützte Langbein nun den Feiertag. Entgegen den Usancen im Lager bewohnte in diesem Block der Schreiber das Zimmer, das für den Blockältesten vorgesehen war – so konnten sie sich tatsächlich unterhalten. Langbein staunte nicht schlecht, als Józek ihm ohne langes Herumreden eine gemeinsame Flucht aus dem Lager vorschlug. Langbein wusste dieses Vertrauen zu schätzen, schlug das Angebot jedoch aus – wo sollte er hin in Polen, was tun, so ganz ohne Sprach- und Ortskenntnisse? Er schlug Józek seinerseits vor, sie könnten zusammenarbeiten – nicht nur sie beide, sondern auch die beiden Widerstandsgruppen, denen sie angehörten. Józek war nicht abgeneigt. Sie besprachen die Zusammensetzung und die Eigenheiten beider Gruppen, diskutierten, welche Vorteile sich ergeben würden und worauf zu achten wäre. Schließlich schlug Langbein ein Treffen im Beisein von Ernst Burger vor – Józek kannte ihn nicht persönlich, hatte aber schon von ihm gehört und willigte ein.

Beim Dreiertreffen wurden gemeinsame Perspektiven entwickelt: Die Zusammenarbeit sollte nicht nach nationalen Gruppen, sondern in gemeinsamen Arbeitskommandos erfolgen. Kommandos, die unmittelbar in die Kriegsproduktion eingebunden waren, würden mögliche Sabotageaktionen erkunden. Die Verbindungen in die anderen Lager sollten ausgebaut werden – über Józek nach Birkenau, über einen jüdischen Pfleger, der öfter im SS-Revier Medikamente holte, ins Lager Buna (Auschwitz-Monowitz). Vor allem aber die Verbindung nach außen: Sie konnte über polnische Zivilisten hergestellt werden, die im Lager untergebracht waren, zuständig für Aufgaben, die die SS Häftlingen nicht anvertrauen wollte, wie etwa Kranführung, Bauarbeiten außerhalb der Postenkette und dergleichen. Über sie, so meinten die Männer vom Lagerwiderstand, müsste der Kontakt zu Partisanen in der Umgebung von Auschwitz möglich sein – sie waren überzeugt, dass sie draußen Verbündete finden würden. Auch Geheimkontakte nach Österreich wurden geplant – Rudi Friemel sollte beauftragt werden, mit seinem Vater in Korrespondenz zu treten, Langbein selbst wollte Nachrichten an seinen Bruder in Wien aus dem Lager schmuggeln. Schließlich wurde ein viertes Mitglied in die Leitung der internationalen Widerstandsgruppe berufen: Tadek Hołuj. Auch ihn kannte Langbein bereits aus seinen ersten Wochen als Schreiber im Häftlingskrankenbau. Hołuj gab der Gruppe auch ihren Namen: „Kampfgruppe Auschwitz".

Für die Leitungsbesprechungen trafen sie sich fortan in einem Verschlag unter der Kellerstiege von Block 4, dem Block von Ernst Burger – zu viert in einer Stube zusammenzusitzen, wäre viel zu auffällig gewesen. Der Blockschreiber Ernst Burger hatte für den Verschlag, in dem Putzzeug, Schuhbänder, Fußlappen und dergleichen aufbewahrt wurden, den Schlüssel. Dort besprachen sie die neuesten Entwicklungen und schmiedeten Pläne. Wenig erfreulich waren die Nachrichten aus Österreich: Widerstandsgruppen gäbe es dort nur vereinzelt, die Gefahr entdeckt zu werden sei hoch, als U-Boot der Handlungsspielraum hingegen gering. Positiver stimmte sie, was über ausländische Sender ins Lager drang, noch bevor es in der Zeitung stand: Mussolini war verhaftet, Italien hatte einen Waffenstillstand geschlossen. Auch aus den Entwicklungen an der Ostfront schöpften sie Hoffnung. Ernstl brachte jedoch auch die Nachricht mit, dass die politische Abteilung ihren Spitzelapparat ausgebaut hatte, also höchste Vorsicht geboten war.

Wie recht er damit hatte, stellte sich umgehend heraus: Am 28. August 1943, dem letzten Samstag im August, holte SS-Unterscharführer Lachmann von der politischen Abteilung Hermann Langbein knapp vor Dienstschluss aus der Schreibstube des SS-Reviers ab. Vor der Blockführerstube ließ er Langbeins Namen aus dem Arbeitskommando streichen. Von nun an würde er im Bunker, Block 11, zu finden sein.

Neuneinhalb Wochen im Bunker

Da die anderen Arbeitskommandos zu dieser Stunde gerade ins Lager zurückkehrten, konnten viele Häftlinge sehen, welchen Weg Langbein antreten musste. Damit waren auch seine Freunde vom Widerstand gewarnt.

Viele Prüfungen standen Langbein nun bevor, im Umgang mit den Mithäftlingen in den Kellerräumen des Strafblocks, im Verhalten gegenüber der SS, bei den Verhören, im Miterleben der Gewalt, die seinen Leidensgenossen angetan wurde. Erneut profitierte er von einer gehörigen Portion Glück sowie vom Mut anderer Häftlinge zur Solidarität. So belog „Bunker-Jakob"[44], wie der jüdische Kapo des Strafblocks genannt wurde, gleich zu Beginn die SS, indem er vorgab, die Kleidung des Neuzugangs gründlich durchsucht zu haben. Im Unterschied zu allen anderen Häftlingen, die im Drillichanzug und ohne Unterwäsche im Keller saßen, durfte Langbein seine Kleider sogar anbehalten. Lachmann widmete sich daraufhin nur eingehend Langbeins Schuhen. So blieb der Zettel mit den Nummern jüdischer Häftlinge in seiner Brusttasche unentdeckt, den ihm Lokmanis[45] am Vortag zugesteckt und ihn gebeten hatte, sich um bessere Arbeitskommandos für sie zu kümmern. Erste große Erleichterung stellte sich ein. Es dauerte nicht lange, da wurde Wörl in die Zelle geschoben – auch ihn hatte es also erwischt. Die beiden konnten nur wenige Worte wechseln, bis Lachmann seinen Fehler bemerkte und Langbein in eine leere Zelle brachte. Schnell entledigte er sich des Zettels mit den Nummern, indem er ihn in winzige Teile zerriss und in den mit etwas Flüssigkeit gefüllten Kübel warf.

Und noch ein Häftling, den Langbein kannte, wurde in seine Zelle geschafft: Paul, der Blockälteste vom Infektionsblock des Krankenbaus. Sie tauschten sich noch schnell aus, bevor sich Langbein freiwillig für eine andere Zelle meldete, um der SS ja keine Munition zu bieten. Paul war bereits verhört worden und erzählte von den Anschuldigungen der politischen Abteilung gegen sie: Sie hätten eine illegale Organisation im Krankenbau gebildet und eine Verschwörung geplant. Für den Fall, dass die sowjetische Armee käme, wäre Wörl als Lagerkommandant vorgesehen und Langbein als Schutzhaftlagerführer. Paul, der nicht zur „Kampfgruppe Auschwitz" gehörte, wunderte sich über diese Verdächtigungen. Langbein aber war damit klar, dass die politische Abteilung bislang nichts von den Plänen wusste, die mit Ernstl, Józek, Tadek und all den anderen geschmiedet worden waren. Und dass die Vorwürfe von jemandem aus dem Krankenbau kommen mussten. Abermals eine kleine Erleichterung für ihn, die engsten Freunde nicht in höchster Gefahr zu wissen.

Der Bunker selbst war ein Ort des Schreckens. Langbein war bereits lange genug in Auschwitz, um das Geschehen dort nicht nur gerüchteweise zu kennen, sondern oftmals dessen Folgen gesehen zu haben: zerschundene Gestalten, Lastwägen, die Richtung Krematorium fuhren und eine Blutspur durchs Lager zogen, das immer wieder sprunghafte Ansteigen von Todesmeldungen. Bald erlebte er selbst mit, wie diese Todesmeldungen zustande kamen. An manchen Tagen verkündete Jakob bei der Ausgabe des Morgenkaffees: „Alles sauber machen, die Kommission kommt!" Dann säuberten die Häftlinge den Betonboden mit Papier und Pappe – etwas anderes stand ihnen nicht zur Verfügung –, falteten die Decken Eck auf Eck und nahmen anschließend bei der Zellentüre Aufstellung. Langbein, der als Erster die Zelle bezogen hatte, deren Belegung auf elf Personen angewachsen war, wurde dafür bestimmt, Meldung zu machen. Wenn der Schlüssel sich im Schloss drehte, musste er seine Nummer „60-3-55!" und die Belegstärke seiner Zelle melden. Vor der Zellentür „die Massenmörder der politischen Abteilung", wie Langbein im Bericht vom April 1945 die Männer nannte und sie aufzählte: der Leiter, SS-Untersturmführer Maximilian Grabner aus Wien, SS-Oberscharführer Wilhelm Boger und SS-Unterscharführer Gerhard Lachmann, der Schutzhaftlagerführer und noch einige SS-Männer, die Langbein nicht bekannt waren, sowie der Kapo des Bunkers. Die Häftlinge mussten ihre Nummern nennen, ein Blick der Kommission auf die mitgebrachte Liste, kurze Diskussion, wenn überhaupt – und dann fiel die Entscheidung: am Leben und in der Zelle lassen, zum Verhör oder gleich zum Erschießen. Viele traf Letzteres, zumeist den Juden erging es so. Die für den Tod Selektierten wurden in den Waschraum geführt, wo sie sich nackt ausziehen mussten, dann wurden sie hinauf in den Hof getrieben und vor der berüchtigten Schwarzen Wand erschossen. „Die Erschießungen im Bunker", so berichtete Langbein später, „nahmen zuerst SS-Hauptscharführer Palitzsch und dann SS-Unterscharführer Stiwitz vor."

Im Hannover-Bericht schrieb Langbein auch auf, wie willkürlich die Häftlinge zur Erschießung selektiert wurden. Mancher SS-Mann ließ einen Häftling schon „hochgehen", weil er ihm beim „Organisieren" nicht zu Willen gewesen war oder aus seiner Feldflasche getrunken hatte. Ein Häftling bezahlte es mit dem Leben, dem Kapo kein Rauschgift besorgt zu haben.

Langbein wurde gleich bei der ersten Selektion von Lachmann fürs Verhör bestimmt. Gemeinsam machten sie sich auf in das Gebäude der politischen Abteilung, außerhalb des Lagertors. Das Verhör dauerte nur kurz, da Lachmann durch ein Telefonat weggeholt wurde, doch er kündigte die Fortsetzung an. Als Langbein in seine Zelle zurückkam, war sie leer – alle anderen zehn waren getötet worden. Beim nächsten Verhör präsentierte Lachmann sich als gwiefter Interviewer. Er schlug zunächst einen freundlichen Unterhaltungston an, um dann plötzlich Fragen zu stellen und so einen gewissen Überraschungseffekt auf seiner Seite zu wissen. Langbein war jedoch geübt im direkten Umgang mit der SS und ließ sich nicht so leicht aus der Reserve locken – nach außen blieb er ruhig und beherrscht, innerlich waren seine Nerven zum Zerreißen gespannt. Als Lachmann auch ihn mit einer geplanten Karriere als Schutzhaftlagerführer konfrontierte, musste Langbein dennoch unwillkürlich lachen. Der SS-Mann fragte nach dem Grund, worauf Langbein antwortete: „Glauben Sie, dass einer einen Tag länger in Auschwitz bleiben würde, wenn er weggehen könnte?" So erzählte es Langbein später auch in seiner Zeugenaussage vor Gericht in Frankfurt.

Schwerer war eine weitere Beschuldigung zu entkräften: dass er zu viel Kontakt mit Juden unterhalte. Dies konnte er nicht abstreiten; schon möglich, dass er doch des Öfteren im Gespräch mit ihnen gesehen worden war. So gab Langbein zur Antwort: „Für mich gilt jeder Mensch als Mensch. Und ich werte jeden so, wie er als Mensch ist." Daraufhin hielt Lachmann ihm einen Vortrag über die Notwendigkeit der Judenvernichtung und die Bürde seiner Arbeit, die er in Auschwitz zu verrichten habe – und dies in Gegenwart seiner Schreiberin, die wie alle Schreibkräfte der politischen Abteilung den Judenstern als Kennzeichen auf ihrer Häftlingsuniform trug.

Zurück im Bunker ging das Warten und Bangen weiter. Abermals die Kommission, abermals wurden zahlreiche Häftlinge aussortiert und vor die Schwarze Wand gestellt, an einem Vormittag allein siebzig. Die kleinen Fenster der hofseitigen Zellen wurden zwar mit Decken von außen verdunkelt, doch den soeben mit dem Leben Davongekommenen war klar, welches Grauen sich über ihnen gerade vollzog. Erschreckend war jedoch auch, jene zu Gesicht zu bekommen, die von Verhören zurückkamen, bei denen die SS vor Folterungen nicht zurückschreckte. Einzelheiten dazu hielt Langbein in seinem Hannover-Bericht fest.

Am meisten zu bedauern waren jene, die auf die „Schaukel" gehängt wurden. Da Boger sich am brutalsten auf diese Methode verstand, erhielt sie den Beinamen „Boger-Schaukel": Dabei musste der Häftling in die Knie gehen, vor den Schienbeinen wurden ihm die Hände an den Körper gebunden. Unter den Kniekehlen zog man eine Eisenstange durch, die aufgehängt wurde, sodass das Opfer frei baumelte, Füße und Hände nach oben, Kopf und Gesäß nach unten. Ein SS-Mann brachte den Häftling ins Schaukeln, während ein anderer jedes Mal, wenn das Opfer nach vorn pendelte, mit einem Stock oder einer Peitsche auf das Gesäß schlug. Die Schläge zielten meist mit voller Wucht auf die Genitalien. „Ich habe Männer gesehen, deren Geschlechtsteile nach der Schaukel derart unförmig vergrößert und blau gefärbt waren, dass ich nicht fassen konnte, wie ein Mensch so etwas ertragen kann." Mit dieser Methode machte die politische Abteilung Häftlinge als Spitzel gefügig, denn ein weiteres Mal, nach zwei, drei Tagen, wenn der größte Schmerz eintrat, hielt dieser Folter niemand stand. Insbesondere Lachmann hatte sich auf die Anwerbung von Spitzeln spezialisiert, das System am weitesten ausgearbeitet. Oft konferierte er nächtelang mit seinen Ergebenen. „Seine Hände kleben vor Blut", so Langbeins Urteil über Lachmann.

Äußerst grausam war auch die Verbannung in den Stehbunker. „Man konnte sich weder hocken noch setzen. Dort blieben die Leute tagelang, ja bis zu einer Woche." Ohne Solidarität kamen die Häftlinge daher auch im Bunker nicht aus, nicht einmal jene, denen keine dieser Qualen angetan wurde. Ein befreundeter Franzose, der im ersten Stock des Blocks 11 einige Zeit in Quarantäne zugebracht hatte, steckte Langbein gelegentlich eine Zeitung und Brot durch die Luke zu. Langbein teilte das Essen mit seinen Zellennachbarn, so war er vor deren Verrat sicher.

Einmal erbettelten sich die Häftlinge einen Besuch beim Zahnarzt im Häftlingskrankenbau – mit vollen Taschen kamen sie zurück, selbstverständlich auch der diensthabende SS-Mann. Langbein nutzte diesen Besuch, um sich mit Ernst Burger zu verständigen. Außerdem sollte Wirths unbedingt erfahren, dass sein Schreiber noch am Leben war. Wirths hatte sich schon mehrfach nach ihm erkundigt; einmal versicherte ihm die politische Abteilung, er sei längst tot. Dies kam Langbein zu Ohren, und so ließ er eine Nachricht mit einem Lebenszeichen hinausschmuggeln.

Langbein überstand sechs Besuche der Kommission. Die letzte ließ lange auf sich warten; nach vierzehn Tagen waren die Zellen stark überfüllt. Es ging das Gerücht um, Grabner, der Leiter der politischen Abteilung, sei krank. Und tatsächlich fehlte er bei Langbeins letzter Kommission, auch Lachmann war nicht dabei. Schließlich geschah das Unglaubliche: Der diensthabende SS-Mann eröffnete ihm: „Langbein, kommen Sie heraus, Sie gehen frei." Diese unfassbare Nachricht konnte doch nur eine Finte sein? Tatsächlich wurde Langbein nicht zum Entkleiden in den Waschraum geführt, sondern zur Befragung in die politische Abteilung. Doch nicht Grabner befragte ihn, sondern ein anderer SS-Mann, und es schien nur mehr eine Formsache zu sein. Langbein wurde ins Wachzimmer von Block 11 zurückgeschickt, um Formalitäten zu erledigen. Dann konnte er sich in der Desinfektion waschen, frische Wäsche anziehen und endlich, nach neuneinhalb Wochen, wieder einmal ordentlich essen. Langbein war „frei" – frei in Auschwitz.

Erste Erfolge der Kampfgruppe

Was war geschehen? Wie sich später herausstellte, hatte Wirths abermals interveniert. Diesmal erfolgreich, denn das Kräfteverhältnis zwischen ihm und der politischen Abteilung hatte sich geändert, zumindest vorübergehend: Grabner war in Berlin in Verruf gekommen. Ihm wurden Diebstahl und persönliche Bereicherung vorgeworfen, zudem zahlreiche Erschießungen von Häftlingen – insgesamt rund zweitausend Tötungen –, für die keine Exekutionsbefehle aus dem Reichssicherheitshauptamt (RSHA), der zentralen Behörde der SS, in Berlin vorlagen, die Grabner also willkürlich befohlen haben musste. Anfangs war er krankgemeldet; am 1. Dezember 1943 folgte ihm Hans Schurz als Leiter der politischen Abteilung nach. Auch in der Lagerleitung gab es einen Wechsel: Arthur Liebehenschel war an die Stelle von Rudolf Höß gerückt. Bereits am 20. Oktober 1943 war der gefürchtete Lagerarzt Entress nach Mauthausen versetzt worden.

Der Wechsel in wichtigen Führungspositionen brachte einige Änderungen mit sich. Organisatorisch wurde nun offiziell die Unterteilung der Lagerabschnitte Auschwitz I (Stammlager), Auschwitz II (Birkenau) und Auschwitz III (Monowitz) eingeführt und jedes Lager einem eigenen Kommandanten unterstellt.[46] Sie waren jedoch nur bedingt organisatorisch unabhängig. Wesentliche Führungskräfte blieben für alle drei Lager zuständig, z. B. der Standortarzt und die politische Abteilung. Liebehenschel, nun ausschließlich für das Stammlager verantwortlich, sorgte mit einigen Anordnungen für erhebliche Erleichterungen im Lageralltag. Er erließ eine Bunkeramnestie. Teilweise wurden die dort Inhaftierten ins Lager „entlassen", teilweise im oberen Stock des Bunkers isoliert untergebracht. Vor allem jedoch schaffte er die gefürchteten „Kommissionen" – und damit die Erschießungen an der Schwarzen Wand – ab. Er untersagte auch den Einsatz des Stehbunkers als Folterinstrument. Die berüchtigtsten Spitzel wurden entfernt, und erstmals betraute man einen politischen Häftling mit der Funktion des Lagerältesten.

Diese Änderungen geschahen nicht ohne das Einwirken des Standortarztes Wirths – und seines Schreibers Hermann Langbein. Langbein war nicht entgangen, dass Wirths mit Liebehenschel eine weitaus bessere Gesprächsbasis besaß als mit dessen Vorgänger. Höß galt als Fanatiker der Todesmaschinerie, während Liebehenschel eine ordnungsgemäße Führung des Lagers anstrebte. Langbein wusste seinen Vorgesetzten mit Informationen zu versorgen. Eines Tages ließ Wirths, wieder einmal zur Besprechung in der Kommandantur, über Telefon seinen Schreiber rufen. Langbein ging in das nahegelegene Gebäude, doch zu seiner Überraschung war er nicht zum Diktat gerufen worden: Liebehenschel forderte ihn auf, aus Häftlingsperspektive über die Zustände im Lager zu berichten. Eine gefährliche Situation für Langbein – jede Anschuldigung konnte gegen ihn verwendet werden –, auch wenn ihm Wirths und Liebehenschel versicherten, er könne offen reden und müsse keine Konsequenzen fürchten. Die Bestellung von Ludwig Wörl zum Lagerältesten war direkte Folge dieser „Aussprache" und ein großer Erfolg für die politischen Häftlinge. Wörl stellte umgehend das Prügeln als vorherrschenden Umgang der Funktionshäftlinge mit ihren Untergebenen ein. Er sorgte auch dafür, dass andere Funktionen mit politischen Häftlingen besetzt und als besonders brutal geltende Schläger abgezogen wurden.[47]

Einen bedeutenden Erfolg stellte auch die Abschiebung der berüchtigtsten politischen Spitzel dar – dank der Vernetzung der internationalen Widerstandsgruppe konnte Langbein dem Kommandanten eine Liste mit deren Nummern übermitteln. Trotz zahlreicher Interventionen von SS-Angehörigen der politischen Abteilung wurden sie nach Flossenbürg abtransportiert. Langbein meinte, in dieser Zeit seien auch manche als brutal bekannte SSler zurückhaltender geworden, nachdem sie erkannt hätten, dass ihre Grobheit und Willkür von der Kommandantur nicht mehr gebilligt wurden.

Am ersten Abend nach seiner Entlassung aus dem Bunker erfuhr Hermann Langbein, dass sein Freund Józek verhaftet worden war und nun selbst im Bunker einsaß. Man hatte bei ihm eine Perücke und Zivilkleidung gefunden. Nach einiger Zeit ließ Józek seinen Freunden die Nachricht zukommen, dass die politische Abteilung glaube, es handle sich bei seinem Vorhaben um eine Einzelaktion; ihre Organisation sei nicht gefährdet und sie sollten daher weitermachen. Gleichzeitig rechnete er mit dem Schlimmsten für sich selbst, denn er bat die Freunde, ihm Gift in den Bunker zu schmuggeln. Die

Gestapo ließ auch Langbein nicht aus den Augen; Gefahr lauerte allerorts. So war Ignaz, Kapo des SS-Revierkommandos, am Tag vor Langbeins Entlassung noch von Lachmann instruiert worden, worüber Ignaz selbst jedoch kein Wort verlor. Im Block 15, gegenüber Block 4 mit Ernst Burger als Blockschreiber, ließ Lachmann seinen Hauptspitzel Blockältesten werden; bei ihm war abends oft lange Licht und Lachmann nicht selten noch spät zu Gast. Es galt also weiterhin, mit höchster Vorsicht zu agieren.

Langbein und Burger vereinbarten, dass Langbein nur mit ihm und Tadek Verbindung halten und sich ganz auf die Zersetzungsarbeit innerhalb der SS konzentrieren solle, der Zeitpunkt schien günstig dafür. Tadek werde ihn über alle Geschehnisse im HKB am Laufenden halten, damit er Wirths informieren könne. Im Krankenbau hatte, nachdem Wörl in den Bunker gesteckt worden war, die Leitung gewechselt: Der polnische Arzt Władisław Dering übernahm diese Funktion. Anfangs galt er als Stütze der Häftlinge, später jedoch betätigte er sich allzu ergeben an den Versuchen von Clauberg[48] in Block 10.[49] Einen jungen Franzosen, Tbc-krank und politisch verlässlich, konnte Langbein nur über Intervention bei Wirths wieder als Pfleger im Krankenbau unterbringen.

Im Dezember 1943 versuchte die Widerstandsgruppe, Józek aus dem Bunker zu befreien. Sie nützten dafür die Umtriebigkeit der Spitzel aus, die sich selbst ins Abseits manövriert hatten. Der Hauptspitzel der politischen Abteilung, Blockführer auf Block 15, war in den Bunker gegangen und hatte Józek eine gemeinsame Flucht schmackhaft machen wollen. Józek ließ diese Meldung nach außen schmuggeln, Langbein informierte Wirths, der wiederum bei Liebehenschel offene Ohren fand. Langbein erläuterte die Gefährlichkeit der Spitzel: Sie seien es, die Unruhe ins Lager brächten. Als tags darauf jenem Blockältesten mit einem weiteren Spitzel aus „Kanada" und der Hilfe eines Unterscharführers der politischen Abteilung die Flucht gelang, waren die Spitzel überführt und Józek nahezu gerettet. Liebehenschel musste nur noch davon überzeugt werden, dass Józek nun erst recht Gefahr drohte, und zwar durch die anderen Spitzel und die in Misskredit geratene politische Abteilung. Langbein hatte Erfolg: Józek wurde entlassen. Über Wirths konnte er ihn als Kranken in der Infektionsabteilung unterbringen. Dort, unter den Augen des Stubenpflegers, eines Mitglieds des organisierten Widerstands, war er am sichersten.

Józek konnte an den Leitungstreffen im Block 4 nicht teilnehmen, er war ja als krank gemeldet und durfte am Lagergelände nicht gesehen werden. Wann immer möglich, wurde er aber in die Überlegungen und die Planung weiterer Aktivitäten einbezogen. Immer wichtiger erschien es den Beteiligten, Informationen aus Auschwitz in der Welt zu verbreiten. Dabei war ihnen zum einen Maria Stromberger behilflich, NS-Krankenschwester im SS-Revier. Von Beginn ihrer Tätigkeit an – ab Ende Oktober 1942[50] war sie dort Oberschwester – bis zu ihrer Überstellung in ein Berliner Krankenhaus Anfang Jänner 1945[51] unterstützte sie die Häftlinge in vielfältiger Form: Sie spendete menschliche Wärme und tröstende Worte, sorgte für zusätzliche Essensrationen, schmuggelte Medikamente, übernahm den illegalen Briefverkehr zwischen den Häftlingen und der Außenwelt und transportierte sogar Waffen und Munition für den Widerstand in Auschwitz. Als Österreicher hatte Langbein zu der Kärntner Landsfrau, die ihm von Beginn an verlässlich und aufrichtig erschien, guten Kontakt. Eduard Pyś[52] schilderte mehrfach, dass er ihr, dem „Engel von Auschwitz", wie sie unter den Häftlingen genannt wurde, sein Leben verdanke. Bei Heimatbesuchen stellte sich Stromberger als Kurier zur Verfügung. Den ersten Brief, so erinnerte sich Langbein in seiner Zeugenaussage im Frankfurter Auschwitz-Prozess, hatte er ihr offen übergeben, woraufhin sie ihn vor seinen Augen zuklebte. Ein andermal, es war im Frühjahr 1944, gab er ihr Dokumente mit. Aufgrund der Brisanz des Materials musste Langbein zu einem Trick greifen, um Stromberger nicht zu sehr zu gefährden. „Ich habe über Freunde im Lager eine Kleiderbürste organisiert. Von der Kleiderbürste wurde der Holzrücken abgenommen und ausgehöhlt. In diese Höhlung hinein gab ich die Dokumente, und dann wurde die Kleiderbürste von innen zugeschraubt, auf der Borstenseite, sodass die Schraubenköpfe nicht mehr sichtbar waren. Frau Stromberger wusste aber, dass in der Bürste Material versteckt war", so Langbein später vor dem Gericht in Frankfurt. Stromberger brachte die Kleiderbürste zu Otto Langbein nach Wien. Dem war unvermittelt klar, dass sein Bruder ihm nicht eine einfache Kleiderbürste aus Auschwitz zukommen lassen wollte. Neben einem Bericht über Auschwitz fand er darin auch ein Bild Hermanns, das Zbyszek von ihm gezeichnet hatte. Den Bericht, der die Auschwitzer Todeszahlen von Anfang 1942 bis einschließlich März 1944 enthielt, und zwar prozentual zur Lagerstärke – nur die Toten unter den registrierten Häftlingen wurden gezählt[53] – ließ Otto nahezu zweitausendmal abziehen und verbreiten, eine gefährliche Aktion (mit geringer Wirkung). Abschriften des Berichts blieben erhalten.

Einen größeren Widerhall erfuhr eine Aktion, die über die polnische Untergrundorganisation in Krakau lief.[54] Zu ihr hielt der Lagerwiderstand über Zivilarbeiter Kontakt – natürlich streng geheim und unter großer Gefährdung aller Beteiligten. Polnische Kontaktleute in Krakau wiederum verfügten über eine illegale Funkverbindung zu ihrer Exilregierung in London.[55] Bereits ab 1942 verbreiteten Auschwitz-Häftlinge auf diesem Weg Nachrichten aus dem Lager. Spätestens im März 1944 entschloss sich die Leitung der „Kampfgruppe Auschwitz", die hochrangigen SS-Leute öffentlich bekannt zu machen. Aus den Gesundheitsakten, die im SS-Revier von allen SS-Männern und ihren Angehörigen in Auschwitz gesammelt wurden, entnahmen sie deren Geburtsort, Geburtsdatum, Dienstgrad und dergleichen. Die BBC sendete die Namen mit allen Daten und mit dem Hinweis, dass diese Menschen den Massenmord in Auschwitz millionenfach zu verantworten haben würden. Das Verhalten der SS-Leute in den darauffolgenden Wochen zeigte, dass auch sie Radio London hörten. Sie glichen einem Ameisenhaufen, so Langbein, derart groß war ihre Nervosität. Im Frankfurter Auschwitz-Prozess sollte er später erfahren, dass sich einzelne SS-Angehörige, Gerhard Lachmann etwa, falsche Dokumente ausstellen ließen, für den Fall, dass sie untertauchen müssten. Generell war im Frühjahr 1944 – insbesondere angesichts der militärischen Lage, die die Deutsche Wehrmacht immer mehr in die Defensive und zum Rückzug vor der nach Westen drängenden Roten Armee zwang – eine gewisse Angst der SS bemerkbar und die Befürchtung, dass sie für ihre Taten büßen müssten.

Die allgemeine Aufregung nutzte die Widerstandsorganisation, um Wirths noch enger an sich zu binden. Wie viele andere SS-Ange-

hörige wohnte die Familie Wirths in einer Villa in der Nähe des Lagers Auschwitz, innerhalb der großen Postenkette. Vor dem Geburtstag von Wirths' Frau organisierten die Häftlinge aus der Villa ein
Familienfoto, das dem begabten Zeichner Zbyszek als Vorlage für ein
Bild diente. Häftlinge der Gärtnerei erhielten den Auftrag, einen
noch schöneren Blumenstrauß zusammenzustellen, als der Kommandant ihn üblicherweise den Ehefrauen der SS-Männer zum Geburtstag überreichte. Blumenstrauß und Bild stellten sie pünktlich zum
Geburtstag in die Villa. Es dauerte nicht lange, bis Wirths Langbein
fragte, ob er davon wüsste. Wirths schien einigermaßen verlegen zu
sein – was Langbein ausnützte und erstmals das Wort „wir" gebrauchte, um zu verdeutlichen, was Wirths wohl längst ahnte: dass Langbein Komplizen im Lager hatte, die mit ihm zusammenarbeiteten.
Die Gratulation sollte ein Zeichen der Widerstandsgruppe in
Auschwitz dafür sein, dass die Familie Wirths von der Todesandro-
hung, wie sie über das Londoner Radio verbreitet wurde, ausdrücklich ausgenommen war. Mit dieser Offenbarung war Wirths die
Möglichkeit genommen, sie zu verraten, falls er dies beabsichtigt hätte. Denn damit stand auch fest, dass er als ein SS-Mann bekannt war,
der Häftlingen geholfen hatte, wofür er von der SS selbst abgeurteilt
worden wäre. Von nun an konnte Langbein noch konkreter Ereignisse und Vorhaben mit Wirths bereden.

Das „Zigeunerlager"

Das Morden und Dahinsterben der – registrierten – Häftlinge war
Hermann Langbein als Standortarztschreiber bestens bekannt: Monatlich musste Wirths einen Bericht an seine vorgesetzte Dienststelle
nach Oranienburg schicken, genau genommen zwei Berichte: einen
offiziellen, also beschönigten, und einen geheimen, aus dem sämtliche „Sonderbehandlungen", wie die Mordaktionen im SS-Jargon genannt wurden, hervorgingen. Langbein hatte bei Wirths eine gewisse
Schwäche für Statistiken entdeckt und empfahl ihm daher, die Meldungen aus den Außenlagern und Lagerabschnitten in Birkenau
doch wöchentlich anzufordern und hier wiederum die Zugänge, Ab-

gänge, den Häftlingsstand, die Krankmeldungen etc. nach Tagen auflisten zu lassen. Denn ihm war aufgefallen, dass die übermittelten Zahlen immer wieder voneinander abwichen. Insbesondere gab es oft weit weniger Todesmeldungen als Abgänge, der Häftlingsstand reduzierte sich ohne nachvollziehbare Belege – wo aber waren die Leute dann hingekommen? Wirths ging darauf ein. Langbein war es dadurch möglich, willkürliche Selektionen zu entdecken: wenn sich etwa an einem Tag der Woche die Sterblichkeit in einem Lager oder Krankenbau plötzlich um das Zehnfache erhöhte. Die Statistiken zeigten auch gut die extreme Arbeitsbelastung und Ausbeutung der Häftlinge in manchen Außenlagern, wie in Jawischowitz, wo die Häftlinge in einem Kohlebergwerk zu Tode geschunden wurden. Auffällig waren in diesem Zusammenhang auch die extrem hohen Todesraten im Lager Birkenau, obwohl die Belegschaft keinen enormen Arbeitsbelastungen ausgesetzt war. Was verursachte dort die hohe Sterblichkeitsrate? Diese Frage beschäftigte Hermann Langbein. So ließ er sich einen Vorwand einfallen, um einmal selbst vor Ort die Lage prüfen zu können.

Langbein erwirkte eine Besuchserlaubnis für den Krankenbau des „Zigeunerlagers".[56] Das Lager war im Februar 1943 eingerichtet worden, nachdem Himmler im Dezember 1942 die Deportation aller noch nicht in Lager und Ghettos verfrachteten Roma und Sinti in Konzentrationslager angeordnet und im Jänner 1943 Auschwitz als Zielort festgelegt hatte. Bis Juli 1944 fuhren Transporte mit insgesamt über 21.000 Roma und Sinti aus halb Europa nach Auschwitz-Birkenau. Sie wurden in einem eigenen, noch im Bau befindlichen Lagerabschnitt, als BIIe bezeichnet, untergebracht, und zwar unter für KZ sonst unüblichen Bedingungen: Die Familien konnten beisammenbleiben, die Menschen behielten ihre Straßenkleidung, nur wenige waren in regulären Arbeitskommandos verpflichtet. Die hohen Todesraten gingen auf die enorme Überbelegung zurück, auf Mangelernährung, unvorstellbar schlechte hygienische Zustände, die sich daraus ergebende Seuchenanfälligkeit des Lagerabschnitts und – nicht zu vergessen – die oft tödlichen Versuche des zuständigen Lagerarztes, Dr. Mengele.

Als Langbein in Begleitung eines SDG das Lager betrat, überwältigte ihn bereits der Gesamteindruck, den er als Zeuge später dem

Frankfurter Gericht schilderte: „Das Lager war in einem unbeschreiblichen Zustand: Lehmboden, aufgeweicht, verdreckt, keine Waschmöglichkeit; die Latrinen, ich glaube, sie wurden Ihnen schon geschildert, wie sie in Birkenau aussahen, keine Reinigungsmöglichkeit für die Kleider. Die Kinder haben am schlimmsten ausgeschaut. Oder vielleicht hatte man den Eindruck bei den Kindern, dass es am schlimmsten war, weil es einem am nächsten gegangen ist."

Langbein zeigte selten Emotionen in seinen Berichten, doch in Erinnerung an das im „Zigeunerlager" Gesehene konnte er sie nicht verbergen. Er besuchte zuerst die Ambulanz des Krankenbaus, vollkommen überfüllt mit wartenden Frauen und ihren kranken Kindern; auch hier blieb ihm der Anblick der Kinder am deutlichsten im Gedächtnis. Dann ging er in den Krankenblock, in dem Frauen entbunden wurden. Langbein bezeugte vor dem Gericht in Frankfurt: „Ich habe viel gesehen in Auschwitz. Tote waren für uns eine Alltäglichkeit. Man ist furchtbar hart geworden in Auschwitz, so hart, dass man manchmal Angst hatte, ob man wieder ins normale Leben zurückfindet. Aber was ich dort gesehen habe, das war schlimmer als alles andere. Ich habe Frauen gesehen …", und hier stockte Langbein die Stimme, „die glücklichsten waren die – es waren einzelne darunter –, die wahnsinnig geworden sind. Ich habe kleine Kinder gesehen, Neugeborene; die einzige Sorge, die ihnen zuteil wurde, war die, dass sie sofort die Häftlingsnummer tätowiert bekamen mit einem »Z«. Und zwar bekamen sie die Häftlingsnummer in den Oberschenkel, weil der Unterarm eines Säuglings zu klein war dafür. Und ich habe dann die Leichenkammer gesehen, die anschließend hinten bei dem Block war. Dort war ein Berg von Leichen, Kinderleichen, und dazwischen waren die Ratten."

Am 2. August 1944 wurde das „Zigeunerlager" geräumt. Circa dreitausend Männer, Frauen und Kinder waren noch nicht zugrunde gegangen, Mordaktionen anheimgefallen oder – was in wenigen Fällen vorkam – in Konzentrationslager im „Altreich" überstellt worden. Ihr Widerstand dagegen, auf Lastwagen verladen und zu den nicht weit entfernten Gaskammern gefahren zu werden, konnte nichts ausrichten. Mehr als die Hälfte der rund 23.000 im „Zigeunerlager" Inhaftierten starb jedoch an Entkräftung und Krankheit aufgrund der verheerenden Bedingungen.[57]

Langbein gab seine Empörung über die Liquidierung des Lagers zu Protokoll: „Das Ende des ‚Zigeunerlagers' ist ja bekannt. Sie wurden alle vergast. Ich kann mich noch genau erinnern, als diese Vergasung erfolgte. Wir erfuhren es selbstverständlich im Stammlager, diese Gerüchte sind immer sehr schnell gegangen. Aber ich wollte mich noch vergewissern und bin zum Standortarzt mit meiner Wochenmeldung, wo für jeden Tag die Zahlen drauf waren. Da war ‚Zigeunerlager': soundso viel, soundso viel, und am nächsten Tag: ‚Null'. Und da bin ich zum Standortarzt gegangen und habe gefragt: ‚Bitte, was soll ich hier machen mit der Meldung, die dürfte falsch sein.' Und er sagte: ‚Nein, nein, die Meldung ist richtig.' Und dann sagte ich: ‚Was soll ich damit machen?' Dann sagte er: ‚Schreiben Sie sie zu den Gestorbenen.' Das war sozusagen die offizielle Bestätigung dessen, was ich sowieso schon gewusst habe, dass diese Leute alle in die Gaskammer geschickt wurden."

Im Abschnitt „Frauenlager" waren die Bedingungen nur unwesentlich besser, wie Langbein in Hannover im April 1945 niederschrieb: „Provisorische Latrinengruben waren bis über 500 Meter von den Wohnbaracken entfernt, sodass sie besonders nachts nicht benutzt wurden, sondern das ganze Gelände mit Exkrementen übersät war. Die Frauen mit geschorenen Haaren, in dem dünnen Häftlings-Drillichanzug, ohne Reinigungsmöglichkeit – Wasser musste ‚organisiert' werden und stand praktisch nur der Lageraristokratie zur Verfügung – ohne Binden, verlaust, verhungert, demoralisiert – ein Anblick, der nicht zu schildern ist. Die Sterblichkeit war ungeheuer." In einem Interview Anfang der 1990er Jahre erinnert sich Langbein noch einmal an seine Beobachtungen im Frauenlager: Er habe Frauen in Arbeitskolonnen gesehen, in erbärmlichem Zustand, sie hätten entsetzlich gerochen – all das natürlich infolge des Lebensniveaus, zu dem sie gezwungen waren. „Dann konnte man leicht sagen", so Langbein, „schau, das sind doch keine Menschen wie du. Das ist doch Ungeziefer!'"[58]

Hinzu kam, dass die Frauen teilweise bei Erdarbeiten und im Straßenbau eingesetzt wurden, in Kommandos, die hohen körperlichen Einsatz erforderten, und das trotz schlechtester Ernährungslage und ohne Regenerationsmöglichkeiten. Langbein erwähnte in seinem Hannover-Bericht auch die Gewalt, die von der Oberaufseherin Maria Mandl, im Range einer Schutzhaftlagerführerin und direkt von Himmler eingesetzt, ausging. Die Oberösterreicherin war bekannt für ihre Brutalität im Umgang mit den Häftlingen. Zudem drängte sie auf Vergasungsaktionen – ihr war das Lager zu überfüllt, um Ordnung nach ihren Vorstellungen halten zu können. Sogar der Lagerarzt des Frauenlagers, SS-Obersturmführer Dr. Bruno Kitt, beschwerte sich einmal beim Standortarzt darüber, dass Mandl auf Musterung ging, um Frauen für eine Vergasung ohne Befehl auszusuchen. Einmal hatte sie tatsächlich eigenmächtig eine Selektion durchführen lassen und über dreihundert Frauen ins Gas geschickt.

Die Ungarn-Transporte

Im Mai 1944 ging eine neue Rampe in Betrieb: Die ins Lager Birkenau führenden Bahngleise ermöglichten nun einen direkten Transport der Selektierten in die Gaskammern II und III. Und damit setzte auch die größte Vernichtungsaktion in Birkenau ein: Rudolf Höß war aus dem SS-Wirtschaftsverwaltungshauptamt in Oranienburg zurückgekehrt – diesmal nicht, um sich aus „Kanada" Wertgegenstände organisieren zu lassen (eine Angewohnheit aus seiner Zeit als Lagerkommandant), sondern um sich wieder in seiner Villa einzuquartieren, so jedenfalls erklärte es Langbein in seiner Frankfurter Zeugenaussage. Die sofort herumschwirrenden Gerüchte wurden bald Gewissheit. Höß war nach Auschwitz gekommen, um eine groß angelegte Mordaktion zu organisieren: die Deportation und Vernichtung der ungarischen Juden und Jüdinnen. Unter dem Namen „Ungarn-Aktion" rollten ab Mitte Mai 1944 Tag und Nacht Transporte aus Ungarn – damals gehörten auch ein Teil von Rumänien, Siebenbürgen und die Karpato-Ukraine dazu – nach Auschwitz.[59] So viele Menschen waren es, dass die involvierte SS über Arbeitsüberlastung beim Dienst an der Rampe klagte. Dienst an der Rampe bedeutete für den SS-Arzt: Selektion der ankommenden Transporte.

Als Zeuge in Frankfurt schilderte Hermann Langbein die Tagesroutine des Apparats aus Sicht des SS-Reviers: Sobald ein Transport eintraf, wurde die Dienststelle Standortarzt verständigt. Beim Spieß lief die Meldung ein, er verständigte den diensthabenden SS-Arzt und die sogenannten Desinfektoren, die mit dem Sanka, einem Sanitätswagen mit dem Zeichen des Roten Kreuzes auf den Seiten und am Dach, das Giftgas nach Birkenau brachten. Nach erfolgter Selektion wurde die Vergasung durchgeführt, dann kehrten der Sanka und die Ärzte wieder zurück. In den alle zwölf Stunden wechselnden Turnusdienst für die Selektionen wurden nach der Beschwerde nicht mehr nur die SS-Ärzte, sondern auch Apotheker und Zahnärzte eingeteilt.

Derart viele Menschen wurden in den Sommermonaten des Jahres 1944 umgebracht, dass das Zyklon B knapp zu werden drohte. Höß reagierte mit zweierlei Maßnahmen: Er ordnete an, weniger Giftgas in die Gaskammern einzuleiten – mit der Auswirkung, dass die Menschen vielfach nur betäubt waren, wenn sie zu den Verbrennungsöfen geschleppt wurden. Und er gab den Befehl, vor den Krematorien große Scheiterhaufen zu errichten. Aus den ankommenden Transporten wurden starke Männer ausgewählt und gezwungen, die Kinder bei lebendigem Leibe direkt ins Feuer zu werfen. Anschließend wurden sie selbst vergast. Als Langbein diese entsetzlichen Nachrichten aus Birkenau an den Standortarzt weiterleitete, war dieser – in Unkenntnis der Vorgänge – ebenfalls äußerst erregt. Gegen Höß konnte Wirths sich jedoch nicht durchsetzen.

Nicht alle ungarischen Jüdinnen und Juden wurden sofort nach ihrer Ankunft ins Gas geschickt. Bis zu zwanzig Prozent der Menschen wurden ins Lager aufgenommen, mit der Absicht, sie später zur Zwangsarbeit in Rüstungsbetriebe weiterzuschicken. Teilweise kamen sie ins Stammlager und wurden registriert – womit eine neue Nummernserie begann: Bis zu 200.000 war laufend nummeriert worden, nun begann man von vorn zu zählen, mit einem A vor der Zahl.[60] Jene, die in Birkenau verblieben, kamen ins Lager BIII, genannt „Mexiko", allerdings ohne Registrierung. Die Zustände in „Mexiko" waren noch entsetzlicher als in den anderen Lagern. Schon im Stammlager waren die sanitären Bedingungen deutlich besser als in Birkenau. Im Abschnitt „Mexiko" jedoch herrschten grässliche Zustände, die Sterblichkeit war dementsprechend hoch.

Zur Zeit der Ungarn-Transporte wies das Lager auch die höchsten Häftlingszahlen auf. „Wenn ich mich richtig erinnere, waren damals über 130.000 Häftlinge gleichzeitig in Auschwitz I, II und III zusammen, der größte Teil selbstverständlich in Auschwitz II", sagte Langbein vor Gericht aus. Insgesamt wurden zwischen Mai und Juli 1944[61], in nur zweieinhalb Monaten, rund 438.000 ungarische Juden und Jüdinnen jeden Alters nach Auschwitz deportiert.

Fluchtversuche

Auch im Stammlager hatte sich die allgemeine Atmosphäre wieder deutlich verschlechtert. Im Jänner 1944 war nach längerer Unterbrechung wieder eine Selektion von über tausend Juden für die Gaskammern in Birkenau durchgeführt worden. Der organisierte Widerstand – und selbst Wirths – war von dieser Aktion vollkommen überrascht worden.[62] Dies wirkte auf die Häftlinge stark demoralisierend, hatten sie doch gehofft, dass fortan die Gefahr der willkürlichen Selektionen, wenn schon nicht gebannt, so doch wenigstens deutlich reduziert sei. Liebehenschel gehorchte damit einer Vorgabe aus Berlin: Dem für den Arbeitseinsatz zuständigen Amt waren zu viele nicht voll arbeitseinsatzfähige Häftlinge im Lager. Im Mai 1944, zeitgleich zur beginnenden „Ungarn-Aktion", war Liebehenschel als Kommandant des Stammlagers abgelöst worden. Sein Nachfolger Richard Baer (der bis zur Auflösung des Lagers Kommandant bleiben sollte) schlug wieder einen schärferen Ton an als Liebehenschel – es wurde gemunkelt, dieser sei zu nachgiebig gewesen und deshalb abgezogen worden.[63]

Langbein musste auch erfahren, dass Wirths vier gesunde jüdische Häftlinge mit Fleckfieber hatte infizieren lassen, um ein neues Mittel zur Seuchenbekämpfung auszuprobieren. Zum ersten Mal verschlechterte sich ihr Vertrauensverhältnis spürbar, bis Wirths gegenüber Langbein eine Wiederholung des Experiments ausschloss. Dennoch: Zwei der vier Häftlinge starben.

Unter all diesen Eindrücken verstärkte die Widerstandsgruppe ihren Einsatz. Im Frühjahr 1944 berief Ernst Burger eine Leitungssitzung ein, zu der auch Józek, der ansonsten im Krankenbau bleiben musste, hinzugebeten wurde, denn es ging um die Zukunft der Bewegung. Burger berichtete, dass er endlich Kontakt zur Widerstandsgruppe der sowjetischen Häftlinge im Lager knüpfen konnte, die von einem Major geleitet wurde. Dieser dränge auf Vorbereitungen für eine militärische Aktion, also einen bewaffneten Aufstand, auf Massenflucht und gemeinsamen Kampf mit den Partisanen. In der Vierergruppe herrschte Einigkeit, dass es tatsächlich an der Zeit war, mit praktischen Vorbereitungen für ein mögliches Ende von Auschwitz zu beginnen. Sie beschlossen, beide Hauptanliegen zu verfolgen: zum einen den lagerinternen Widerstand für einen bewaffneten Kampf zu organisieren, zum anderen Fluchtmöglichkeiten vorzubereiten.

Eine militärische, wiederum international besetzte Leitung unter der Führung der Kampfgruppe Auschwitz sollte die Arbeit aufnehmen. Von österreichischer Seite wurde dafür Heinrich Dürmayer vorgeschlagen.[64] Die Genossen sollten vor allem in jenen Kommandos zusammengefasst werden, die militärisch wichtig werden könnten, wie etwa die Fahrbereitschaft, die SS-Bekleidungskammer oder die Reinigungsmannschaft der Truppenunterkünfte. Deren Arbeitsstätten befanden sich nämlich außerhalb der Lagermauern; in den Truppenunterkünften lagerten zudem Waffen. Bedeutend für die Intensivierung der Widerstandsaktivitäten war auch die Verbindung zu Frauen in den Kommandos, die Büroarbeiten für die SS durchzuführen hatten. Wichtige Informationen kamen vor allem von den Frauen aus dem Kommando Politische Abteilung. Die Teilung Birkenaus in verschiedene voneinander isolierte Lagerabschnitte erschwerte die Verständigung, der beste Kontakt konnte mit illegalen Organisationen im Frauenlager gehalten werden.[65]

Was die Fluchtmöglichkeiten anbelangte, waren schon Vorbereitungen getroffen worden. Der Kontakt nach außen zu den Partisanen stehe, so Józek. Nun war es wichtig, ein Versteck innerhalb der großen Postenkette zu finden, wo die Flüchtenden drei Tage bleiben konnten. Dies war notwendig, da die äußere Postenkette, die üblicherweise im Anschluss an die Rückkehr der Außenkommandos und den Abendappell eingezogen wurde, nach einem Fluchtalarm drei Tage und drei Nächte auf Wache blieb. Weiterhin wurde versucht, die Verbindung zu den Außenlagern zu stärken. Als Kontaktpersonen konnten sie später Sioma Lechtmann in Birkenau und Heribert Kreuzmann im Außenlager Jawischowitz unterbringen, beide als ehemalige Spanienkämpfer verlässliche Verbündete.

Im Laufe der folgenden Wochen wurde der Leitungsgruppe eines immer klarer: Sie mussten selbst zu den Partisanen flüchten, die Zentrale des Widerstands nach außen verlegen und von dort aus die Befreiung betreiben. Rasch kristallisierte sich heraus, wer fliehen sollte: Langbein, Burger und von polnischer Seite Józek Cyrankiewicz, Letzterer aufgrund seiner Polnischkenntnisse und seines Kontakts zu den Partisanen. Józek schlug vor, einen SS-Mann zu suchen, der sie unterstützen würde, indem er sie über die große Postenkette hinausführte. Zudem war anzunehmen, dass die SS nach Józek und Hermann, die beide schon im Bunker inhaftiert gewesen waren, intensiver als gewöhnlich suchen würde. Zu bedenken waren auch mögliche Repressalien gegenüber ihren Kameraden nach gelungener Flucht – abschreckende Beispiele gab es viele. (Für einen geflüchteten Polen wurden einmal alle vierzehn Kameraden derselben Einheit getötet.)

Der SS-Mann war relativ rasch ausgemacht, ein Blockführer aus Ostpreußen, dessen Heimatort sich die Truppen der Roten Armee schon stark genähert hatten. Als dieser schließlich doch kalte Füße bekam, verlangten sie von ihm, er müsse ihnen zumindest einen Passierschein und eine Uniform besorgen, was er auch tat. Ein Versteck für die gefährlichen drei Tage war auch gefunden: In einem Gebäude der Deutschen Ausrüstungswerke befand sich unter einer Maschine eine Falltür, darunter ein kleiner Raum, groß genug, um darin zu hocken. Lokmanis hatte das Versteck eruiert, er wollte es auch als Erster nützen. Die Genossen stimmten zu, und bald darauf wagte Lokmanis mit einem Polen sein Glück. Bange Stunden des Wartens setzten ein. Zuerst war wichtig, dass die SS möglichst spät das Fehlen der beiden entdeckte. Tatsächlich gab es erst am Abend Fluchtalarm. Dann mussten die drei Tage der verschärften Bewachung überstanden werden. Doch bald kam Nachricht vom Kontaktpunkt der Partisanen – Flucht geglückt! Die beiden wollten sich weiter nach Warschau durchschlagen.

Als Nächstes sollte Pepi Meisel versuchen, aus dem Lager zu entweichen – noch bevor sein Todesurteil aus Wien in Auschwitz eintraf.[66] Er hatte sich bereits mit Szymon Zajdow verständigt, dass sie es gemeinsam wagen wollten. Nach bangen Tagen endlich die erlösende Meldung: Gut angekommen! Allerdings war der Kontakt zu Lokmanis abgebrochen.

Die Leitung der Kampfgruppe Auschwitz setzte währenddessen die Planung der eigenen Flucht fort. Ernst Burger hatte bereits in ein anderes Arbeitskommando gewechselt, das Trinkwasser zu Arbeitsstellen führte, wo es kein keimfreies Wasser gab. Wirths wollte mit dieser Maßnahme den Typhus bekämpfen. Über Dürmayer, der nun Kapo in der SS-Bekleidungskammer war, verschafften sie sich Teile der benötigten SS-Uniform.

Weiterhin bemühten sie sich um die Verbesserung der Zustände im Lager. Nach Beginn der sowjetischen Sommeroffensive im Juni 1944, die rasch voranschritt, herrschte freudige Unruhe, insbesondere unter den Polen, auf die die Lagerältesten harsch und mit Gewalt reagierten. Über Wirths versuchte Langbein abermals, beim Kommandanten vorstellig zu werden. So kam es zu einem Treffen mit Baer, der Langbein nach dessen Vortrag versicherte, es sei verboten, dass Häftlinge andere Häftlinge schlügen; er werde an das Verbot erinnern lassen. Langbein könne ihm jederzeit über weitere Missstände im Lager schriftlich Meldung machen.

Anfang August 1944 waren die Vorbereitungen zur Flucht nahezu abgeschlossen. An einem Samstag wollten sie es wagen, üblicherweise ein ruhiger Tag mit reduzierten Diensten der SS-Belegschaft ab Mittag. Zudem war Urlaubszeit, also würden auch weniger SS-Männer nach dem Fluchtalarm zur Verfügung stehen. Die Flucht musste noch einmal verschoben werden, da die benötigte Kleidung nicht beisammen war, doch dann stand der Tag endgültig fest. Doch es war klar, dass Józek nicht mit ihnen fliehen konnte; sie fanden keinen unverdächtigen Weg, ihn aus dem Krankenbau und aus dem Lager zu bringen. Da der Passierschein, den ihnen ihr SS-Vertrauensmann besorgt hatte, auf drei Personen ausgestellt war, mussten sie Ersatz suchen. Langbein schlug Zbyszek vor, seinen Kollegen im SS-Revierkommando, zu dem sich der Kontakt und das Vertrauen über die

Hermann Langbein, von seinem Freund Zbyszek Raynoch in Auschwitz gezeichnet

Monate der Zusammenarbeit verstärkt hatten. Ernst Burger war einverstanden. Rudi Friemel erhielt die Aufgabe, die Kampfgruppe im Lager fortan mit Tadek und Józek anzuführen; ihm trauten sie eine entsprechende Standhaftigkeit zu.

Laut Plan sollte Langbein in die Rolle des SS-Mannes schlüpfen – die Uniform lag im SS-Revier bereit –, schließlich kannte er sich am besten mit den Umgangsformen der SS aus. Zbyszek und Ernst gaben die beiden Häftlinge, die auf dem Passierschein vermerkt waren. Am Vortag der geplanten Flucht schrieb Langbein zwei Briefe: einen an den Kommandanten, in dem er neuerlich die Brutalität der Lagerältesten – Wörl war längst abgezogen und in ein anderes Lager abgeschoben worden – und deren Unruhestiftung anprangerte. Einen weiteren, der als Abschiedsbrief gedacht war und in dem er die Gründe der Flucht darlegte. Dann musste er Schwester Maria Stromberger von seinen Plänen informieren – sie stand ja in Kontakt mit seiner Familie, der sie nun nicht mehr schreiben durfte; die in Wien eingehende Post würde nach seiner Flucht sicher kontrolliert werden. Wenn Langbein in späteren Jahren die Hilfsbereitschaft von Schwester Maria würdigte, vergaß er nicht deren Abschiedsworte zu erwähnen: „Wenn ich nicht wüsste, dass Sie so ein gottloser Kommunist sind, würde ich Sie jetzt bekreuzigen." Worauf Langbein geantwortet haben soll: „Tun Sie's, Schwester. Und ich danke Ihnen für alles."[67]

Dann ging er noch zu Józek in den Krankenblock, um sich die Freigabe der Partisanen für den kommenden Tag zu holen. Doch Józek empfing ihn mit schlechten Nachrichten: Es sei keine Kontrollpost gekommen. Stattdessen habe der Verbindungsmann von einigen „Hochflügen", also Verhaftungen unter den Partisanen, berichtet; deren Zahl sei unbekannt. Mit dieser Meldung musste Langbein zu Ernst Burger weiter. Beide fühlten sich wie gelähmt.

Ein kleiner Trost für die gescheiterten Pläne waren die Nachrichten, die das SS-Revierkommando, wie jeden Morgen, vor Eintreffen der SS dem Radio entnahm: Kapitulation Rumäniens, offene Südfront, US-Truppen marschieren nach Paris, französische Partisanen befreien Südfrankreich.

Doch für Langbein währte die Freude nicht lange. Überraschend wurde er ins Lager zitiert – seinen Freunden hinterließ er, Wirths sofort nach dessen Rückkehr ins Revier unbedingt darüber zu verständigen. Der Häftling aus dem Kommando „Arbeitsdienst" führte ihn aber nicht wie angekündigt in die Lagerschreibstube, sondern in den Krankenbau. Dort erfuhr Langbein, er solle auf Transport gehen, und zwar zusammen mit jenen Polen, die schon seit mehreren Tagen im Block 11 gesammelt wurden, was im Lager Aufruhr erzeugt hatte. Sofort kam Langbein sein Beschwerdebrief an den Kommandanten in den Sinn und Lachmann als Rachetäter. Um jeden Preis musste Wirths verständigt werden! Der SS-Arzt Fritz Klein, für den Langbein öfters private Schreibarbeiten erledigt hatte, erklärte sich bereit, die Papiere, die seine Überstellungstauglichkeit bescheinigen sollten, nicht anzufertigen. Stattdessen wollte er den Standortarzt aus Birkenau holen. Langbein gab er die Order, im Krankenbau zu bleiben. Beim ersten Befehl, zur Blockführerstube zu kommen, funktionierte dieser „Trick" noch. Dann kam Langbein auch noch ein Fliegeralarm zugute. Der bedeutete Zeitgewinn und gab ihm die Möglichkeit, nicht nur mit Józek, sondern auch mit Zbyszek und Karl, seinen Arbeitskollegen, das Notwendigste zu besprechen. Die beiden berichteten, dass sich auch der Spieß ernsthaft bemühe, Wirths zu verständigen, da er dessen Reaktion fürchte, falls man seinen Schreiber ohne sein Wissen abtransportierte. Beim zweiten Ruf zur Blockführerstube wagte Langbein es nicht mehr, sich zu widersetzen. Vor dem Krankenbau nahmen ihn der Rapportführer sowie Unterscharführer Oswald Kaduk, der berüchtigtste Schläger im Lager, in Empfang. Kaduk konnte mit dem Hinweis „Achtung, das ist der Standortarzt-Schreiber!" gerade noch im Zaum gehalten werden. Da endlich kam Wirths auf seinem Motorrad angefahren. Er versicherte Langbein, selbstverständlich werde er nicht auf Transport gehen, das werde er nicht zulassen. Nach dem Fliegeralarm solle er wie üblich mit dem SS-Revierkommando ausrücken. Er werde mit dem Rapportführer reden, damit dieser seinen Befehl rückgängig mache.

Doch dann wurde Langbein zum Schutzhaftlagerführer Franz Hößler geholt. Gemeinsam mit Hößler empfing ihn Obersturmführer Max Sell vom Arbeitseinsatz. Hößler war in Wut geraten, dass ein Häftling es wagte, sich Anweisungen zu widersetzen. Langbein trafen mehrere Schläge, die er bis dahin nicht kennengelernt hatte. Sell erklärte ihm, dass er ihn lieber am Appellplatz hängen sehen würde, als dass er jetzt Auschwitz verließe. Noch einmal versuchte Langbein, seiner Abschiebung zu entgehen, indem er den Befehl Kleins ins Feld führte, den Krankenbau nicht zu verlassen. Doch alles nützte nichts mehr: Der Kommandant selbst hatte Langbeins Überstellung befohlen.

Die Essensträger vom SS-Revierkommando, die eben wieder ausrückten, Vickerl und Rudi von der Fahrbereitschaft – sie sahen mit Entsetzen ihrem Freund nach, der Auschwitz Richtung Bahnhof Birkenau verließ. Ernst Burger drängte sich kurz neben ihn in die Reihe, Langbein konnte ihm schnell die Verantwortlichen zuflüstern: Sell vom Arbeitseinsatz und die politische Abteilung. Die beiden verabschiedeten sich mit Handschlag – sie sollten sich nie mehr wiedersehen.

Die politische Abteilung hatte noch letzte Grüße für Hermann Langbein bereit. Als es hieß: „Wo ist der Schreiber vom Standortarzt?", ließ das in ihm die Hoffnung aufkommen, dass Wirths doch noch etwas erreicht haben könnte. Stattdessen wurde die Wachmannschaft instruiert, dass die Nummer 60-3-55 fluchtverdächtig und entsprechende Bewachung erforderlich sei.

Nach zwei langen Jahren öffnete sich das Tor in Auschwitz für Hermann Langbein. Er hatte gehofft, zu den Partisanen fliehen zu können, als Befreier ins Lager zurückzukehren und es als freier Mann zu verlassen. Nun aber befand er sich in einem Transport mit knapp tausend weiteren Häftlingen, zusammengepfercht in Viehwaggons, auf dem Weg ins KZ Neuengamme.

Nachwort zu Auschwitz

Noch als Häftlinge im Konzentrationslager hatten Langbein und seine Kameraden Schätzungen der Opferzahlen vorgenommen: Sie kamen auf drei bis fünf Millionen allein für Auschwitz. (Andere Schätzungen beliefen sich gar auf sechs Millionen.) Erst sechs Jahrzehnte später stand die ungefähre Zahl der Opfer fest: 1,1 bis 1,3 Millionen, in erster Linie Juden und Jüdinnen, die direkt ins Gas gingen. Dass Langbein und seine Gefährten sich derart verschätzten, beweist die Wirkung der Vernichtungsmaschinerie auf jene, die sie hautnah erlebten, die im Schatten der Krematorien dem Morden zusehen mussten.

Im April 1945, erst wenige Tage in Freiheit, schrieb Hermann Langbein: „Dieser unglaubliche Massenmord bildet den Hintergrund und die ständige Drohung für das KZ Auschwitz. Nur wenn man das weiß, kann man die Auschwitzer Atmosphäre ahnen. Richtig vorstellen kann sich das keiner, der nicht in Auschwitz war, ebenso wenig wie ich es richtig zu schildern vermag. Auschwitz ist eine Hölle. Das Gedächtnis weigert sich, alle Einzelheiten zu behalten." Dennoch weist sein Hannover-Bericht zahlreiche Daten auf: Von den sechzehn mit ihm im August 1942 von Dachau nach Auschwitz überstellten Häftlingen starben in den ersten vier Monaten fünf an Fleckfieber, drei überstanden es. Zwei erkrankten an Typhus, einer an Paratyphus, überlebten jedoch. Nur fünf Männer dieser Gruppe kamen ohne schwere Krankheit durch diese erste Zeit.

Die Belegstärke des Lagerkomplexes Auschwitz schwankte zwischen etwa 40.000 bei Langbeins Ankunft und 130.000 zum Zeitpunkt seines Abtransports. Die SS hatte nicht nur Pläne für den Ausbau des Lagers nach Kriegsende fertiggestellt, sondern bereits mit Arbeiten zur Erweiterung des Schutzhaftlagers begonnen. Hätte Deutschland den Krieg gewonnen, wären wohl noch viele weitere Gefangene in KZs eingewiesen worden, so Langbein im Hannover-Bericht.

Anfang der 1990er Jahre erläuterte Langbein Carmen Köper seine Überzeugung, die Ausführenden des Auschwitzer Vernichtungsapparats seien nicht nur dem nationalsozialistischen Gedankengut verfallen gewesen, sondern bereits im Sinne jener Ideologie erzogen worden, die die Grundlage für den Nationalsozialismus geschaffen hatte und von ihm schließlich auf die Spitze getrieben wurde. Blinder Gehorsam galt darin als höchste Tugend des Mannes. „Wer so erzogen ist", so Langbein, „übernimmt für eigenes Handeln keine Verantwortung." In der Literatur gebe es genügend Beispiele dafür. Als Beweis führt er die Tatsache an, dass sich die meisten NS-Verbrecher schon wieder unauffällig ins nächste System eingefügt hätten. Bereits im Jänner 1944 habe man die Täter deutlich differenzieren können, viele hätten sich zu diesem Zeitpunkt schon eine „Rückfahrkarte" organisiert.[68]

Hans Stark aus Darmstadt, zuletzt SS-Oberscharführer und als Leiter der Häftlingsaufnahme in der politischen Abteilung tätig, war als 19-Jähriger nach Auschwitz gekommen. Über seinem Schreibtisch hatte er den Spruch „Mitleid ist Schwäche" aufgehängt, erinnerte sich Langbein. Der Behauptung, Auschwitz sei das Werk einiger Sadisten irgendwo in Polen gewesen, tritt er in diesem Interview energisch entgegen. Allein die Rassenideologie, die Unterscheidung in „Herrenmenschen" und „Untermenschen", gepaart mit blindem Gehorsam und Verantwortungslosigkeit, habe eine derartige Katastrophe erst möglich gemacht.

Andererseits habe es auch Opfer gegeben, die die Nähe der Täter gesucht hätten. So sei es der SS gelungen, Spitzel unter den Häftlingen anzuwerben. Darüber urteilen dürfe jedoch nur jemand, schränkt Hermann Langbein ein, der sich in derselben Situation standhaft gezeigt habe.

Gegenüber Carmen Köper ging Langbein auch auf die Zwickmühle ein, in der sich die Funktionshäftlinge befanden. Da es in

Auschwitz so gut wie keine Medikamente gab, mussten sie die nötigsten einschmuggeln lassen. Zu diesem Zweck griffen sie auch auf die in „Kanada" eingelagerten Habseligkeiten der ankommenden Häftlinge zurück. Dann aber standen sie vor der schweren Frage: Wem sollten sie sie geben – und wem nicht? Ein Häftlingsarzt, erinnerte sich Langbein, habe dies mit den Worten kommentiert: „Man hat uns zu Richtern über Leben und Tod gemacht!"[69]

Das galt in gleichem Maße für die im Widerstand organisierten Häftlinge. Indem sie entscheiden mussten, wem sie zu einer Stellung als Funktionshäftling verhalfen, wen sie vor der Vernichtung bewahrten, sprachen sie Urteile. Eine Verantwortung, so Langbein, mit der es sich nicht leicht leben ließ.

Das KZ Neuengamme – der gefährliche Weg in die Freiheit

Die letzten Monate der Gefangenschaft

Am 27. August 1944 endete der Transport mit rund eintausend Häftlingen aus Auschwitz in der norddeutschen Stadt Bremen, 110 Kilometer südwestlich von Hamburg. Als die Männer den Zug endlich verlassen konnten, waren sie gut zwei Tage unterwegs gewesen, zwei Tage in erdrückender Enge und entsetzlichem Gestank, von Hunger und Durst gequält. Von nun an würden sie, zusammen mit zahlreichen Zwangsarbeitern, in den Borgward-Werken eingesetzt werden, einem Unternehmen, das Kraftfahrzeuge herstellte. Für die Häftlinge aus Auschwitz hatte man am alten Fabrikgelände die oberen Stockwerke eines Gebäudes geräumt. Diese Unterkunft galt nun als Außenlager von Neuengamme.[70]

Auch hier wurden den Deutschsprachigen die Funktionen übertragen. Langbein, als Häftling Nummer 48-1-35 geführt, kam in den Arbeitsdienst. Zur neuen Arbeitsstätte ging es zwanzig Minuten durch die Stadt: Kolonnen geschundener Männer in Häftlingskleidung, von SS-Leuten mit Hunden bewacht. Die Häftlinge waren nicht zu übersehen, äußerst schmutzig sahen sie aus, denn in der ersten Zeit waren die sanitären Verhältnisse unvorstellbar schlecht. Es fehlte jegliche Waschmöglichkeit – und das, obwohl die Häftlinge an Autos und anderen Fahrzeugen arbeiteten. Es kann also keine Rede davon sein, die Menschen hätten damals nichts von Konzentrationslagern und Zwangsarbeit gewusst, wie Langbein betonte.[71]

Langbein suchte sofort nach Informationsquellen, um über die politische Lage auf dem Laufenden zu sein. Die Amerikaner hatten bei Aachen bereits die deutsche Grenze überschritten, im Osten war die Rote Armee bis Ostpreußen vorgerückt. Als Zuteiler im Arbeitsdienst erklärte Langbein, ab und zu im Werk nach dem Rechten sehen zu müssen. Diese Gelegenheit ergriff er, um illegal Post zu versenden. Gegenüber seinem Bewacher, der noch nie in einem Konzentrationslager Dienst versehen hatte, erweckte er den Anschein, als dürften Häftlinge selbstverständlich Briefe in den Briefkasten werfen. So schrieb er Maria Stromberger in Auschwitz und seinem Bruder Otto in Wien.

Der Kontakt mit freien deutschen Zivilarbeitern war für Hermann Langbein ungewohnt. Auch hier wurden die KZ-Häftlinge von der SS als Menschen zweiter Klasse behandelt. Bei Bombenalarm – und den gab es oft, denn das Gelände ließ sich aus der Luft deutlich als Fabrik erkennen – war es den Häftlingen trotz ihres mehrfachen Drängens untersagt, Schutzräume aufzusuchen, während die Bewachung in einen benachbarten Bunker floh.

Als am 12. Oktober 1944 das Areal mit einem Flächenbombardement und anschließend mit Brandbomben angegriffen wurde, blieb ihre Unterkunft glücklicherweise von einem direkten Treffer verschont. So konnten sie hinaus, bevor das Haus in Brand geriet. Die Wachen hatten sich verkrochen, und kurz entschlossen nützten viele Häftlinge die Gelegenheit zur Flucht – auch Langbein. Doch nach 48 Stunden wurde er aufgespürt und wieder gefangen genommen. Stand üblicherweise auf Fluchtversuch Tod durch Erhängen, blieb dieser ohne Folgen. Dem Kommandoführer war bewusst, dass nicht nur die Wache, sondern auch er selbst bei dem Angriff versagt hatte. Er meldete dem Stammlager Neuengamme schließlich nur jene Häftlinge als flüchtig, die bis zum 18. Oktober 1944 nicht wieder aufgegriffen worden waren – jenem Tag, an dem das gesamte Außenlager Borgward-Werke geräumt und nach Neuengamme abtransportiert wurde.[72]

Im Hauptlager von Neuengamme, am östlichen Hamburger Stadtrand, waren die Verhältnisse ebenfalls katastrophal. Langbein, auch hier dem Arbeitseinsatz zugeteilt, vermerkte wenige Monate später in seinem Bericht: „Trotz großem Überbelags – es schliefen bis zu drei Häftlinge in einem Bett – gab es einen Mangel an verwendungsfähigen Arbeitskräften, da eine große Zahl von Häftlingen körperlich derart heruntergekommen oder krank war, dass sie nicht zur Arbeit eingeteilt werden konnten. Trotzdem mussten wir auch solche Häftlinge auf ausdrücklichen Befehl in Transporte einreihen, die für Arbeitskommandos bestimmt waren. So ergab es sich, dass beim Abmarsch eines Transportes in ein Arbeitslager schon einzelne

Häftlinge nicht einmal bis zum Lagertor gehen konnten, sondern von ihren Kameraden getragen werden mussten. Später kam sogar der Befehl, in jeden Transport für ein Arbeitslager fünfzig Prozent Schonungskranke einzureihen. Die Sterblichkeit war dementsprechend groß und betrug etwa sechs bis acht Prozent der Belegstärke im Monat. Den höchsten Anfall von Toten hatten diejenigen Außenlager, die Schanzarbeiten verrichten mussten, eine Arbeit, bei der die Häftlinge die ganze Zeit im Wasser zu stehen hatten."[73] Auch hier wurden mehrmals pro Woche Exekutionen im Bunker vorgenommen. Schutzhaftlagerführer SS-Obersturmführer Anton Thumann war als Mörder und Schläger gefürchtet.

Im Lager stieß Langbein auf alte Bekannte: die Brüder Staszek und Milek, ehemalige Kollegen im Auschwitzer Kommando SS-Revier, sowie Jurek Czubak, der ihn im Häftlingskrankenbau Auschwitz in die Arbeit eingewiesen hatte. Eines Tages kam Post aus Auschwitz: Maria Stromberger schickte ihm Wäsche und seinen Pullover nach, Zbyszek hatte auf die Innenseite des Packpapiers Grußworte geschrieben – für Langbein alles kostbar und wärmend. Der Inhalt der nächsten Nachricht aus Auschwitz – einige Wochen später – war alles andere als erfreulich. Dem wegen der Zensur stark verschlüsselten Brief konnte Langbein dennoch entnehmen, dass Zbyszek tot war. Nach einem missglückten Fluchtversuch hatte er Gift genommen. Sofort waren alle Gedanken Langbeins bei seinen Kameraden und ihren gemeinsamen Fluchtplänen. Hatten sie etwa gewagt, sie in die Tat umzusetzen? Was war schiefgegangen? Wie ging es den anderen? Auf all diese Fragen sollte er erst viel später eine Antwort bekommen.

Eduard Wirths hatte dem hiesigen Standortarzt eine Liste der nach Neuengamme überstellten Pfleger und Schreiber übermittelt. Doch Langbein zog es hier nicht in die Schreibstube – er wollte vielmehr den Dienst im Arbeitseinsatz dazu nützen, sich selbst in ein Außenlager versetzen zu lassen. Von dort aus würde er leichter fliehen können. Seine Gedanken kreisten fast ausschließlich um Fluchtmöglichkeiten.

Tatsächlich teilte er sich selbst Anfang Dezember einem Transport zu, der in das im Oktober 1944 neu eingerichtete Außenlager

Lerbeck bei Minden in Westfalen führte. Dort war er der Front näher: Die Amerikaner standen schon vor dem Ruhrgebiet. Zudem war Lerbeck[74] ein verhältnismäßig kleines Lager mit nur fünfhundert Häftlingen, die in einer sogenannten Frontreparaturwerkstätte für Flugzeugmotoren beschäftigt waren. Da es die meiste Zeit an Ersatzteilen fehlte, waren hier die Arbeitsbedingungen etwas besser, der Druck weniger hoch als in anderen Lagern. Doch die sanitären Verhältnisse waren äußerst schlecht.

Was hingegen in Lerbeck verschärfend hinzukam, war ein besonders brutaler Lagerältester, ein SAW-Häftling[75], dessen Sadismus mehrere Gefangene das Leben kostete. Von Seiten der SS ließ man ihm freie Hand. Langbein, hier wieder als Schreiber eingesetzt, sprach deshalb beim Kommandoführer, SS-Oberscharführer Emanuel Eichler, vor – und erhielt zur Antwort, er habe diesen Häftling gerade wegen der beanstandeten Charakterzüge als Lagerältesten ausgewählt. Züge, die auch beim Kommandanten zu finden waren: „SS-Oberscharführer Eichler drohte uns nicht nur wiederholt, dass wir alle niedergemacht würden, falls Deutschland den Krieg verlieren sollte, er ließ auch zwei MG-Stände auf beiden Seiten des Lagers aufbauen und Handgranaten in großer Zahl herbeischaffen", so Langbein im Hannover-Bericht.

Grund zur Hoffnung boten die Nachrichten von der Kriegsfront, die zu ihnen durchdrangen: Die Rote Armee hatte Auschwitz befreit! Was wohl in den letzten Tagen vor Eintreffen der Sowjetsoldaten geschehen sein mochte? Ob die Kampfgruppe Auschwitz ihre oftmals besprochenen Pläne umsetzen konnte? Oder waren sie letztlich doch alle ermordet worden?

Auch die Truppen der Westalliierten rückten näher und näher, standen bereits am Rhein. Hermann Langbein war auf eine Flucht vorbereitet. Er hatte sich Landkarten der Umgebung organisiert und einen Anzug, der kaum als Häftlingskleidung erkennbar war. Ihn zog er unter seiner gestreiften Kluft an, als abermals Befehl zur Evakuierung gegeben wurde. Die Amerikaner standen nur wenige Kilometer vom Lager entfernt.

Am 1. April – dem Ostersonntag des Jahres 1945 – ging es wieder auf Transport, und zwar ins Außenlager Laagberg bei Fallersleben.

Doch schon sechs Tage später drängte die SS zum Aufbruch; insgesamt über 1.400 Häftlinge wurden neuerlich „evakuiert". Kein Häftling sollte in die Hände der Alliierten fallen. Rückte die Front näher, mussten die Lager geräumt werden und die SS mit den Häftlingen ins Landesinnere vorrücken. Also verlegte man sie von einem Lager zum anderen, trieb sie auf Todesmärschen an.[76] Wer nicht mehr mitkonnte, wurde erschossen. So waren die letzten Wochen ihrer Gefangenschaft die gefährlichsten im Leben zigtausender KZ-Häftlinge. Ein Drittel bis über die Hälfte der über 714.000 Häftlinge, die sich Mitte Januar 1945 unter SS-Herrschaft befanden, sind bei der Räumung der KZs zu Tode gekommen, genaue Zahlen dazu gibt es nicht.[77]

Insbesondere die überfüllten Waggons wurden für viele zu Todeszellen, wie Langbein wenige Tage später festhielt: „Bis zu 150 Mann wurden in einen Viehwaggon gepresst. Wir blieben vier Tage im Waggon, da wir die längste Zeit auf Nebengeleisen stehen mussten. Es fehlte an Lokomotiven. Zwei Tage lang bekamen die Häftlinge überhaupt nichts zu essen, dann verschwindend kleine Rationen. Während dieser vier Tage sind 15 Kameraden gestorben, die meisten verhungert." Dabei legte der Zug Richtung Nordosten nur rund fünfzig Kilometer zurück. Deutschland näherte sich dem Stillstand.

Per Fahrrad in die Heimat

Am Abend des 11. April 1945 war der Zug in Salzwedel eingetroffen, etwa 125 Kilometer nordöstlich von Hannover. Wieder war kein Vorwärtskommen möglich, wieder hieß es warten. Auf den Nebengleisen standen ebenfalls Güterzüge – beladen mit Lebensmitteln und Produkten aller Art. Dies erweckte die Raffgier vieler SS-Männer, die sich vor dem nahenden Ende noch einmal eindecken wollten. Wie in den Lagern üblich, schickten sie die Häftlinge vor und öffneten dafür die Waggons mit den reichsdeutschen Gefangenen – bis zum Schluss musste streng nach Abstammung und Herkunft unterschieden werden.

Auf diesen günstig erscheinenden Moment hatte Langbein gewartet: Gemeinsam mit Hans Biederen, einem befreundeten Häftling aus Straubing in Bayern[78], mit dem er die Flucht geplant hatte, entfernte er sich während der Hamstergänge der anderen von seinem Zug. Hinter einem Waggon wartete Langbein auf seinen Komplizen, der selbst noch ausfassen wollte – als plötzlich ein SS-Mann neben Langbein auftauchte und ihn anherrschte, was er hier zu suchen habe. Geistesgegenwärtig wies Langbein, statt die Frage zu beantworten, auf einen Waggon mit Zigarren – und der SS-Mann war abgelenkt. Ein letztes Mal, so Langbein, hatte er ungemein großes Glück. Als Hans zurückkam, zogen sie ihre Häftlingskluft aus und machten sich in Zivilkleidung über eine Wiese davon. Es erforderte große Disziplin, nicht auf und davon zu rennen, das wäre aufgefallen. Auf halber Strecke kam ihnen ein Fliegeralarm zu Hilfe; alles rannte in Panik umher, und so konnten auch die beiden ihr Tempo beschleunigen und in den Wald flüchten.

Als sie am nächsten Morgen vorsichtig zwischen den Bäumen hindurch auf die Straße spähten, sahen sie lange Kolonnen von Panzern und Lastautos der US-Armee. Nun waren sie wirklich frei! Ja, er erinnere sich genau an dieses Gefühl, meinte Langbein noch Jahrzehnte später, „aber da müsste ich Lyriker werden, um es genau beschreiben zu können."[79]

Sie gingen Richtung Westen – und nach langen acht Jahren konnte Hermann Langbein endlich wieder mit allen Sinnen die Natur genießen: den herrlich duftenden Wald, das Schattenspiel in den Bäumen, das weiche Moos unter seinen Füßen.

In Hannover meldete er sich bei den britischen Befreiern als ehemaliger KZ-Häftling. Hier schrieb er seinen Bericht nieder, die ersten Aufzeichnungen über seine lange Gefangenschaft. Die Briten führten ihn zu einer Villa, deren Besitzern sie befahlen, dem ehemaligen Häftling das schönste Zimmer zu überlassen. Ein weiteres überwältigendes Glücksgefühl prägte sich Langbein ein: wieder einmal in einem richtigen Bett schlafen zu können! Der Kontakt mit seinen unfreiwilligen Gastgebern war eigenartig, es schien, als hätten sie Angst vor ihm. Er wiederum zeigte keinerlei Interesse, sich mit ihnen zu unterhalten. Weitaus interessanter waren die Radionachrichten.

Sowjetische und amerikanische Truppen hatten sich in Torgau getroffen. Jetzt konnte die Kapitulation Deutschlands nicht mehr weit sein.

Die britische Militärverwaltung lud Langbein ein, am Aufbau einer neuen Stadtverwaltung in Hannover mitzuarbeiten. Doch er wollte nach Wien, zu seiner Familie, zurück in die Heimat. Also stieg er am 5. Mai auf ein Fahrrad – er, der noch nie zuvor Rad gefahren war! – und radelte Richtung Österreich. Ein Begleitschreiben der befreienden Armeen, das ihm als ehemaligem KZ-Häftling Unterstützung zusichern sollte, erleichterte bei den Bürgermeistern der kleineren Orte, die er abends aufsuchte, die Quartiersuche. In einer Gemeinde in Oberfranken war es dem neuen Ortsvorsteher nicht nur lästige Pflicht, Langbein eine Mahlzeit und einen Schlafplatz zu gewähren. Der Bürgermeister ließ ihm bei sich zu Hause ein Bad richten und lud ihn an den Familientisch zum gemeinsamen Abendessen ein. Zum ersten Mal erzählte Langbein einer deutschen Familie etwas über seine Zeit in nationalsozialistischen Konzentrationslagern.

Kurz nach Halle hörte er im Radio die erlösende Nachricht: Der Krieg war zu Ende! Langbein beeilte sich noch mehr, nach Wien zu kommen. Ab Passau waren die Häuser bereits rot-weiß-rot beflaggt. Die letzte Strecke ab Amstetten legte er in einem Zug zurück, an der offenen Tür eines Güterwaggons sitzend. Am späten Abend traf er in Wien ein. Dort herrschte nachts Ausgehverbot, sodass er die Nacht am Bahnhof verbringen musste. Am nächsten Morgen – es war der 18. Mai und Langbeins Geburtstag – schlug er sich durch das zerbombte Wien in den 10. Bezirk durch. Langbein erinnert sich in „Die Stärkeren": „Die Triesterstraße ist arg zerstört. Immer wieder muss ich über Schutt klettern. Wenn's zu Hause auch so ausschaut? Noch nie ist mir der Weg vom Matzleinsdorferplatz bis zur Spinnerin so kurz vorgekommen. Da steht der Wasserturm. Dick und freundlich, wie immer. Zwischen grünen Bäumen grüßt mich unser Haus. Ich läute an. Laut klingelt's. Ich bin zu Hause."

Hermann und Otto Langbein, August 1947

Nicht der Himmel auf Erden

Hermann Langbein konnte sich abermals glücklich schätzen, er traf zu Hause seinen Bruder und auch seine Tante wohlbehalten an. Dies war seine engste Familie, seine Eltern waren schon viele Jahre tot. In die Freude des Wiedersehens mischten sich aber kurz darauf Bestürzung und Trauer. Es muss bald nach seiner Rückkehr gewesen sein, dass Langbein vom Schicksal seiner Vertrauten aus dem Widerstand in Auschwitz erfuhr.

Am 27. Oktober 1944 sollte die im August verschobene Flucht der Leitung der Kampfgruppe Auschwitz stattfinden. Ohne Unterstützung von Seiten der SS, so meinten sie, ließe sich der Plan nicht bewerkstelligen. Ein SS-Mann namens Frank kooperierte bereits seit geraumer Zeit mit dem Lager- und dem sogenannten lagernahen Widerstand, also den Kontaktgruppen zu den Partisanen außerhalb des Lagers. Langbein vermutete, dieser habe einen zweiten SS-Mann, den SS-Rottenführer Johannes Roth, ins Vertrauen gezogen. Ausgemacht war[80], dass Roth die Fluchtwilligen in einem Lastwagen, der schmutzige Wäsche in die Wäscherei nach Bielitz (Bielsko) brachte, aus dem Lager herausschmuggeln und sie unterwegs in einem Dorf auslassen sollte; polnische Partisanen würden sie dort übernehmen. Roth verriet den Plan jedoch umgehend der Lager-Gestapo. Der Lastwagen fuhr mit den fünf Häftlingen zwar durch das Lagertor; blieb aber bald stehen, um mehrere bewaffnete SS-Männer zusteigen zu lassen – und kehrte sogleich zurück, direkt vor den Bunker, Block 11.

Als die im Wagen in Kisten versteckten Männer bemerkten, in welcher Lage sie sich befanden, nahmen sie Gift. Bei den beiden Polen Czesław (Czesiek) Duzel und Zbigniew (Zbyszek) Raynoch wirkte es rasch genug – obwohl die SS sofort allen die Mägen auspumpen ließ –, die anderen überlebten den Selbsttötungsversuch: Ernst Burger, Piotr Piąty und Bernard (Benek) Świerczyna. Rudolf Friemel und Ludwig Vesely, die beiden Österreicher von der Fahrbereitschaft, die die Flucht mitorganisiert hatten, wurden ebenfalls verhaftet und in den Bunker gesperrt. Ebenso drei Partisanen im Dorf Łęki, die am vereinbarten Treffpunkt auf die Flüchtenden warteten. Zwei weitere wurden bei den Kampfhandlungen mit der SS getötet. Es folgten Verhöre, schwere Folterungen, eine Untersuchungskommission, Anweisungen aus Berlin, Interventionen und Bittgesuche, weitere Untersuchungen. Eine Ahnung davon vermittelt der Brief von Rudi Friemel an seine Frau Marga, die er erst wenige Monate zuvor, im März 1944, im Standesamt Auschwitz geehelicht hatte.[81]

Schlussendlich konnte selbst die ablehnende Haltung der politischen Abteilung und des Schutzhaftlagerführers die Hinrichtung nicht verhindern. Am 30. Dezember 1944 wurden Burger, Piąty, Świerczyna, Friemel und Vesely nach dem Abendappell im Stammlager öffentlich gehenkt.

Nur knapp drei Wochen später wurde das Konzentrationslager Auschwitz „evakuiert", das heißt, die SS trieb die noch halbwegs gehfähigen Häftlinge auf die berüchtigten Todesmärsche. Die im Lager zurückgelassenen Häftlinge erlebten am 27. Jänner 1945 ihre Befreiung durch die Rote Armee.

Auch viele von Langbeins Kameraden aus der Zeit im KZ Neuengamme fanden noch knapp vor Kriegsende den Tod: Als das Hauptlager zur „Evakuierung" anstand, gab es keine Ausweichlager mehr. Also trieb man die Häftlinge nach Lübeck und dort auf zuvor beschlagnahmte Schiffe – neuntausend Menschen wurden in den Laderäumen zusammengepfercht, viele von ihnen gingen elend zugrunde. Erwartungsgemäß bombardierten die Alliierten in den letzten Kriegstagen die meisten auslaufenden Schiffe. „Bei einem britischen Luftangriff am 3. Mai 1945, der Absetzbewegungen deutscher Truppenteile über die Ostsee verhindern sollte, gerieten die beiden vor Neustadt liegenden Schiffe Cap Arcona und Thielbek in Brand. Nahezu 6.600 Häftlinge verbrannten, ertranken oder wurden beim Versuch, sich zu retten, erschossen. Es überlebten nur 450 Menschen."[82]

Von den Häftlingen aus dem Evakuierungstransport, dem Hermann Langbein im Bahnhof Salzwedel entflohen war, hörte er später nie wieder. Er vermutete, dass sie ebenfalls auf den Unglücksschiffen den Tod gefunden hatten. Diese und viele weitere schreckliche Nachrichten sickerten langsam durch. Zurückkehrende Kameraden brachten Todesmeldungen mit, auf Informationen zum Schicksal anderer wartete man vergeblich.

Jene, die die Lager lebend verlassen hatten, dachten, sie seien der Hölle entronnen und ihnen stünde nun der Himmel bevor – „aber es war nicht der Himmel", wie Langbein oft und gern Grete Salus zitierte[83] und damit auch sein eigenes Lebensgefühl der Nachkriegszeit beschrieb. Über ihre Erfahrungen während der Zeit der Verfolgung wollten die Daheimgebliebenen oder am Krieg Beteiligten nichts wissen – sie wollten das Vergangene sofort vergessen, nur noch an die Zukunft denken.

Auch Hermann Langbein musste sich eine neue Existenz schaffen. Aufbauend auf den vielfältigen Erfahrungen der letzten Jahre – die nicht allein von Verfolgung geprägt waren, sondern auch von Solidarität und Kampfesmut – wollten die Langbeins gemeinsam mit Gesinnungsgenossen mitarbeiten am Aufbau einer neuen, antinationalistischen und kommunistischen Gesellschaft. Die meisten der damit verknüpften Hoffnungen sollten sich nicht erfüllen.

Alles für die Partei!
Die KPÖ-Karriere 1945 bis 1958

Euphorischer Anfang

Kaum zurück in Wien, stürzte Hermann Langbein sich in die Parteiarbeit: „Am 18. Mai 1945 bin ich heimgekommen, am 19. Mai schon war ich im ZK[84] drin. Das war für mich klar: Alles, was die Partei von mir will, kann sie haben." So schilderte Hermann Langbein 1992 im Gespräch mit Anton Pelinka seine persönliche Aufbruchsstimmung nach der Rückkehr aus den nationalsozialistischen Konzentrationslagern. Hinter ihm lagen, nach seiner Flucht aus Österreich im März 1938, sieben Jahre voller Entbehrungen, Gefahren und Schrecken, die er nicht zuletzt durch seine kommunistische Überzeugung, kämpferisch, aber immer besonnen, überstehen konnte. Jetzt ging es darum, am Aufbau einer neuen Gesellschaft mitzuwirken, die gemäß Langbeins Auffassung nach sozialistischem, oder vielmehr nach sowjetischem Vorbild gestaltet werden sollte. Selbstverständlich stellte Hermann Langbein sich daher in den Dienst der Kommunistischen Partei Österreichs und dies mit enormem Eifer.

Es war gar nicht einfach, im Mai 1945 vom Weigandhof im 10. Bezirk in die Wasagasse in Wien-Alsergrund zu gelangen; das öffentliche Verkehrsnetz stand still, und an eine Taxifahrt war nicht zu denken. Als Bezirkssekretär von Favoriten organisierte Langbeins Bruder Otto jedoch ein Auto, sodass Hermann umgehend beim Zentralkomitee vorsprechen konnte. Erstmalig traf er mit der Parteispitze der KPÖ zusammen: Johann Koplenig, Friedl Fürnberg, Ernst Fischer und Franz Honner. Sie teilten ihm eine Funktion zu, die er sich nicht ausgesucht hätte: die Leitung der Parteischule. Hermann Langbein fühlte sich nicht dazu berufen, da ihm jegliche pädagogische Ausbildung fehlte und er selbst nie eine strukturierte ideologische Schulung genossen hatte; allerdings hatte er die Volkshochschule in Gurs geleitet. Seiner Ansicht nach wären die bereits aus der Sowjetunion zurückgekehrten Parteifunktionäre dafür weitaus besser geeignet gewesen. Diesen jedoch, so reflektierte Langbein Jahrzehnte später, waren die „Illusionen über den ‚ersten sozialistischen Staat der Welt' bereits genommen worden". Die Partei brauchte aber jemanden, der das große kommunistische Projekt mit Begeisterung vermitteln konnte, den Idealismus und Ehrgeiz erfüllten – die Partei brauchte Hermann Langbein.

Also ging er, trotz seiner Bedenken, mit Konsequenz und Disziplin an die Arbeit. Den ersten Kurs der Parteischule benannte er nach seinem in Auschwitz hingerichteten Kameraden Ernst Burger. In den folgenden zwei Jahren baute er die Parteischule zu einer reibungslos funktionierenden Institution aus. Anfangs hatte die Parteischule nur einen Standort in Wien – eine Villa mit weitläufigem Park neben dem Döblinger Gymnasium –, später drei (in Wien und Wien-Umgebung). Langbein sorgte dafür, dass sich der Einfluss der sowjetischen Besatzungsmacht[85] auf die Schule verringerte, denn das Verhalten der Rotarmisten schätzte er als durchwegs kontraproduktiv für die Unterrichtsziele ein. Im Interview erinnerte er sich daran, wie sehr er sich etwa über den sowjetischen Offizier und Direktor des ersten Wiener Standorts geärgert hatte: „Wir hatten eine junge Kommunistin aus Ottakring oder wo, eine sehr hübsche; der Direktor hat sie immer gebraucht für irgendwelche Wege und sie rausgelotst aus der Schule. Ich war empört – wie kann man die aus der Schule rauslotsen, die lernt ja zu wenig. Aber das konnte ich nicht verhindern, weil er der Oberste war."

Für Bummelei und Ablenkung hatte Langbein keinerlei Verständnis, also musste er die Strukturen ändern, um den negativen Einfluss auf seine Schüler und Schülerinnen zu unterbinden. Ihnen verlangte er denselben Ernst ab, mit dem er selbst an die Sache heranging. Unnachgiebig reagierte er, wenn seiner Meinung nach die Disziplin verletzt worden war. Vinzenz Böröcz schildert in seinen Lebenserinnerungen, wie Langbein von ihm Selbstkritik für sein Zuspätkommen verlangte, obwohl er nachweislich am Vorabend bei einer Parteiveranstaltung im Burgenland gewesen war, was ihn daran hinderte, am nächsten Tag rechtzeitig in Wien zu sein – der öffentliche Verkehr zwischen Eisenstadt und Wien war 1947 eher ein Provisorium. Dennoch blieb Langbein bei seiner Forderung nach Selbstkritik für diese „Disziplinlosigkeit".[86]

Noch heute kursieren Erzählungen über die maßlose Strenge und den Drill, den Langbein gegenüber den SchülerInnen im Internat walten ließ: Männer und Frauen streng getrennt, Wecken um fünf Uhr morgens, abendliches Ausgehen in der Stadt zwar erlaubt – aber wehe, am Tag darauf zeigte jemand Müdigkeit! Auch Lotte Brainin, für drei Monate Parteischülerin in der Hinterbrühl, empfand die Anforderungen des Schulleiters an den „neuen Menschen" als befremdlich, wie sie im Interview schildert: „Der Langbein war ein furchtbar strenger Lehrer. Alle haben auf ihn geschimpft. Ich habe gemacht, was ich wollte, und das hat ihm schon gar nicht gepasst." Die ehemalige Parteischülerin und kurz darauf Sekretärin von Langbein, Maria Fürst, hat ihn – bei aller Hochachtung und Wertschätzung, die aus ihren Worten sprechen – nicht durchwegs positiv in Erinnerung: „Er war ein harter Mensch – aber aus idealistischen Gründen. Und er war hart zu sich selber."

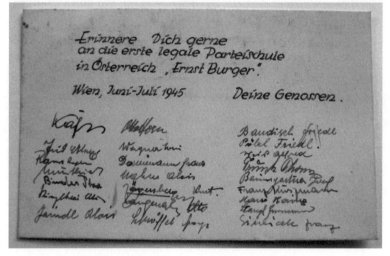

Dank der ParteischülerInnen an Hermann Langbein, Wien 1945

Hermann Langbein war mit großem, vielleicht zu großem Engagement ans Werk gegangen. Er verausgabte sich bis zum Zusammenbruch. Drei Standorte zu koordinieren und überall das Beste zu bieten, überforderte selbst seine robuste Konstitution. „Das war unheimlich, mich hat es zerrissen. Eine Parteischule in der Hinterbrühl, die zweite in Gaaden, die dritte in Wien in der Laufbergergasse. Und ich hab' immer für die Referenten sorgen müssen und das war ja gar nicht einfach. Ich wollt' immer die besten, logischerweise. Die mussten aber Zeit haben. Und da hab ich sie sekkiert bis aufs Blut, damit sie auch wirklich kommen. Das war meine organisatorische Arbeit, immer für die Referenten zu sorgen und so den Schulablauf zu kontrollieren, dass alles in Ordnung geht usw. Ich bin krank geworden damals", erzählte er Pelinka 1992. Er begab sich wegen einer Rippenfellentzündung ins Krankenhaus – das aber erst, nachdem ihn seine Seminarleiter bei der Parteileitung „denunziert" hatten, wie Langbein sich ausdrückte. Daraufhin bestellte er Maria Fürst ans Krankenbett, um die dringlichsten Arbeiten erledigen zu können.

Die Abberufung von der Leitung der Parteischule im Winter 1947 kam für Langbein unerwartet und in einer „nicht sehr schönen Art". Plötzlich erschien er doch als zu wenig geschult. Vor allem aber hielt man ihm, als er ins Politbüro der KPÖ vorgeladen wurde, seine überzogene Strenge vor: „Ich kann mich genau erinnern, dass man mir vorgeworfen hat, ich sei viel zu streng. Das war mein Ruf in der Parteischule, dass ich wahnsinnig streng bin. Und dann wurde ich abgesetzt und bin irgendwie im luftleeren Raum gewesen." Dieser Schritt der Partei kam nicht unbegründet: Ehemalige SchülerInnen beschwerten sich bei Koplenig und Fürnberg über Langbeins rigide Disziplin, nicht zum ersten Mal kam ihnen massiver Protest zu Ohren. Die Partei lies Langbein in der Begründung der Abberufung ausrichten, dass er „nicht imstande ist, mit den Aufgaben und Problemen der Arbeit einer solchen Schule, in welcher leitende Funktionäre der Partei studieren, fertig zu werden." Als Nachfolger wurde Leopold Spira bestimmt.

Die Partei, Langbeins ideologische Heimat, finanzielle Basis und einzig vorstellbares gesellschaftspolitisches Wirkungsfeld, sah für ihn plötzlich keine Verwendungsmöglichkeit mehr. Das war ihm unverständlich, so Hermann Langbein. Und vermutlich auch enttäuschend, ja kränkend. Doch er nützte die wenig erfreulichen Umstände und erbat sich eine Auszeit, um seine Erinnerungen an die Jahre der Verfolgung niederzuschreiben. Die Partei willigte ein.

Die verschiedenen erinnerungspolitischen Anliegen, die in seinem autobiografischen Bericht „Die Stärkeren"[87] offensichtlich werden, ebenso wie die Querelen, die sich mit diesem Buch verbanden, werden später noch ausführlich dargestellt. Hier ist von Belang, dass Hermann Langbein das Buch durchaus auch als erste – allerdings versteckt geäußerte – Kritik an seiner Partei anlegte. Ihn störte von Beginn an, dass die KPÖ wenig Interesse an den Erfahrungen der KZ-Überlebenden zeigte, von denen es doch so viele in ihren Reihen gab (und im Vergleich zu den anderen politischen Parteien sogar außergewöhnlich viele).[88] Daraus zog er den Schluss: „Wollen sie's nicht hören, dann sollen sie's lesen." Diese Begründung lässt sich auf die große Mehrheit der österreichischen Nachkriegsgesellschaft anwenden: Man wollte die jüngste Vergangenheit möglichst schnell vergessen und war nur allzu gern bereit, der – auch von der Regierung – vorgegebenen Opferthese zu folgen.[89] Sich den Erinnerungen an die Konzentrationslager zu stellen, dafür fehlte die Bereitschaft. Niemand stellte Fragen: Das Wort Auschwitz ließ verstummen und führte zu Abwehrreaktionen, vorgeblich zum Schutz der KZ-Überlebenden. In Wirklichkeit wollte man sich selbst wohl Schilderungen aus den Konzentrationslagern ersparen – so genau musste man es gar nicht wissen. Für die KP lässt sich diese Kritik Langbeins nicht pauschal anwenden, im Gegenteil: Die Medien der Partei waren ab 1945 voll von Erinnerungen an KommunistInnen, die im KZ zugrunde gegangen sind. 1945/46 erschienen im Parteiverlag Broschüren über die einzelnen Konzentrationslager (Auschwitz, Buchenwald, Dachau und Ravensbrück) mit Berichten von Überlebenden sowie zwei Dokumentarberichte über die Vernichtung in Treblinka und Majdanek. Der KZ-Verband, die Lagergemeinschaften und die „Volkssolidarität" waren wichtige Politikfelder der KPÖ. Zwar war der engste Kreis der Parteileitung mehrheitlich aus dem sowjetischen Exil heimgekehrt[90], zahlreiche Mitglieder der Parteiführung waren jedoch KZ-Heimkehrer oder im Widerstand tätig gewesen. Zu wenig Interesse an den KZ-Erfahrungen einzelner mag dennoch innerhalb der KP vorhanden gewesen sein, obwohl die Partei doch ihre Legitimität, als Staatspartei am Wiederaufbau mitzuwirken, geradezu aus ihrer Rolle im antifaschistischen Widerstand ableitete.

Zwei Jahre lang dokumentierte Langbein seine Erlebnisse. Er schilderte das Ende der Spanischen Republik, für die er ein Jahr lang gekämpft hatte, er beschrieb die französischen Internierungslager und den Terror in den nationalsozialistischen KZs, den er in mehreren Lagern erfahren und überlebt hatte. Die Veröffentlichung war keineswegs selbstverständlich, sondern erfolgte erst nach intensiven Diskussionen innerhalb des Stern-Verlags. Dabei war die Publikation jedoch weniger aus inhaltlichen Gründen gefährdet, wie Langbein in Erinnerung behielt; vielmehr stieß der Schreibstil in der Verlagsredaktion nur auf geteilte Zustimmung, insbesondere die langen ideologischen Ausführungen im Erstmanuskript fielen dem Lektorat zum Opfer.

Dabei hatte er sich innerhalb der KPÖ bereits einen Namen gemacht. Beim ersten Parteitag nach Kriegsende, im April 1946, war er als Kandidat ins Zentralkomitee, dem obersten Parteigremium, gewählt worden. Zudem galt er damals schon als begeisternder und intelligenter Redner. Diese Begabung brachte ihm sogar – für ihn selbst überraschend – den Auftrag ein, das Hauptreferat bei einer Festveranstaltung im Klagenfurter Theater zu halten, und zwar im Beisein des Parteivorsitzenden Koplenig. Dieser Auftritt mag wohl auch aufgrund des Gesprächs während der gemeinsamen Autofahrt nach Klagenfurt Hermann Langbein noch Jahrzehnte später in Erinnerung geblieben sein: „Frage ich den Koplenig, ob er was dagegen hat, wenn ich nicht nur Stalin zitiere, sondern auch Marx. Er hat gesagt, ,Ja, warum nicht.' Damals waren nur Stalin-Zitate üblich, aber die unbedingt, die durften nicht fehlen. Ich hab' mir gesagt, ich muss mir das vom Koplenig legitimieren lassen, dass das richtig ist."

Nach dem Buchprojekt war Langbein wieder ganz Parteifunktionär. Er folgte der Anordnung, in den Bundesländer-Organisationen als sogenannter Instruktor „nach dem Rechten" zu sehen (heute würde man ihn „Troubleshooter" oder „Sanierer", vielleicht auch den „Mann fürs Grobe" nennen; Langbein selbst sah sich zum „Feuerwehreinsatz" abkommandiert). Erstes Einsatzgebiet war Oberösterreich, Anfang 1949 ging er für annähernd ein Jahr nach Kärnten, dem folgten Aufenthalte in Salzburg, Vorarlberg und schließlich in Niederösterreich. Man fürchtete zwar seine Strenge, schätzte ihn aber für seine Konsequenz und Geradlinigkeit.[91] Die oberösterreichische

Teilorganisation wollte ihn als vollwertiges Mitglied des Zentralkomitees sehen, und so wurde Langbein am zweiten Parteitag nach Kriegsende, im Oktober 1948, auch ins ZK gewählt. Nicht mehr jedoch am darauffolgenden Parteitag im November 1951. Was war geschehen? Langbein hatte gewagt, Friedl Fürnberg in seiner Funktion als Generalsekretär der Partei in Frage zu stellen. Lieber wollte er Franz Marek in dieser Verantwortung sehen. Marek imponierte ihm (wie auch seinem Bruder) durch seine kontrollierte, überlegte Art. Obwohl Langbein seine Vorstellungen – Marek neuer ZK-Sekretär, Fürnberg fortan für die Finanzen zuständig – nur ganz wenigen Genossen im ZK anvertraut hatte, bekam Fürnberg selbst bald Wind davon. „Überaus freundlich" habe Fürnberg ihn bei einer wenig später stattfindenden Sitzung auf seine Umbesetzungsidee angesprochen – da habe er gespürt, so erinnerte sich Langbein, „jetzt ist es aus".

Die Abrechnung folgte beim nächsten Parteitag. Langbein wurde öffentlich kritisiert – die Vorhaltungen hatten allerdings nichts mit seinen Zweifeln an Fürnberg zu tun. Er sei zu wenig geschult für seine Aufgaben, vor allem aber sei er arrogant. Hintergrund des Ganzen: Langbein wollte die ihm angetragene Funktion eines Parteisekretärs im 5. Wiener Gemeindebezirk, in dem es eine trotzkistische Gruppe gegeben haben soll, nur über ausdrückliche Anordnung annehmen. Das wurde ihm schwer angekreidet. Noch vierzig Jahre später erzählte Langbein, wie „ungemein scharf", ja „vernichtend" man ihn am Parteitag kritisiert habe. Auf die Frage, ob ihn nach dieser öffentlichen Aburteilung jemand verteidigt hätte, antwortete Langbein: „Nein, nein. Das war undenkbar." Im Gegenteil, von da an sei er „mit dem schwarzen Punkt" versehen gewesen. Nur zwei Personen seien in der Parteitags-Pause zu ihm gekommen und hätten tröstliche Worte für ihn gefunden, „das vergesse ich ihnen nie": die Widerstandskämpferin Agnes Primocic aus Salzburg und Rudi Had, ein ehemaliger Spanienkämpfer.

Dennoch blieb die Parteiarbeit für Langbein der zentrale Aufgabenbereich – im Umfeld einer der KPÖ mehrheitlich wenig wohlgesonnenen Gesellschaft. Die Stimmung gegenüber den Kommunisten war reserviert, ja geradezu feindselig, wie die Interpretation der Streikbewegung im September/Oktober 1950 zeigt – noch Jahrzehnte später wurde sie als „kommunistischer Putschversuch" dargestellt.

Die große Enttäuschung

Als Hermann Langbein 1953[92] als Redakteur für die deutschsprachigen Radiosendungen nach Ungarn geschickt wurde – eine natürlich nicht so bezeichnete, aber von ihm so wahrgenommene Strafversetzung –, begleiteten ihn Loisi, seine Frau, die erneut schwanger war, und Tochter Lisa, noch kein Jahr alt. Von einem ungarischen Journalistengehalt musste Langbein die beiden miternähren, was ihm die Härte des Daseins in der Volksdemokratie wohl besonders deutlich bewusst machte. Rückblickend ist ihm dieses knappe Jahr „als böseste Zeit" in Erinnerung geblieben, „abgesehen von aller Zeit, die ich inhaftiert war, die kann man nicht vergleichen". Sohn Kurt, in Budapest geboren, staunte jedoch, als er in den 1980er Jahren in der ungarischen Hauptstadt die damalige Wohnadresse der Langbeins suchte und feststellte, dass sie sich im Botschaftsviertel befand. Das passte so gar nicht zu den Erzählungen seiner Eltern, in denen von Hunger und Elend die Rede war, wann immer es um den Budapester Aufenthalt ging. Diese Erinnerungen waren wohl auch von der zunehmenden Enttäuschung über die Verhältnisse in Osteuropa gefärbt. Bis dahin hatten die Langbeins an die glorreiche Zukunft des Sozialismus geglaubt. Negative Berichte aus den kommunistischen Ländern taten sie als Anfangsschwierigkeiten der Volksdemokratien ab. Die zahlreichen Missstände und Widersprüche zwischen propagierten und realen Lebensverhältnissen hatte der „gläubige Kommunist" Langbein – wie er selbst sich rückblickend gern beschrieb – als Propagandalüge der reaktionären Kräfte abgetan. In Ungarn nun musste er erkennen, dass die meisten Missstände weder Nachkriegsfolgen waren noch Schwierigkeiten beim Aufbau einer neuen Gesellschaft, sondern durch Misswirtschaft und Bereicherung weniger auf Kosten vieler entstanden. Langbein konnte sich nicht einmal die billigen Mahlzeiten in der Werkskantine leisten. Die Kollegen im Büro um Unterstützung zu bitten, hätte er als beschämend empfunden. Sein Kind und seine schwangere Frau aber sollten genug zu essen bekommen, und so hungerte er regelrecht.

Drei Episoden sind für diese aufwühlende, irritierende Zeit bezeichnend. Anfangs hatten sie bei Berta Steinmetz, seiner Vorgesetzten in Budapest, Unterschlupf gefunden – Loisi machte dort ihre erste Bekanntschaft mit Wanzen. Dann übersiedelten die Langbeins in ein neues Haus für die ausländischen JournalistInnen des Radios. „Wir haben eine ganz neue Wohnung bekommen, aber da haben die Türen nicht gepasst, die sind nicht zugegangen, das Format war anders. Die Betten und die Matratzen haben nicht korrespondiert miteinander, also Zustände, die nichts mit Anfangsschwierigkeiten nach dem Krieg zu tun gehabt haben. Das war eine harte Sache."

Die andere „harte Sache" betraf den Inhalt der Radiosendungen: Hermann Langbein war den Österreich-Sendungen im Rundfunk zugeteilt, Sendungsverantwortliche war Berta Steinmetz. Als sie in einer Reportage über Budapest die Formulierung verwenden wollte, der Sozialismus mache die Leute schöner, wehrte sich Langbein entschieden gegen diesen Satz, „das kann man nicht sagen, das geht nicht. Vielleicht werden sie einmal schöner, aber jetzt sind sie noch nicht schöner". Er wiederholte diesen Einspruch auch gegenüber dem Sendungsverantwortlichen, der den Satz jedoch auf Sendung gehen ließ.

Ein drittes, für Langbein erhellendes Ereignis fand im Juni 1953 statt, als in der DDR die Arbeiterschaft den Aufstand probte und eine Welle von Streiks und Protestdemonstrationen das Land erfasste. Da die ÖsterreicherInnen beim ungarischen Rundfunk immer auch das heimatliche Radio hörten, um über die Vorgänge in Österreich informiert zu sein, erfuhren sie umgehend vom Volksaufstand in der DDR. Langbein stürmte zu seiner deutschen Kollegin hinüber, um zu fragen, was man in ihrer Redaktion darüber wusste. Doch sie meinte völlig überrascht, sie würden kein feindliches Radio hören, ihre Quellen seien ausschließlich die eigenen – Langbein war entsetzt über eine solche Engstirnigkeit.

Viele Erinnerungen ähnlicher Art ließen sich anführen, von ungerecht erscheinenden Berufsverboten bis hin zu den als unmoralisch empfundenen Wohlstandsunterschieden. Den Langbeins wurde die Diskrepanz zwischen Ideal und Wirklichkeit zunehmend unerträglich. Mehrmals sprach Hermann in Wien vor und pochte auf seine frühzeitige Rückversetzung, die er ein knappes Jahr später auch erreichte (vorgesehen waren eineinhalb Jahre). Der Abschied von Budapest verlief enttäuschend. Natürlich hatte sich mit zwei Kleinkindern – im Oktober 1953 war Sohn Kurt geboren worden – eine Menge Hausrat angesammelt, doch niemand half der Familie bei der Abreise mit dem Gepäck, keiner brachte sie zum Flughafen. Und es hätte sie auch in Wien niemand abgeholt, wäre da nicht Otto gewesen, der abermals ein Auto organisierte.

Die Monate in Budapest bezeichnete Langbein später in „Die Stärkeren" als den „gründlichsten und heilsamsten Schock", den er und seine Frau erlitten hätten. „Wir lernten die Heuchelei der Propagandamaschinerie kennen, die kleinliche Zensur, der alle Sendungen unterworfen waren, das goldene Ghetto, in dem sich die Parteiaristokratie von der Bevölkerung absonderte; und wir erfuhren, wie die Realität in einer Volksdemokratie aussah, die einem Besucher in der Regel verborgen blieb, dem nur Paradeeinrichtungen gezeigt wurden."

Doch auch diesmal gelang es Hermann Langbein, den bitteren Erfahrungen etwas Positives abzugewinnen. Denn es war „die Zeit, in der wir politisch wahrscheinlich am meisten gelernt haben". Die Erlebnisse in Ungarn öffneten ihm die Augen und vergrößerten seine innere Distanz zur Partei. Langbein realisierte, dass er die Schuld für die Entfremdung vom „real existierenden Sozialismus" nicht allein bei sich zu suchen hatte. „Die Kommunistische Partei hatte ein wunderbares Mittel, oppositionelle Gedanken abzutöten, indem sie sagte, du hast kein Klassenbewusstsein, du bist ja kleinbürgerlich. Ich habe also den Fehler bei mir gesucht. Jetzt habe ich mich damit aber nicht mehr abfinden können, den Fehler bei mir allein zu suchen, sondern ich hab' gespürt, das ist eine Lüge. Die Volksdemokratie war eine Lüge, das haben wir so drastisch gespürt, dass das nicht mehr zu übersehen war."

Bis Hermann Langbein endgültig mit der Partei brechen sollte, indem er seinen Parteiausschluss betrieb, vergingen dennoch fünf Jahre. Es passte nicht zu Langbein, mit einer Lebenslüge weiterzuleben – wenngleich es typisch für ihn gewesen wäre, derartige Spannungen auszuhalten (hier sei an sein diffiziles Verhältnis zur SS in Auschwitz erinnert). Warum aber blieb er noch so lange in der Partei (wenngleich er sie weitaus früher verließ als die Mehrheit der GenossInnen)? Möglicherweise vollzog sich die innerliche Trennung doch langsamer und weniger linear, als Langbein dies im Rückblick selbst sehen mochte. Wahrscheinlich wog die Idee des Kommunismus, die ihn durch lange KZ-Jahre getragen hatte, schwerer als die Niederungen der Parteipolitik, die es zu überwinden galt.

1955 ging er wieder als Instruktor anlässlich der Gemeinderatswahlen nach Oberösterreich, noch 1957 mischte er sich lautstark in die „Reformdiskussion" ein, die im Vorfeld des Parteitages (28. bis 31. März) in den KP-Medien geführt wurde. Er mahnte eine „unerschrockene Analyse der Fehler" ein, die international und in Österreich Rückschläge für die Partei gebracht hätten. Das alleinige Feststellen von Fehlern, die seiner Meinung nach im „mangelnden Vertrauen zur Arbeiterschaft und damit auch zu den Mitgliedern der Kommunistischen Partei" begründet seien, reiche nicht aus. Aus diesem Misstrauen entwickle sich „der Personenkult, eine Isolierung der führenden Kader vom Volk und schließlich sogar die Missachtung des Menschenlebens, die in den berüchtigten Prozessen so grausame Folgen hatte. Wäre eine gründliche Untersuchung über die Ursachen dieser Fehler nicht eine unschätzbare Hilfe?", so fragte Langbein in einem Diskussionsbeitrag in der Volksstimme. Wie ernst er seine Parteiaufgaben auch in Zeiten der inneren Krise nahm, verdeutlicht sein Fehlen am Begräbnis seines Schwiegervaters, der Anfang des Jahres 1957 verunglückt und nach wochenlangem Ringen mit dem Tod verstorben war. Trotz der unendlichen Trauer von Loisi hielt er den Parteitag in Wien für wichtiger als diese familiäre Zusammenkunft in Klagenfurt.

Nicht unterschätzt werden darf die Tatsache, dass Langbein sich in ökonomischer Abhängigkeit von der KPÖ befand: Er musste seine Existenz und die seiner Familie sichern. Eigentlich gelernter Schauspieler, hatte er diesen Beruf zuletzt nach der Matura ausgeübt. Vermutlich wagte er zu diesem Zeitpunkt schlicht und einfach noch nicht, an einen Bruch mit der KPÖ zu denken. Der Kommunismus war und blieb – trotz aller Zweifel – sein Lebensinhalt. Aber immer mehr drängte sich die Erkenntnis auf: „Nicht ich irre, die Partei irrt."

In dieser aufkommenden Krise mag ihm eine neue Aufgabe zu Hilfe gekommen sein, die er sich stellte und die ihm die Partei auch gewährte: die Aufarbeitung der NS-Vergangenheit auf internationaler Ebene, insbesondere die Suche nach SS-Tätern. Zuvor aber, ab März 1954, musste er als Redakteur bei der Österreichischen Zeitung (ÖZ), dem offiziellen Organ der sowjetischen Besatzungsmacht[93] arbeiten, und zwar auf Vorschlag von Friedl Fürnberg und Erwin Zucker-Schilling, Chefredakteur der Volksstimme. Ein „Angebot", das er nach den Erfahrungen der frühen 1950er Jahre nicht abzulehnen wagte. An der Arbeit der Redaktion ließ Langbein in späteren Berichten kein gutes Haar. Es habe keinerlei Diskussionen gegeben, weder Meinungsaustausch noch inhaltliche Abstimmungen. Niemand habe eine eigene Ansicht vertreten, das einzig verbindliche Programm sei jenes der Schönfärberei gewesen. Die österreichischen Journalisten der ÖZ bezeichnete er als „von den Russen gekauft". Die Zeitung selbst war, so Langbein, nur lebensfähig, weil sämtliche USIA-Betriebe[94] Zwangsabonnements unterhielten.

Ein Beispiel aus seinem Arbeitsalltag: Frisch aus Ungarn kommend war Langbein für das Ressort Volksdemokratien zuständig. Von einer mitten in die ungarische Landschaft gebauten Stadt an der Donau, die zu Ehren Stalins Stalinvaros benannt worden war, hatte er Fotos gemacht, die er für einen Artikel verwenden wollte; „aber da war alles in Bau und eine Staubwolke drauf. Und dieses Bild durfte nicht erscheinen, denn in der Volksdemokratie staubt es nicht."

Ökonomisch gesehen war dies allerdings die beste Zeit, die die Langbeins jemals erlebten. Der Geldsegen war zwar erfreulich für die junge Familie, doch machten die hohen Gehälter der Redakteure Langbein noch misstrauischer und bestätigten obendrein seine Vermutung, dass die Belegschaft käuflich war. Von diesem „Frondienst" – die Zuteilung dorthin empfand er als erneute „Bestrafung" – erlösten ihn der österreichische Staatsvertrag und die darauf folgende Einstellung der Zeitung. Damit fand aber auch der ökonomische Höhenflug der Langbeins ein abruptes Ende. Dennoch: „Unsere Freude über den Staatsvertrag war tatsächlich uneingeschränkt, das ist nicht nur nachträglich gesagt", erklärte Langbein später. Das unterschied ihn von zahlreichen anderen KP-Funktionären, denen, so zitiert er einen von ihnen, „der Staatsvertrag wie ein Ziegelstein auf den Kopf gefallen" war. Im April 1955 gingen Loisi und Hermann mit den Kindern auf die Triesterstraße, um den Konvoi mit dem Bundeskanzler zu begrüßen. Julius Raab kam aus Moskau zurück, wo er Österreichs Willen zur immerwährenden Neutralität erklärt und damit den Weg zum Staatsvertrag geebnet hatte. Auch als der österreichische Außenminister Leopold Figl und die vier Außenminister der Signatarmächte der jubelnden Menge im Garten vom Schloss Belvedere den österreichischen Staatsvertrag präsentierten, war Langbein dabei.

Rückblickend betrachtet wurde Hermann Langbeins weiterer Lebensweg maßgeblich auch von einigen Funktionen beeinflusst, die ihm während der Monate bei der ÖZ, zusätzlich zu seiner Arbeit als Zeitungsredakteur, übertragen worden waren: Als im Mai 1954 in Österreich die FIR[95], die Internationale Föderation der Widerstandskämpfer, tagte, gründete sie das Internationale Auschwitz Komitee (IAK) und bestellte Langbein zu dessen Generalsekretär. Ebenfalls in diese Zeit fällt Langbeins Bestellung zum Sekretär des Bundesverbands österreichischer Widerstandskämpfer und Opfer des Faschismus (kurz: KZ-Verband) und später zum leitenden Redakteur des „Neuen Mahnrufs", des monatlichen Presseorgans des KZ-Verbands. Diese Funktionen bildeten den Grundstein für eine Karriere, die sein Leben fortan dominierte: die Aufarbeitung der nationalsozialistischen Vergangenheit und die Aufklärung der Jugend über die NS-Verbrechen. Doch auch dieses Engagement kann nicht losgelöst von der KPÖ betrachtet werden – und von den enttäuschenden Erfahrungen, die Langbein mit dieser Partei noch machen sollte.

Bitteres Ende

Die Entfremdung Langbeins von der KPÖ ging langsam, aber stetig vor sich. Spannungen zwischen ihm und den Parteiobersten waren schon bald nach Kriegsende aufgekommen. „Natürlich war Hermann Langbein in dieser Phase ein Stalinist; wie die Partei und ihre Führung auch. Doch Langbein war ein moralischer und moralisierender Stalinist, dem viele in der Parteiführung – insbesondere Friedl Fürnberg – wie Zyniker der Macht vorkommen mussten", so Anton Pelinka.[96] Langbein missfielen Fürnbergs Machtbezogenheit und sein skrupelloser Umgang mit Menschen, die auch nur ein paar Millimeter von der Parteilinie abwichen.[97] Doch seine Kritik blieb wirkungslos, – stattdessen bekam er innerparteilich zunehmend bedeutungslose Funktionen zugeteilt.

Nach und nach gesellten sich auch inhaltliche Differenzen zu den persönlichen Problemen. Insbesondere wegen der Erfahrungen, die er in Ungarn gemacht hatte, aber auch unter dem Eindruck der beklemmenden, autoritätshörigen Atmosphäre in der Zeitungsredaktion distanzierte sich Hermann Langbein mehr und mehr von der starren Parteilinie und vom doktrinären Führungsstil der KPÖ-Oberen. Dennoch trifft auch auf Langbein zu, was Leopold Spira sich Jahrzehnte später beim Nachdenken über seine Parteizeit eingestand: dass man manche Überzeugungen und Gefühle länger verteidigte, als man das mit gutem Gewissen hätte tun dürfen.[98]

Die entscheidende Wende läutete das Jahr 1956 ein – jenes für die kommunistischen Staaten und die weltweite kommunistische Bewegung so schicksalhafte Jahr. Nikita Chruschtschow, erster Sekretär des sowjetischen Zentralkomitees, deckte in einer „Geheimrede" am 20. Parteitag der KPdSU im Februar 1956 die in der Stalin-Ära begangenen schweren Verbrechen auf und kritisierte den Personenkult um den 1953 verstorbenen „Generalissimus".[99] Dank seinem ehemaligen Auschwitz-Kameraden Jósef Cyrankiewicz, inzwischen Ministerpräsident von Polen, erfuhr Langbein schon früh von den Inhalten dieser Rede: Mit einem gemeinsamen Freund, dem Auschwitz-Überlebenden Wojtek Barcz, setzte er sich zusammen und ging die Rede Satz für Satz durch; Wojtek sprach sowohl sehr gut deutsch als auch russisch und übersetzte den Text. Dessen Wirkung auf Langbein war „unvorstellbar stark", wie er später schrieb. „Nachdem das größte Tabu – die Unfehlbarkeit Stalins – gebrochen war, glichen viele KP-interne Diskussionen einem Dammbruch: Lange aufgestaute Zweifel wurden geäußert, die Autorität der Spitzenfunktionäre auch der österreichischen Partei war geschwunden."[100]

Die Erhebung des ungarischen Volkes gegen die stalinistischen Machthaber im Herbst 1956 ist als indirekte Folge des Eingeständnisses der Verbrechen zu sehen. Die brutale Niederschlagung dieses Aufstandes bewog Kommunisten in vielen Ländern, aus ihrer Partei auszutreten. Ein prominenter Abtrünniger in Langbeins unmittelbarer Umgebung: sein Bruder Otto.[101] Langbein selbst war gerade in Polen, als dies geschah. Gemeinsam mit seiner Frau überlegte er nach seiner Rückkehr, ob sie dem Beispiel Ottos folgen sollten. Loisi trat einige Monate später, noch 1957, ebenfalls aus, Hermann jedoch wählte den schwierigeren Weg. Als ehemaliger Leiter der Parteischule, so begründete er später diese Entscheidung, fühlte er sich seinen ehemaligen Schülerinnen und Schülern gegenüber verantwortlich. Nicht nur, aber auch für sie wollte er ein Exempel statuieren: „Ich stellte mir daher die Aufgabe, an meinem Beispiel zu demonstrieren, wie weit man sich innerhalb der Partei für das einsetzen kann, was man nun als richtig erkannt hatte. Mir war klar, dass das früher oder später zu meinem Ausschluss führen musste. Doch meinte ich, damit bei denen einen Lernprozess fördern zu können, die zu mir Vertrauen hatten." Sein späterer Einsatz gegen den Ausschluss deutet aber auch darauf hin, dass Langbein lange Zeit hoffte, doch noch Änderungen in der Partei bewirken zu können, die eine Abkehr von ihr nicht notwendig machten.

Mit anderen Worten: Langbein wollte nicht von sich aus mit der Partei brechen – er ließ es darauf ankommen, von der KPÖ-Führung ausgeschlossen zu werden. Drei Vorfälle sollten dabei eine entscheidende Rolle spielen.

Zunächst ein provozierendes Vorwort, das Langbein als Sekretär des Internationalen Auschwitz Komitees für ein tschechisches Buch über Auschwitz geschrieben hatte. Das von Ota Kraus und Erich Kulka verfasste Werk wurde ins Deutsche übersetzt und in einem DDR-Verlag publiziert. In Langbeins Vorwort vom Juni 1957 zu „Die Todesfabrik" heißt es: „Es gibt leider noch immer in verschiedenen Ländern Konzentrationslager. Wir, die wir die deutschen Konzentrationslager zur Zeit Hitlers kennengelernt haben, überlassen es anderen, das Bestehen solcher Lager zu rechtfertigen." Dass Langbein als kritischer Geist auch abweichend von der Parteilinie zu argumentieren wagte, hatte sich in der DDR noch nicht herumgesprochen, so auch nicht im Kongreß-Verlag. Langbein im Gespräch mit Pelinka: „Der Text erschien und irgendein Prominenter hat ihn gelesen. Und obwohl ich kein Land genannt hab', wurde der Band eingestampft.

Er musste mit einem anderen Vorwort erscheinen, denn das darf man nicht. – AP: Da denkt jeder an die Sowjetunion. – HL: Ja. Aber ich hab gesagt: Warum? Warum denkt man daran?"

Als parteischädigend wurde auch ein Artikel im „Neuen Mahnruf" im Februar 1957 interpretiert. Der KZ-Verband hatte nach der Ungarn-Krise eine Hilfsaktion für notleidende ehemalige KZ-Häftlinge organisiert, Langbein hatte den Konvoi nach Ungarn begleitet. Sich an seine Budapester Zeit erinnernd, besuchte er einige Orte, fotografierte dort und da und veröffentlichte eine Reportage: Eindrücke aus Budapest. Darin kommentierte er den Volksaufstand von 1956 mit den Worten: „Klar wurde aber schnell, dass man mit allzu billigen Klassifizierungen wie ‚Revolution' und ‚Konterrevolution' den komplizierten Verhältnissen keineswegs gerecht werden kann." Damit trat Langbein klar in Opposition zur offiziellen Parteilinie – und prompt wurde ihm die Redaktion des „Mahnrufs" entzogen.

Am schwersten wog jedoch das Protesttelegramm gegen die Hinrichtung von Imre Nagy, Pál Máleter und drei weiteren Opfern der sowjetischen Justiz im Jahr 1958: Nach der Niederschlagung des Ungarnaufstands waren in Geheimprozessen die Todesurteile über die Genannten gefällt worden.[102] Zwar hatte der Präsident des KZ-Verbands, Wilhelm Steiner, das Telegramm formuliert, abgeschickt und die österreichischen Medien davon in Kenntnis gesetzt, doch wurde Langbein die Anstiftung zu dieser Tat zugeschrieben. Die Partei eröffnete ein Schiedsgerichtsverfahren gegen ihn, und obwohl er in seinen mehrfach eingeforderten Stellungnahmen betonte, vom Vorhaben Steiners nichts gewusst zu haben, machte er dennoch stets deutlich, dass er dem Inhalt des Schreibens rundum zustimme. Steiner hatte geschrieben: „Der Geist der Menschlichkeit befiehlt mir, gegen die Hinrichtung von Imre Nagy, Pál Máleter und Schicksalsgenossen die Stimme zu erheben. Das ist weder eine Einmischung in die inneren Verhältnisse Ungarns noch eine parteipolitische Stellungnahme, sondern ein Gebot der Humanität, die in jedem Menschen wohnen und leben sollte." In den folgenden Diskussionen bezog sich Langbein auf die Geheimrede Chruschtschows: Seither wisse man, dass vielen in der Arbeiterbewegung engagierten Kommunisten in ähnlicher Weise der Prozess gemacht und das Leben genommen worden sei; gegen ein solches Vorgehen müsse protestiert werden; Geheimprozesse gegen verdiente Funktionäre seien entschieden abzulehnen.

Den Unmut der Parteiführung erregte auch die Weigerung Hermann Langbeins, sich von seinem Bruder Otto zu distanzieren, nachdem dieser im Jänner 1957 aus der KPÖ ausgetreten war. (Beim späteren Verfahren zum Parteiausschluss spielte dies jedoch keine Rolle.) Mit diesem Schritt, so argumentierte Hermann, habe sein Bruder in erster Linie auf die Rede Chruschtschows reagiert. In der Volksstimme war über den Parteiaustritt zu lesen: „Dr. Otto Langbein, der bis vor kurzem Mitglied der Kommunistischen Partei Österreichs war, ist zum Feind der kommunistischen Bewegung geworden. Er ist auf die Seite des Klassengegners übergegangen und unterstützt die Hetze gegen die KPÖ sowie gegen unsere Bruderparteien. Er beschimpft heute seine Kampfgefährten von gestern. Über solche Menschen hat die Arbeiterklasse immer noch das richtige Urteil gefällt." Es ist nicht zu übersehen, dass dieser „parteiamtlichen" Mitteilung eine Intellektuellenfeindlichkeit anhaftet. Auch lässt sie erkennen, mit welcher Aggressivität Parteiabtrünnige verbal angefeindet wurden.

Eine weitere Ungehörigkeit leistete sich Langbein bei einer KP-Tagung im Globus-Haus am Wiener Höchstädtplatz – eine Episode, die vermutlich noch 1956 unter dem Eindruck des XX. Parteitags der KPdSU stattgefunden hat. Nach einer oppositionellen Rede der Schriftstellerin Marika Szecsi war die Stimmung bereits etwas aus der Balance, als Langbein auf eine Notiz in der Volksstimme Bezug nahm, die vom Verschwinden eines österreichischen Kommunisten in der Vorkriegs-Sowjetunion berichtete. Er konfrontierte die auf dem Podium sitzenden Genossen Koplenig und Fürnberg mit der Frage, was sie denn in Moskau unternommen hätten, um das Leben von Kommunisten zu retten – so wie er und seinesgleichen es in Auschwitz getan hatten. Daraufhin hob Koplenig sofort zu einer Verteidigungsrede an, so erinnerte sich Langbein. Im Anschluss an diese turbulente Tagung bildeten er und einige andere kritische Genossen eine Art Diskussionszirkel[103] und verschickten kritischen Lesestoff, die „Marxistischen Diskussionsblätter", an Parteifunktionäre. Da die Artikel jedoch nicht namentlich gekennzeichnet waren, kamen sie später beim Verfahren nicht zur Sprache.

Das Ausschlussverfahren wurde nicht wie üblich von der Basisorganisation des betreffenden Mitglieds durchgeführt, sondern von einer zentralen Schiedskommission, die, so Langbein, „so zusammengesetzt war, dass das Politbüro sicher sein konnte, dass das Verfahren in seinem Sinn beendet wird." Acht Personen saßen über ihn zu Gericht, darunter Gottlieb Fiala, ehemals Mitbegründer des ÖGB, Bundespräsidentschaftskandidat und Bundesrat, der aber zurückhaltend agierte. Der Scharfmacher sei der Kärntner Josef Tschofenig gewesen, den Langbein in Dachau kennengelernt hatte – ein für ihn besonders betrüblicher Umstand, dass ein ehemaliger Kampf- und Leidenskamerad gegen ihn agitierte.

Felix Rausch, mit Langbein in der Österreichischen Lagergemeinschaft Auschwitz und im Internationalen Auschwitz Komitee aktiv, richtete eine Botschaft – halb Bittgesuch, halb Warnung – an einflussreiche Genossen, nachdem ihm der drohende Parteiausschluss Langbeins zu Ohren gekommen war. Am 5. September 1958, einen Tag bevor das Schiedsgericht seinen Beschluss fasste, schrieb Rausch an Fürnberg: „Ich möchte Dir – ohne Wissen Langbeins – sagen, bevor es zu spät ist, dass ein solcher Ausschluss meiner Meinung nach für unsere Bewegung sehr schädlich wäre. Hermann Langbein genießt als Generalsekretär des IAK buchstäblich in aller Welt ein überaus großes Ansehen und gehört zu jenen Kommunisten, die von Freund und Feind in gleicher Weise geachtet und anerkannt werden. Als Büromitglied des Internationalen Auschwitz Komitees und Teilnehmer an internationalen Tagungen konnte gerade ich diese Tatsache feststellen." Dass Rausch seinen Brief ausgerechnet an Fürnberg richtete, ist aufgrund seiner Funktion als Generalsekretär verständlich, war aber angesichts des noch stark präsenten Tauziehens zwischen Langbein und Fürnberg in den späten 1940er Jahren eine aussichtslose Aktion.

Die am Abend begonnene Sitzung konnte nicht beendet werden und wurde vertagt. Für die Fortsetzung gab die Kommission Langbein einen Lesestoff mit: Er sollte die Vorwürfe gegen Imre Nagy lesen und die Rechtmäßigkeit des Urteils anerkennen. Bei der nächsten Sitzung meinte Langbein, das Protokoll sei fast so überzeugend wie jenes vom Prozess gegen Rajk[104] (der damals schon rehabilitiert war).

An alle Mitglieder und Kandidaten des Zentralkomitees
An alle Landes- und Bezirksleitungen der KPÖ

Werte Genossen !

Hermann Langbein wurde mit Beschluss der Zentralen
Schiedskommission für Parteiverfahren aus der Kommunistischen Partei Österreichs ausgeschlossen. In der Beilage
senden wir zur Information den Beschluss und die Begründung der Schiedskommission.

Zu diesen Informationen teilen wir noch ergänzend
mit, dass die leitenden Genossen der Partei sich seit
längerer Zeit bemüht haben, Hermann Langbein von dem
Weg zum Parteifeind abzubringen. Dies ist trotz vieler
stundenlanger Diskussionen nicht gelungen. Hermann
Langbein hat in der letzten Zeit eine hasserfüllte, feind-
liche Haltung zur Partei eingenommen, die schliesslich
zu Handlungen führte, wegen der er von der Schiedskommission einstimmig aus der Partei ausgeschlossen wurde.

Wir ersuchen Euch, alle Genossen, die mit Hermann
Langbein zu tun hatten, darüber zu informieren.

Polit-Büro
des
Zentralkomitees der KPÖ

Informationsschreiben der Zentralen Schiedskommission der KPÖ über den
Parteiausschluss von Hermann Langbein, 6. September 1958

Damit war das Urteil gefallen. Der formelle Ausschluss enthielt nicht
einmal mehr eine persönliche Anrede: „Die Zentrale Schiedskommission für Parteiverfahren fasste in ihrer letzten Sitzung nach
gründlicher Beratung und Aussprachen mit Genossen Hermann
Langbein den Beschluss, Hermann Langbein wegen seiner partei-
feindlichen Haltung und Tätigkeit aus den Reihen der KPÖ auszu-
schließen."

Langbein meldete umgehend Einspruch an. Er hatte im Laufe der Monate feststellen müssen, dass ein weiteres Parteiverfahren gegen ihn gelaufen war – allerdings ohne sein Wissen. Es ging um die Uhren-Schmuggel-Affäre aus dem Jahr 1957: Zwei österreichische Auschwitz-Kameraden hatten im großen Stil Uhren nach Polen geschmuggelt, mehr als sechstausend Exemplare; einige Millionen Złoty, mehrere tausend Dollar und zwei Luxuslimousinen waren bei einer Polizeiaktion sichergestellt worden, wusste die Volksstimme im Mai 1957 zu berichten. Die beiden Übeltäter (Bernhard Baß und Franz Keymar) wurden später zu je 18 Monaten Gefängnis und 3,8 Millionen Złoty Geldstrafe verurteilt. Langbein kannte sie natürlich und hatte auch einmal ihr Angebot für eine Mitfahrgelegenheit nach Brünn angenommen. Er war überzeugt, dass man ihm mit der Verwicklung in diese Affäre kriminelle Absichten unterstellen wollte – um ihn dann nach seinem Parteiausschluss freiweg verleumden zu können. Daraus folgerte er, dass sein Parteiausschluss schon länger beschlossene Sache gewesen sei – beim zweiten Verfahren habe man nur mehr Gründe gegen ihn gesammelt, die den Ausschluss nachvollziehbar machen würden. Und so schloss Langbein, deutlich enttäuscht, seinen Einspruch mit den Worten: „Was für mich die Arbeiterbewegung und die Partei bedeuten, wissen die Genossen, die mich kennen. Wie bitter manche politischen Erkenntnisse und zahlreiche persönliche Erfahrungen in der letzten Zeit für mich waren, kann ich nicht mit Worten ausdrücken. Bitte, macht Euch die Entscheidung, die Ihr nun im Zusammenhang mit meinem Einspruch gegen den Ausschluss aus der KPÖ zu treffen habt, nicht zu leicht, Genossen." Die Entscheidung über seinen Rekurs fiel erst zweieinhalb Jahre später, am 18. Parteitag im April 1961 – ihm wurde nicht stattgegeben.

Auch wenn der Parteiausschluss nicht überraschend kam, weil Langbein ihn ja gewissermaßen herausgefordert hatte – der Schock und die anschließende Ernüchterung waren nachhaltig. Vermutlich hatte Langbein die Tragweite der Konsequenzen nicht einschätzen können. Fortan galt er für andere Mitglieder der Partei als Unperson. Er, der sein bisheriges Leben ganz und gar der Partei gewidmet hatte, stand nun in mehrfacher Hinsicht vor dem Nichts: Viele der Weggefährten, mit denen er in Spanien gekämpft oder im KZ gelitten hatte, gehorchten der Parteiorder und wandten sich von ihm ab, vermieden jeglichen Kontakt mit ihm, ja grüßten ihn nicht einmal mehr. Die Familie Langbein geriet in vollkommene Isolation, waren doch privater und beruflicher Umgang bislang so gut wie deckungsgleich gewesen. Und jetzt wollte von einem Tag auf den anderen niemand mehr etwas mit den Abtrünnigen zu tun haben. Die Langbeins waren jetzt die „Ausgestoßenen von den Ausgestoßenen", wie Erich Hackl es treffend formulierte. In weiten Kreisen der Gesellschaft herrschte eine antikommunistische Stimmung – aus dieser Bewegung ausgeschlossen zu sein, machte die Langbeins bei den einen zum Feind, bei den anderen aber nicht unbedingt beliebter.

Wirtschaftlich schwere Zeiten standen der Familie nun bevor, Jahre, in denen die Haushaltskasse oft leer war, in denen keine neue existenzsichernde Beschäftigung in Aussicht stand. Hermann Langbein legte keinerlei Wert auf gesellschaftlichen Status und Wohlstand; es ging um den reinen Lebensunterhalt einer vierköpfigen Familie – und um ihre vielen Gäste, von den Nachbarskindern bis zu ehemaligen Häftlingskameraden aus halb Europa, die man nicht abweisen wollte.

Menschlich mag Hermann Langbein die Abkehr ehemaliger Freunde und Genossen am meisten getroffen haben. „Pepi Lauscher, mit dem mich in Dachau Freundschaft verbunden hatte, begründete in der Parteiorganisation, warum ich nun als Feind zu betrachten sei", so Langbein später im Nachwort zu „Die Stärkeren".[105] Pepi Meisel hatte sich dazu hergegeben, über ihn Gerüchte zu verbreiten, er sei in den Uhrenschmuggel verwickelt gewesen, womit er als bestechlich und kriminell hingestellt werden sollte – so nachzulesen in den Unterlagen zum Schiedsgericht gegen Langbein. Auch Leopold Spira setzte unter gut vierzig gemeinsame Lebensjahre einen Schlussstrich: Als Cousins waren sie miteinander aufgewachsen und ab Mitte der 1930er Jahre in der KP engagiert; für beide war Otto Langbein eine Leitfigur. Beide hatten im März 1938 Österreich über die Schweiz nach Paris verlassen, gemeinsam waren sie einen Monat später nach Spanien zu den Internationalen Brigaden gegangen, gemeinsam hatten sie im französischen Internierungslager die „Österreichische

Volkshochschule Gurs" aufgebaut. Nach seiner Rückkehr aus dem britischen Exil im Herbst 1946 hatte Spira vorübergehend bei den Brüdern Langbein im Weigandhof gewohnt. Das alles galt nichts mehr. Es zählte allein der Wille der Partei und der lief, überspitzt formuliert, darauf hinaus, Abtrünnige wie Aussätzige zu behandeln. Ungesichert erscheint Hermann Langbeins Erinnerung, Leopold Spira habe sich nach dem Parteiausschluss umgehend in der Volksstimme von ihm distanziert – namentlich gekennzeichnete „Denunziationen" bzw. Distanzierungserklärungen waren nicht üblich. Tatsächlich lässt sich kein Beleg in der Volksstimme finden. Langbein empörte gleichermaßen, dass Spira heimlich seine redaktionelle Arbeit im „Neuen Mahnruf" kontrolliert hatte – auch das legte ihm Spira später als irrtümliche Erinnerung aus. Die Begründung, warum Langbeins Rekurs gegen den Parteiausschluss nicht stattgegeben wurde, bezog jedoch auch die Auseinandersetzung im KZ-Verband mit ein, insbesondere Langbeins Weigerung, seine Manuskripte vorab zur Verfügung zu stellen. Mit dem Abschied vom „Mahnruf" und der Kündigung als Sekretär des KZ-Verbands fielen Teile des Einkommens, eine wichtige Aufgabe und wesentliche Kontakte weg. Leopold Spira wollte in seinen 1996 veröffentlichten Lebenserinnerungen von all dem nichts mehr wissen – was als Ausdruck eines im Alter gewachsenen Harmoniebedürfnisses und als Wunsch nach später Versöhnung gelesen werden darf. Die Kinder Langbeins erinnern sich recht gut, dass sie ihren Onkel Poldi erst als Erwachsene kennenlernten, nachdem auch er – ein gutes Jahrzehnt nach Langbein – aus der Partei ausgeschlossen worden war. Erinnerungen sind trügerisch – fest steht, dass beide Seiten unter den gespannten familiären Beziehungen litten, deren Ursachen aber gänzlich unterschiedlich interpretierten.[106]

Sogar über Österreich hinaus zeitigte Langbeins Parteiausschluss gravierende Folgen: Als KPÖ-Abtrünniger war er auch auf internationaler Bühne nicht mehr tragbar. Obwohl er sich zu jener Zeit schon um die NS-Täter-Verfolgung verdient gemacht hatte, beschloss die KPÖ-Führung, Langbeins Ablöse als Generalsekretär des Internationalen Auschwitz Komitees (IAK) zu betreiben. Obwohl per Statut überparteilich organisiert, war allseits bekannt, dass das IAK von kommunistischer Seite finanziert und somit auch personell besetzt wurde.[107] Die offizielle Überparteilichkeit des IAK verlangte allerdings nach Ausschließungsgründen jenseits der Parteiideologie – auch hier fuhr man schwere Geschütze auf: Der DDR-Vertreter im IAK streute das Gerücht, Langbein, der zuvor schwierige Verhandlungen um die Entschädigung ehemaliger ZwangsarbeiterInnen mit der IG Farben geführt hatte, sei von dieser gekauft worden. Ein anderes Gerücht lautete, er stünde im Sold von Konrad Adenauer, dem Bundeskanzler Westdeutschlands. In besonders schmerzlicher Erinnerung blieben Langbein die Distanzierungsversuche ehemaliger KZ-Gefährten. Davon mehr im nächsten Kapitel.

Vom Dogmatiker zum Ketzer

Zeit seines Parteilebens war Hermann Langbein Stalinist. Wenn er sich nachträglich mehrfach als „gläubigen Kommunisten" bezeichnete, so meinte er damit eine bedingungslose Gefolgschaft und die Überzeugung, dass alles, was von der Parteiführung (und somit von Moskau) kam, richtig war und nicht weiter hinterfragt werden musste. Ähnlich wie für Leopold Spira galt auch für ihn viele Jahre: „Ich war überzeugt, dass sich die Partei nicht irrte. Für Misserfolge fanden sich immer ‚objektive Tatsachen'."[108] Mit dieser Überzeugung gelang es Langbein, die nationalsozialistischen Konzentrationslager zu überleben und später die kommunistischen Lehren begeistert zu vermitteln.

Im April 1947, aus Warschau zurückgekehrt, wo er gegen den ehemaligen Auschwitz-Kommandanten Höß ausgesagt hatte, schrieb er in der Volksstimme vehement gegen das von anderen westlichen Medien verbreitete Gerücht an, in Polen existiere eine Hungersnot. Man erinnere sich etwa an die Härte, mit der er in der Parteischule den „neuen Menschen" mitformen wollte. Schwer nachvollziehbar – angesichts des Wirkens von Langbein in den folgenden Jahrzehnten – ist seine Haltung, die er 1948 gegenüber den „Displaced Persons" (DPs) zeigte. Zehntausende ehemalige KZ-Häftlinge und ZwangsarbeiterInnen – Schätzungen belaufen sich auf allein über zweihunderttausend jüdische Häftlinge – waren nach dem Krieg in Österreich gestrandet und in sogenannten DP-Camps untergebracht. Sie konnten vielfach in ihre Herkunftsländer nicht zurück, eine neue Heimat war nicht in Sicht. In den Jahren allgemeiner Lebensmittelknappheit und Ressourcenmangel auf allen Gebieten war es in der Bevölkerung gegenüber den DPs - die nach Ansicht vieler ungerechtfertigter Weise privilegiert wurden (höhere Lebensmittelrationen) – zu großen Spannungen gekommen. Offen geäußerter Antisemitismus war dabei keine Seltenheit. Ein ZK-Protokoll zeigt, dass er die negative Stimmung in der Bevölkerung gegen sie für den Klassenkampf und die Stärkung des Österreich-Bewusstseins nützen und verstärken wollte: „Die Partei muss sich sehr ernst mit der Frage der Weckung des Nationalbewusstseins befassen. Die Frage der DPs muss gelöst werden, hier kann man das nationale Bewusstsein im österreichischen Volk erwecken, hier ist eine Frage, wo die Leute instinktiv empfinden, diese Menschen gehören nicht zu uns, sie sind ein Fremdkörper." Noch in derselben Sitzung wandte sich der Steirer Otto Fischer entschieden gegen den Vorschlag Langbeins, „am Beispiel der DPs das österreichische Nationalbewusstsein zu erhitzen".[109] Auch auf anderen Gebieten gab Langbein sich noch Mitte der 1950er Jahre linientreu, wie sich Maria Fürst erinnert. Sie hatte in ihrer Zeit in Paris (1947/48) das neue Stück von Jean-Paul Sartre „Les mains sales" (Die schmutzigen Hände) gesehen und später, nachdem Sartre aufgrund der Ereignisse in Ungarn sich vom Kommunismus distanziert hatte, mit Langbein über dieses Drama diskutiert. „Und da hat mir der Hermann einen Vortrag gehalten, wie schlecht der Sartre ist. Also da war er noch ganz Stalinist." Gleichzeitig hatten ihn die eigenen in Ungarn gemachten Erfahrungen bereits skeptisch gestimmt. Es war ein langer Kampf mit sich selbst, der in Hermann Langbein tobte. Gerade Menschen wie er werfen ihre in Jahrzehnten gefestigten Überzeugungen nicht von einem Tag auf den anderen über Bord im Gegenteil: Obige Beispiele zeigen, dass Langbein in den ersten Nachkriegsjahren durchaus zu den „Hardlinern" in der KP zu zählen war.

Langbein war Zeit seines Parteilebens nicht nur Stalinist, er war auch Moralist. Dieser Umstand erschwerte ihm die Zusammenarbeit mit zahlreichen Genossen und Genossinnen, erleichterte ihm aber vermutlich die Trennung von seiner alle Lebensbereiche umfassenden politischen Heimat. „Kommunisten hatten anders zu sein – ganz einfach bessere Menschen", so fasst Anton Pelinka Langbeins damalige Haltung zusammen.[110] Diese Haltung begründete die hohen Ansprüche des Auschwitz-Überlebenden an das Verhalten der Menschen in seiner Umgebung – wenngleich sie nicht an die Ansprüche herankamen, die er an sich selbst stellte.

Langbein erkannte bereits wenige Jahre nach der Heimkehr aus der Internierung eine „langsam wachsende Enttäuschung, die man sich am liebsten selbst nicht eingestehen wollte, als nicht mehr zu übersehen war, dass ‚meine Partei', der ich mein Leben gewidmet hatte, so gar nicht den Vorstellungen glich, die ich mir von der Bewegung gemacht hatte. Bis dahin hatte ich sie ja nur kennengelernt, als sie – verboten und verfolgt – im Untergrund wirkte."[111] In den vielen Jahren seiner Mitgliedschaft lernte er alle Seiten der Kommunistischen Partei kennen: die kraftgebende, idealistische Gesinnungsgemeinschaft, die eine solidarische Welt schaffen wollte, aber auch ihr engstirniges, unbeugsames, zerstörerisches Gesicht. Anton Pelinka resümiert: „Der Kommunist Hermann Langbein hat die heroische Größe der KPÖ vorgelebt: ihre Fähigkeit, das Beste aus den Menschen herauszuholen. Aber der ehemalige Kommunist Hermann Langbein hat, durch seinen Bruch mit der Partei, auch die Schwäche, ja das Böse der KPÖ aufgezeigt: ihre Unfähigkeit zur Toleranz, zur offenen Konfliktaustragung, zur intellektuellen Redlichkeit."[112]

Die bitteren Erfahrungen mit der KPÖ zwangen Hermann Langbein zur Selbstreflexion: über sein Verhältnis zur kommunistischen Bewegung im Allgemeinen und zur Kommunistischen Partei im Besonderen; über seine bedingungslose Hingabe an eine Idee, eine Ideologie; über sein Verständnis von Verantwortung. Er studierte erneut einen der kanonischen Texte des Marxismus-Leninismus, den „Kurzen Lehrgang"[113], eine der Grundlagen der parteipolitischen Bildung, die den Gefangenen bereits in Gurs Stärkung und Halt geboten hatte. Nun, so Hermann Langbein gut zwanzig Jahre später in „Die Stärkeren", erkannte er das Buch als „reichlich demagogische Vereinfachung mit Fälschung vieler historischer Fakten".

Was in der Retrospektive auf seine KP-Zeit fehlt, ist eine selbstkritische Betrachtung seiner Zeit als stalinistischer Parteifunktionär. Langbein sah sich als Verführter, als im blinden Glauben Verfangener. Beweise für eine Abwägung der Entscheidungen lassen sich nicht finden. Zu eigenen Handlungen, die er als unerbittlicher Schulungsleiter und Instruktor unternahm, ging er nicht auf Distanz. Dies gilt auch für seine Zeit in den Konzentrationslagern: Für seine Autobiografie – die er zu seinem 60. Geburtstag geplant hatte, aber nicht verwirklichte –, nahm er sich zwar vor, Passagen zu Ereignissen und Problemen zu ergänzen, die er in seinem Erlebnisbericht „Die Stärkeren" als gläubiger Kommunist nicht geschrieben hatte. Und Langbein ergriff auch keine andere Gelegenheit, an seinen Handlungen jenseits ideologischer Verführung Selbstkritik zu äußern.

Hermann Langbein schloss sich nie wieder einer Partei an – obwohl er deutliche Aufforderungen von Seiten der SPÖ erhalten hatte. Doch er wollte nie mehr von einer Partei abhängig sein, sich keiner Parteidisziplin unterordnen müssen. Das war eine der Hauptlehren aus seinem konflikt- und schmerzreichen Bruch mit der Kommunistischen Partei: „Was ich heute mit gutem Gewissen jungen Menschen in den Schulen sage, war damals meine Schlussfolgerung: Nur das tun, was man selber verantworten kann. Diese Haltung hat auch eigentlich zum Bruch mit der KP geführt. Denn das Imre-Nagy-Telegramm ging ja schon in diese Richtung", so Langbein zu Pelinka.

Für Langbeins Bruch mit der KPÖ hatten viele seiner ParteikollegInnen kein Verständnis. Dass sie selbst zehn Jahre später mit der Partei brechen bzw. wie Langbein ausgeschlossen würden, war Ende der 1950er Jahre noch nicht absehbar. Gerade das Jahrzehnt bis zum „Prager Frühling" 1968[114] offenbarte Langbein, wer sich vollständig der Parteidoktrin ergeben hatte und wer letztlich den Bindungen aus der Verfolgungszeit mehr Bedeutung beimaß. So konnte er die ehemalige Auschwitz- und Ravensbrück-Gefangene Toni Lehr, bis 1968 eine „linientreue" Genossin, weiterhin zu seinem Freundeskreis zählen; desgleichen Hans Maršálek, Mauthausen-Überlebender und damals leitender Funktionär im KZ-Verband. Pepi Meisel, Pepi Lauscher (bis zu seinem Lebensende Parteimitglied) und Leopold Spira hingegen vermieden den Kontakt mit ihrem ehemaligen Genossen.

Besonders schwierig blieb Langbeins Verhältnis zeitlebens auch zu allen anderen ehemaligen Genossen, die nie mit der Partei gebrochen hatten, bzw. erst später auf Distanz gingen. Zu ihnen gehörte Herbert Steiner, Gründer und Leiter des Dokumentationsarchivs des österreichischen Widerstandes (DÖW). Selbstverständlich ergaben sich immer wieder berufliche Kontakte, aber die persönliche Beziehung blieb angespannt, was auch auf das Verhältnis Langbeins zur Institution DÖW abfärbte. Den Versuch Anton Pelinkas, eine Versöhnung herbeizuführen, indem er Langbein zur Aufnahme ins Kuratorium des DÖW vorschlug, wehrte dieser selbst mit dem Hinweis ab, Steiner habe ihn in den ersten Jahren nach dem Parteiausschluss als „Unperson" behandelt. Außerdem habe er, Langbein, damals schon dieselbe Arbeit geleistet wie heute, weshalb ihn Steiner bereits früher hätte vorschlagen müssen – gemessen an der langen Liste an Kuratoriumsmitgliedern ein durchaus nachvollziehbares Argument. Wolfgang Neugebauer, der Hermann Langbein persönlich überaus schätzte, startete 1995 als Nachfolger von Herbert Steiner abermals einen Versuch, ihn ins Kuratorium zu holen. Doch Langbein blieb zögerlich: Diesmal fehlten ihm andere wichtige Personen im Kuratorium, wie etwa Toni Bruha und Hans Landauer, Hans Maršálek oder Erika Weinzierl. Zudem führte er ins Feld, wie gekränkt sein Bruder Otto war, weil er nicht – so wie Hermann – in der DÖW-Publikation „Erzählte Geschichte" vorkam, obwohl er doch ein langes, ausführliches Interview gegeben hatte. (Dem DÖW indes liegt dieses Interview nachweislich nicht vor.) Vermutlich verhinderte schlussendlich der Tod von Langbein seine Aufnahme ins Kuratorium.

Noch schwerer tat sich Langbein mit jenen Personen, die sich nicht nur durch ihre parteipolitischen Verbindungen, sondern auch in Charakter und Auftreten von ihm unterschieden. Dies betraf etwa Heinz Dürmayer, dessen Verhalten Langbein bereits in Auschwitz nicht gutheißen konnte. Im weiter oben erwähnten Konflikt mit dem IAK stellte er sich wiederholt deutlich gegen Langbein. Einen weiteren Anlass für Verstimmung lieferte Langbeins Charakterisierung von Dürmayer in „Menschen in Auschwitz" – was diesen zu einer fünfseitigen „Gegendarstellung" an den Verlag mit zahlreichen Angriffen auf Langbein veranlasste.[115]

In den Augen mancher KPÖ-Genossen war Langbeins Ruf auf Dauer ruiniert – wie auch die Rezension von Bruno Furch zu „Menschen in Auschwitz" zeigt. Den sozialpsychologischen Charakter des Buches betonend, schrieb er bissig: „Bestimmte Eigenschaften können bewirken, dass ein Mensch unter seinen Kameraden und Genossen eigentlich immer ein Fremder bleibt und dass er schließlich scheitert. Wir, die ihn kennen, erinnern uns sehr gut an die große Unerbittlichkeit und Härte, mit der Langbein einst, zum Beispiel als Leiter der Parteischule der KPÖ, auch jeden leisen Verstoß gegen die Disziplin zensierte. Seine Trennung und Wandlung könnte darum Gegenstand einer zweifellos reizvollen psychologischen Studie sein, wenn es sich bloß lohnte." Zur Rolle Langbeins in der Widerstandsorganisation in Auschwitz wusste Furch, selbst zwar Dachau- und Flossenbürg-, aber kein Auschwitz-Überlebender, zu berichten: „Er war ein Teil von ihr, aber er gehörte nicht einmal zu deren Kern."

Wovon Hermann Langbein vermutlich nichts wusste: dass ihm sogar Spitzelei für die österreichische Staatspolizei angedichtet wurde. Im Langbein-Dossier des Archivs Österreichische Spanienkämpfer befindet sich ein handschriftlicher Hinweis: „Langbein 1960 inoffizieller Mitarbeiter der österreichischen Staatspolizei".

Es bedurfte einer großen inneren Stärke, um angesichts dieser Vorwürfe und Anfeindungen nicht die Mission aus dem Auge zu verlieren, der Hermann Langbein sich verschrieben hatte: den Überlebenden der nationalsozialistischen Konzentrationslager zu ihrem Recht zu verhelfen.

Im Namen der Opfer

Die Todesfabrik Auschwitz im Gedächtnis behalten

Als im Jahr 1954 die kommunistisch ausgerichtete Fédération Internationale des Résistants (FIR) in Wien tagte, gründete sie das Internationale Auschwitz Komitee (IAK), einen Verband nationaler Organisationen von Überlebenden des Konzentrationslagers. Dass Hermann Langbein zum Generalsekretär gewählt wurde, lag auf der Hand: Er war der bekannteste ehemalige Auschwitz-Häftling unter den Anwesenden; aufgrund seiner Erfahrungen traute man ihm zu, das Sekretariat engagiert und verlässlich zu leiten. Dessen Sitz sollte fortan identisch mit Langbeins Wiener Wohnadresse sein. Zwar hatte er erst nach Vermittlung von Franz Danimann, einem Auschwitz-Kameraden, überhaupt die Erlaubnis der Kommunistischen Partei erhalten, am FIR-Treffen teilzunehmen, war dort aber der „Mann der Stunde".

Viele Mitglieder des Leitungsgremiums hatten bereits im illegalen Widerstand in Auschwitz zusammengearbeitet. Es nimmt daher nicht wunder, dass auch das IAK – wie zahlreiche Verfolgtenverbände – in erster Linie ehemals politisch Inhaftierte vertrat. Angehörige anderer Verfolgtengruppen, wie „Asoziale", „Kriminelle", Zeugen Jehovas, „Zigeuner", „Homosexuelle" etc., waren im Statut zwar nicht ausgeschlossen, tatsächlich aber meist nicht vertreten.[116] Ähnlich verhielt es sich mit den als „Jude" bzw. „Jüdin" Verfolgten[117], wenngleich sich das IAK immer wieder bemühte, Kontakte zu jüdischen Interessensvertretungen aufzubauen. Es blieb aber bei bloßen Bemühungen; vermutlich herrschten auf jüdischer Seite Bedenken gegen die Dominanz der Kommunisten im IAK.[118]

Denn obwohl sich das IAK als unabhängige Interessensvertretung verstand, war es eindeutig kommunistisch ausgerichtet. An der Schwelle der 1960er Jahre nahmen an großen Tagungen und Generalversammlungen Delegierte aus bis zu 17 Ländern teil. Manche westliche Länder, wie Frankreich oder Belgien, waren mit zwei Organisationen im IAK vertreten, der jüdischen sowie der politischen Häftlinge; andere nationale Organisationen nahmen diese Unterscheidung nicht vor. In den Verbänden Osteuropas hatten die ehemaligen politischen Häftlinge das Sagen, zudem standen diese Organisationen durchweg unter der Kontrolle von Parteiorganen.[119]

Das IAK verfolgte ambitionierte Ziele: In erster Linie ging es um die Aufklärung der nationalsozialistischen Verbrechen – die Täter sollten zur Rechenschaft gezogen werden. Ebenso bemühte sich das IAK um die Entschädigung der Opfer von Zwangsarbeit, später auch der Opfer medizinischer Versuche, um die Betreuung der KZ-Überlebenden sowie um ein würdiges Gedenken an die Opfer. Die Umwandlung des Lagergeländes und des dort eingerichteten Museums zu einem zentralen Gedenkort war ein weiteres wichtiges Anliegen. Von Beginn an standen auch die Dokumentation der Verbrechen und deren wissenschaftliche Erforschung im Mittelpunkt, und zwar mit dem Ziel, diese Erkenntnisse einer breiten Öffentlichkeit zugänglich zu machen. Das Vernichtungslager Auschwitz-Birkenau sollte in seiner Monstrosität im Gedächtnis der Menschheit bleiben.

Den Auftakt bildeten Vorbereitungen zum zehnten Jahrestag der Befreiung des Konzentrationslagers Auschwitz. Gedenkfeiern „großen Ausmaßes" wurden geplant, um Auschwitz als Ort der „Nazibarbarei, der unerhörten Verbrechen der Hitlerbanden" bekannt zu machen, so Generalsekretär Langbein in einem Schreiben an seine „lieben Kameraden" im März 1955. Die in diesem Brief dargelegten Planungen zeigen, dass das IAK besonders das Leiden des polnischen Volkes und den Widerstand gegen die „Nazibarbarei" ins Zentrum der Gedenkfeiern zum zehnten Jahrestag stellte.

Um Auschwitz als Ort schwerster Verbrechen bekannt zu machen, rief das IAK ein internationales Patronatskomitee ins Leben. Erst 1957/58 rund um die Planungen für das Denkmal in Birkenau realiter ins Leben gerufen, fiel diesem mit prominenten Persönlichkeiten aus Israel, Europa und den USA besetzten Komitee vor allem die Rolle zu, Spendensammlungen für die Gedenkstätte zu erleichtern.

Die Zukunft des Museums in Auschwitz lag dem Komitee besonders am Herzen. Im Jänner 1957 legte das IAK seine Vorstellungen dar. Eine möglichst vollständige Kartei mit den Namen aller ehemaligen Häftlinge von Auschwitz I (Stammlager), Auschwitz II (Birkenau) und Auschwitz III (Monowitz) sei anzulegen; für das Museum sollten eine Fotodokumentation über die Selektionen sowie ein Katalog einschlägiger Literatur – schon damals war von etwa dreitausend Bänden die Rede – erstellt werden. Der Internationalität von Auschwitz Rechnung tragend wurden vom IAK diverse Ländergruppen aufgefordert, Nationalausstellungen im Museum zu eröffnen, die ersten wurden alle von Staaten des ehemaligen „Ostblocks" gestaltet: die Tschechoslowakei und Ungarn 1960, gefolgt von Ausstellungen der UdSSR und der DDR 1961.[120]

Der breiten Öffentlichkeit wurde das Internationale Auschwitz Komitee erstmals im Herbst 1955 bekannt, als es sich der Strafanzeige gegen den SS-Arzt Carl Clauberg anschloss, die der Zentralrat der Juden in Deutschland erstattet hatte. Clauberg hatte Sterilisationsversuche in Auschwitz durchgeführt. In der Folge entwickelte sich eine rege Zusammenarbeit zwischen der zuständigen Staatsanwaltschaft in Kiel und Hermann Langbein als Generalsekretär des IAK.

Etwa zur gleichen Zeit schaltete sich das IAK auch in die Verhandlungen der Jewish Claims Conference mit der IG Farben ein, bei denen es um die Entschädigung jener Auschwitz-Überlebenden ging, die für die IG Farben Zwangsarbeit hatten leisten müssen. Dem Verhandlungsführer Hermann Langbein lagen drei Schwerpunkte besonders am Herzen: Alle Geschädigten sollten anspruchsberechtigt werden, unabhängig davon, in welchem Land sie sich nach der NS-Verfolgung niedergelassen hatten. Hier waren die Verhandlungen insofern erfolgreich, als die jüdischen Häftlinge auch jenseits des „Eisernen Vorhangs" Entschädigungszahlungen erhielten. Weiters wollte Langbein erreichen, dass auch die Erben der Anspruchsberechtigten entschädigt würden – dies gelang ihm insoweit, als Erben aus dem Härtefonds bedacht wurden. Sein drittes Anliegen brachte er nicht durch: Die sogenannten Nationalverfolgten (nichtjüdische ausländische Verfolgte des Naziregimes, die in der Regel nicht als politisch verfolgt anerkannt wurden), etwa die nichtjüdischen Polen, Jugoslawen oder Franzosen, wurden nicht als entschädigungsberechtigt anerkannt.

Schon bei diesen Verhandlungen war es nicht möglich, alle Mitgliederverbände des IAK auf eine gemeinsame Linie zu bringen. Insbesondere die tschechoslowakischen und ungarischen Verbände gingen eigene Wege; sie beauftragten schließlich einen Anwalt mit der Vertretung ihrer Interessen.Eine wichtige Initiative des IAK war die Herausgabe der sogenannten „Höß-Memoiren". Die polnische „Hauptkommission zur Untersuchung der nationalsozialistischen Verbrechen in Polen" hatte dem IAK die Verwertungsrechte an den Niederschriften übertragen. Bereits im Herbst 1957 suchten Vertreter des IAK und der polnische Untersuchungsrichter Jan Sehn, der zehn Jahre zuvor über Höß zu Gericht gesessen hatte, Kontakte zu deutschen Verlagen; 1958 bewilligte das IAK die Herausgabe. Das Buch wurde ein durchschlagender Erfolg, die Einnahmen aus dem Verkauf trugen wesentlich zur Finanzierung der Komitee-Arbeit bei.[121]

Im Juni 1957 beschloss das IAK, einen Wettbewerb für die Errichtung eines Denkmals in Auschwitz-Birkenau auszuschreiben. Als Jury-Vorsitzender konnte der englische Bildhauer Henry Moore gewonnen werden. Das enorme Interesse belegen die 426 eingegangenen Entwürfe, die im ersten Halbjahr 1959 im Museum ausgestellt wurden. Nachdem sieben Vorschläge in die engere Wahl kamen, beschloss das Preisgericht in einer zweiten Auswahlphase, drei der am Wettbewerb teilnehmenden Künstlergruppen mit der gemeinsamen Erarbeitung eines Projekts zu beauftragen. Erst am 16. April 1967 konnte es endlich eingeweiht werden.[122]

Als Generalsekretär des IAK kam Hermann Langbein in all diesen Aktivitäten eine zentrale Rolle als Vermittler zu, bei ihm bündelten sich die Informationen. Vielfach gingen die Initiativen auf sein Engagement zurück. Langbein erreichte insbesondere bei der Verfolgung von SS-Tätern und bei der Interessensvertretung in Entschädigungsfragen beachtliche Erfolge. Er baute ein ausgedehntes Netzwerk an wichtigen Kontakten auf und verhalf so dem IAK zu Ansehen. Zu seinen Aufgaben gehörte auch die Herausgabe der „Informationen" des IAK, eine wichtige Nachrichtenquelle für die ehemaligen Auschwitz-Häftlinge, die auf der ganzen Welt verstreut lebten. Ohne Langbein hätte das IAK wohl niemals in so kurzer Zeit so viel erreicht.

Verleumdet und verstoßen

All dies spielte sich in der „heißen Phase" des Kalten Krieges ab. Das IAK gehörte zu den wenigen politischen Organisationen, deren Mitglieder im Osten wie im Westen lebten und ihre Kontakte über den „Eisernen Vorhang" hinweg hielten. Im politischen Klima des Kalten Krieges konnte aber eine eindeutig kommunistisch dominierte Organisation wie das IAK einen „Verräter" unmöglich in einer der wichtigsten Positionen belassen – und als solcher galt Langbein nach seinem Ausschluss aus der KPÖ im September 1958.

Noch im Mai 1958 hatte Langbein bei der Generalversammlung des IAK in Amsterdam große Anerkennung für seine Bilanz des abgelaufenen Jahres erhalten: Strafanzeige gegen SS-Oberscharführer Wilhelm Boger, Weiterführung der Verhandlungen über die Entschädigung der Opfer medizinischer Versuche und großer Erfolg des Wettbewerbs für ein Denkmal in Auschwitz. Außerdem konnte er im Namen des IAK – mit Hinweis auf dessen Überparteilichkeit – bedeutende Persönlichkeiten für das von der Generalversammlung 1955 beschlossene Komitee der Patronage für Auschwitz gewinnen.[123]

Alle Beschlüsse wurden einstimmig gefasst und auch die Leitung des IAK einstimmig gewählt: Sowohl der im Jahr zuvor neu gewählte Präsident, der polnische Schriftsteller Tadeusz Hołuj, als auch Hermann Langbein, der Generalsekretär, wurden im Amt bestätigt.

Natürlich hatten im Laufe der Jahre immer wieder kontroverse Standpunkte in diesem international besetzten Gremium – über alle ideologischen Grenzen hinweg – für hitzige Debatten gesorgt, und selbstverständlich waren politische Interessen im Spiel; bei einem derart politischen Arbeitsauftrag unvermeidlich. Aber nachdem Langbeins Parteiausschluss bekannt wurde, ging es immer mehr darum, ihn, der nun als Abtrünniger galt, hinauszudrängen, ungeachtet der negativen Folgen für die angelaufenen Aktivitäten.

Insbesondere die tschechische sowie die DDR-Abordnung taten sich darin hervor, Langbein zu desavouieren und ihn systematisch zu verleumden. Hier nahm das Gerücht, Langbein sei ein Agent der IG Farben, seinen Ausgang. Die in Österreich kolportierte Affäre eines Uhrenschmuggels nach Polen fügte sich in dieses Bild. Der tschechische Vertreter im Verband stieß sich gar daran, dass Langbein die Tschechoslowakei auf Reisen überflog, und das war keineswegs ironisch gemeint: „Ich war ein Feind", so Langbein im Interview mit Anton Pelinka, „und den musste man als einen wirklichen, richtigen Feind behandeln."

Die ungarische Delegation im IAK bezeichnete ihn als „Persona non grata" und berief sich auf Langbeins Artikel in „Der Neue Mahnruf" 1957, der Zeitschrift des österreichischen KZ-Verbands, zu den Ereignissen im Oktober 1956 in Ungarn; angeblich habe er „die antisemitischen und faschistischen Exzesse" verherrlicht. Die polnischen Vertreter im IAK versuchten anfangs noch zu vermitteln, gerieten aber immer mehr in die kommunistische Abwehrmaschinerie und schlossen sich schließlich Langbeins Gegnern an. So wurde Langbein auch in Polen zur Unperson erklärt.

Als besonders bitter empfand Hermann Langbein in dieser Situation erneut das Verhalten seiner Kameraden aus den Zeiten des Widerstands. In seinem 1962 aus der Sicht einer dritten Person verfassten Überblick zur Entwicklungsgeschichte des IAK und zur Rolle, die er selbst dabei gespielt hatte, kommt das im letzten, nachträglich eingefügten Absatz zum Ausdruck. Er gilt seinen beiden polnischen Gefährten in Auschwitz, Józek Cyrankiewicz und Tadeusz Hołuj.[124]

Je mehr sich im IAK der Konflikt um Langbein und seinen Posten als Generalsekretär zuspitzte, umso deutlicher stellte sich Tadek Hołuj, seinerzeit führend in der Kampfgruppe Auschwitz aktiv, ebenfalls auf die Seite von Langbeins Widersachern, die in erster Linie in der DDR, ČSSR, Ungarn und Österreich zu finden waren. Auch Józek Cyrankiewicz hatte der vierköpfigen Leitung der Kampfgruppe angehört. Ab 1947 war er Ministerpräsident Polens. Die beiden trafen sich regelmäßig, wenn Langbein in Warschau zu tun hatte – meist im Freien oder bei einer Autofahrt, um den Abhöranlagen zu entgehen. Doch diesmal brachte Cyrankiewicz zum Treffen eine weitere Person mit, in deren Gegenwart er seinen Kampfgefährten mit „golden handshake" in Pension schicken wollte. Auf den Parteiausschluss anspielend, so erzählte Langbein später, habe Cyrankiewicz ihm vorgeschlagen: „Ich weiß genau, du bist kein Feind, aber ich will nicht, dass sich die KPÖ in unsere Partei einmischt. Wir können uns daher auch nicht in die KPÖ einmischen, du wirst verstehen. Wir setzen dir eine Ehrenpension aus und du sagst, du bist krank und kannst nicht mehr Auschwitz-Komitee-Sekretär sein." Für Langbein eine Zumutung: „Ich bin gesund, ich will keine Ehrenpension! Aber wenn du Geld hast, gib es mir, damit ich den Mengele in Argentinien finde." So gibt Langbein später im Gespräch mit Anton Pelinka diesen Konflikt wieder.

Dieses Geld floss nie. Das Angebot indes besiegelte das Ende ihrer bis dahin engen Freundschaft. Erst Jahrzehnte später tat Langbein, auf Anraten seiner Tochter, den ersten Schritt zu einer erneuten Annäherung an den einstmals vertrauten Weggefährten.

Es gab allerdings auch Rückenstärkung für Hermann Langbein. Die Österreichische Lagergemeinschaft Auschwitz (ÖLGA) betrachtete die zunehmenden Spannungen zwischen einflussreichen Kräften im IAK und dessen Generalsekretär, der gleichzeitig langjähriges aktives Mitglied der österreichischen Vereinigung war, mit wachsender Sorge. Erst im Oktober 1958 war sie dem IAK beigetreten, nach „reiflicher Überlegung" und nachdem man sich beim Treffen in Amsterdam vom „absolut unpolitischen Charakter" der Organisation überzeugen konnte, wie Heinz Apenzeller im Beitrittsschreiben anmerkte – eine Formulierung, die eher als Appell denn als Zustandsbeschreibung gelesen werden musste.

Felix Rausch, in der ÖLGA aktiv und gleichzeitig IAK-Finanzreferent, richtete im Juli 1959 einen ausführlichen privaten Brief an seinen Auschwitz-Kameraden Tadek Hołuj. Er versuchte, bereits getroffene Vereinbarungen durchzusetzen und die Wogen zu glätten. Die polnischen Mitglieder des IAK hatten nämlich die Idee in Umlauf gebracht, im Zuge einer „Reorganisierung des Büros" das Sekretariat auf zwei Standorte, Warschau und Wien, zu splitten. Dies kritisierte Rausch zum einen als durchsichtiges Manöver gegen Langbein, zum anderen als kontraproduktiv für die Erfüllung der Aufgaben des IAK.

Die polnische Delegation hatte außerdem vorgeschlagen, das Generalsekretariat des IAK nach Warschau zu verlegen – mit der Begründung, die Finanzierung des Komitees gehe von Polen aus. Diese Haltung, „wer zahlt, schafft an", wies Rausch energisch zurück und verteidigte die bisherige Regelung, jedem Land eine Stimme in der Generalversammlung zu gewähren, trotz der Sonderstellung Polens.[125] Sein Plädoyer galt vielmehr Wien als idealem Platz für die Zentrale des IAK: in einem kapitalistischen und zugleich neutralen Land sowie in unmittelbarer Nähe zu den Volksdemokratien.

In einem dritten Punkt äußerte er sich zu dem schon länger schwelenden Konflikt um das Gehalt des Generalsekretärs, das über ein Konto bei der ÖLGA lief. Die einige Zeit zuvor beschlossene Erhöhung auf 2.500 Schilling wurde immer noch von polnischer Seite blockiert. Rausch mahnte: „Wir brauchen den hauptamtlich tätigen Generalsekretär, und wir können ihn uns leisten. Wir anderen, Du, ich und die übrigen, arbeiten ohnedies ehrenamtlich mit, aber den Mann, der immer da ist, können wir nicht entbehren." In den folgenden Monaten sendete Rausch zahlreiche weitere Schreiben an verschiedene IAK-Leitungsmitglieder, die jedoch wenig Erfolg zeitigten.

Auch in Österreich wehte Langbein als IAK-Generalsekretär ein eisiger Wind entgegen: Die Kommunistische Partei nützte alle Möglichkeiten, ihn nach seinem Parteiausschluss in der Arbeit zu behindern. Ein konkreter Anlass führte schließlich dazu, dass er aus dem österreichischen KZ-Verband austrat. Was war geschehen? Urplötzlich hatte man ihm die jahrelang praktizierte Gepflogenheit, Adressen für IAK-Aussendungen mit der Adressiermaschine des KZ-Verbands zu drucken, verwehrt. Vielmehr sollte er diese Briefe zuvor dem Verband zur Prüfung vorlegen. Das klang doch stark nach Zensur, und so formulierte Langbein in seinem Austrittsschreiben: „Es ist bedauerlich, dass Mitglieder des Präsidiums des KZ-Verbandes die Kameradschaft außer Acht lassen, die uns in den Hitler-KZs stark gemacht hat."

Zurück auf die internationale Ebene: Im Juni 1960 fand eine Generalversammlung des IAK in Warschau statt, die eine wesentliche Degradierung Langbeins nach sich zog. Langbein im Rückblick dazu: „Von polnischer Seite war eine solche Zusammensetzung der Delegierten vorbereitet worden, dass eine sichere Mehrheit für die von den Kommunisten diktierte Linie vorhanden war. Lediglich die Länderorganisationen von Österreich, England und Schweden hatten keine kommunistische Majorität."[126] Während andere Beschlüsse einstimmig gefasst wurden, traten die Gegensätze bei der Wahl der leitenden Personen offen zutage: Die polnische Seite schlug als Präsidenten den Straßburger Professor Dr. Robert Waitz vor, der keiner Partei angehörte, bislang keine Funktionen im IAK innehatte und auch nicht bei der Generalversammlung anwesend war. Langbein sollte zwar in der Leitung bleiben und die Aktivitäten des IAK auf dem Gebiet der Entschädigungen und der Unterstützung der Justiz bei Verfahren wegen Verbrechen in Auschwitz weiter leiten, ohne jedoch die Funktion des Generalsekretärs weiter zu bekleiden. Nur die nicht kommunistisch gelenkten Delegationen stimmten gegen diesen Vorschlag, die Jugoslawen enthielten sich der Stimme und so wurde er mehrheitlich angenommen.

Diese Situation war für Langbein alles andere als erfreulich – dennoch glaubte er, seine Arbeit fortsetzen zu können. Insbesondere in Professor Waitz setzte er große Hoffnung. In zwei Briefen legte er ihm die Hintergründe seiner Wahl zum Präsidenten und die eigene Sicht der Dinge dar, was seine – Langbeins – Rolle und Stellung im IAK betraf, wobei er auch die gegen ihn gerichteten Verleumdungen, Schikanen und Schmähungen nicht verschwieg. Langbein lehnte es ab, weiterhin die praktische Arbeit zu übernehmen - nicht per Funktion legitimiert seien ihm Verhandlungen unmöglich. Er verwies auf die Rolle von Hołuj als treibende Kraft seiner Demontage und als Spielball „äußerer Einflüsse" – so die beliebte Wortwahl für den Machtanspruch der kommunistischen Parteien – und hoffte, Waitz als neuer Präsident werde die starke Beeinflussung von außen zurückdrängen.

Bis sich die neue Leitung konstituieren konnte, wurde es September. In Straßburg fand man schließlich einen Kompromiss in der verfahrenen Situation: Es würde zukünftig zwei Büros geben, neben Wien auch eines in Warschau, wo von nun an jedoch das Generalsekretariat seinen Sitz haben sollte. Einzelnen Leitungsmitgliedern wurden für verschiedene Arbeitsgebiete Vollmachten erteilt und damit die Zuständigkeiten weiter gestreut. Langbein behielt seine Aufgabenbereiche. Zudem hatte er sich ausbedungen, dass die bisher von ihm in Wien herausgegebenen „Informationen" weiter dort erscheinen und Nachrichten über seine Arbeitsgebiete bringen würden.

Dieser Kompromiss hielt nicht lange. Nahezu zeitgleich erreichte die ÖLGA ein Schreiben aus Warschau: „Im Namen des Präsidenten des IAK, Prof. Waitz, ist der bisherige Generalsekretär Hermann Langbein gekündigt. Ich bitte die nötigen Schritte zu unternehmen, um diese nicht angenehmste Frage bald und richtig, laut den österreichischen Vorschriften, die für Hermann Langbein bindend sind, zu lösen." Die ÖLGA sah sich gezwungen, der Forderung nach einer Kündigung Langbeins zum 31. Dezember 1960 nachzukommen.

Wenige Wochen später konnte Dr. Otto Wolken, Leitungsmitglied der ÖLGA, an Hołuj in Warschau jedoch berichten, dass die Leitung des IAK in Straßburg beschlossen hatte, „den Kameraden Langbein weiterhin in seiner Eigenschaft als Bevollmächtigter des IAK hauptamtlich anzustellen. Sie hat uns ersucht, die technische Seite dieser Anstellung wie bisher zu übernehmen. Es wurde ferner beschlossen, sein Gehalt auf 3.000 S. zu erhöhen."

Es fand also ein regelrechtes Gezerre um Langbeins Position statt. Nicht minder turbulent ging es im darauffolgenden Jahr weiter. Die Spannungen zwischen Wien und Warschau wuchsen. Dies betraf unter anderem die Finanzen: Der polnische Verband (mit der größten Mitgliederzahl) verkündete, seinen Beitrag fortan in polnischen Zloty zu bezahlen, statt wie bisher in Devisen. Die österreichische Lagergemeinschaft sah sich veranlasst, in Straßburg bei Präsident Waitz und in Warschau beim Hauptfinancier (und Hauptblockierer) um Geld zu betteln, um Langbein den ihm zustehenden Lohn auszahlen zu können.

Auf polnischen Vorschlag hin wurde beschlossen, das IAK werde die Verhandlungen wegen einer Pauschalentschädigung nach dem Bundesrückerstattungsgesetz einstellen und auch alle Vollmachten – es hatte mehrere tausend von ehemaligen Auschwitz-Häftlingen erhalten – zurücklegen.[127]

Der tschechische Verband verbreitete weiterhin Verleumdungen gegen Langbein, der, so der Vorsitzende Vodicka, seine Funktion für „dunkle Zwecke" missbrauchen wolle. Schließlich wurden ihm gar Unregelmäßigkeiten in der Kontoführung unterstellt, weshalb Heinrich Dürmayer die Credit-Anstalt schriftlich aufforderte, das Konto des IAK, für das Langbein zeichnungsberechtigt war, zu sperren – was die Bank jedoch unterließ.[128]

Die Klagen aus Wien rissen nicht ab: Einem Brief von Langbein an Waitz ist zu entnehmen, dass von polnischer Seite seine Reise nach Auschwitz verhindert wurde. Weiters, so Langbein, verweigere man ihm beharrlich den Zugang zu Dokumenten, die er für seine Prozessvorbereitungen benötige. Auch das Museum von Auschwitz sende ihm keine Fotokopien einzelner Dokumente mehr. Wenn man all dies berücksichtige, müsse man sich fragen, welche Bedeutung der Titel „Bevollmächtigter des IAK in Fragen der SS-Prozesse" überhaupt habe. „Ein solches Verhalten", und nun zog Langbein abermals seine schärfste Waffe, „sollte zwischen Personen, die gemeinsam in Auschwitz waren, eigentlich unvorstellbar sein." Er forderte Waitz dezidiert zum Handeln auf – diesmal deutlich weniger vertrauensvoll als einige Monate zuvor.

Die nächste Aufregung verursachte Waitz selbst, als er im Mai 1961 seinen Rücktritt einreichte (den er aber später widerrief). Ella Lingens, Obfrau der ÖLGA, richtete in dieser Angelegenheit und zur „faktischen Liquidierung der Tätigkeit des Wiener Büros" dringliche Fragen an Warschau. Dies stürzte das IAK noch tiefer in die Krise, nachdem auch der neue Generalsekretär Hołuj zu demissionieren in den Raum stellte. Langbein – so lassen weitere Dokumente vermuten – sah in dieser Situation aber durchaus auch die Chance eines Neubeginns für sich und einer Neuaufteilung der Macht im IAK.

Doch es kam anders. Für Juli 1961 wurde derart kurzfristig eine Sitzung nach Warschau einberufen, dass es den Leitungsmitgliedern Langbein und H. G. Adler (neben Waitz die Einzigen in diesem Gremium, die nicht aus einem Ostblockland kamen) unmöglich war, rechtzeitig anzureisen. Die Versammlung in Warschau fand dennoch statt. Es wurde beschlossen, Langbein aufgrund des nicht mehr vorhandenen Vertrauensverhältnisses alle Vollmachten zu entziehen. Sämtliche Stellen erfuhren umgehend von diesem Beschluss.

Bei dieser Leitungssitzung wurde auch eine im Jargon des Kalten Krieges verfasste Resolution verabschiedet, die die Atombewaffnung der Bundesrepublik Deutschland kritisierte.[129] Diesen Umstand nahmen Hermann Langbein und sein Freund H. G. Adler zum Anlass, ihrerseits sämtliche Funktionen im IAK niederzulegen.

Kein Hoffnungsschimmer

Von nun an gehörte für Hermann Langbein die Arbeit im Auftrag des Internationalen Auschwitz Komitees endgültig der Vergangenheit an – jedoch nicht die Beschäftigung mit diesem Kapitel persönlicher Tragik und Demütigung. Drei Jahre lang hatte er gekämpft, immer wieder auf die „Überparteilichkeit" pochend, die das IAK gerne für sich beanspruchte, und selbst bestrebt, diese durchzusetzen. Doch nun musste er kapitulieren.

Der Austritt Langbeins aus dem IAK ging durch die Medien. Viele wussten die Nachrichten richtig zu lesen: Sie erkannten, dass sich mehr dahinter verbarg als eine Meinungsverschiedenheit über die Rechtmäßigkeit einer Resolution zu Kernwaffen. Nun meldeten sich viele Freunde zu Wort, die teilweise schon versucht hatten, in das Spiel einzugreifen, und auch andere, die erst durch Dritte vom „Krach im Auschwitz Komitee", wie die österreichische Zeitung „Heute" formulierte, informiert worden waren. Allen voran H. G. Adler, der für seinen Freund Hermann bereits mehrfach Partei ergriffen hatte und nun Briefe an Waitz schrieb, in denen er scharf mit ihm ins Gericht ging: „Wie ich genau weiß, hat Langbein, der in Sie größte Hoffnungen bei Ihrer Wahl zum Präsidenten setzte, bei Ihnen nur eine lahme oder keine Hilfe gefunden. Sie haben ihn nicht nur nicht unterstützt, Sie haben ihn preisgegeben, was Sie durch den Widerruf Ihrer Demission als Präsident bewiesen haben, wobei Sie Langbein im Stich ließen. Bei der letzten Warschauer Leitungssitzung haben Sie sich herbeigelassen, Langbeins Absetzung zu dulden, eine einseitig gegen die Bundesrepublik gerichtete Resolution nicht zu verhindern, auf einen Protest gegen die Entführung des Auschwitzer Widerstandkämpfers Heinz Brandt[130] aus Westberlin nach dem Osten zu verzichten. Das sind Handlungen oder Unterlassungen, die parteiisch zu nennen ich wohl das Recht habe, Ihrem Gewissen zur Prüfung vorzulegen."

Zuvor schon hatte sich H. G. Adler als einer der wenigen um neue Verdienstmöglichkeiten für seinen Freund bemüht. So versuchte er, Langbein am Institut für Zeitgeschichte in München einen Forschungsauftrag für Studien über Auschwitz zu ermöglichen, bekam jedoch eine abschlägige Antwort, die ihn selbst enorm enttäuschte. Die beiden Freunde erwogen in ihrem regen Briefverkehr, ein neues Komitee zu gründen, eine Idee, die sie wegen fehlender finanzieller Mittel letztlich aufgeben mussten. Adler fürchtete gar um das Leben Langbeins: Im Frühjahr 1961, als der Konflikt zu eskalieren drohte, bat er ihn, „sorgfältig zu bedenken, ob Du noch ohne Gefahr für deine persönliche Sicherheit nach Warschau fahren kannst." Vermutlich fürchtete er für seinen Freund ein ähnliches Schicksal wie es Heinz Brandt widerfuhr.

Ein Hoffnungsschimmer verband sich für Langbein mit dem Namen Simon Wiesenthal. Die beiden lernten sich im Herbst 1959 kennen – zu einer Zeit also, als Langbein in seiner Funktion als Generalsekretär des IAK bereits heftig umstritten war. In den folgenden Jahren entwickelte sich ein reger Austausch zwischen Langbein und Wiesenthal. Sie unterstützten sich gegenseitig, indem sie sich umfangreiche Informationen zukommen ließen, unter anderem zu Aufenthaltsorten von NS-Tätern, zu Zeugenaussagen über deren Verbrechen und zu den Möglichkeiten, der Täter habhaft zu werden.

Wiesenthal nahm auch an den Vorgängen im IAK Anteil und entwarf im Herbst 1960, also nach der Entmachtung Langbeins als Generalsekretär, ein „Memorandum zur Frage der Notwendigkeit einer Schaffung eines freien Internationalen Auschwitz Komitees." Aus dem Brief an Langbein, dem das Memorandum beigefügt ist, geht Wiesenthals Absicht hervor, das Schreiben an mehrere Persönlichkeiten jüdischer Weltorganisationen zu schicken, um sie für die Idee zu gewinnen.

Wie Adler befürchtet hatte, blieb es aber bei den guten Absichten; die Bemühungen Langbeins und seiner Freunde, ein alternatives, nicht KP-dominiertes Auschwitz Komitee zu gründen, scheiterten. Langbein zeigte sich schwer enttäuscht darüber, dass er „bisher von keiner Stelle – auch nicht dort, wo man es annehmen sollte – Unterstützung in meinen Bestrebungen gefunden habe, ohne dass gleich parteipolitische Dinge sichtbar wurden", wie er H. J. Unger im Herbst 1962 berichtete.

Das IAK blieb weiterhin auf Verhinderungskurs. „Manchmal müsste man glauben, im Mittelpunkt seiner Tätigkeit steht, wie sie mir und meinen Bestrebungen schaden können", klagte Langbein in einem Brief an seinen polnischen Kameraden Jósef Seweryn im Dezember 1962. Besonders das bereits 1960 noch vom IAK in Angriff genommene Publikationsvorhaben „Auschwitz. Zeugnisse und Berichte" – im Vorfeld zu den Frankfurter Auschwitz-Prozessen v.a. für die deutsche Öffentlichkeit als solide Faktengrundlage gedacht –, drohte zu scheitern. H. G. Adler und Langbein als zwei der schlussendlich drei für die Herausgabe Verantwortlichen – die Dritte im Bunde war die österreichische Auschwitz-Überlebende und Obfrau der ÖLGA Ella Lingens – hatten sich zwar rechtzeitig mit dem Verlag abgesprochen, dass die Herausgabe ihnen und nicht dem IAK überantwortet werde, doch waren die Autorenvollmachten dem IAK, nicht den Redakteuren erteilt worden. Allerdings verweigerten weit weniger AutorInnen aus Osteuropa ihre Beiträge als die HerausgeberInnen befürchteten. Um das vom IAK lancierte Gerücht zu zerstreuen, die Verkaufserlöse würden „der ungerechtfertigten Bereicherung von irgendwelchen anderen Personen" dienen, verzichteten nicht nur die AutorInnen auf ihr Honorar – was sie ohnehin geplant hatten –, sondern auch die Herausgeber auf jegliche Entschädigung. Damit starb auch die Hoffnung darauf, mithilfe der Erlöse ein neues Komitee gründen zu können. Die Gewinne, die letztlich enttäuschend niedrig waren, kamen zur Gänze bedürftigen ehemaligen Auschwitz-Häftlingen zu.[131]

Die polnischen Behörden zierten sich, der ÖLGA dringend benötigte Unterlagen in der Anklage gegen den österreichischen Baumeister der Gaskammern in Auschwitz, Walter Dejaco, zur Verfügung zu stellen. Auch das Vorhaben eines ehemaligen Häftlings des Sonderkommandos in Auschwitz-Birkenau, dort nach verborgenen Beweismitteln zu graben, wurde erst nach langen Verzögerungen vom Museum in Auschwitz ermöglicht, drohte dann aber an der Visaverweigerung durch die polnischen Behörden zu scheitern. Langbein interpretierte dies als Brüskierung seiner Vorhaben und sah sich in seiner Einschätzung bestätigt, das IAK hege Vorbehalte gegen die westdeutschen Auschwitz-Prozesse.

Im Frühjahr 1962 schuldete das IAK Langbein einige Monatsgehälter aus 1961, insgesamt über 16.000 Schilling (knapp 1.200 Euro), damals und angesichts der ökonomischen Verhältnisse der Familie Langbein eine hohe Summe. Und das, obwohl die endlich durchgeführte Kassaprüfung durch das IAK in Wien keinerlei (zuvor vehement behauptete) Unregelmäßigkeit in der Kassaführung erkennen ließ. Und schließlich war das IAK nicht bereit, die über die Jahre gegen Langbein erhobenen Vorwürfe und Verleumdungen zurückzunehmen. Genau darin aber sah dieser eine Voraussetzung für jegliche weitere Zusammenarbeit.

In dieser Situation empfand Langbein Freundschaftsbekundungen ehemaliger polnischer Auschwitz-Kameraden als besonders wertvoll, wie sein Brief an Stanisław Kłodziński vom 15. Dezember 1961 zeigt: „Ich war gerührt, als ich Dein Paket bekommen hab und ich glaub, ich habe es verstanden, was Dich bewegt hat, es abzusenden. Du kannst Dir vorstellen, wie mich so eine Botschaft aus Polen berührt; denn Du weißt, wie ich für Euer Land und seine Leute empfinde und was ich von dort in der letzten Zeit miterleben musste. Danke!" Ähnlich schrieb Langbein ein Jahr später an Jósef Seweryn: „Es hat mich sehr gefreut, von Dir zu hören, dass ich viele Freunde in Polen habe. Oft bekomme ich auch recht erfreuliche und stärkende Briefe; die Du angekündigt hattest, sind nicht gekommen. Ich versteh das aber recht gut."

Ihrerseits waren auch die polnischen Freunde froh, dass Langbein zu differenzieren wusste und seine Bitterkeit sich nicht auf alle Kameraden erstreckte. Tadeusz Paczula schrieb ihm: „Dein Lebenszeichen, und zwar der Ton Deiner Nachricht, hat mir sehr viel Freude getan. Ich bin stark überzeugt, dass wir uns weiter gut, und zwar ununterbrochen gut, verstehen, wie wir uns bisher gut verstanden haben. Die treue Freundschaft geht über alles, und Du hast bestimmt bei uns mehr Freunde, als Du selbst denkst."[132]

Hermann Langbeins Verhältnis zur Österreichischen Lagergemeinschaft Auschwitz, deren Sekretär er seit 1961 war, litt ebenfalls unter den Konflikten mit dem IAK. Anfangs stand die Leitung der ÖLGA noch geschlossen hinter ihm und bevollmächtigte ihn, weiterhin SS-Verbrecher von Auschwitz ausfindig zu machen und zu überführen. Einzelne Leitungsmitglieder, wie etwa Ernst Toch, versuchten allerdings, die Rückendeckung durch die ÖLGA aufzubrechen. Schließlich wurde Langbein gedrängt, seine Leitungsfunktion niederzulegen – nahezu alle Leitungsmitglieder hätten diese Forderung unterschrieben, so Langbein zu Pelinka. Als der Konflikt sich im Herbst 1963 zuspitzte, erinnerte der Ablauf an das Ende seiner KPÖ-Zugehörigkeit: Langbein hatte es abgelehnt, aus politischer „Räson" seine Funktionen zurückzulegen, was man ihm nahegelegt hatte, um die vielfältigen Kontakte der ÖLGA nicht weiter zu belasten. Vielmehr wollte er schriftlich festgehalten sehen, dass die ÖLGA sich von ihm trennte. Ohne Angabe von Gründen wurde er daraufhin aus der Leitung der ÖLGA ausgeschlossen. Damit „entband" die ÖLGA Hermann Langbein auch von seinem Auftrag zur Verfolgung von NS-Kriegsverbrechern.

Weiterkämpfen und bescheiden werden

Schon seit seinem Ausschluss aus der KPÖ und der Kündigung seiner Stelle im KZ-Verband kam bei der Familie Langbein weniger Geld ins Haus – nun also keines mehr. Jahrelang blieb Langbein arbeitslos, „während ringsum das Wirtschaftswunder blühte", wie er rückwirkend resümierte. „Wir hatten zwei Kinder großzuziehen, die all diese Probleme miterlebten." Sohn Kurt, damals Volksschüler, erinnert sich an keine konkrete Episode aus dieser Zeit, aber an eine bedrückende Stimmung im Haus, „die wohl dann entsteht, wenn bei einem zentralen Familienmitglied ein großer Druck herrscht und das aber nicht thematisiert wird." Die Langbeins, die ohnehin einen bescheidenen Lebensstil pflegten, mussten nun noch leiser treten. Das sollte aber nicht auf Kosten der bisherigen Grundsätze gehen: Man wollte weiterhin ein offenes Haus führen, den Kindern Geborgenheit und Abwechslung bieten. Nicht selten war aber am Donnerstag das Wocheneinkaufsgeld verbraucht und die Hilfe von Freundinnen und Freunden höchst willkommen. Irgendwie kamen sie immer wieder über die Runden.

Physisch allerdings hielt Langbein diesen vielfachen Belastungen nicht stand – er reagierte mit einem Asthmaanfall. So erzählte er später Anton Pelinka: „Ich hab' bis dahin nie Asthma gehabt. Man stirbt von Asthma normalerweise nicht, aber das weiß man erst nach einiger Zeit. In Klagenfurt hab ich's bekommen, die arme Loisi hat gelitten darunter. Aber der Zusammenhang war ganz eindeutig."

Hilfe erfuhr Langbein in dieser Zeit von Christian Broda, damals bereits SPÖ-Justizminister und später für die De-facto-Einstellung der Verfolgung sämtlicher NS-Straftaten in Österreich verantwortlich[133]: Er verschaffte ihm einen Publikationsvertrag beim Europa-Verlag, damals im Eigentum des Österreichischen Gewerkschaftsbundes, um die Dokumentation zu den Frankfurter Prozessen herausbringen zu können. Bis es dazu kam, schrieb Langbein zwei weitere Werke, die er ebenfalls in diesem Verlag publizierte: „Im Namen des deutschen Volkes. Zwischenbilanz der Prozesse wegen nationalsozialistischer Verbrechen", Wien 1963, und „... wir haben es getan. Selbstporträts in Tagebüchern und Briefen 1939–1945", Wien 1964.

Neben der inhaltlichen Bedeutung dieser Publikationen für Langbein war das zugesagte Honorar wesentlich, das das Auskommen seiner Familie für einige Zeit sicherte. Hinzu kamen einzelne Beiträge in Funk und Fernsehen sowie Stipendien und Erlöse aus dem Verkauf seiner ersten Bücher. „Damit war zumindest eine gewisse finanzielle Basis gegeben. Es waren alles keine Bestseller, logischerweise, aber ein bisserl ein Geld war da", so Langbein über diese nicht nur wirtschaftlich schwierige Phase Anfang der 1960er Jahre, die das ganze Jahrzehnt anhalten sollte.

Ab 1963 konnte Langbein endlich wieder im Rahmen einer internationalen Vereinigung arbeiten: Am 20. Jänner 1963 wurde das Comité International des Camps (CIC) gegründet und Langbein zu dessen Sekretär ernannt. Abermals lautete die Büroadresse wie seine Wohnanschrift – Weigandhof 5. Das CIC war unter dem Dach der UIRD (Union Internationale de la Résistance et de la Déportation/Internationale Union demokratischer Widerstandskämpfer, demokratisch antikommunistisches Gegenstück zur FIR[134]), angesiedelt und hatte „sich in erster Linie zur Aufgabe gestellt, sich von jeder parteipolitischen, weltanschaulichen, religiösen oder nationalen Einseitigkeit fernzuhalten." Langbein übernahm die Stelle des Sekretärs erst, nachdem die aufgrund seiner Erfahrungen „unerlässliche Voraussetzung akzeptiert worden war, dass sich dieses Comité jeglicher parteipolitischer Schritte enthält. Denn dazu ist keine Organisation berufen, die beansprucht, im Namen der Überlebenden und der um so vieles größeren Zahl der Opfer des nationalsozialistischen Terrors zu sprechen. Sie hat zu respektieren, dass sich diese in ihrer Weltanschauung voneinander unterschieden hatten."

Eine Vereinigung wie das CIC war wichtig, weil es westdeutschen und österreichischen Gerichten seinerzeit an Erfahrung mangelte, wie Zeugen aus anderen Ländern erreicht werden konnten. Ersteren fehlte zudem noch die Möglichkeit, sich an Justizbehörden jener Länder zu wenden, mit denen die Bundesrepublik keine diplomatischen Beziehungen unterhielt – mit Strafanzeigen wurden die Justizstellen gezwungen, tätig zu werden. Durch intensive Information der Öffentlichkeit über Tätigkeiten und geplante Aktivitäten des CIC sollte weiterer Druck auf die Behörden ausgeübt werden.

Mit der Anzeige gegen den SS-Mann Wilhelm Boger im Jahr 1958 – noch im Namen des IAK – hatte Langbein einen der Grundsteine für die Frankfurter Auschwitz-Prozesse gelegt, die er in den folgenden Jahren mit großem persönlichen Einsatz mitvorbereitete. Nun konnte er als Vertreter des CIC, also mit „offiziellem Status" und einer „Organisation" hinter sich, die Vorbereitungen abschließen und als Beobachter am Prozess teilnehmen – dazu später mehr. Viel Zeit wandte Langbein auf, um die Wiedergutmachungsgesetze für die Anspruchsberechtigten auszulegen, die kompliziert und lückenhaft waren. Auch die Verhandlungen mit Firmen, die in der NS-Zeit Zwangsarbeiter beschäftigt hatten, waren sehr aufwendig und zeitraubend.

Zahlreiche Dokumente im Nachlass von Hermann Langbein bezeugen, dass auch die Gremienarbeit im CIC nicht problemlos verlief. Es mangelte an Geld, an effizienten Strukturen und auch an kollegialer Zusammenarbeit: Drei Sekretariate (jeweils eines in Brüssel, Paris und Wien), fünf Vizepräsidenten und einige Berater – das erschwerte die Kommunikation. Selbst noch im fünften Jahr des Bestehens des CIC musste Langbein beklagen, „dass es trotz Briefkopf mit

BULLETIN

des

COMITÉ INTERNATIONAL DES CAMPS

Präsident:	**SEKRETÄRE:**
Eugène Thomas, Minister a. D., Frankreich	Hermann Langbein – Wien 10, Weigandhof 5 (Jel. 64 49 585)
1. Vizepräsident:	Dirk de Loos – 35 avenue Orban, Bruxelles 15 (Tel. 71 40 14)
General Albert Guérisse, Belgien	Roland Teyssandier – 8 rue des Bouches, Paris 16e (Tel. Jas 5500)
Vizepräsidenten:	U. N. A. D. I. F.
Lise Borsum, Norwegen	
Pesach Burstein, Israel	
Prof. Dr. Eugen Kogon, Bundesrep. Deutschland	**Nr. 11 Wien, den 19. November 1965**
Prof. Paride Piasenti, Italien	
Berater:	
Henri Michel, Frankreich, Generalsekretär des „Comité d'Histoire de la 2ème guerre mondiale"	

Die Täter des Vernichtungslagers Belzec können in Deutschland spazieren gehen

Wie wir bereits in unserer letzten Nummer berichteten, hat das Oberlandesgericht
in München ein Verfahren gegen sieben Personen, die nachweislich im Vernichtungslager Belzec tätig waren, mit der Begründung eingestellt, sie hätten sich in
einem Befehlsnotstand befunden. Der Paragraph des deutschen Strafgesetzes, auf
den sich diese Entscheidung stützt, lautet:

> "Eine strafbare Handlung ist nicht vorhanden, wenn der Täter durch unwider-
> stehliche Gewalt oder durch eine Drohung, welche mit einer gegenwärtigen,
> auf andere Weise nicht abwendbaren Gefahr für Leib oder Leben seiner selbst
> oder eines Angehörigen verbunden war, zu der Handlung genötigt worden ist.

Die Beschuldigten haben in der Voruntersuchung behauptet, sie seien von SS-Sturmbannführer Christian W i r t h zu ihrem Dienst in Belzec unter Bedrohung des
Lebens gezwungen worden. Wirth aber kann darüber nicht mehr befragt werden; er
ist 1945 gefallen.

Dass so eine Schutzbehauptung nicht ohne weiteres geglaubt werden kann, sollte
sich von selbst verstehen. Gegen sie spricht vieles:

Bereits im Jänner 1965 fand in München ein Prozess wegen der in Belzec begangenen
Verbrechen statt. Der 49-jährige Kellner und ehemalige SS-Oberscharführer Josef
O b e r h a u s e r wurde angeklagt, in Belzec am Tod von mindestens 360.000
Juden mitschuldig geworden zu sein. Er wurde deswegen zu 4 1/2 Jahren Zuchthaus
verurteilt. Auch sein Verteidiger hat geltend gemacht, Oberhauser wäre von seinem
Vorgesetzten demselben SS-Sturmbannführer Wirth zu seinen Taten gezwungen worden.
Das Gericht liess aber dies nicht gelten.

> "Der blosse Hinweis auf eine Gefahrenlage - wenn Oberhauser die Durchführung
> des Mordbefehls verweigert hätte - ist noch keine ausreichende Entschuldi-
> gung. Es konnte verlangt werden, dass der Angeklagte eindeutig überprüfte,
> ob die Ausführung des Befehls die einzige Möglichkeit war, der Gefahr für
> die eigene Person zu entgehen. Dies hat er nicht getan."

Mit dieser Feststellung begründete der Vorsitzende des Münchner Schwurgerichts,
warum er die Ausrede Oberhausers, er wäre unter Bedrohung seines Lebens gezwungen

Titelblatt einer Bulletin-Ausgabe des CIC

vielen klangvollen Namen ein Ein-Mann-Betrieb ist, der über keine
Kasse und kein Budget verfügt".

Für die deutschsprachige Ausgabe der Zeitschrift des CIC mit über 1.100 Exemplaren zeichnete Langbein verantwortlich – zumindest dafür gab es ein eigenes Budget. Wie die französischsprachige Ausgabe (Auflage knapp unter tausend Stück) finanziert wurde, entzog sich seiner Kenntnis, was er mit „Eigenheiten im Arbeitsstil des Vertreters der UIRD, Hubert Halin" erklärte, der wiederholt ohne Rücksprache mit Wien Entscheidungen traf. Unter diesen Umständen, so Langbein, könne er nicht mehr tätig sein. Er regte eigenständige Budgets an, zudem zwei Leitungstreffen pro Jahr und mindestens alle zwei Jahre eine Generalversammlung.

Trotz dieser schwierigen Arbeitsbedingungen konnte Langbein für die Generalversammlung des CIC im Jahr 1967 eine beeindruckende Leistungsbilanz vorlegen:

- Ständiger Kontakt des CIC mit den Justizbehörden Westdeutschlands und Österreichs hinsichtlich der Bestrafung der NS-Verbrecher
- Prozessbeobachtung – das CIC strebe stets an, so Langbein, dass die Gerichte die Hauptverantwortlichen zur Rechenschaft zögen und sich nicht damit begnügten, kleine SS-Posten oder gar schuldig gewordene Häftlinge zur Verantwortung zu ziehen, während die „Distanztäter", wie er sie nannte, unbehelligt blieben.
- Proteste gegen die stillschweigenden Entlassungen prominenter SS-Führer wegen angeblicher Haftuntauglichkeit. Nachdem das CIC diese gesetzwidrige Amnestie aufgedeckt hatte, kam es zu zahlreichen Stellungnahmen in der internationalen Presse, auch von deutschen Politikern, und schließlich zur erneuten Inhaftierung einiger der zuvor freigelassenen Täter.
- Einsatz des CIC für die Auslieferung von NS-Verbrechern
- Entschädigung für Zwangsarbeit bei Privatfirmen: das CIC hat Ansprüche (mit eingeschränktem Erfolg) besonders bei den großen Firmen erhoben: Siemens und Krupp (die bislang nur jüdische Häftlinge entschädigt hatten), Messerschmitt, Heinkel und andere. „Vor allem aber muss das moralische Recht bestritten werden, Forderungen von Überlebenden der KZ auf unbestimmte Zeit weiter zu verschleppen."

- Besondere Bedeutung kam dem Bulletin des CIC zu, das über die laufenden Arbeiten, über Fortschritte in der Täterverfolgung und in den Entschädigungsverhandlungen berichtete.

Im Nachlass finden sich zahlreiche Dankesschreiben an Langbein für die wertvollen Informationen. Gerade den ehemaligen Kameraden jenseits des „Eisernen Vorhangs" lag ungemein viel an diesem alle zwei Monate erscheinenden Informationsheft – sie sahen sich allerdings außerstande, eine Gebühr zu überweisen, da sie nicht über Devisen verfügten. Das Budget aus den Einnahmen der Abonnements – die Gebühr wurde 1967 von einem auf zwei Dollar erhöht – war daher äußerst knapp. Im April 1971 erschien das letzte Bulletin der französischen Ausgabe, und auch die deutsche sollte 1972 eingestellt werden. Daraufhin gingen jedoch beträchtliche Spenden ein, was vor allem einem Aufruf des Auschwitz-Überlebenden Rudolf Vrba in Kanada zu verdanken war und den Fortbestand für vier Ausgaben pro Jahr sicherte. 1975 endete schließlich auch die Herausgabe des deutschsprachigen Bulletins.

All diese Tätigkeiten verrichtete Langbein ohne Bezahlung – bei gleichzeitig wachsender Arbeitsbelastung. „Wegen der ständigen Zunahme der Arbeit (vor allem im Zusammenhang mit den Bemühungen um eine Entschädigung) scheint die Weiterführung der Tätigkeit des CIC allein gestützt auf das Sekretariat in Wien nicht mehr möglich." In einem Brief an Gottfried Vallant, ehemaliger Spanienkämpfer und Auschwitz-Kamerad, beklagte er: „Ich bin ehrenamtlich in dem Komitee tätig, dessen Zusammensetzung Du diesem Briefkopf entnehmen kannst. Dort bemühe ich mich, die NS-Prozesse in Deutschland und Österreich voranzutreiben (und habe auch da lernen müssen, Enttäuschungen zu verdauen und bescheiden zu werden)."

Versöhnungsversuche

Langbeins Zerwürfnis mit der KPÖ und dem IAK warf lange Schatten. Die internationalen politischen Entwicklungen, besonders jene in den osteuropäischen Volksdemokratien, veranlassten zudem die

ÖLGA gegen Ende der 1960er Jahre, ihre Mitgliedschaft im Internationalen Auschwitz Komitee ruhen zu lassen. Vor allem kritisierte die ÖLGA das laute Schweigen des Generalsekretariats des IAK: „Das Generalsekretariat hat geschwiegen zu den politischen Ereignissen und Entwicklungen nach dem Nahostkonflikt, es hat geschwiegen zu den verleumderischen Angriffen gegen ehemalige Auschwitz-Häftlinge, Antifaschisten und Widerstandskämpfer, es hat geschwiegen, als die Studenten in der ganzen Welt aus den Universitäten geprügelt wurden, obwohl es allen Grund gehabt hätte, diesen Kampf der jungen Intellektuellen zu begrüßen, soweit er sich gegen Unfreiheit und faschistoides Establishment richtete. Und es hat letzten Endes geschwiegen zur Besetzung der ČSSR durch die Truppen der Warschauer Paktmächte." Schwere Vorwürfe richtete Simon Wiesenthal an Präsident Waitz – er habe seine Stimme nicht gegen die antisemitischen Ausschreitungen in Polen erhoben, obschon viele ehemalige jüdische KZ-Häftlinge wegen der zunehmend judenfeindlichen Stimmung das Land hätten verlassen müssen. „Ihr Schweigen schreit. Ihr Schweigen schreit zum Himmel", so Wiesenthal.

Mitte der 1970er Jahre konnte Hermann Langbein wieder im Umfeld seiner österreichischen Auschwitz-KameradInnen aktiv werden: Nach der Niederschlagung des Prager Frühlings in der Tschechoslowakei, der den Austritt tausender KP-Mitglieder in Österreich nach sich zog, wurden in der ÖLGA die prokommunistischen Stimmen leiser, und auch ihr parteipolitischer Einfluss verringerte sich. So entschloss sich die Leitung des Vereins, Hermann Langbein wieder zur Mitarbeit einzuladen. Wiederum genügte ihm jedoch keine mündliche Absichtserklärung – zum Ärger von Ernst Toch bestand er auf einer schriftlichen Einladung, die dieser tatsächlich verfasste, nicht ohne darauf hinzuweisen, dass ihn diese Situation an jene von vor dreizehn Jahren erinnere.

Die Aussöhnung kam rechtzeitig vor dem großen Vorhaben, im Museum Auschwitz endlich das Projekt einer Länderausstellung für Österreich anzugehen. Zu diesem Zweck gründete die ÖLGA einen eigenen Verein, dessen Mitglieder sich zügig an die Arbeit machten, nachdem die Zusage von Bundeskanzler Bruno Kreisky zur Kostenübernahme vorlag. Als Eröffnungstermin war der 12. März 1978 vorgesehen, der 40. Jahrestag der Machtübernahme der Nationalsozialisten in Österreich. Langbein spielte eine wichtige Rolle bei der Konzeption und Erarbeitung, erinnert sich Wolfgang Neugebauer, wissenschaftlicher Koordinator der Ausstellung. Dank seiner Kompetenz und seinem umfangreichen Wissen war Langbein maßgeblich am Narrativ und an der Detailarbeit beteiligt. Er bewirkte auch, dass Ernst Fischer als Repräsentant der KPÖ hervorgehoben wurde und nicht Koplenig, den die „KPÖ-treue Fraktion" unter den mitwirkenden Vereinsmitgliedern bevorzugt hätte. Im Jänner 1978 wurden Entwürfe, Pläne und Modelle des Raums der Länderausstellung von Architekt Robert Kanfer im Wiener MAK gezeigt, wobei die von Heinrich Sussmann gestalteten Glasfenster im Mittelpunkt standen. Die massive Kritik an der Ausstellung, sie vermittle das Geschichtsbild von Österreich als erstem Opfer Hitlerdeutschlands, betone zu sehr den Widerstand, aber thematisiere zu wenig die österreichischen NS-Täter, erwuchs erst viele Jahre später.[135]

Wie schwierig es für Hermann Langbein auf internationaler Ebene blieb, zeigt gerade auch die Eröffnung der Österreich-Ausstellung in Auschwitz. Da er in Polen noch immer als „Persona non grata" galt, wollten ihn die polnischen Behörden im März 1978 nicht einreisen lassen. Mit mehreren Autobussen war man von Wien nach Auschwitz unterwegs. An der tschechoslowakisch-polnischen Grenze wurden alle Pässe überprüft, Langbein aus dem Bus geholt und ihm mitgeteilt, seine Anwesenheit sei in Polen nicht erwünscht. Es folgten hitzige Diskussionen. Franz Danimann, so erinnerte sich Langbein, wurde wütend und schimpfte mit ein paar Brocken Polnisch. Die einen waren für die Weiterreise ohne Langbein, die anderen dagegen. Schließlich einigte man sich auf ein kollektives Vorgehen: wenn nicht mit Langbein, dann gar nicht. Davon wurde auch Justizminister Broda verständigt, der am folgenden Tag eine Rede halten sollte: Er könne daheimbleiben, die Delegation kehre um, weil Langbein die Einreise verweigert werde. Nach Telefonaten mit Warschau und längerer Wartezeit kam der Grenzbeamte zurück, es handle sich um einen Irrtum, Langbein dürfe einreisen. Der freute sich über die Solidarität seiner Delegation, während den polnischen Kameraden, als sie von der Aktion erfuhren, die unwürdige Behandlung Langbeins unangenehm war.

Zwischenmenschlich indes taute manches Eis über die Jahre auf. Einige Zeit vor der Eröffnung der Länderausstellung hatte Langbein an seinen Freund Jósef Kret geschrieben: „Ein recht eigenartiges Gefühl bereitet mir der Gedanke, voraussichtlich Cyrankiewicz und Hołuj wiederzusehen. Wie sehr nahe waren wir uns in Auschwitz und wie schmerzlich weit haben wir uns voneinander entfernt." In einem weiteren Brief an Kret ging er 1982 auf Hołuj ein, dessen Beeinflussung durch die Kommunistische Partei er mit Sorge verfolgte: „Von Tadek Hołuj wurde mir geschrieben, dass er wieder einmal umgeschwenkt sei. Nun schreibt er Antisemitisches. Wie oft der wohl noch schwenkt? Und ob ihm das nützen kann? Wie verdirbt doch diese Atmosphäre Menschen!"

Dennoch nahm Langbein Mitte der 1980er Jahre Kontakt zu Hołuj auf, nachdem er erfahren hatte, dass sein einstiger Freund und Kamerad schwer erkrankt war. Er wollte sich mit ihm versöhnen. In seinem Brief ging er kurz auf die Ereignisse ein, die ihrer Freundschaft, an der ihm so viel lag, im Wege gestanden waren; jetzt aber, im Alter, zähle Anderes: „Die Jahre, die wir gemeinsam in Auschwitz verbracht haben, und die Taten, die wir dort zusammen vollbrachten, überdecken nun alles Missliche der nachfolgenden Jahre. Und so will ich Dir in alter Freundschaft, die damals ein so starkes Band gebildet hat, Grüße und die besten Wünsche schicken." Hołujs Reaktion ist nicht bekannt, wenige Monate später war in Briefen Langbeins aber vom Tod Hołujs zu lesen. Auch sein Freund Staszek war gestorben, wie Langbein betrübt an Tadeusz Paczula schrieb: „Gerade die Nachrichten von dem Tod von Tadek Hołuj (dem ich noch ins Spital geschrieben habe und damit zu verstehen geben wollte, dass ich sein Verhalten mir gegenüber in den fünfziger und sechziger Jahre vergessen will) und Staszek Kłodiński (ich hoffe noch immer, dass sich diese Nachricht als Irrtum erweist) mahnen daran, dass man Grüße senden soll, solange es noch geht."

Die Aussöhnung zwischen den Institutionen gestaltete sich schwieriger und wollte selbst über Vermittlung ehemaliger KameradInnen einfach nicht zustande kommen. Lotte Brainin nahm im Juni 1989 einen Anlauf, Hermann Langbein in allen Gremien zu rehabilitieren.

Sowohl die ÖLGA wie auch der KZ-Verband sollten eine Ehrenerklärung für Langbein abgeben und damit auch seine Rehabilitierung
im IAK ermöglichen. Das IAK scheint sich mit Langbein bis zu dessen Tod nicht versöhnt zu haben, obwohl sich nach der Wende 1989
und dem Zusammenbruch der kommunistischen Regime die Leitung des IAK – André Montagne und Maurice Goldstein – bemühte,
das Verhältnis des Komitees zu Langbein auf eine neue Basis zu stellen. Langbein aber forderte ein Schuldbekenntnis des IAK, nach dem
Motto: ohne Aufarbeitung keine Versöhnung. „Schwamm drüber",
ohne dass sich die aus seiner Sicht Verantwortlichen zu ihren Taten
bekannt hätten, kam für ihn nicht in Frage. Auch in dieser Hinsicht
war er konsequent – und blieb es. In einem Antwortschreiben vom
14. September 1992 rollte er die Vergehen des IAK in den späten
1950er und in den 1960er Jahren auf, etwa „das unentschuldbare
Versagen des IAK, als im Gefolge der antisemitischen Aktionen
1967/68 die Juden in Polen – unter diesen viele unserer Kameraden
– verfolgt und schließlich vertrieben wurden." Er verwies darauf, dass
zum 25. Jahrestag der Befreiung von Auschwitz keine Leitungssitzung des IAK einberufen werden konnte, weil sich viele Organisationen weigerten, ihre Vertreter nach Polen zu entsenden. „Ich kenne
Euren Einwand: Diese Ereignisse liegen lange zurück, nun besteht
eine neue Leitung des IAK. Nun gibt es diese Regime nicht mehr. Ich
habe an diese Fakten aber trotzdem erinnert, weil ich der Ansicht
bin, es geht jetzt nicht darum, mir persönlich Genugtuung dafür zu
geben, dass ich von Kameraden aus der Lagerzeit so übel verleumdet
wurde. Will man das revidieren, so wäre es doch erforderlich, die
Ursachen zu nennen und darzulegen, dass diese Ursachen erkannt
und beseitigt worden sind."

Die Konsequenz, mit der er stets an einmal gefundenen Überzeugungen festhielt, machte Hermann Langbein einsam – und verschaffte
ihm gleichzeitig einen unschätzbaren Vorteil, wie Pelinka erkannte:
„Aus seiner ursprünglichen politischen Heimat – der KPÖ – entfernt,
blieb Langbein nun politisch heimatlos: Das behinderte ihn, weil er
nicht auf ein Netzwerk organisierter Genossen zurückgreifen konnte;
das verschaffte ihm aber auch die Freiheit, ohne Tabus und ohne Rücksicht auf irgendwelche Parteiinteressen agieren zu können."[136]

Erstaunlich mutet an, dass Langbein nach seiner Trennung vom IAK und den vielfältigen menschlichen Enttäuschungen noch die Kraft zu derart großer Aktivität auf internationaler Ebene fand, wobei er jedoch, so Pelinka, „immer wieder auf die Folgen des Kalten Krieges stieß und mit Bitterkeit zur Kenntnis nehmen musste, dass die Kameradschaft der Opfer ihre Grenzen hatte." Umso größere Genugtuung muss Langbein empfunden haben, als er in den 1990 gegründeten Internationalen Rat der Gedenkstätte Auschwitz berufen wurde – neben weiteren Persönlichkeiten wie Władisław Bartoszewski (Ratsvorsitzender), Israel Gutman, Kazimierz Smoleń, Marian Turski, Maurice Goldstein und Kalman Sultanik, um nur die Auschwitz-Überlebenden zu nennen, die sich ebenfalls jahrzehntelang um die Aufklärung über das Vernichtungslager und den Holocaust verdient gemacht hatten. Das Gedenken an die Juden als größte und an die „Zigeuner" als weitere von den Nationalsozialisten zur Vernichtung freigegebene Opfergruppe bestimmten auch hier das Engagement Langbeins.

Die Wohnung der Langbeins im Weigandhof war und blieb das Zentrum der Prozessvorbereitungen. Dort verbrachte er Stunde um Stunde am Schreibtisch. Später widmete sich Hermann Langbein intensiv der politischen Bildung sowie der Auseinandersetzung mit dem Neonazismus. Langbein war ein ungemein fleißiger Mensch: Man halte sich die Vereinsarbeit vor Augen, die sich in den „Informationen" des IAK und später in den Bulletins des CIC widerspiegelt, außerdem seine Aktivitäten zur Entschädigung der Opfer, seine Suche nach den Tätern, die aufwendige Vorbereitung der Prozesse, seine Korrespondenz mit Hunderten von Häftlingen.

Was Langbein durch diese schwere Zeit trug, war die Gewissheit, seine Bestimmung gefunden zu haben, abgesehen von der persönlichen Bescheidenheit, mit der er an alles heranging, was er unternahm.

Die Auschwitz-Prozesse

Den Tätern auf der Spur:
Erste Strafanzeigen des IAK

Die Streitigkeiten innerhalb des IAK und ihre Eskalation – die unvermeidliche Trennung Hermann Langbeins von dieser Organisation – spielten sich ausgerechnet in jenen Jahren ab, in denen er vollends in der Verfolgung der Massenmörder von Auschwitz und anderer NS-Täter aufging. In seiner Funktion als Generalsekretär des IAK und später als Bevollmächtigter des IAK für die SS-Prozesse wurde Langbein in der Täterverfolgung unverzichtbare Stütze der deutschen und österreichischen Justizbehörden.[137]

Die Initiative ging jedoch von ehemaligen Häftlingen und deren Organisationen aus. Ob Clauberg, Mengele, Kremer und wie sie auch immer hießen – es waren die Überlebenden, die alles daransetzten, diese Täter vor Gericht zu bringen. Mit der Strafanzeige gegen den SS-Arzt Carl Clauberg geriet das IAK erstmals in das Blickfeld einer internationalen Öffentlichkeit. Der Weg dorthin mutet grotesk an: Clauberg, der Sterilisierung vieler Hundert jüdischer Frauen beschuldigt, war 1948 von einem sowjetischen Gericht in einem Schnellverfahren zu 25 Jahren Haft verurteilt worden. Nicht einmal die staatliche Gedenkstätte Auschwitz wusste von diesem Prozess. Der damalige deutsche Bundeskanzler Adenauer ersuchte in Moskau um Begnadigung Claubergs und brachte ihn tatsächlich 1955 nach Deutschland zurück. Dort ließ sich Clauberg als Märtyrer feiern und brachte sich damit selbst ins Bewusstsein der interessierten Öffentlichkeit. Eine Zeit lang praktizierte er unter seinem echten Namen und rühmte sich seiner „wissenschaftlichen Leistungen". Das IAK erweiterte die vom Zentralrat der Juden in Deutschland eingebrachte Klage wegen Körperverletzung gegen Clauberg auf Strafanzeige wegen Mordes – infolge seiner grausamen Versuche hatten etliche Häftlinge den Tod gefunden. Im November 1955 wurde Clauberg erneut verhaftet und in Kiel in Untersuchungshaft genommen. Er leugnete seine Menschenversuche auch gar nicht, sondern verteidigte sich vielmehr damit, dass es den Frauen bei ihm ja besser ergangen sei; andernfalls hätten sie schwere körperliche Arbeit leisten müssen. Clauberg starb in Haft kurz vor dem angesetzten Prozesstermin.[138]

Bereits 1956 erstattete Hermann Langbein für das IAK Strafanzeige gegen den später berühmt-berüchtigten SS-Arzt Josef Mengele. „Damals hatte Mengele noch nicht den Begriff, den er später bekommen hat. Also Mengele war ein Geheimtipp für Auschwitzer; die wussten, wer Mengele ist, aber in der Welt war Mengele eine Maschinenfabrik in Günzburg", so Langbein fast vierzig Jahre später im Interview, als Mengele längst als Symbol für die Verbrechen der Medizin in Auschwitz galt. Mit nur wenigen, allerdings schriftlich festgehaltenen Zeugenaussagen von Opfern Mengeles im Gepäck fuhr Langbein nach Bonn zum Bundesjustizminister, nicht wissend, dass für die Strafverfolgung die deutschen Landgerichte in den einzelnen Bundesländern zuständig waren. Zudem kannte bislang offiziell niemand den genauen Herkunftsort Mengeles. Der Justizminister wollte die Strafanzeige nicht entgegennehmen, Langbein jedoch nicht unverrichteter Dinge zurückfahren – eine peinliche Situation für den Minister, wie Langbein meinte. Sie einigten sich, die Anzeige dem Landgericht Kiel zu übermitteln, wo bereits ein Auschwitz-Akt, jener von Clauberg, vorlag.

Bei der Suche nach weiteren Zeugen und Zeuginnen landete Langbein einen Coup: Mit einem Mediziner-Ehepaar aus der Nähe von Frankfurt räsonierte er über den süddeutschen Akzent Mengeles, der Auschwitz-Überlebenden in Erinnerung war. Da kam der Frau die Idee, die Doktoratsliste der Universität Frankfurt einzusehen – „und tatsächlich hat er [Mengele] in Frankfurt sein zweites Doktorat gemacht, und da stand seine Adresse, das war Freiburg im Breisgau". Aufgrund dieser Entdeckung wechselte die behördliche Zuständigkeit nach Freiburg zu einem am Fall interessierten Untersuchungsrichter. Unbeantwortet blieb die große Frage: Wo ist Mengele? Hier wiederum kam den Suchenden der Umstand zu Hilfe, dass sich Mengeles Ehefrau in Düsseldorf hatte scheiden lassen; zum Scheidungsprozess hatte Mengele einen Anwalt geschickt und ihm zu diesem Zweck eine unterschriebene Vollmacht ausgestellt – und zwar in Argentinien. Mit dieser Erkenntnis begann eine gewaltige Mühsal: die nicht enden wollende Suche nach dem Aufenthaltsort Mengeles. Auch die Einschaltung jüdischer Stellen brachte keinen Erfolg. Als endlich eine Adresse Mengeles in Argentinien ausgeforscht war, verlangten die dortigen Behörden eine spanische Übersetzung aller Zeugenaussagen, was die Suche erheblich verzögerte.[139] Langbeins späterer Kommentar: „Das hat natürlich eine Ewigkeit gedauert und inzwischen ist die Eichmann-Geschichte gekommen und der Mengele ist abgefahren nach Paraguay." Das konnte er zu jener Zeit allerdings noch nicht wissen.

Die Entführung Adolf Eichmanns – einstiger Leiter des „Judenreferats" des Reichssicherheitshauptamtes und verantwortlich für den Tod von Millionen Juden und Jüdinnen – durch den israelischen Geheimdienst im Mai 1960 von Argentinien nach Jerusalem und dessen dortige Verhaftung sorgte gleichzeitig für Genugtuung und Ansporn auch im Fall Mengele, und so beschloss die ÖLGA noch im Juni 1960, mit einer Delegation bei der argentinischen Gesandtschaft vorzusprechen, um die Behörden zur Auslieferung Mengeles zu mahnen. Ein Jahr später berichtete Langbein im Zusammenhang mit dem Eichmann-Prozess in Israel, den er vor Ort verfolgt hatte, noch „über die Möglichkeit eines gemeinsamen Schrittes der österreichischen, deutschen und israelischen Regierung bei der Interpol, damit Mengele und ähnliche Verbrecher als rein kriminelle auch von der Interpol ausgeforscht werden." Später scheinen die Aktivitäten zur konkreten Vorbereitung der Prozesse gegen NS-Täter in Österreich und Deutschland dringender gewesen zu sein.[140] Weitere Stationen von Mengeles Flucht klärten sich erst viele Jahre nach dessen Tod 1979.[141]

Auch an der Suche nach Adolf Eichmann war Hermann Langbein intensiv beteiligt, jedenfalls mehr als bislang bekannt beziehungsweise von der Öffentlichkeit wahrgenommen worden ist. Wiesenthal, so vermittelten spätestens die 2006 an die Öffentlichkeit gelangten CIA-Akten in den National Archives der USA, äußerte bereits 1954 die Vermutung, Eichmann lebe in der Nähe von Buenos Aires.[142] Am 15. Jänner 1960 konnte Langbein seinem „lieben Freund" mitteilen, er habe die Adresse der Schwester Eichmanns eruiert – wohl in der Hoffnung, über sie an Adolf Eichmann heranzukommen. Kurz darauf übermittelte er Wiesenthal auch „einige Dokumente über Eichmann und Konsorten".

Langbein war allerdings noch an ganz anderem Material interessiert, und zwar an den Tonbändern, die Eichmann in der zweiten Hälfte der 1950er Jahre einem niederländischen Journalisten mit seinen Erinnerungen besprochen hatte; sie wurden bereits als „heiße Ware" gehandelt. Recherchen der Autorin Liane Dirks zufolge, die die Lebensgeschichte der Birkenau-Überlebenden Krystyna Zywulska (und deren Liebesgeschichte mit Thomas Harlan) in einem Roman verarbeitet hat[143], brachte Hermann Langbein das gesamte Konvolut in seinen Besitz und übergab es dem „Aufdecker" Thomas Harlan für weitere Recherchen sowie dem Generalstaatsanwalt in Frankfurt, Fritz Bauer, der als Jude selbst von den Nationalsozialisten verfolgt worden war. Es war auch Fritz Bauer, der den entscheidenden Hinweis auf den Aufenthaltsort Eichmanns direkt an Israel übermittelte, da er befürchtete, die deutschen Behörden könnten Eichmann warnen.

Eichmann hatte sich nicht gescheut, über Namen und Verbleib früherer Gefährten Auskunft zu geben. Harlan recherchierte anhand des Materials nach noch lebenden NS-Tätern in Polen und konnte deren aktuelle Adressen und Positionen ausfindig machen. Die Ergebnisse waren bereits zur Veröffentlichung aufbereitet, sie sollten im polnischen Verlag KIW (Ksiazka i Wiedza) sowie über den italienischen Verleger Giangiacomo Feltrinelli auch im westlichen Ausland erscheinen. Dann, folgt man den Recherchen von Liane Dirks, geschah das Unglaubliche: „Eingriffe auf höchster Ebene", wie sich Generalstaatsanwalt Fritz Bauer in einem Brief ausdrückte, verhinderten die Veröffentlichung des brisanten Materials. Zywulska und Harlan wurden zur Einstellung ihrer Aktivitäten gezwungen, beide mussten Polen verlassen.[144]

Bald darauf ging die Verhaftung Eichmanns durch die Medien: Am 11. Mai 1961 brachte ihn der israelische Geheimdienst nach monatelanger Beobachtung in seine Gewalt und entführte ihn einige Tage später nach Israel.[145] Damit war zumindest die Suche nach einem der Hauptverantwortlichen der SS-Tötungsmaschinerie definitiv beendet.

Die Prozessvorbereitung – eine Sisyphusarbeit

Am 1. März 1958 schrieb Adolf Rögner, ein im Gefängnis Bruchsal einsitzender Mann, an die Staatsanwaltschaft Stuttgart, er habe herausgefunden, dass seit etwa 1956 bei der Firma Heinkel in Zuffenhausen jemand arbeite, den er für den ehemaligen SS-Oberscharführer Boger halte. Sollte sich diese Vermutung als richtig erweisen, stelle er hiermit Strafantrag gegen Boger wegen Massenmordes. Über dieses Schreiben informierte Rögner auch das IAK in Wien. Hermann Langbein wollte unbedingt vermeiden, dass diese Anzeige in der (oftmals auf Unwilligkeit beruhenden) Trägheit der Justizbehörden versandete. Vielmehr eröffnete er eine Dynamik, die schließlich – fünf Jahre später – den ersten großen Frankfurter Auschwitz-Prozess ermöglichte.[146] Vorbereitung, Beobachtung und Dokumentation dieses Prozesses gehören zweifellos zu den herausragenden Leistungen Hermann Langbeins. Was im Frühjahr 1958 mit einer kaum beachteten Strafanzeige begann, ging – nicht zuletzt dank dem Engagement Langbeins – in die deutsche (und in abgeschwächter Form auch in die österreichische) Nachkriegsgeschichte ein.

Bis dahin musste Hermann Langbein jedoch hart arbeiten, einen langen Atem aufbringen und viele Frustrationen wegstecken. Die Vorgeschichte des ersten Frankfurter Auschwitz-Prozesses steht exemplarisch für die defizitäre justizielle Aufarbeitung der NS-Vergangenheit in der Bundesrepublik Deutschland der Adenauer-Ära.[147] Das zeigte sich bereits in den ersten Wochen nach Übermittlung der Anzeige: Langbein fragte bei der Staatsanwaltschaft Stuttgart nach, ob denn die Information stimme, dass bei ihr ein Verfahren gegen Wilhelm Boger laufe. Gleichzeitig teilte er mit, dass das IAK in der Lage sei, Zeugen für die Verbrechen Bogers in Auschwitz und Beweismaterial für deren Umfang zur Verfügung zu stellen.

Wilhelm Boger, von Dezember 1942 bis zur Auflösung des Lagers in der politischen Abteilung (Abteilung II, Lager-Gestapo) im Referat Flucht, Diebstahl und Fahndung tätig, wurde bei den Selektionen und Verhören im Bunker von den Häftlingen gefürchtet und erwarb sich den Ruf eines brutalen Folterers („Boger-Schaukel"). Das IAK beschuldigte ihn, viele Hundert Häftlinge persönlich ermordet zu haben. Bis zum Kriegsende in weiteren KZs und auf Todesmärschen aktiv, war er einer ersten Verurteilung wegen seiner Verbrechen entkommen: Er floh aus dem Transport der amerikanischen Militärbehörden, mit dem er an Polen ausgeliefert werden sollte. Ab 1950 lebte er unbehelligt in seinem Geburtsort Zuffenhausen.

Obwohl Langbein mehrfach auf die besondere Dringlichkeit hinwies, ermittelte die Staatsanwaltschaft Stuttgart nur schleppend, weshalb er schließlich einen Beschwerdebrief an die Oberstaatsanwaltschaft richtete. Darin rollte er die bisherigen Unterlassungen in der Ermittlung auf und verwies auf die Fluchtgefahr Bogers. Das Schreiben zeigte Wirkung: Am 2. Oktober 1958 verhängte das Amtsgericht in Stuttgart einen Haftbefehl gegen Boger, sechs Tage später kam er in Untersuchungshaft. Er sei, so gab Boger unumwunden zu, gewarnt worden: Die Kriminalpolizei habe zuvor telefonisch nachgefragt, ob er jener Boger von der politischen Abteilung in Auschwitz sei. „Ich hätte leicht fliehen können, wenn ich mich schuldig gefühlt hätte", stellte Boger am ersten Verhandlungstag des Auschwitz-Prozesses fest.

Noch im November übermittelte Langbein der Oberstaatsanwaltschaft in Stuttgart eine Liste von weiteren 18 Angehörigen der politischen Abteilung von Auschwitz, die sich bisher noch vor keinem Gericht verantwortet hatten, darunter Hans Stark, Klaus Dylewski und Pery Broad, spätere Mitangeklagte im Frankfurter Prozess. Entscheidend für die in Gang gekommenen Ermittlungen war die Einrichtung einer „Zentralen Stelle der Landesjustizverwaltungen zur Aufklärung nationalsozialistischer Verbrechen", so der offizielle Name der ab Dezember 1958 in Ludwigsburg, im Bundesland Baden-Württemberg ansässigen Behörde. Damit begann ein neues Kapitel in der deutschen Justiz, die nun auch von sich aus Initiative zeigte. Noch im selben Monat richtete Langbein ein Schreiben an die neu geschaffene Stelle, in dem er die aktuell vorliegenden Anzeigen und die laufenden, über Deutschland verstreuten Verfahren gegen ehemalige NS-Verbrecher auflistete und bereits die Annahme äußerte, „dass es zweckmäßig wäre, wenn diese Verfahren gegen ehemalige Lagerärzte des KZ Auschwitz und deren Gehilfen von einer Stelle gemeinsam geführt werden könnten". Im Februar des darauffolgenden Jahres bestätigte die Zentralstelle die Absicht, „den Fall Boger nicht für sich allein zur Verhandlung zu bringen".

Fortan entwickelte sich ein reger Austausch zwischen den ermittelnden Justizbehörden und dem IAK, ein Hin und Her an Namen, Dokumenten, Hinweisen und Unterstützungsgesuchen. Im zitierten Schreiben von Oberstaatsanwalt Schüle, dem Leiter der Zentralstelle, heißt es weiter: „Ich lege Ihnen eine Liste bei, die diejenigen SS-Angehörigen bezeichnet, die bis jetzt im Fall Boger und anderen Fällen bekannt geworden sind. Ich darf Sie bitten, die Liste durchzusehen, sie eventuell zu ergänzen und außerdem für die in der Liste genannten Personen, soweit sie noch am Leben sind, Belastungs- und Beweismaterial mitzuteilen."

Die Übergabe brisanter Dokumente aus dem Besitz von Emil Wulkan, wohnhaft in Frankfurt am Main, an Generalstaatsanwalt Fritz Bauer durch den Journalisten Thomas Gnielka führte schließlich dazu, dass die Frankfurter Justizstellen mit der komplexen Materie beauftragt wurden. Es handelte sich um eine Liste mit den Namen von Auschwitz-Häftlingen, die „auf der Flucht erschossen" worden waren, und von SS-Angehörigen, die diese Gefangenen erschossen hatten. Hermann Langbein war auch hier den Behörden behilflich, die Täter ausfindig zu machen, weitere Verbrechen der Beschuldigten zu dokumentieren, vor allem aber nach Belastungszeugen zu suchen. Das IAK erwies sich als verlässlicher und unverzichtbarer Partner. Oberstaatsanwalt Wolf bestätigte dies am 12. Dezember 1959, nach einjähriger Zusammenarbeit, in einem an Hermann Langbein gerichteten Brief: „Ich möchte Ihre Anwesenheit zur Zeugenvernehmung in Frankfurt zum Anlass nehmen, Ihnen und dem von Ihnen vertretenen Internationalen Auschwitz Komitee Dank und Anerkennung auszusprechen für die tatkräftige und wertvolle Unterstützung, die Sie der Staatsanwaltschaft Frankfurt im Auschwitz-Verfahren zuteil werden lassen. Bei der Vorbereitung des umfangreichen Verfahrens, das die noch ungeklärten Verbrechen von Auschwitz zum Gegenstand hat, haben Sie uns durch die verdienstvolle Sammlung und Bereitstellung wichtigen Urkundenmaterials und durch die Ermittlung zahlreicher Tatzeugen aus dem In- und Ausland unsere schwierige und verantwortungsvolle Aufgabe wesentlich erleichtert."

In den Informationsbulletins des IAK berichtete Langbein immer wieder über den Fortschritt der Ermittlungen, erläuterte die Notwendigkeit verlässlicher Zeugenaussagen und rief wiederholt zur Mitarbeit auf. Viele persönliche Schreiben richtete er nicht nur an befreundete Auschwitz-Kameraden, sondern auch an zahlreiche weitere einstige Häftlinge, die ihm von dritter Seite genannt wurden. Er bat sie, eine schriftliche Aussage an das IAK zu senden, Vorfälle anzuführen, weitere Zeugen zu benennen, deren Anschriften ausfindig zu machen – und vieles mehr.

Nicht erst in der Beweisführung würden diese Zeugenaussagen von unschätzbarem Wert sein – gerade Ende der fünfziger Jahre bedurfte es noch des massiven Drucks ehemaliger Auschwitz-Häftlinge, damit Schwerverbrecher überhaupt verhaftet wurden. So führte etwa Franz Danimann in einem Schreiben im Juni 1959 an das IAK aus: „Mit Entrüstung habe ich dieser Tage erfahren, dass einer der schlimmsten Schläger und Mörder des KZ Auschwitz, der ehemalige Unterscharführer und Rapportführer Kaduk, sich in Freiheit befindet. Kaduk gehörte zu den gefürchtetsten Gestalten dieses Todeslagers. Noch im Jahre 1944 (Dezember) hat er einen Häftling (Rudolf Friemel) unmittelbar vor der Hinrichtung schwer misshandelt. Wenn Kaduk durch das Lager ging, wichen ihm die Häftlinge in weitem Bogen (sofern sie das noch rechtzeitig vermochten) aus. Ich kenne auch einen konkreten Fall, in dem Kaduk einen polnischen Häftling zu Tode getreten hatte. Sein Komplize bei dieser Heldentat war der Lagerführer Hößler. In einem anderen Falle hat Kaduk sich die Nummer eines Häftlings, der ihm wegen eines kleinen Vergehens aufgefallen war, notiert. Dieser Häftling, es handelte sich um einen Juden aus der Slowakei, wurde später auf Block 11 liquidiert. Andere Heldentaten werden die ehemaligen Auschwitz-Häftlinge bekanntgeben können, soweit sie nicht in diesem Teufelslager liquidiert wurden. Ich bin auch bereit, meine Aussagen vor Gericht zu wiederholen."[148]

Diese und ähnliche Zeugenaussagen motivierten Langbein. Bereits Anfang des Jahres 1959 war er nach Polen gereist, um Zeugen über die Lager-SS zu befragen; er arrangierte Zusammenkünfte von Überlebenden, um im gemeinsamen Gespräch Erinnerungen aufzufrischen und aufeinander abzustimmen; er kontaktierte Militärgerichte der alliierten Mächte, die eine Reihe von Auschwitz-Tätern bereits für ihre Taten in anderen KZ verurteilt hatten; er erstellte Listen von SS-Angehörigen und sandte sie an seine ehemaligen Kameraden und Kameradinnen mit der Bitte um Ergänzung und Korrektur; er bemühte sich um weitere Zeugen und immer neues Belastungsmaterial; er versorgte interessierte Journalisten mit Informationen für ihre Berichterstattung, um auch mithilfe der Medien Druck zu machen.

Mit dem hessischen Generalstaatsanwalt Fritz Bauer besprach Langbein schon früh die Dimensionen des bevorstehenden Prozesses. So konnte er Kurt May von der United Restitution Organization am 18. Jänner 1960 mitteilen: „Mit Herrn Generalstaatsanwalt Dr. Bauer wurde vereinbart, dass dieser Prozess so geführt wird, dass es sich nicht nur um einen Prozess gegen einzelne SS-Verbrecher, sondern um ein Verfahren handelt, in dem der ganze Komplex der in Auschwitz begangenen Verbrechen aufgerollt wird." Es stand bereits fest, dass Sachverständige Gutachten zum Auschwitz-Komplex erstellen sollten und dass Nebenklagen möglich sein würden. Erfreut konnte Langbein per Rundschreiben den im IAK organisierten Ländergruppen und Lagergemeinschaften berichten: „Rechtsanwalt Henry Ormond aus Frankfurt am Main hat sich bereit erklärt, die Vertretung solcher Nebenkläger kostenlos zu übernehmen. Das Büro hat sein Angebot mit herzlichem Dank angenommen. Wir schlagen Euch nun vor, aus dem Kreis der Auschwitz-Häftlinge bzw. der Hinterbliebenen von Auschwitz-Häftlingen Eures Landes solche Nebenkläger namhaft zu machen."

Generalstaatsanwalt Fritz Bauer und Hermann Langbein trafen sich hier im gemeinsamen Bestreben, nationalsozialistische Kapitalverbrechen juristisch zu ahnden – ein Vorhaben, das vielerorts auf große Ablehnung stieß. Den Verfechtern des Kalten Krieges war ein derartiger Prozess, der unvermeidlich deutsche Schuld enthüllen musste, ein Dorn im Auge. Sie hofften, die Geschehnisse des Kalten Krieges ausnutzen zu können, um endgültig den Mantel des Vergessens über die deutschen Verbrechen zu breiten. Ein beliebtes Mittel der Verhinderungskampagne bestand darin, alle Erkenntnisquellen aus dem Ostblock als lügnerische bolschewistische Propaganda zu diskriminieren. Langbein selbst war zu dieser Zeit bereits aus der Kommunistischen Partei ausgeschlossen und ging betont auf Distanz zum Realsozialismus, ja führte gerade mit dessen Vertretern vehemente Auseinandersetzungen – und blieb dennoch nicht verschont von antikommunistischen Angriffen einer noch immer mehrheitlich NS-sympathisierenden Juristenschaft sowie der maßgeblichen politischen Öffentlichkeit, die aus ihrer Abneigung gegen das Verfahren keinen Hehl machten.[149]

Für das große Vorhaben wurden zwei Staatsanwälte abgestellt: Georg Friedrich Vogel und Joachim Kügler, als Untersuchungsrichter kam Heinz Düx zum Einsatz. Langbein stellte als Generalsekretär des IAK den Kontakt zwischen den deutschen Behörden, dem Direktor des Staatlichen Museums Auschwitz-Birkenau, Kazimierz Smoleń, selbst Auschwitz-Überlebender, und dem Bevollmächtigten des polnischen Justizministers, Jan Sehn[150], her. Er vermittelte den Staatsanwälten eine Einladung nach Auschwitz, damit sie einen Lokalaugenschein vornehmen konnten; von deutscher Seite allerdings als private Reise deklariert. Die deutschen Justizbehörden hatten Bedenken, Staatsanwälten eine Dienstreise nach Polen zu gestatten – man befand sich schließlich mitten im Kalten Krieg. Eine ähnliche und genauso bemäntelte Reise unternahm auch der spätere Untersuchungsrichter Heinz Düx. Langbein und das IAK fungierten als Drehscheibe zwischen Ost und West. So kam Düx 1962 nach Wien, um am hiesigen Landesgericht für Strafsachen eine Reihe rumänischer Zeugen zu vernehmen, die im Rahmen der gerichtlichen Voruntersuchung nicht nach Frankfurt kommen durften (während sie an der Hauptverhandlung dann teilnahmen).

Die gerichtliche Voruntersuchung gegen 24 Beschuldigte wurde im Juli 1961 beantragt und im Oktober 1962 abgeschlossen. Im Laufe der Jahre waren Ermittlungen gegen 1.200 Beschuldigte durchgeführt worden; im gesamten Vorverfahren (Ermittlungssache und gerichtliche Voruntersuchung) wurden nahezu 1.500 Überlebende von Auschwitz gehört bzw. deren schriftliche Aussage zu den Akten gegeben.

Noch in die Zeit des Vorverfahrens fiel das endgültige Zerwürfnis zwischen Hermann Langbein und dem IAK im Sommer 1961. Es wirke sich – angesichts der schon seit drei Jahren andauernden Streitphase – äußerst nachteilig auf die Unterstützungsarbeiten Langbeins aus, die den Prozess bislang deutlich vorangetrieben hatten. Das IAK beschnitt sein Arbeitsbudget erheblich, sodass er Auslandsreisen nur unter besonders schwierigen Bedingungen unternehmen konnte. Nachdem Langbein sich schließlich vom IAK getrennt hatte, war es die Österreichische Lagergemeinschaft Auschwitz, die ihm ein Mandat für die Fortsetzung seiner Arbeiten in der Täterverfolgung übertrug. Ab Jänner 1963 konnte er seine Tätigkeit als Sekretär des Comité International des Camps (CIC) fortführen.

183 Verhandlungstage

Am 16. April 1963 war es so weit: Gegen 24 Personen wurde beim Landgericht Frankfurt am Main die Anklageschrift eingereicht. Nach der Eröffnung des Hauptverfahrens im Oktober fand am 20. Dezember 1963 der erste Prozesstag der Hauptverhandlung in der „Strafsache gegen Mulka u.a.", so die offizielle Bezeichnung des Verfahrens, gegen nunmehr 22 Angeklagte[151] unter dem Vorsitz von Landgerichtsdirektor Hans Hofmeyer statt. Der Prozess sollte ganze zwanzig Monate lang, bis zum 20. August 1965, die Öffentlichkeit in Atem halten.

Mit den umfangreichen Vorarbeiten war Langbeins Mission indes nicht erfüllt – ganz im Gegenteil. Früh schon hegte er die Absicht, den Prozess zu begleiten und ihn später zu dokumentieren. Man ermöglichte ihm, als einer der ersten Zeugen auszusagen, damit er anschließend während des Prozesses als Beobachter anwesend sein konnte. Am 24. Verhandlungstag wurde Hermann Langbein vernommen. Von den noch folgenden versäumte er vier, also insgesamt lediglich 27 von 183 Verhandlungstagen, die dieses große Verfahren beanspruchte. Während der ersten fünfzehn Verhandlungstage wurden die Angeklagten vernommen, nach ihrer Funktion in Auschwitz: zwei Adjutanten, ein Schutzhaftlagerführer, drei SS-Ärzte, ein SS-Apotheker, ein Rapportführer, einige Angehörige der Lager-Ge-

Die Anzeige gegen Wilhelm Boger (vorne links) brachte den ersten Frankfurter Auschwitz-Prozess ins Rollen; Aufnahme vom Tag des Verhandlungsbeginns am 20.12.1963

stapo (politische Abteilung), ein Funktionshäftling und mehrere Sanitätsdienstgrade. Dem folgten drei Tage, an denen die von der Anklagebehörde beauftragten Gutachter zu Wort kamen.[152] Am 19. Verhandlungstag wurde der erste Zeuge gehört, Otto Wolken aus Österreich. Die Vernehmung der weiteren nach Frankfurt angereisten Zeugen sowie die Verlesung von Vernehmungsprotokollen derjenigen Zeugen, die in Polen vernommen worden waren, erstreckten sich bis zum 154. Verhandlungstag, dem Abschluss der Beweisaufnahme. Insgesamt hörte das Gericht in den zwanzig Monaten die Aussagen von 409 Zeugen – Männern und Frauen –, darunter 248 Auschwitz-Überlebende und 91 ehemalige Angehörige der Lager-SS.[153]

Von da an hatten die Staatsanwälte, Vertreter der Nebenklage und Verteidiger das Wort. Schlussworte der Angeklagten, Urteilsverkündung und Urteilsbegründung prägten die letzten drei Verhandlungstage. Man schrieb den 20. August 1965, als das Gericht die Urteile verkündete: sechsmal lebenslänglich, zweimal über zehn Jahre Zuchthaus; die anderen Strafmaße beliefen sich auf neun Jahre und weniger, bis zu drei Jahren. Drei Angeklagte wurden mangels ausreichender Beweise frei gesprochen.[154]

Als Beobachter und Chronist im Gerichtssaal

Schon nach kurzer Verhandlungsdauer zeigte sich, so Langbein nachträglich, dass die Bedeutung des Auschwitz-Prozesses in der Feststellung des Geschehenen liegen würde und nicht im zu erwartenden Urteil. Die Beweisführung nach individueller Schuld, wie es das deutsche Strafrecht verlangte, war nur in wenigen der den Angeklagten zur Last gelegten Taten möglich. Vor allem reichte die Gesetzeslage nicht aus, der Gesamtheit des nationalsozialistischen Terrorsystems, das im Vernichtungsalltag von Auschwitz kulminierte, gerecht zu werden. So konnten sich die Angeklagten vielfach auf Befehlsnotstand und Zwang zurückziehen und somit jegliche Mitverantwortung an den Verbrechen weit von sich weisen. Die Massenmorde und die Massenvernichtung selbst blieben unbestritten – die Täter waren nur immer andere.

Stellvertretend für viele kritische Resümees steht die Feststellung des Fritz-Bauer-Instituts: „Zieht man Bilanz, so müssen die Anstrengungen der deutschen Justiz, den Holocaust, das deutsche Verbrechen an der Menschheit (Karl Jaspers) auf der Grundlage des zur Tatzeit geltenden Strafrechts (Strafgesetzbuch von 1871) zu ahnden, als gescheitert gelten. Der Bonner Gesetzgeber vermied alle rechtspolitischen Schritte, eine den Verbrechen angemessene Verfolgung der Täter zu ermöglichen. Die höchstrichterliche Judikatur in Karlsruhe erschwerte jegliche Rechtsschöpfung. So konnten auch die Richter im Auschwitz-Prozess Gerechtigkeit nicht walten lassen. Das deutsche Strafrecht und die herrschende Rechtsprechung standen dagegen.“[155]

Hermann Langbein, der nahezu eineinhalb Jahre durchgängig in Frankfurt und Umgebung fernab seiner Familie verbrachte, agierte in dieser Zeit in mehreren Rollen. Ulla Wirth erinnerte sich an ihn als einen, „der anscheinend unbeirrt von der gespannten Atmosphäre im Gerichtssaal die Aussagen der Zeugen und der Angeklagten wörtlich mitzuschreiben versuchte".[156] Damals wusste sie noch nicht, „welche Bedeutung dieser sympathische, reservierte Österreicher für das Zustandekommen des Auschwitz-Prozesses hatte", ebenso wenig, dass er einer der „ihren", nämlich der Überlebenden von Auschwitz und der sogenannten „Opfer-Zeugen" war.

Nicht nur Langbein war früh bewusst geworden, dass ein derartig großes Prozessunterfangen nicht ohne genaue Protokollierung auskommen konnte. Die Strafprozessordnung sah eine solche jedoch[|] nicht vor. Das Gericht entschloss sich, die Aussagen auf Tonband aufnehmen zu lassen, wofür es von jedem Zeugen und jeder Zeugin das Einverständnis einholen musste. Die Tonbänder selbst waren lediglich „zur Stützung des Gedächtnisses des Gerichts" gedacht; nicht einmal Verteidigern und Nebenklägern wurde deren Nutzung gewährt – was zu erheblichen Protesten und Verzögerungsmaßnahmen insbesondere der Verteidiger führte.[157] Da Langbein von Beginn an die Dokumentation des Prozesses anstrebte, blieb ihm nichts anderes übrig, als selbst mitzuschreiben und die Stenogramme anschließend auf Tonbänder zu sprechen. Diese schickte er dann an seine Frau nach Wien, die die vielen Tausend Seiten transkribierte, alles in allem ein gewaltiges Unterfangen.[158] Aber so konnte die Dokumentation noch im Jahr des Prozessendes, 1965, im Europa-Verlag Wien erscheinen: „Der Auschwitz-Prozeß. Eine Dokumentation". Sie umfasst 1027 Seiten in zwei Bänden und beinhaltet 825 Aussagen von 273 Zeugen, die zu verschiedenen Angeklagten befragt wurden. Die Gliederung des Buches folgt in erster Linie den Abteilungen der Lager-SS und der ihnen zugehörigen Beschuldigten. Erläuterungen zur Vorgeschichte des Prozesses und zu dessen Ablauf sowie ein umfangreicher Anhang ergänzen das Gesamtwerk, in dessen Zentrum die Aussagen der Überlebenden stehen. Diese Aussagen sollen, so Langbein im Vorwort der Dokumentation, einen Eindruck vom Schreckensort Auschwitz geben, aber auch die Persönlichkeiten der Zeugen selbst vermitteln, „wenn auch die Stimme, die Sprechweise, das Aussehen schriftlich nicht wiedergegeben werden können; wenn auch die vielen beredten Pausen wegfallen müssen – jene Minuten des Schweigens, in welchen in dem nüchternen Gerichtssaal Auschwitz am deutlichsten spürbar wurde".[159]

Engagiert auch außerhalb des Gerichtssaals

Langbein fühlte sich in Frankfurt überdies für die Betreuung der insgesamt 211 Opfer-Zeugen, darunter 28 Frauen, zuständig. Aus vielen Ländern waren sie angereist, insbesondere aus Polen, aber auch aus der Tschechoslowakei, aus Israel, Österreich, Frankreich, Rumänien, aus der Sowjetunion, der DDR, den USA und natürlich aus der Bundesrepublik Deutschland selbst. Mehrheitlich kamen die Zeugen und Zeuginnen aus nicht deutschsprachigen Ländern, und so war allein der Umstand, die Sprache der Täter zu hören, für sie eine Belastung – ganz zu schweigen davon, ihren einstigen Peinigern gegenüberstehen zu müssen und in deren Anwesenheit auszusagen. Von einigen Verteidigern, so erinnerte sich Heinz Düx, wurden sie gar behandelt, als seien sie die Angeklagten.[160]

Bald stellte sich heraus, dass die Zeugen vollkommen auf sich gestellt waren; manche hatten weder deutsches Geld in der Tasche noch ein Hotelzimmer gebucht. Die Zeugen mussten zudem damit rechnen, außerhalb des Gerichtssaals zufällig mit ehemaligen SS-Schergen zusammenzutreffen, waren doch ursprünglich 13 der 22 Angeklagten auf freiem Fuß. „Es war ein höchst eigenartiges Gefühl, wenn man, von einer Sitzung des Auschwitz-Prozesses in sein Hotel zurückkehrend, die furchtbaren Anklagen noch im Ohr, in der Halle den Adjutanten des Kommandanten dieses Vernichtungslagers in angeregtem Gespräch bei einer Schale Kaffee wiedersah; oder in der Garderobe des Gerichtsgebäudes versehentlich mit dem Arzt zusammenstieß, über den man vor wenigen Minuten gehört hat, dass er bei einer Selektion Tausende für den Tod in den Gaskammern bestimmt hatte."[161] Erst nach und nach wurden weitere Angeklagte in Untersuchungshaft genommen, längst jedoch nicht alle.

Langbein beteiligte sich an der Organisation eines Betreuungsdienstes für die Zeugen. Über das Deutsche Rote Kreuz in Frankfurt fanden sich fünf Frauen zusammen, die sich der Gäste aus dem In- und Ausland über ein Jahr lang annahmen. Auch die evangelische Kirche engagierte sich in der Betreuung. Über sie lernte Langbein Hedwig Urbann kennen, die ihm für die Dauer des langen Prozesses ein Zimmer zur Verfügung stellte.[162] Einer der wichtigsten Ansprechpartner für die Zeugen und Zeuginnen aus aller Welt war Hermann Langbein selbst. Nach der Konfrontation mit den ehemaligen Tätern und den raffiniert argumentierenden Verteidigern waren viele von ihnen emotional überfordert. Sie benötigten einen mitfühlenden Gesprächspartner, dem sie ihr Herz ausschütten konnten. „Bei wem sollten sie es machen? Das musste doch ein Auschwitzer sein, logischerweise", so Langbein rückblickend im Interview mit Anton Pelinka.

Eine willkommene Person war Langbein indes nicht bei allen Prozessbeteiligten – auch über die Angeklagten hinaus. Bereits in der Phase der Vorerhebungen wurde er justizintern als „Berufsauschwitzer" abgetan, der mit seinem unnachgiebigen Interesse an einem Fortgang der Ermittlungen die Bequemlichkeit einiger Staatsanwälte und ihre Bereitschaft, die Sache zu vernachlässigen, empfindlich störte.[163] Während des Prozesses versuchten die Verteidiger der Angeklagten, Langbein zu diskriminieren und aus dem Gerichtssaal zu drängen. Man unterstellte ihm verbotene Kontakte mit den ZeugInnen und deren Beeinflussung.[164]

Langbein versorgte während des Prozesses auch die Presse mit Informationen, gab Interviews und verfolgte genauestens die Berichterstattung – die „Frankfurter Allgemeine Zeitung" und die „Frankfurter Neue Presse" berichteten ausführlich über jeden Verhandlungstag. Die internationale Presse war insbesondere an den ersten und letzten Prozesstagen mit großem Aufgebot in Frankfurt zugegen.

Damit nicht genug, suchte Hermann Langbein immer wieder den Kontakt zu Lehrpersonal sowie zu Schülerinnen und Schülern, von deren Seite ein großer Andrang im Gerichtssaal herrschte; teilweise war eine mehrwöchige Voranmeldung für den Zuschauerraum erforderlich. Während des Frankfurter Auschwitz-Prozesses nahmen die Besuche Langbeins in deutschen und später auch österreichischen Schulen ihren Anfang.

Führt man sich all das vor Augen, was Hermann Langbein in Frankfurt leistete, nimmt es nicht wunder, dass ihn die Last dieser Monate nahezu erdrückte. Am Ende des Prozesses bekam er abermals Asthma, untrügliches Zeichen einer psychischen wie physischen

Überbeanspruchung. Als die Familie ihn aus Frankfurt abholte, war er nicht imstande, sein Gepäck zu tragen; er brauchte sogar Hilfe, um überhaupt in den Wagen steigen zu können. Dennoch setzte er daheim die Arbeit unverzüglich fort, um die Dokumentation so früh wie möglich erscheinen zu lassen. Stellte Hermann Langbein schon immer an sich höchste Ansprüche, ging er in der Zeit der Frankfurter Prozesse und der Erarbeitung der Dokumentation an die Grenzen selbst seiner Belastbarkeit.

Langbeins Bedeutung für den ersten Frankfurter Auschwitz-Prozess ist von WissenschafterInnen und JuristInnen vielfach gewürdigt worden. Betont wurde seine Rolle als Zeuge, Chronist und Beobachter, sein jahrelanges Engagement mit dem Ziel, die Täter in ihren Verstecken aufzuspüren und Männer und Frauen, die in Auschwitz Ähnliches erlitten hatten wie er, von der Notwendigkeit des qualvollen Erinnerns zu überzeugen. Damit gelang es, die in Auschwitz begangenen Verbrechen vor einer großen Öffentlichkeit zur Sprache zu bringen. Dem Frankfurter Ausschwitz-Prozess wird eine vor allem gesellschaftspolitische Wirkung bescheinigt. So formulierte Dagi Knellessen: „Der Auschwitz-Prozess gilt als Wendepunkt, denn er bewirkte langfristig eine gesellschaftliche und politische Zäsur im Umgang mit der nationalsozialistischen Vergangenheit und in der Wahrnehmung des Holocaust. Seine umfangreiche Rezeption in Literatur, Publizistik, Philosophie und am Theater war der Beginn einer Auseinandersetzung, die zuvor in der bundesdeutschen Gesellschaft mehrheitlich verweigert worden war."[165]

Dass der Prozess wie schon erwähnt juristisch – trotz seines enormen Umfangs und der erheblichen Anstrengungen seiner vehementen Befürworter – unter den Möglichkeiten blieb, ist eine traurige Erkenntnis, die Heinz Düx wie folgt kommentiert: „Der von Fritz Bauer eingeleitete Auschwitzprozess ist von Hermann Langbein entscheidend mitgeprägt worden. Ohne den Frankfurter Auschwitzprozess wäre das Kapitel der Bewältigung der NS-Vergangenheit auf dem juristischen Sektor noch unrühmlicher als es ohnehin schon ist."[166]

Die Auschwitz-Prozesse in Österreich

Wie stand es unterdessen in Österreich um die Bewältigung der nationalsozialistischen Vergangenheit? Auch in seiner Heimat bemühte sich Hermann Langbein, NS-Täter vor Gericht zu bringen.[167] Am 31. März 1960 erstattete er als Generalsekretär des Internationalen Auschwitz Komitees Strafanzeige gegen den Arzt Georg Meyer wegen des Verdachts der Beihilfe zum Massenmord im KZ Auschwitz. Die Staatsanwaltschaft Wien unternahm zwar Vorerhebungen, wollte sie aber bereits im Jänner 1961 einstellen, nachdem Meyer angegeben hatte, lediglich für die SS-Angehörigen in Auschwitz als Arzt zuständig gewesen zu sein. Die Oberstaatsanwaltschaft erhob jedoch Einspruch und veranlasste die Fortsetzung der Ermittlungen. Zudem lieferte Hermann Langbein dem Gericht immer mehr Beweismaterialien und benannte Zeugen, was Erhebungen gegen weitere mutmaßliche Auschwitz-Täter nach sich zog. Insgesamt waren es in den folgenden Jahren rund sechzig Personen, gegen die Ermittlungen aufgenommen wurden; gegen vierzig wurde schließlich ein gerichtliches Verfahren, das sogenannte Auschwitz-Stammverfahren, geführt. Es lag im Interesse der Beschuldiger, ähnlich wie in Frankfurt einen Prozess zu initiieren, der der österreichischen Öffentlichkeit die Komplexität und Monstrosität von Auschwitz vor Augen führen sollte. Doch erhoben sich bald aus dem Inneren der Justizbehörden Widerstände: Die Ratskammer des Landesgerichts für Strafsachen Wien vertrat den Standpunkt, dass zwischen den Verbrechen der einzelnen Verdächtigen weder ein subjektiver noch objektiver Zusammenhang bestünde. Dagegen meldete allerdings die Staatsanwaltschaft auf Weisung des Justizministeriums Beschwerde an und verwies auf die von den Nationalsozialisten angestrebte „Endlösung der Judenfrage", die die Verbrechen in Auschwitz sehr wohl unter einer gemeinsamen Absicht zu sehen nötige. Das Oberlandesgericht lenkte ein.

Auch in Österreich erwies sich Langbein als treibende Kraft der Ermittlungen. Im Zuge der Unterstützung der Frankfurter Behörden sammelte er jeden Hinweis auf österreichische Täter und übermittelte diese an die Staatsanwaltschaft. Er suchte und benannte Zeugen und brachte weitere Strafanzeigen ein, etwa im Februar 1962 gegen

Johann Schindler, als Adjutant von November 1943 bis November 1944 in Auschwitz-Birkenau tätig; es war bekannt geworden, dass er im niederösterreichischen Amstetten ein Modehaus führte. Erst auf Anregung Langbeins entsandte das Justizministerium einen Staatsanwalt zum Frankfurter Auschwitz-Prozess, und auch das Innenministerium schickte Beamte zur eventuellen Befragung ausländischer ZeugInnen für den bevorstehenden österreichischen Auschwitz-Prozess. „Im Zusammenhang mit einem Personalwechsel in der Staatsanwaltschaft Wien im Mai 1964", so führt Loitfellner aus, „entschied diese, den Komplex Auschwitz fortan in Einzelverfahren zu führen bzw. gegen eine Reihe von Personen die Ermittlungen einzustellen. Damit wurde das Vorhaben eines großen Wiener Auschwitz-Prozesses aufgegeben."[168]

In den folgenden Jahren gerieten die Ermittlungen spürbar ins Stocken; allen Aufforderungen von Hermann Langbein und auch Simon Wiesenthals, die immer wieder die Verschleppungen der Justiz anprangerten, zum Trotz. Dies dürfte auch an der Überlastung der zuständigen Staatsanwälte gelegen haben, die mit einer Vielzahl von Verfahren betraut waren; das Justizministerium jedoch zeigte sich nicht bereit, für Änderungen zu sorgen.

Die Situation änderte sich erst spürbar, als im Jänner 1971 endlich auch in Wien eigens ein Staatsanwalt für die Bearbeitung des Auschwitz-Komplexes abgestellt wurde. Dr. Hugo Kresnik erhob noch im selben Jahr zwei Anklagen wegen Auschwitz-Verbrechen, die Prozesse erfolgten im Jahr darauf. Im ersten Verfahren, dessen Hauptverhandlung vom 19. Jänner bis 10. März 1972 stattfand, standen die „Architekten des Todes" vor Gericht: Walter Dejaco und Fritz Karl Ertl. Beide waren im Planungsbüro in Auschwitz tätig, Dejaco sogar als dessen Leiter. In die Zuständigkeit dieser beiden Männer fielen – neben dem Bau der Baracken für die vielen Tausend Menschen in Auschwitz – auch die Planung und Errichtung der Gaskammern und Krematorien, der Sicherungsanlagen, der Stehbunker in Block 11 und sonstiger todbringender Einrichtungen. Dejaco wurde zudem die Tötung von zwölf jüdischen Häftlingen angelastet.

Im zweiten Verfahren, das vom 25. April bis 27. Juni 1972 verhandelt wurde, standen die ehemaligen Angehörigen der Lager-SS Otto

Graf und Franz Wunsch vor Gericht. Die Anschuldigungen gegen sie hingen auf das Engste mit dem Vernichtungsalltag von Auschwitz-Birkenau zusammen. Beide taten sie bis zur Auflösung des Lagers Dienst, beide waren sie in der Effektenkammer „Kanada" eingesetzt. Beide sollen bei der Vollziehung der Massenmorde mitgewirkt haben und an der Ermordung des Sonderkommandos beteiligt gewesen sein. Wunsch, ab September 1942 in Auschwitz, wurde zudem beschuldigt, im Herbst 1944 einen griechischen Juden erschossen zu haben. Seine Beteiligung am Massenmord geschah durch den regelmäßigen Dienst an der Rampe, von wo er Menschen zu den Gaskammern eskortiert und sie mit Gewalt gezwungen haben soll, diese zu betreten. Graf war zusätzlich in der Lederfabrik von Auschwitz und im Sonderkommando als Aufseher und Kommandoführer eingesetzt; er wurde beschuldigt, im Frühjahr 1943 eine Polin durch Schläge mit einer Eisenstange getötet und einen Häftling des Effektenlagers erschossen zu haben, der erschöpft eingeschlafen war. Die Beteiligung am Massenmord sah die Anklage dadurch gegeben, dass er wiederholt Zyklon B in einen Sanitätswagen verladen ließ, der zu den Gaskammern nach Birkenau fuhr; auch soll er selbst das Gift in die Gaskammern eingeleitet haben.

Seit der Strafanzeige gegen Meyer im Jahr 1960 war mehr als ein Jahrzehnt bis zu den Prozessen gegen die genannten Beschuldigten vergangen. Dieser Umstand machte sich in vielerlei Hinsicht nachteilig bemerkbar. Ein Problem stellte die Verlässlichkeit der ZeugInnen dar: Von den achtzig zum ersten Prozess Geladenen erschienen nur 47 zur Hauptverhandlung. Nicht wenige von ihnen verwickelten sich in Widersprüche, sagten anders aus als in den Vorerhebungen, formulierten im Verhör der Verteidigung ihre Aussagen nur noch vage. Allerdings wurden ihnen Fragen gestellt, die 1972, nahezu dreißig Jahre nach den zu bezeugenden Vorfällen, schlichtweg nicht mehr beantwortet werden konnten. Dies fiel insbesondere im zweiten Verfahren auf: Eine Zeugin wurde nach der Höhe des Raumes gefragt, in der Graf die Jüdin angeblich erschlagen hatte, und sie sollte die Beschaffenheit der Fenster des Raumes beschreiben – das Gericht ließ das „Kreuzverhör", in das Graf und sein Verteidiger die Zeugin verwickelten, unwidersprochen zu. Eine andere Zeugin konnte nicht mehr mit Sicherheit sagen, ob das Schlaggerät aus Eisen oder aus Gummi bestand. Bei jenem Häftling, der schlafend von Graf erschossen worden sein sollte, sagten die einen, er habe auf Bettdecken gelegen, die anderen meinten, sich an Lumpen zu erinnern. Das Gericht nahm in keiner Weise Rücksicht auf den langen Zeitraum, der seither vergangen war, auch nicht auf die traumatisierende Situation, in der sich die Häftlinge zum Tatzeitpunkt befunden hatten.

Erschwerend kam hinzu, dass die österreichische Gesellschaft mehrheitlich von den Verbrechen der Vergangenheit nichts mehr wissen wollte, sich vielmehr in der Opferthese bequem einrichtete. Jede Schuldentlastung war willkommen, jede Beschuldigung erweckte Argwohn. Diese Haltung spiegelte sich auch in den vier Urteilen wider: Bei den beiden „Architekten des Todes", Dejaco und Ertl, beurteilte die Jury die Planung und Errichtung der Vernichtungsanlagen allein nicht als unmittelbare Mitwirkung beim Mord; es fehlte die zusätzliche laufende Instandhaltung der Anlagen. Ertl, der sich von Auschwitz in eine andere Dienststelle versetzen ließ, da ihm die überdimensionierten Krematorien verdächtig erschienen, wurde dennoch schlechter beurteilt als Dejaco, der bis Herbst 1944 in Auschwitz Dienst tat. Bei beiden reichten der Jury die vorhandenen Beweise und Aussagen jedoch nicht für eine Verurteilung. Die Geschworenen wollten den Freigesprochenen gar Haftentschädigung zuerkennen, was das Oberlandesgericht Wien aber nach Beschwerde der Staatsanwaltschaft verhinderte. Bei den Verbrechen von Wunsch und Graf führten die Feststellung von Handlungen in „unwiderstehlichem Zwang" und Verjährungen zum Freispruch.

Die Medien reagierten auf die Freisprüche durchwegs empört, im Inland und erst recht im Ausland. Die „Volksstimme" meinte nach dem ersten Prozess, mit diesem Urteil bestätige sich das Bild von Österreich, ein „Naturschutzpark für nazistische Massenmörder" zu sein. Die Justiz aber reagierte mit sukzessiver Einstellung der noch laufenden Verfahren. Justizminister Christian Broda wurde dafür massiv kritisiert, auch von Langbein. Doch Broda waren – nicht zuletzt aufgrund des Medienechos im Ausland – keine Prozesse lieber als derartige Freisprüche, wie er Langbein gegenüber einmal in einem informellen Gespräch gestand.

Und die Reaktion der „Nazijäger"? Hermann Langbein hatte die Freisprüche als eklatante Fehlurteile scharf kritisiert. Dennoch erhob er nicht die Forderung nach Abschaffung der Laiengerichtsbarkeit. Er war sich darüber im Klaren, dass die Haltung der Geschworenen lediglich das gesellschaftliche Bewusstsein widerspiegelte[169] – im Grunde genommen eine weitaus beschämendere Tatsache. Seine Anspannung während des Prozesses und wohl auch die Frustration über dessen Ausgang gipfelten abermals in einem Asthmaanfall.

Auch während dieser Prozesse hatte sich Langbein um das Wohlbefinden der aus mehreren Ländern angereisten Zeugen bemüht, berührend bis ins Detail: Sowohl an die Stadt Wien als auch an den für die Bundestheater und die Staatsoper zuständigen Bundesminister Fred Sinowatz richtete er Subventionsansuchen, um den ausländischen Gästen ein kulturelles Erlebnis zu ermöglichen. Mit Erfolg: Zwei Monate später bedankte er sich mit einer detaillierten Abrechnung über 35 Eintrittskarten – nicht ohne dabei gleich um eine abermalige Förderung anzusuchen.

Für Hermann Langbein war die Verfolgung der Auschwitz-Täter prioritär, jedoch nicht alleiniges Ziel. Sein Interesse galt den NS-Verbrechern im Allgemeinen, vor allem den höherrangigen. So hatte Langbein auch wesentlichen Anteil an der Ergreifung von Erich Rajakowitsch, der beschuldigt wurde, an der Verschickung französischer und niederländischer Jüdinnen und Juden in die Vernichtungslager mitgewirkt zu haben. Der Name war ihm im Zuge des Eichmann-Prozesses untergekommen – Eichmann hatte ihn als seinen Rechtsberater bei der „Endlösung der Judenfrage" erwähnt. Langbein machte die österreichische Justiz bereits im Zuge der Anzeige gegen Dejaco im Juni 1961 auf Rajakowitsch aufmerksam, doch es vergingen nahezu zwei Jahre, bis dieser inhaftiert und schließlich 1965 zu gerade einmal dreißig Monaten Haft verurteilt wurde. Noch krasser stellte sich der Fall Franz Novak dar, „Fahrdienstleiter des Todes", wie der Transportexperte Adolf Eichmanns auch genannt wurde: Erst das vierte (!) Urteil, gesprochen im Jahr 1972, zu sieben Jahren Freiheitsentzug, wurde rechtskräftig; insgesamt saß Novak nur fünf Jahre und neun Monate in Haft.[170] Scharfe Kritik übte

Langbein auch am Verfahren gegen Ernst Lerch und Helmut Pohl im Mai 1972. Als Angehörige des Stabs des SS- und Polizeiführers des Distrikts Lublin Odilo Globocnik waren sie der Teilnahme an der Ermordung von 1,8 Millionen Jüdinnen und Juden in Ostpolen während der „Aktion Reinhard" 1942/43 sowie anderer Gewaltverbrechen beschuldigt. Bereits nach zwei Tagen wurde die Hauptverhandlung vor einem Geschworenengericht am Landesgericht Klagenfurt abgebrochen und nicht wieder aufgenommen, vier Jahre später wurde das Verfahren eingestellt.

Viele weitere und ähnlich skandalöse Fehlleistungen auf politisch-justizieller Ebene wären für Österreich anzuführen. Dazu gehören auch die ungebrochene personelle Kontinuität in der österreichischen Richterschaft seit der NS-Zeit und der Unwille der Politik, dem durch ein entsprechendes Gesetz entgegenzuwirken.[171] Ein wesentlicher Unterschied zu Deutschland besteht auch darin, dass durch die Schaffung der Zentralstelle in Ludwigsburg mit entsprechendem Personal und angemessenen Ressourcen eine aufwendige Aufarbeitung der NS-Verbrechen in Angriff genommen werden konnte – in Österreich hingegen verblieb die Sachkompetenz bei einzelnen Staatsanwälten, die zumeist parallel zahlreiche andere Verpflichtungen abarbeiten mussten. Langbein registrierte diese Zustände alle und versah sie mit scharfer Kritik, die insbesondere der langjährige Justizminister Christian Broda zu spüren bekam – „durchaus fair, aber sachlich sehr hart", wie sich Wolfgang Neugebauer erinnert.

Das letzte Urteil in Österreich wurde gegen Johann Vinzenz Gogl, einst KZ-Aufseher in Mauthausen, Loibl-Pass und Ebensee, gesprochen. Simon Wiesenthal hatte bereits 1964 Anzeige erstattet, doch erst im Mai 1971 erhob die Staatsanwaltschaft Linz die Anklage. Mehrere Morde wurden Gogl zur Last gelegt – die Geschworenen sprachen ihn dennoch frei, sowohl die in Linz (1972) als auch jene, die drei Jahre später bei der Neuverhandlung in Wien über ihn zu urteilen hatten.

Die „kalte Amnestie", die Jörg Friedrich 1984 der Bundesrepublik Deutschland für den Umgang mit NS-Tätern bescheinigte, traf erst recht für die Republik Österreich zu. Eine intensive Strafverfolgung fand hierzulande nur zur Zeit der Volksgerichte bis 1955 statt (und hier insbesondere in den ersten drei Nachkriegsjahren). Sie sprachen immerhin gut 13.500 Haftstrafen aus, darunter 29 lebenslängliche, sowie 43 Todesstrafen. In den Folgejahren kamen Geschworenengerichte zum Einsatz, die die NS-Gewaltverbrechen nach österreichischem Strafrecht ahndeten, wobei das zum Tatzeitpunkt geltende deutsche Strafrecht berücksichtigt wurde. Die Geschworenengerichtsbarkeit war geprägt von skandalösen Freisprüchen und milden Urteilen.[172] Im gesamten Zeitraum von 1956 bis 1975 wurden lediglich 35 Prozesse vor Geschworenengerichten geführt; für zwanzig Personen endeten sie mit einer Verurteilung, für 23 mit einem Freispruch. Teilweise war das Klima in den Gerichtssälen aufgeheizt, antisemitische Verhöhnung jüdischer Zeugen im Wechsel mit aufmunternden Worten ehemaliger Kameraden der Waffen-SS gegenüber dem Angeklagten waren keine Seltenheit.

Das österreichische (wie auch das deutsche) Rechtssystem erleichterte zudem den „Verharmlosern" ihr Werk, musste doch stets eine persönliche Beteiligung an einer bestimmten Tötungshandlung nachgewiesen werden – im Unterschied zur amerikanischen Justiz, die den Begriff des „common design" für NS-Verbrechen kannte, wonach sich etwa ein Lagerführer eines KZ-Außenlagers für sämtliche dort begangenen Verbrechen verantworten musste, unabhängig von seiner individuellen Schuld.[173]

Bei der Beurteilung von Schuld und Verantwortung, so Lasik, müsse man zwischen der moralischen Verantwortung im herkömmlichen Sinn und der tatsächlichen Schuld im strafrechtlichen Sinn unterscheiden.[174] Insbesondere die moralische Schuld bleibe – unabhängig von der Möglichkeit einer justiziellen Verurteilung – weiterhin bestehen.

Zeugen der Zeit sprechen in Schulen

Erste Erfahrungen in deutschen Schulen

In seinem Engagement als Aufklärer und Mahner legte Hermann Langbein großen Wert auf Begegnungen mit der Jugend. Eine recht frühe Arbeit widmete er dem Thema „Auschwitz und die junge Generation", so der Titel der 1967 im Europa-Verlag erschienenen Monografie. In den Jugendlichen sah er Hoffnungsträger für eine bessere Zukunft. Sie seien, so meinte er, der jüngsten Zeitgeschichte gegenüber unbefangen, sie träten ein „Erbe ohne Schuld" an – ein entscheidender Unterschied zu den Erwachsenen der 1960er Jahre, die vielfach den Nationalsozialismus noch bewusst miterlebt hatten und persönlich darin verstrickt waren.[175] Und er erwartete von der Jugend, dass sie sich der Vergangenheit stellte: Ein Verweis auf die Verbrechen von Angehörigen anderer Nationen sei nur allzu billig; in der Geschichte jeder Nation gebe es dunkle Kapitel. Aufgabe der Jugend in Deutschland und Österreich sei es, sich den Taten der eigenen Vorfahren zu widmen, sich über die Ideologien, Strukturen und Mechanismen zu informieren, die ein Auschwitz ermöglichten, und vor allem darüber zu reflektieren, wie verhindert werden könne, dass es sich jemals wiederholt: „Daher hat die Jugend ein Recht auf Aufklärung, aber auch die Pflicht, alle gebotenen Möglichkeiten der Information zu nützen", so fasste Leopold Rettinger Langbeins Haltung zusammen.[176]

Die ersten Erfahrungen im Gespräch mit Jugendlichen sammelte Langbein während des Auschwitz-Prozesses in Frankfurt. In dieser Zeit berichtete die führende Frankfurter Tagespresse täglich ausführlich über den Prozess; die Vorgänge im Gerichtssaal stießen in der Öffentlichkeit auf großes Interesse. Auch Lehrerinnen und Lehrer nützten die Möglichkeit, mit ihren Schulklassen unmittelbar Einblick in den Prozessverlauf zu gewinnen. Und sie ergriffen die Gelegenheit, um Hermann Langbein, den ständig anwesenden Prozessbeobachter, zu sich in die Schulen einzuladen und mit ihm über seine Erfahrungen und Erkenntnisse zu sprechen. „Damals", so erinnerte sich Langbein Anfang der 1990er Jahre im Gespräch mit Anton Pelinka, „habe ich nicht so sachlich gesprochen wie ich heute in Schulen spreche, verständlich, und natürlich mehr auf Basis der Prozessereignisse, was die Schüler gesehen und gehört haben."

Es folgten Einladungen von Schulen in Frankfurt und Umgebung, bald jedoch führten Langbein seine Reisen auch in Bildungseinrichtungen in ganz Hessen, West-Berlin und Bremen. Im Frühjahr 1966 etwa war er auf Einladung der hessischen Landeszentrale für politische Bildung 17 Tage auf Vortragsreise im Bundesland unterwegs; in Frankfurt am Main, Darmstadt, Wiesbaden, Offenbach, Hofheim, Fulda, Kassel und Gießen führte er Gespräche in Schulen und Studienseminaren.

Die im Laufe der ersten Jahre gehaltenen Vorträge – ergänzt um besonders wichtige Anregungen aus den Diskussionen mit seinen jungen ZuhörerInnen – veröffentlichte er in einem schmalen Bändchen. Damit wollte er auch jenen, die ihn nicht hören konnten, eine Informationsquelle bieten. Die oben erwähnte Arbeit „Auschwitz und die junge Generation" fasst auf fünfzig Seiten die wesentlichen Botschaften Langbeins an die Jugend zusammen: Nur knapp geht er auf die Geschehnisse in Auschwitz ein – mit der Massenvernichtung in den Gaskammern von Auschwitz-Birkenau als zentralem Moment des Konzentrationslagers. Dann beschäftigt er sich mit einzelnen Fragestellungen: Was bedeutet Befehlsnotstand? Gab es „zweierlei SS"? Wo beginnt Schuld? Das süße Gift vom „Herrenmenschentum", wohin blinder Gehorsam führen und ob eine Wiederholung von Auschwitz verhindert werden kann, sind weitere Themen der Broschüre. Langbein fährt fort mit der Bedeutung des Dialogs zwischen den Generationen, um schließlich die Frage nach den Verhältnissen in Österreich und in der DDR zu stellen, zwei Nachfolgestaaten des nationalsozialistischen Deutschlands, die vieles daran setzten, diese Tatsache zu verdrängen. Der letzte Absatz im Heft lautet: „Ich wollte niemand verletzen. Keinem jungen Menschen kann einer von uns [Überlebenden] auch nur den Schatten eines Vorwurfs für das machen, was wir in Auschwitz mit ansehen mussten und was wir – das möge man verstehen – nie aus unserem Gedächtnis löschen können."[177]

Damit skizzierte Langbein bereits Mitte der 1960er Jahre in groben Zügen sein Konzept zur Zeitzeugenschaft in Schulen; ein Konzept, das für die nächsten Jahrzehnte seine Gültigkeit behalten und sich vielfach bewähren sollte. Die wesentlichen Linien waren vorgegeben: Versachlichung der Debatte um Auschwitz, indem der Schwerpunkt der Erzählung weg von den persönlichen Erfahrungen und hin zu strukturellen Aspekten verlagert wird; Auschwitz als thematischer Ausgangspunkt für das Hinterfragen aktueller gesellschaftlicher und politischer Entwicklungen und nicht als singuläres Ereignis der Vergangenheit; der Vortrag des Zeitzeugen bzw. der Zeitzeugin als Einleitung für die Diskussion mit den Jugendlichen.

Die Diskussion schätzte Langbein als besonders wichtig ein, denn er wollte ja durch das Gespräch mit den Jugendlichen deren Einstellungen und Verhalten mitformen. Sie waren die Träger der zukünftigen Gesellschaft – und die konnte nur so egalitär, solidarisch und gerecht sein wie die Jugend bereit sein würde, für diese Werte einzutreten. Daher forderte er von ihnen in erster Linie Selbstverantwortung und eine Gewissensprüfung: „Ich will euch den Rat mitgeben: Geht nur einen Weg, den ihr selber verantworten könnt. Wenn etwas von euch verlangt wird, was ihr nicht verantworten zu können glaubt, denkt zuerst nach und holt Erkundigungen ein, und wenn ihr nicht überzeugt werdet, tut es nicht! Auch dann nicht, wenn es hie und da einen blauen Fleck kostet, auch dann nicht, wenn es mit Unannehmlichkeiten verbunden sein kann. So könnt ihr nicht zum Werkzeug gerissener Demagogen werden, wie es so viele meiner Generation wurden."[178]

Zeitgeschichte in Österreichs Schulen – ein Vorstoß

Diese Botschaft wollte Langbein – nach den guten Erfahrungen in Deutschland – auch in Österreich an die Jugend richten. Vor allem, nachdem der „Fall Borodajkewycz"[179] gezeigt hatte, wie gegenwärtig Neonazismus und Antisemitismus in der österreichischen Gesellschaft waren. Die österreichischen Lagergemeinschaften hatten von sich aus längst Aktivitäten entwickelt, um insbesondere mit der Schuljugend in Kontakt zu kommen. Beispielhaft mag hier die Lagergemeinschaft Ravensbrück erwähnt werden, die mehrere Aktio-

nen parallel verfolgte: Eine Wanderausstellung „Den Toten zum Gedenken, den Lebenden zur Mahnung" erreichte über die Jahre (1960
bis 1965) mehr als 130.000 Interessierte, darunter auch zahlreiche
Schulklassen. Im Rahmenprogramm zur Ausstellung wurden die Fil-
me „Die letzte Etappe" (Wanda Jakubowska, Polen 1948) und „Nacht
und Nebel" (Alain Resnais, Frankreich 1955) in Schulen vorgeführt;
bereits 1963 gaben die Ravensbrückerinnen die Broschüre „Ravensbrück. Was geht das mich an" zur Aufklärung und als Mahnung an
die Jugend heraus.[180] Die Lagergemeinschaft Auschwitz unterstützte
die Ravensbrückerinnen in ihren Aktivitäten, indem sie ReferentInnen für das Rahmenprogramm sowie für Veranstaltungen in Schulen
vermittelte. Auch bei Fördergebern, bei denen die Kameradinnen bislang erfolglos geblieben waren, wollte man für die gemeinsamen Anliegen vorsprechen. In Wien konnten die KZ-Überlebenden auf eine
erfolgreiche Zusammenarbeit mit dem Stadtschulrat verweisen. Bun-
desweit waren es zumeist einzelne engagierte Lehrerinnen und Di-
rektorinnen – das Femininum ist hier bewusst gewählt –, die in der
Vermittlung von Zeitgeschichte früh aktiv wurden.

Nun aber wollte man direkt mit dem Unterrichtsministerium ko-
operieren und die Beschäftigung mit zeitgeschichtlichen Themen in
Österreichs Schulen institutionalisieren. Ein schriftlicher Vorschlag
an den damaligen Unterrichtsminister Theodor Piffl-Perčević (ÖVP),
Vorkommnisse wie den „Fall Borodajkewycz" und die ihnen zugrunde liegenden Ursachen in den Schulen zu diskutieren, wurde höflich,
aber bestimmt zurückgewiesen. Diese Ereignisse seien Lausbuben-
Geschichten, denen erst durch zu viel Aufmerksamkeit eine ihnen
nicht gebührende Bedeutung beigemessen würde. Der erste Vorstoß
Langbeins, um in Österreichs Schulen mit seinen Anliegen Fuß zu
fassen, war gescheitert.

Beim nächsten Versuch hatte er mehr Glück: Unterrichtsminister
Fred Sinowatz (SPÖ) gab sich gegenüber Langbeins Ideen weitaus
aufgeschlossener. Generell hatte sich das gesellschaftspolitische Klima in Österreich gewandelt. Während der Zeit der SPÖ-Alleinregie-
rung wurden in den Ministerien zahlreiche Reformen in Gang gebracht. Die Diskussion über die nationalsozialistische Vergangenheit
der deutschsprachigen Länder hatte dank der mehr als tausend Seiten

starken Biografie Joachim Fests über Adolf Hitler eine neue Aufmerksamkeit erfahren. Und nicht zuletzt hatte sich Hermann Langbein selbst mit zahlreichen Artikeln, vor allem aber mit seinen Büchern über Auschwitz in Bildungskreisen längst einen Namen gemacht.

Am 1. Jänner 1973 wurde im Unterrichtsministerium unter Minister Sinowatz die Abteilung Politische Bildung gegründet. Der österreichischen Zeitgeschichte sollte zukünftig ein besonderer Stellenwert im Unterricht zukommen, wie der Erlass des Ministers zum Nationalfeiertag 1973 unmissverständlich zum Ausdruck brachte: „Die Erinnerung an den unheilvollen März 1938 und alle damit verbundenen Ereignisse soll nicht allein aus historischem Interesse wachgehalten werden, sondern vor allem deshalb, weil nur die möglichst ungeschminkte Kenntnis der Vergangenheit eine Chance bietet, dass aus dieser Vergangenheit auch die entsprechenden Lehren gezogen werden. ... Der Unterricht in Zeitgeschichte hat hier einen ganz wichtigen Beitrag zur politischen Bildung der Jugend zu leisten!"[181] Der Erlass war in erster Linie an die Lehrerschaft gerichtet, sendete aber auch ein deutliches Signal an die außerschulische Öffentlichkeit.

Hermann Langbein gehörte zu jenen, die am frühesten die Zusammenarbeit mit der Abteilung Politische Bildung im Unterrichtsministerium suchten, erinnerte sich der damalige Sektionschef Leopold Rettinger.[182] Als Generalsekretär des Comité International des Camps (CIC) rechnete Langbein mit Unterstützung für die „Internationale Konferenz gegen Neonazismus und zur Immunisierung der Jugend", die für April 1977 als gemeinsame Veranstaltung mit der Österreichischen Widerstandsbewegung geplant war. Und er hoffte zu Recht: Das Unterrichtsministerium sorgte nicht nur (gemeinsam mit dem Wissenschaftsministerium) für die notwendigen finanziellen Mittel, es nahm auch als Institution an der Konferenz teil. In vier Kommissionen befassten sich über achtzig Fachleute aus neun Ländern mit aktuellen Erscheinungsformen des Neonazismus, mit dessen internationalen Verbindungen und propagandistischen Möglichkeiten, mit der Leugnung der NS-Verbrechen, mit der Kriegsverherrlichung und ähnlichen rechtsextremen Positionen. Eine eigene Kommission entwickelte Vorschläge zur Immunisierung der

Jugend gegen neonazistische Propaganda. Von den fünf als besonders dringlich angesehenen Forderungen betrafen drei schulische Belange: Einführung des Pflichtfaches „Politische Bildung" an den Schulen; intensivierte Fortbildung der Lehrenden auf dem Gebiet der Zeitgeschichte und der Sozialkunde; Verbesserung der Schulpläne und Lehrbücher mit dem Ziel „Erziehung zur Demokratie".

Mit diesen Forderungen sprach Langbein im Unterrichtsministerium vor. Dort war bereits positiv registriert worden, dass Konferenzteilnehmende sich im Anschluss an die Tagung der Diskussion mit Schülerinnen und Schülern gestellt hatten und dass dies in den betreffenden Schulen als sehr gewinnbringend erlebt worden war.

Eine weitere Folge der Konferenz war die Schaffung einer international besetzten Kommission zum Studium des Neofaschismus. Das bewusst klein (und damit arbeitsfähig) gehaltene Gremium stellte sich zur Aufgabe, die auf der Konferenz entwickelten Ideen zügig umzusetzen und die dafür notwendigen Partnerinstitutionen zu gewinnen. Hermann Langbein und Anton Pelinka vertraten Österreich in der Kommission.[183]

Anton Pelinka war es auch, der Langbein ins Unterrichtsministerium begleitete, um gemeinsam die Anliegen vorzutragen. Die beiden hatten sich bereits Ende der 1960er Jahre kennengelernt: Eine Gesellschaft zum Studium des Antisemitismus wollte man gründen; Simon Wiesenthal engagierte sich als treibende Kraft, Hermann Langbein, Ella Lingens und Peter Huemer als weitere Mitstreiter. Schon bald darauf, so zeigen zahlreiche weitere Aktivitäten, ersah Langbein den um knapp dreißig Jahre Jüngeren dafür aus, seine Anliegen in die folgenden Generationen weiterzutragen. In Pelinka, ab 1975 Professor für Politikwissenschaft an der Universität Innsbruck, fand Langbein einen verlässlichen Partner, der seine politische Linie und seine Anliegen teilte; gemeinsam war ihnen auch die Klarheit und Bestimmtheit in der Umsetzung ihrer Vorhaben bzw. die Fähigkeit, andere von ihren Anliegen zu überzeugen.

Nicht nur beim ausschlaggebenden Gespräch mit Unterrichtsminister Sinowatz war Pelinka dabei; auch bei allen folgenden Kontakten mit dem Ministerium zog Langbein ihn demonstrativ hinzu und setzte auf seine Mitarbeit.

Die Aktion „Zeitzeugen in Schulen"

Im Dezember 1977 unterbreiteten Langbein und Pelinka dem Unterrichtsministerium den Vorschlag, die politische Bildung in Schulen durch die Einbeziehung von ZeitzeugInnen und WissenschafterInnen zu unterstützen. Ausgehend von ihren Erfahrungen könnten Überlebende der Konzentrationslager den Jugendlichen authentisch die Schrecken und Gefahren des Nationalsozialismus nahebringen; die WissenschafterInnen sollten vertiefende Einsichten in dessen Struktur und Ideologie geben.

Den formalen Rahmen zum Projekt „Zeugen der Zeit gehen in die Schulen" lieferte der Grundsatzerlass zum Unterrichtsprinzip Politische Bildung in den Schulen. Bereits 1975 legte das Unterrichtsministerium erste Entwürfe vor. Bis es zu einer (partei)politischen Einigung kam, brauchte es drei Jahre, zahlreiche Neuentwürfe und unzählige Besprechungs- und Diskussionsrunden.[184] Als eines der Ziele politischer Bildung wird in diesem Dokument festgeschrieben: „Politische Bildung soll die Fähigkeit und Bereitschaft fördern, für unantastbare Grundwerte, wie Freiheit und Menschenwürde, einzutreten, Vorurteile abzubauen und sich auch für die Belange Benachteiligter einzusetzen; sie soll die Einsicht vermitteln, dass das Herbeiführen einer gerechten Friedensordnung für das Überleben der Menschheit notwendig ist; sie soll ein klares Bewusstsein dafür schaffen, dass die Erreichung dieses Zieles weltweit den Einsatz aller Kräfte erfordert und als persönliche Verpflichtung eines jeden Menschen aufgefasst werden muss."[185]

Diesem Ziel – mit Verweis auf die Möglichkeit, aus der Zeitgeschichte zu lernen – sollte die Zeitzeugenaktion dienen. Bald war eine Form gefunden, die sich gut in den Schulalltag integrieren ließ: Der Besuch der ReferentInnen wurde für zwei Unterrichtsstunden anberaumt; die erste Stunde füllte ein Vortrag des bzw. der Überlebenden zu Ideologie und Praxis des Nationalsozialismus. Dabei, so Langbein, erwies es sich als zweckmäßig, mit einer Diaschau zu beginnen, und zwar mit Aufnahmen, die ein Angehöriger der SS bei den Selektionen an der Rampe in Auschwitz-Birkenau gemacht hatte – damit hoffte man, sämtliche Zweifel am Massenmord sofort zu zerstreuen.[186] Die zweite Unterrichtseinheit sollte ganz dem Austausch mit den Schülerinnen und Schülern gewidmet sein.

Von Beginn an war den Initiatoren wichtig, dass die Überlebenden – deren Augenzeugenberichte unbestritten wertvoll waren („kein Zeitgeschichtler kann dies ersetzen", so Langbein wiederholt) – den Heranwachsenden nicht nur ihre persönlichen, subjektiven Erfahrungen präsentierten. Sie sollten sich zügig den ideologischen und strukturellen Fragen zuwenden, die die „Todesfabrik Auschwitz" aufwarf. Den SchülerInnen sollte der ideologische Kern des Nationalsozialismus, der Staatsrassismus mit all seinen menschenverachtenden Facetten und einer mörderischen Praxis, vermittelt werden. Den zweiten Schwerpunkt würden Darlegungen zur Verführbarkeit der Menschen durch totalitäre Doktrinen und Ungleichheitsideologien bilden: „Befehl ist Befehl", „Pflicht ist Pflicht" und wie sonstige Rechtfertigungen blinden Gehorsams auch lauten mögen.

Auf diesem Wege sollte erreicht werden, dass die SchülerInnen mit ihrem Wissen um die NS-Verbrechen und die dahinter stehenden Mechanismen Sensibilität für die Gefährlichkeit neonazistischen Gedankenguts entwickeln können.

Lehrende lernen hinzu

Rasch wurde deutlich, dass eine Doppelstunde Unterricht zur Zeitgeschichte nicht ausreichte, um die Fragen der SchülerInnen zu beantworten und deren oft immense Wissenslücken zu füllen. Die Fortsetzung der Thematik im Unterricht war gefragt. Es zeigte sich jedoch, dass manche LehrerInnen selbst nur wenig über den Nationalsozialismus wussten – in den Ausbildungsinstitutionen war dies kein Thema, im Elternhaus ebenso wenig. In Familien von Verfolgten herrschte über die Schrecken der Nazizeit oft das „große Schweigen", weil man die Kinder nicht mit den eigenen Erinnerungen belasten wollte. In Täterfamilien wurde die eigene Verstrickung tabuisiert. Ein Austausch darüber in einer breiteren Öffentlichkeit war jahrzehntelang nicht möglich.[187]

Also galt es, Fortbildungsseminare für Lehrer und Lehrerinnen anzubieten. Bereits im Frühjahr 1980 fand das erste Symposium zu „Ideologie und Praxis des Nationalsozialismus"[188] statt – eine Einrichtung, die seither im Fortbildungsprogramm des Unterrichtsministeriums und der Pädagogischen Institute bzw. Hochschulen ihren festen Platz hat. Die Ortswahl fiel auf Linz, da von dort aus Exkursionen in das ehemalige Konzentrationslager Mauthausen und in die frühere „Euthanasie"-Anstalt im Schloss Hartheim am leichtesten durchzuführen waren. Das Seminar war für eine ganze Woche anberaumt, jeweils ein Halbtag wurde einem Themenschwerpunkt gewidmet. Selbstverständlich war der Spiritus Rector bei jedem Seminar persönlich anwesend, und zwar die ganze Woche hindurch.

Das von Langbein entwickelte Schema wird in seinen groben Zügen bis heute umgesetzt. So sind die Exkursionen nach Mauthausen und Hartheim nach wie vor fester Bestandteil des Seminars. Auch der thematische Faden wird bis heute beibehalten: von der Erörterung der allgemeinen Wurzeln des Faschismus und den speziellen Ausformungen des Nationalsozialismus bis hin zu nationalen und internationalen Erscheinungsformen des Rechtsextremismus. Die eingehende Auseinandersetzung pro Thema ist weiterhin auf mindestens einen Halbtag angelegt. Dabei darf die „Zigeunerverfolgung", die Langbein immer besonders am Herzen lag, nicht fehlen. Wichtig ist, dass ReferentInnen aus den Roma- und Sinti-Organisationen zu Wort kommen.

Neue Akzente werden seit Mitte der 1990er Jahre mit der stärkeren Einbeziehung von ReferentInnen gesetzt, die über andere Vernichtungsorte berichten können; manche von ihnen waren selbst dort inhaftiert: Treblinka, Theresienstadt, Stutthof, Bernburg etc. Zudem bemüht man sich – nicht zuletzt aufgrund der immer knapper werdenden finanziellen Mittel – um Kooperationspartner für das Symposium.

An den Seminaren nahmen und nehmen nicht nur österreichische Lehrpersonen teil – was ihnen von ihren Landesschulräten nicht immer leicht gemacht wird, wie Briefe in Langbeins Nachlass zeigen –, sondern auch Interessierte aus Deutschland, ebenso wie MultiplikatorInnen aus unterschiedlichen Bereichen und politisch interessierte Privatpersonen. Für die organisatorische und inhaltliche Kontinuität bürgt Johannes Schwantner.[189] Bereits 1990 und in den Folgejahren unterstützte er Hermann Langbein bei der Seminarorganisation.

Im Jahr 2012 findet die Seminarreihe, die nach dem Tod Langbeins in Erinnerung an ihren Initiator und Gestalter „Hermann-Langbein-Symposium" genannt wird, zum 32. Mal statt (nur 1996 wurde sie nicht abgehalten[190]). Leopold Rettinger wohnte mehrfach Gesprächen zwischen jungen LehrerInnen und Langbein bei und schätzt ein, „dass eine gar nicht so kleine Zahl junger Pädagogen erst in diesen Seminaren in ihrer demokratischen, antifaschistischen Haltung entscheidend gefestigt wurde."[191]

Das ZeitzeugInnenseminar

Als ebenso wichtig wie die Fortbildung der Lehrkräfte erwies es sich, die ZeitzeugInnen kontinuierlich zu schulen und sie zur Reflexion anzuhalten. In den ersten Jahren trafen sich die ReferentInnen vor Beginn ihrer Schulbesuche, die meist in den Monaten März bis Juni stattfanden, um über neueste rechtsextreme bzw. neonazistische Vorfälle zu diskutieren und so aktuelle Anknüpfungspunkte für die Gespräche mit den Jugendlichen auszumachen. Am Ende eines Schuljahres gab es nochmals ein Treffen zum Erfahrungsaustausch.

Auch in der Gruppe der ReferentInnen wuchs das Bedürfnis nach eingehender Erörterung der zu vermittelnden Themen, nach Beratung zum Umgang mit rechtsextremer Argumentation durch SchülerInnen, nach Festigung eigener analytischer Kompetenzen. Das Unterrichtsministerium reagierte auch hier, so Langbein, entgegenkommend und organisierte ein sogenanntes „ZeitzeugInnenseminar". Zwei Tage lang wurde der Austausch zu aktuellen Fragen ermöglicht. Geistiger Vater und Motor der Aktion wiederum: Hermann Langbein.

Das erste Seminar fand im März 1984 in Graz statt. Dieser Ort wurde bewusst gewählt: Mitarbeiter aus der Steiermark hatten über erhebliche Schwierigkeiten bei der Vermittlung in den Schulen geklagt. Das Seminar in Graz ermöglichte den steirischen PädagogInnen, zahlreiche Vorträge und Diskussionen von Zeitzeugen und Zeitzeuginnen aus anderen Bundesländern zu besuchen; diese wiederum lernten die unterschiedlichen Situationen in den Bundesländern kennen. Dem Erfolg dieses Seminars Rechnung tragend wurden umgehend für das folgende Schuljahr Hauptthema und Veranstaltungsort festgelegt: Die Verfolgung von Minderheiten im Nationalsozialismus. Ort: Bildungshaus Tainach/Tinje, Kärnten.

Auch diese Seminarreihe erwies sich als erfolgreich, da sie dem großen Verlangen nach fundiertem Wissen und vertiefender Diskussion entgegenkam. „Die wohl qualifiziertesten Vortragenden stellten sich selbstverständlich dafür zur Verfügung", wie Langbein mit Genugtuung unterstrich.[192] Wenngleich das Seminar in erster Linie als Weiterbildung für die ZeitzeugInnen selbst angelegt war, nahmen doch auch immer Lehrkräfte daran teil – sie waren ja vor ähnliche Probleme in der Wissensvermittlung gestellt. Die Seminare waren gut besuchte Veranstaltungen; mehrere Hundert Menschen füllten in den 1980er Jahren die Säle, und noch 1994 verzeichnete das Seminar im Bildungshaus St. Virgil in Salzburg 134 Anmeldungen.

Eine Bilanz der „Aktion Zeitzeugen"

Ursprünglich war das Konzept so angelegt, dass die Zeitzeugen bzw. Zeitzeuginnen von Fachkräften aus der Wissenschaft, meist HistorikerInnen, in die Schulen begleitet wurden. Dies hat sich im Verlauf der ersten 15 Jahre des „Referentenvermittlungsdienstes zur Zeitgeschichte", wie die Aktion „Zeitzeugen in Schulen" offiziell heißt, erheblich verschoben: Hielt sich in den ersten Jahren das Stundenaufkommen der beiden Gruppen annähernd die Waage, übten die ZeitzeugInnen zunehmend allein die Funktion aus, in Schulen mit den Jugendlichen zu diskutieren. Denn der Einsatz der WissenschafterInnen war rückläufig: Während zwischen 1977 und 1981 noch 269 Stunden für die Begleitpersonen und 292 Stunden für die ZeitzeugInnen verzeichnet wurden, fiel zwischen 1990 und 1993 das Stundenaufkommen der Begleitpersonen auf 161 Stunden – jenes der ZeitzeugInnen aber schnellte auf 2447 Stunden hoch.[193]

Hermann Langbein selbst war einer der aktivsten Zeitzeugen: Besonders häufig ging er 1986/87 und 1987/88 in Schulen, also im Zeitraum der „Waldheim-Affäre" und des Gedenkjahres 1988, sowie rund um seinen achtzigsten Geburtstag im Jahr 1992.[194] Nur wenige andere Zeitzeugen waren derart aktiv, etwa Ferdinand Berger (ebenfalls Spanienkämpfer und Dachau-Häftling) oder in späteren Jahren die Auschwitz- und Ravensbrück-Überlebende Regine Chum.[195]

Die meisten Schulbesuche erfolgten in Wien, Niederösterreich, Oberösterreich und in der Steiermark. Tirol, Salzburg und Kärnten scheinen eher selten in der Statistik auf. Vorarlberg fehlt gänzlich in Langbeins Aufzeichnungen. Die Auflistung der Schultypen zeigt, dass Langbein nicht nur in Allgemeinbildenden (AHS) und Berufsbildenden Höheren Schulen (BHS) zu Gast war, sondern auch in Berufsschulen, Polytechnischen Lehrgängen oder Hauptschulen. Noch im Schuljahr 1994/95 absolvierte er sechzehn Besuche. Sein letzter Schulvortrag fand am 31. März 1995 in Wien statt, sieben Monate vor seinem Tod – ein über dreistündiges Beisammensein mit 27 Schülern und Schülerinnen eines 4. Jahrgangs des TGM (Technologisches Gewerbemuseum, eine HTL in Wien-Brigittenau).

Zur Unterstützung für die ZeitzeugInnen und zur Veranschaulichung des Erzählten erstellte Langbein Mitte der 1980er Jahre eine 26-teilige Diaserie „Selektion in Auschwitz-Birkenau". Sie enthielt in erster Linie Aufnahmen, die der Leiter des Erkennungsdienstes in Auschwitz, Bernhard Walter, im Frühsommer 1944 über die Vernichtungsaktion der ungarischen Juden angefertigt hatte; die Dias waren im ersten Frankfurter Auschwitz-Prozess als Beweismittel verwendet worden. Langbein ergänzte die SS-Fotos mit weiteren vier von der „Kampfgruppe Auschwitz" gemachten Aufnahmen. Sie zeigen die Verbrennung von Leichen im Sommer 1944 vor den Krematorien in Birkenau, deren Kapazitäten restlos erschöpft waren.[196] Mit diesen Bildern beabsichtigte Hermann Langbein keine „Schockbehandlung" der jungen Menschen; vielmehr sah er darin eine Möglichkeit, durch authentisches Anschauungsmaterial das Faktum der industriellen Massenvernichtung außer Zweifel zu stellen.[197]

Bereits 1985 reflektierte Langbein in einem Artikel über die Erfahrungen der Zeitzeugenaktion in den Schulen.[198] Er sprach dabei Themen an, die uns noch immer beschäftigen. Damals wie heute gilt: Je besser die SchülerInnen einer Klasse bereits über den Nationalsozialismus unterrichtet wurden, desto tiefgreifender läuft die Diskussion zwischen ihnen und der Zeitzeugin bzw. dem Zeitzeugen ab. Sind die Jugendlichen schlecht vorbereitet, müssen sich die ReferentInnen bei Grundsätzlichem aufhalten; dementsprechend bleibt das anschließende Gespräch an der Oberfläche hängen. Als passendes Alter für die Begegnung mit Zeitzeugen sah Langbein jenes der siebten Klassen höherer Schulen an – spät im Vergleich zu heute, wo Gedenkstättenbesuche mehrheitlich in der 8. Schulstufe, also mit 14-Jährigen durchgeführt werden. Anerkennend stellte Langbein fest, dass er auch mit polytechnischen Lehrgängen recht positive Erfahrungen gemacht habe, das Niveau der Fragen unterscheide sich kaum.

Langbein beschäftigten auch die Unterschiede in der Vermittlung, die sich aus den Charakteren der Zeitzeugen ergaben: Manche verkörperten eher den emotionalen Typ, andere (wie er selbst) waren von Beginn an um Sachlichkeit bemüht. Große Emotionalität in der Vermittlung empfand er als kontraproduktiv: Der Eindruck bei den SchülerInnen sei eventuell ein stärkerer, doch befürchte er, sie könnten davor zurückschrecken, den Referierenden möglicherweise unangenehme Fragen zu stellen. Ohne Scheu und Hemmung Fragen stellen zu können, empfand er jedoch als überaus bedeutend für den Erfolg der Vermittlung.

Später, im Interview mit Anton Pelinka, erwähnte Hermann Langbein auch die Schwierigkeiten, Zeitzeugen zu finden, die der Rolle in den Schulen gewachsen waren. Als Beispiel nannte er seinen Freund Dr. de Wind, einen holländischen Psychiater, der als Jude selbst Auschwitz überlebt und später in seiner Praxis viele ehemalige Häftlingskollegen behandelt hatte. Langbein und er hatten sich verabredet, gemeinsam eine Schulklasse in Deutschland zu besuchen; de Wind war neugierig darauf. „Wir sind miteinander in die Klasse gegangen, ich habe gesprochen und dann habe ich gesagt, ‚Und jetzt kann euch der Dr. de Wind erzählen, was er erlebt hat'. Nach ein paar Minuten hat er zu weinen angefangen – derselbe Mann, der das Ganze nicht verdrängt, sondern sich ja jahrelang mit dem Problem beschäftigt hat, auch mit den Spätfolgen und ähnlichem. Das gibt es."

Als weiteres Problem identifizierte Langbein den sogenannten „Lagerpatriotismus", der immer wieder bei ehemaligen Häftlingen auftauchte: Nicht wenige von ihnen neigten dazu, nur die eigenen, in einem bestimmten Lager gemachten Erfahrungen gelten zu lassen: „Wir in Auschwitz haben viel Schlimmeres erlebt als ihr in Ravensbrück." Oder: „Was wisst ihr schon von Buchenwald, in Buchenwald war es ganz anders!", um nur zwei Beispiele anzuführen. Und schließlich nannte er das Problem der Übertreibung, gegen die er sich entschieden wehrte. „Ich finde nichts schädlicher, als wenn man zum Thema Auschwitz auch nur den Ansatz einer Übertreibung macht. Auschwitz ist selbst praktisch unvorstellbar. Wenn man jetzt noch Details übersteigert, dann hat man nicht nur etwas Falsches gemacht, sondern mit dem Fehler eine gegenteilige Wirkung erzielt", so Langbein gegenüber Pelinka. Er meinte damit, dass jedes falsche Detail von Holocaustleugnern genützt werden könne, um die Realität des Massenmordes und der Gaskammern in Frage zu stellen.

Für den praktischen Umgang mit Fragen, die Zweifel an der Wirklichkeit von Auschwitz beinhalten, empfahl Langbein eine nüchterne und sachliche Reaktion: Nicht jede dieser Fragen sei die eines neonazistischen Fanatikers, oft entstünden sie einfach aus dem Interesse zu erfahren, wie ein Überlebender auf derartige Standpunkte reagiert. Man müsse mit Sachlichkeit und Wissen überzeugen, nicht mit der „Autorität des Alters", auch wenn das Hinterfragen des Massenmordes „für einen, der im Schatten dieser Gaskammern hatte leben müssen, Nerven kostet."[199]

Schon Mitte der 1980er Jahre, vor über 25 Jahren also, hatten sich die Zeitzeugen überlegt, wie nach ihrem Ableben die nationalsozialistische Vergangenheit in den Schulen vermittelt werden könne. Sie entwickelten die Idee, ihre Gespräche auf Videobänder aufzeichnen zu lassen, damit „ihre Stimmen noch gehört werden, wenn sie selbst nicht mehr sprechen können."[200] Dies führte zur Videoserie „Ich war im KZ. Vier Überlebende berichten", mit deren Entwurf Hermann Langbein vom Wissenschaftsministerium beauftragt worden war. Das Konzept bestand darin, zu sieben verschiedenen Themen[201] die persönlichen Erfahrungen und entsprechenden Reflexionen bestimmter Personen aufzuzeichnen (wobei leider ein Vertreter der Roma und Sinti fehlt, wie

Langbein später selbst mit Bedauern vermerkte). Ausgewählt nach Verfolgungshintergrund, KZ-Erfahrungen und Erzählvermögen, sind in diesem Videodokument Hans Maršálek, Fritz Kleinmann, Vlasta Kladivová und Langbein vertreten.[202] Die sieben Folgen dauern rund dreißig Minuten, sodass in einer Unterrichtseinheit etwas Zeit für die Diskussion über das Gehörte bleibt.

Ein weiterer Versuch aus den 1980er Jahren, die Erzählungen der Zeitzeugen über ihren Tod hinaus (nicht nur) für Schulklassen lebendig und zugängig zu halten, ist Monika Horskys Sammlung von Lebensgeschichten. Ihre Publikation „Man muss darüber reden. Schüler fragen KZ-Häftlinge" erschien 1988.[203]

Hermann Langbein hat der Aktion „Zeitzeugen in Schulen" seinen ganz persönlichen Stempel aufgedrückt. Nicht zu Unrecht bezeichnet ihn Anton Pelinka als „Vater" der österreichischen Zeitzeugen. Heute ist die Weiterführung dieser wichtigen Aufklärungs- und Bildungsaktivitäten Hermann Langbeins durch immer knapper werdende finanzielle Mittel bedroht. Zudem sind viele der über Jahrzehnte aktiven ZeitzeugInnen nicht mehr am Leben und müssen andere Vermittlungsformen gesucht werden.

Hermann Langbein als Zeitzeuge – zutiefst beeindruckend

Hermann Langbein war bis ins hohe Alter auch gern gesehener Gast in deutschen Schulen. Im Laufe der Jahrzehnte reiste er viele Male nach Deutschland, um der Jugend von seinen Erfahrungen während der NS-Zeit und über seine Erkenntnisse zu berichten. Dabei war Auschwitz stets das zentrale Thema, vor allem die von Menschenhand betriebene Massenvernichtung in Auschwitz-Birkenau. Im Nachlass von Hermann Langbein finden sich zahlreiche Arbeits- und Projektunterlagen, Zeitungsberichte und Interviewausschnitte, die auf seine rege Zusammenarbeit mit Institutionen der politischen Bildung in Deutschland verweisen.

So beeindruckt und überzeugt von der Wichtigkeit des im Februar 1987 Gehörten waren SchülerInnen der Berufsbildenden Schulen in Ennepetal, Nordrhein-Westfalen, Bezirk Arnsberg, dass sie das Tonbandprotokoll seines Vortrags und die anschließende Diskussion in einer Broschüre veröffentlichten.[204] Damit wollten sie eine größere Öffentlichkeit, insbesondere andere SchülerInnen, die keine Zeitzeugen kennenlernen konnten, an ihren Eindrücken teilhaben lassen.

Für die erste Februarwoche 1987 ist Langbeins Terminplanung erhalten geblieben: Sie listet für fünf aufeinanderfolgende Tage mindestens zwei Termine pro Tag in der Gegend Freudenberg-Siegen, ebenfalls Bezirk Arnsberg, auf. Vormittags sprach er in Schulen, am Abend in öffentlich zugänglichen Räumlichkeiten der evangelischen Kirche, ebenfalls vor zumeist jungen Menschen.

Hermann Langbein muss bei der Jugend sehr gut angekommen sein. Davon berichten viele, die ihn erlebten: Er konnte sich gut auf das jeweilige Alter einstellen und war – entgegen seinem Ruf als „gestrenger Herr" – recht umgänglich im Kontakt mit jungen Leuten. Das zeigen unter anderem die zahlreichen Reaktionen von Schülern und Schülerinnen, die Langbein gesammelt hat.

Ein Beispiel soll hier für viele stehen: K. F., HAK 5b Baden, schrieb an Langbein im April 1993: „Seitdem Sie mir auf die Frage ‚Wie überlebt man zwei KZ?' die Antwort ‚Mit Glück' gegeben haben, denke ich sehr oft über den Begriff Glück nach. Ihr Vortrag war wirklich SPITZE!! Wenn mir meine Oma jetzt etwas vom Krieg erzählt, sehe ich es mit anderen Augen, da Sie uns die Situation, in der sich die Menschen befanden, besser geschildert haben. – DANKE. Viel GLÜCK auf Ihrem weiteren Lebensweg und noch viele, viele Schüler, die dieses Thema auch so interessiert wie mich."

Langbein hielt auch persönlich Kontakt zu Jugendlichen; einige schrieben ihm, obwohl sie ihn gar nicht selbst erlebt, aber im Fernsehen gesehen oder von ihm gelesen hatten. Aus dem Nachlass ist zu schließen, dass er grundsätzlich jedem antwortete, und zwar ausgesprochen einfühlsam und wertschätzend. Hermann Langbein nahm die jungen Menschen ernst. Das erklärt sicher – unter anderem –, weshalb er so gut bei ihnen ankam. Er setzte auf ihre Fähigkeiten zur intellektuellen Verarbeitung. Anstelle von Schuldzuweisungen betonte er vielmehr die Bürde der Nachgeborenen, mit dem Erbe Auschwitz leben zu müssen, und die Verantwortung, die ihnen dar-

Neuester Stand v. 21.1.87:

Vortragsreise Hermann Langbein (Wien) vom 2.2. - 6.2.1987

Thema: Ideologie und Praxis des Nationalsozialismus

2916-4

1.2.87
Sonntag: Anreise, Unterbringung i. Hotel Oderbein
                Weidenauer Str. 187
                5900 Siegen-Weidenau
                Tel. 0271/45027 / 29

2.2.87
Montag: 7.30 Uhr Realschule Freudenberg
                (Jahrgangsstufen 9 u. 10, 15-16jähr.Schüler)
                Ansprechpartner: Frau Kaegi, Tel.02734/7077
               19.30 Uhr Ev. Gemeindehaus, St.-Johann-Str.7, Siegen
                g.V.m. Kreis- u. Stadtjugendring

3.2.87
Dienstag: 9.00 Uhr Gymnasium Bad Berleburg
                Ansprechpartner: Direktor Oberwörter
                                 Herr Riedesel
               19.30 Uhr Jugendheim Herrengarten, Bad Berleburg
                Ansprechpartner: Wolfgang Boldt, Jugendsekre-
                tär Ev. Jugend Bad Berlebg.,Tel.02751/3545 od.
                                 02751/6963
                g.V.m. Evangel. Jugend Bad Berleburg

4.2.87
Mittwoch   8.45 Uhr Hauptschule Bad Laasphe
                Ansprechpartner: Schulleiter Eßmann
                                 Tel. 02752/6778
               19.30 Uhr Ev. Gemeindehaus Bad Laasphe, Kirchplatz
                Ansprechpartner: Bürgermeister Dösberg
                                 Tel.02752/6490 od.02752/824
                                 oder:
                                 Manfred Dinger, Sebastian-
                                 Kneippweg 10, B.Laasphe(o.Tel
                g.V.m. AG Solidarische Kirche, Regionalgruppe
                                 Wittgenstein

5.2.87
Donnerstag 10.00 Uhr Hauptschule Freudenberg, Obere Schulstraße
                Ansprechpartner: Schulleiter Simon od.
                                 Herr Hoffmann, Tel.02734/8130
               ca.20.30 Uhr im Anschluß an die Jahreshauptversammlung
                Gespräch m. unseren Mitgliedern zum Thema:
                Aus dem Schatten des Vergangenen heraustreten?
                Zur Restauration des Nationalbewußtseins
                (i.Zusammenhang m. verschiedenen Äußerungen
                unserer Politiker i. der letzten Zeit)
                Ort: Haus der Kirche, Burgstr. 21, Siegen

6.2.87
Freitag   8.30 Uhr Realschule Kreuztal
                Ansprechpartner: Direktor Stähler od.
                                 Herr Wibbecke, Tel.02732/2301
               20.00 Uhr Altes Feuerwehrhaus, Zum Leyberg 2, Kreuztal
                Ansprechpartner: Stadtjugendpfleger Townsend,
                                 Tel. 0271/45222
                g.V.m. Stadtjugendpflege Kreuztal

Ein dichter Terminplan für einen 75-Jährigen; Vortragsreise im Sommer 1987

aus erwachse: alles daranzusetzen, um Entwicklungen zu verhindern, die zu Mordfabriken wie Auschwitz führen. Mit seinem Appell an die

223

Jugend, der fordernd, aber wertschätzend formuliert war, konnte er viele von ihnen für sein Anliegen begeistern.

In seinen Vorträgen bemühte sich Langbein, grundlegende Informationen zu den Hintergründen und strukturellen Bedingungen zu vermitteln, die kennzeichnend waren für die nationalsozialistische Verfolgungspolitik und die den industriellen Massenmord überhaupt erst ermöglicht hatten. Nicht immer stieß dieser Ansatz bei den zuständigen Institutionen auf Verständnis. Den ZeitzeugInnen, so argumentierte man dort, würde es vielmehr obliegen, ihre eigenen, subjektiven Erlebnisse zu vermitteln und damit Anknüpfungspunkte zu liefern – sie sollten Geschichte lebendig werden lassen. Die Vermittlung von Strukturen, Hintergründen, Fakten und Zahlen sei Aufgabe der Wissenschaft und benötige keine Zeitzeugen.

Gleichzeitig bestand die Gefahr, das Bild des Helden zu vermitteln, wenn Persönlichkeiten wie Langbein über ihre eigenen Erlebnisse berichteten: Geschichten, in deren Mittelpunkt mutige Widerstandshandlungen standen. So erzählte etwa Kurt Scholz, Ende der 1970er/Anfang der 1980er Jahre Leiter des Referats „Zeitgeschichte und politische Bildung" im Unterrichtsministerium und auf eine neunjährige Zusammenarbeit mit Hermann Langbein zurückblickend, über ihn: „Ich war oft als Zaungast dabei, wenn er mit SchülerInnen geredet hat. Er ist da aufgetreten mit makelloser Erscheinung und Rhetorik. Man hat sich eigentlich gewundert, angesichts solcher Persönlichkeiten wie Hermann Langbein, wie dumm und verbrecherisch und tierisch und barbarisch die Nazis gewesen sein mussten. Er erzählte, wie die Leute im Widerstand das gemacht haben, die Listen weitergegeben haben, wie sie den Aufstand geplant haben usw. Da bin ich manchmal so gesessen und habe mir gedacht, das ist eine Heldengeschichte, die er da erzählt. Und mich gefragt, ob die Kinder, die Jugendlichen da einen Eindruck bekommen, was es heißt, in einer Diktatur zu leben, wie eng die Organisationsstrukturen einer Diktatur sind, wie sehr sie Menschen zu Schweigen und Anpassung zwingen."

Allzu rasch geraten die persönlichen Erinnerungen ehemaliger WiderstandskämpferInnen zu Heldengeschichten – ob nüchtern und sachlich vorgetragen (wie von Hermann Langbein) oder emotional und aufbrausend, ja gar unter Tränen (wie es über Rosa Jochmann überliefert wird). So sehr Langbein Jochmann auch schätzte, war ihm diese Art von Vermittlung doch fremd und das Thema zu wichtig, um es „mit dem Bauch" (so Pelinka) zu behandeln. Die Fixierung auf das persönliche Erleben und Leiden brachte in der Tat viele Gefahren mit sich, so auch die Einschätzung von Angelica Bäumer über ihre frühen Erfahrungen mit ZeitzeugInnen in Schulen: „Ich habe dann versucht, aus diesen Schulungen Erfahrungen abzuleiten, weil ich die Beobachtung gemacht habe, dass die in KZs oder versteckt oder sonst irgendwie traumatisierten Leute wie eine Schallplatte, in der die Nadel stecken geblieben ist, immer wieder ihr Leid perpetuiert haben. Immer wieder erzählt haben, wie es war, wie grausig es war, wie verhungert usw. Und ich war damals wirklich entsetzt, weil ich gesagt habe: 'Wir müssen den Kindern nicht erzählen, wie schrecklich es war, das müssen wir zwar auch, aber wir müssen ihnen die Frage stellen nach dem Heute und ihnen die Fragen praktisch mit auf den Weg geben: Was wollt ihr denn, wie soll denn die Welt morgen aussehen? Das ist unsere Aufgabe.' Wenn wir gelitten haben, dann haben wir gelitten, damit etwas besser wird und nicht, damit wir unser Leid perpetuieren."

Langbein war es wichtig, „Zeitzeugenschaft" und „Wissenschaft" in seinen Vorträgen und den anschließenden Diskussionen zu verbinden, mit starker Betonung der wissenschaftlichen Komponente. Verkörperte er doch letztlich beide Bereiche in seiner Person: Er hatte selbst die Zeit miterlebt, von der er sprach, und er hatte sie – wie kaum ein anderer aus seinen Reihen – analysiert und sich ein enormes Wissen darüber angeeignet. So war ein Irrtum oder ein Zögern hinsichtlich historischer Daten bei ihm nahezu ausgeschlossen. Langbein betrachtete den ständigen Austausch zwischen Wissenschaft und ZeitzeugInnen – und dadurch die Weiterentwicklung des Kenntnisstands über die nationalsozialistischen Verbrechen – als unverzichtbar, wie nicht zuletzt auch seine Bücher und Prozessvorbereitungen belegen. Dies war ihm Credo und Animo in seinem Lebensprojekt.

Jahrzehnte im Dienst politischer Aufklärung

Appell an die Öffentlichkeit

Pädagogische Einrichtungen waren nur ein Wirkungsort Hermann Langbeins. Früh schon suchte er eine breite Öffentlichkeit als Auditorium. Er wollte möglichst viele Menschen erreichen und nützte dafür alle ihm zur Verfügung stehenden Mittel: Bücher, Artikel, Magazinbeiträge und Broschüren, Vorträge, Podiumsdiskussionen, Pressekonferenzen, Hörfunk und Fernsehen.[205]

In gewissem Sinne war Hermann Langbein ein Medienmensch: Zwar gehörte er nicht zu denen, die sich in den Vordergrund drängen und mit großen Gesten die Aufmerksamkeit suchen, doch kannte er keine Angst vor Mikrofonen und Kameras und scheute auch den Umgang mit JournalistInnen nicht. Im Gegenteil: Er betrachtete sie als Multiplikatoren seiner Ideen, wusste sie einzusetzen und im Sinne seiner Anliegen zu nutzen. Gleichzeitig war Langbein bei den Medien beliebt, denn er konnte schwierige, komplexe Sachverhalte verständlich darstellen und fand auf jede Frage die richtigen, meist druckreifen Worte. Er zierte sich nicht, Interviews zu geben, lieferte zeitgeschichtliche Unterlagen, vermittelte weitere GesprächspartnerInnen.

Die im Laufe mehrerer Jahrzehnte entstandene Sammlung an Zeitungsartikeln von und über Hermann Langbein, die vielen Interviews, Presseaussendungen, Stellungnahmen auf Pressekonferenzen und dergleichen sind kaum zu überblicken. Unterschiedlichste Beiträge finden sich in großen überregionalen deutschen und österreichischen Zeitungen und Zeitschriften ebenso wie in lokalen Nachrichtenblättern, wo etwa über Besuche des Zeitzeugen Langbein in Schulen berichtet wurde, über seine Abendvorträge im Gemeindezentrum, über Workshops, Fachseminare, Diskussionen mit Betriebslehrlingen und manches mehr. Seine vielen Reisen im Dienste der Aufklärung, die ihn früh und häufig auch nach Deutschland führten, waren angefüllt mit Terminen. Nach Möglichkeit schloss er einen Besuch bei einem ehemaligen Auschwitz-Kollegen an, verfolgte Recherchen, knüpfte neue Kontakte.

Keinesfalls wartete Hermann Langbein auf Einladungen und Anfragen. Im Gegenteil, er suchte ständig Möglichkeiten, seinen Anliegen Gehör zu verschaffen. Ab den 1960er Jahren finden sich dafür zahlreiche Belege. In einem Brief an Werner Krumme vom 3. Februar 1962 erwähnt er eine 35-minütige Fernsehsendung über Auschwitz, die am 23. Jänner 1962 gesendet wurde[206]: „Es ist das erste Mal, dass dieses Thema im österreichischen Fernsehen so ausführlich behandelt worden ist. Ich spüre deutlich den Widerhall." Das Fernseharchiv des ORF führt als ersten größeren Sendebeitrag Langbeins einen Dokumentarfilm, der am 8. Mai 1962 ausgestrahlt wurde. Unter dem Titel „Große Österreicher in einer gnadenlosen Zeit" porträtierte Langbein – Gestalter und Sprecher der Sendung – fünf österreichische Widerstandskämpfer.[207] In die ab Mitte der 1970er Jahre populäre ORF-Diskussionssendung „Club 2" war Hermann Langbein mehrmals zum Austausch mit weiteren ExpertInnen geladen, etwa zum Thema „Holocaust" anlässlich der gleichnamigen, 1979 in Österreich und Deutschland ausgestrahlten Spielfilmserie.[208]

Längere Hörfunkbeiträge sind erst ab 1985 erhalten: Dazu gehört eine Stellungnahme zur „Mahnwache für den österreichischen Widerstand" (1987), die nach der Wahl Kurt Waldheims zum österreichischen Bundespräsidenten (1986 bis 1992) initiiert wurde. Langbein unterstützte diese Aktion und kritisierte insbesondere die Phrase von der „soldatischen Pflichterfüllung", die Waldheim für seine Kriegsdienstzeit ab März 1942 am Balkan für sich beanspruchte.[209]

Über die Jahrzehnte war Langbein auch im westdeutschen Fernsehen und im Hörfunk präsent. Dass die Anfänge in die frühen 1960er Jahre fielen, mag mit dem Ausscheiden aus dem IAK genuin zusammenhängen: Erst als Exkommunist war er für die staatlichen Medien akzeptabel – und Langbein brauchte Aufträge. Die Frankfurter Auschwitz-Prozesse brachten ihm Bekanntheit ein. Hier sind auch die Sendebeiträge aus 1964 zu erwähnen, als in Deutschland und Österreich die bevorstehende Verjährung nationalsozialistischer Straftaten (ab 8. Mai 1965) diskutiert wurde. „Bleiben die Mörder unter uns?" lautete der Titel einer 45-minütigen Dokumentation, in der neben anderen auch Hermann Langbein zu Wort kam.[210] Langbein wurde zu Diskussionen und immer wieder auch zu Gedenksendungen eingeladen. Viele TV-Auftritte und Interview-Einspielungen erbat man sich von ihm rund um die Ausstrahlung der amerikanischen Spielfilmserie „Holocaust". Zum einen waren historische Hintergrundinformationen gefragt, zum anderen ging es darum, im Anschluss an die Sendung Zuschauerfragen zu beantworten und Fakten abermals zu vermitteln. 1993 stand einmal mehr der Frankfurter Auschwitz-Prozess in einem mehrteiligen Rückblick zur Diskussion, 1994 der Völkermord an den Roma und Sinti. Ein Porträt über Hermann Langbein von Carmen Renate Köper wurde 1992 ausgestrahlt, ein letztes 15-minütiges Gespräch 1995.

Auch via Hörfunk erlangte Langbein in der Bundesrepublik Deutschland Bekanntheit, in den 1960er Jahren vor allem als Autor mehrerer Beiträge im Hessischen Rundfunk. So gestaltete er 1962 eine Sendung, in der er fünf Überlebende, sich selbst eingeschlossen, von Auschwitz sprechen ließ.[211] 1966 beschäftigte er sich mit der Frage der illegalen Amnestie; Anlass für die Sendung war die Tatsache, dass ein Jahr nach Abschluss des Frankfurter Auschwitz-Prozesses überdurchschnittlich viele verurteilte NS-Verbrecher wegen angeblicher Haftunfähigkeit vorzeitig aus der Haft entlassen wurden.

Früh beschäftigte sich Langbein in seinen Beiträgen mit der nationalsozialistischen Verfolgung der Roma und Sinti. Unter dem Titel „Zigeuner – wie leben sie heute? Zwei Jahrzehnte nach Auschwitz" beschrieb er 1967 die Geschichte, Tradition und Berufsausübung der „Zigeuner". Dabei zeichnete er mithilfe von Originalinterviews die vielfältigen Versuche nach, die verschiedene Regierungen in der Vergangenheit unternommen hatten (und noch immer unternahmen), um sie zur Sesshaftigkeit umzuerziehen. 1969 präsentierte er im Hessischen Rundfunk unter dem Titel „Emigranten des 21. August" ein Bild zur sozialen, politischen und persönlichen Situation jener Menschen, die nach dem Einmarsch der UdSSR in die ČSSR am 21. August 1968 das Land Richtung BRD verlassen hatten.

Die Jahrzehnte überspannende Präsenz von Hermann Langbein in Hörfunk- und TV-Sendungen zeugt vom Bekanntheitsgrad, den er weit über die einschlägige Fachwelt hinaus besaß, und untermauert seinen Charakter als Medienmensch. Woher nahm er diese Routine und die Sicherheit? Die Antwort darauf ist wohl in seiner Jugend zu suchen. Menschen, die ihn auf seinem Weg begleiteten, erinnern sich an die präzise Sprache und die klare, eindringliche Ausdrucksweise Langbeins in unterschiedlichsten Situationen. Hier scheinen seine ursprünglich gefühlte Berufung zum Schauspieler und die Jahre am Theater einen Nachhall gefunden zu haben: in der Achtsamkeit bei der Wortwahl, der Betonung, den bewusst gesetzten Pausen, in der Hinwendung zum Gegenüber und im Wissen, dass zählt, was dort ankommt.

In geringem Ausmaß bereits in Spanien, doch vor allem als Rektor und Lehrer der Volkshochschule Gurs sammelte Langbein Erfahrungen, wie man vor einem größeren Publikum überzeugend redet und das Interesse seiner Zuhörerschaft weckt. Dass ihm dies gelang, bestätigen ehemalige Schüler und erhalten gebliebene Zeugnisse. Welche Bedeutung das gesprochene Wort durch einen bestimmten Tonfall und die begleitende Mimik bekommt, hatte er sicherlich auch im Konzentrationslager bemerkt: Im täglichen Umgang mit der SS kam es darauf an, den richtigen Ton zu treffen: nicht zu forsch, aber dennoch mit sicherem Auftreten ein Anliegen vorzubringen; den richtigen Augenblick dafür zu erspüren; sich der Wirkung seiner Stimme und der Intonation bewusst zu sein. Seine Funktionen als Parteiredner, -lehrer und -instruktor waren ein weiteres Übungsfeld. Und nicht zuletzt formten die Aktivitäten in diversen Gremien Langbeins Kompetenz und Sicherheit, Standpunkte darzulegen und durchzusetzen. Spätestens während des Auschwitz-Prozesses intensivierte sich sein Umgang mit den Medien.

Zweifellos war Hermann Langbein routiniert, doch besaß er vor allem eines: Charisma. Er überzeugte nicht nur durch umfangreiches Wissen, hohe soziale Kompetenz und Sicherheit im Auftreten, sondern auch dank seiner Ausstrahlung. Diese scheint sich mit zunehmendem Alter noch verstärkt zu haben, liest man Erinnerungen jener, die ihn bei seinen letzten großen Auftritten miterlebt haben – etwa im Jänner 1995 bei der Gedenkveranstaltung im Schauspielhaus Frankfurt am Main oder im Nordrhein-Westfälischen Landtag anlässlich des 50. Jahrestages der Befreiung des Konzentrationslagers Auschwitz. Er hielt seine Reden ohne Manuskript, ja benötigte nicht einmal Notizen. Stets suchte er den direkten Augenkontakt mit seinem Publikum und überzeugte mit schnörkelloser Sprache, wobei er jegliches Pathos und jegliche Schwülstigkeit vermied. So hinterließ er bei den Menschen einen tiefen Eindruck.

Langbeins Engagement in Gremien und Vereinen

Hermann Langbein erhielt Aufmerksamkeit allein kraft seiner natürlichen Autorität und gewann MitstreiterInnen von Rang und Namen dank großer Glaubwürdigkeit. Denn Hermann Langbein, dem heute immer wieder große Distanziertheit, ja Unnahbarkeit nachgesagt wird, verstand sich dennoch gut darauf, im Hintergrund die Fäden zu ziehen, in informellen Gesprächen Unterstützung zu suchen – und vor allem in Abertausenden Briefen Kontakte zu knüpfen und Netzwerke zu pflegen. Er beschränkte seinen Wirkungskreis nicht nur auf Österreich und Deutschland, sondern war in ganz Europa gut vernetzt.

Von Hermann Langbeins Aktivität als Generalsekretär des Internationalen Auschwitz Komitees (IAK) und in den 1960er Jahren als Sekretär des Comité International des Camps (CIC) war hier schon ausführlich die Rede. In Österreich gelang es ihm weitaus schwerer, mit seinem gesellschaftspolitischen Engagement Fuß zu fassen – sicherlich auch noch als Folge der KPÖ-Querelen. Dies änderte sich in den 1970er Jahren. Als Sekretär des CIC war es ihm ab 1963 gelungen, Überparteilichkeit als oberstes Prinzip zu etablieren. Er war bemüht, allen ehemaligen KZ-Häftlingen im CIC eine Anlaufstelle zu bieten. Diese Haltung, die ihm die Unterstützung bedeutender Mitstreiter wie Eugen Kogon in Frankfurt, Leo Eitinger in Oslo, Israel Gutman in Jerusalem, Primo Levi in Turin, Georges Wellers in Paris oder Richard Glazar in Basel – alle selbst Überlebende nationalsozialistischer Konzentrationslager – einbrachte, mündete in Aktivitäten, die schließlich auch in Österreich auf mediales Interesse und politischen Widerhall stießen. Beschämender Auftakt in den 1970er Jahren waren die österreichischen Auschwitz-Prozesse, die Hermann Langbein und Simon Wiesenthal gleichwohl zu breiterer Publizität verhalfen.

In einer Fernsehdiskussion anlässlich des Nationalfeiertages 1975 bedauerte die Zeithistorikerin Erika Weinzierl, dass der österreichische Nationalfeiertag „immer mehr in Gefahr gerate, sich nur in einigen staatlichen Zeremonien und in Fitnessläufen zu manifestieren". Justizminister Christian Broda, ebenfalls Teilnehmer der Diskussionsrunde, schlug daraufhin vor, gemeinsam mit dem Wissenschaftsministerium Symposien über juridische und zeitgeschichtliche Themen zu veranstalten. Hermann Langbein nahm als kritischer Zuhörer und Diskutant aktiv an diesen Symposien, die von 1976 bis 1993 stattfanden, teil. Sie behandelten ein breit gefächertes Themenspektrum an der Schnittstelle von Justiz und Zeitgeschichte.[212]

Die Gesellschaft für politische Aufklärung

Anfang der 1980er Jahre begann sich eine Gruppe überzeugter Demokratinnen und Demokraten regelmäßig zu treffen, die neue Formen der politischen Aufklärung ergründen wollten. Sie suchten nach Wegen, um breitere Gesellschaftsschichten zu aktivieren und die für eine echte Demokratie erforderlichen mündigen BürgerInnen heranzubilden. Bruno Kreisky unterstützte dieses Engagement: 1983, im letzten Jahr seiner Kanzlerschaft, rief er ein knappes Dutzend Personen zu sich und bat sie persönlich, sich gegen Faschismus, Neonazismus und Antisemitismus zu engagieren. Unter den Geladenen war auch Hermann Langbein – neben Christian Broda, Anton Pelinka und Herbert Steiner.[213] Die „Gesellschaft für politische Aufklärung", im Folgenden kurz GfpA oder schlicht Gesellschaft genannt, war bestrebt, politische Aufklärung jenseits ausgetretener Pfade zu betreiben und dabei KünstlerInnen und Kulturschaffende einzubeziehen. 1984 erschienen die ersten Mitteilungsblätter, die „Informationen der Gesellschaft für politische Aufklärung". Darin erläutern die Mitglieder ihre Intentionen: „Ziel ist es, neonazistische und andere rechtsradikale Strömungen zu bekämpfen – nicht mit den Mitteln der Polizei und der Justiz, sondern mit den Instrumenten der Information und der Aufklärung. Die Gesellschaft für politische Aufklärung versteht sich als eine politische Initiative, die aber parteipolitisch nicht etikettiert sein will. … Die Gesellschaft für politische Aufklärung umfasst bewusst Personen, die in den verschiedensten Bereichen tätig sind – in den Medien, an den Universitäten, in Jugendorganisationen, in Bereichen der Kunst. Auf diese Weise soll die erforderliche Bandbreite der Tätigkeiten sichergestellt werden."[214]

Die Gesellschaft hatte von Beginn an mit je einem Sekretariat in Innsbruck und in Wien zwei Stützpunkte.[215] Dem ersten und Langzeit-Vorsitzenden Anton Pelinka folgte 2006 Erika Thurner in dieser Funktion.

Über viele Jahre hinweg fanden die Sitzungen im Büro von Erika Weinzierl am Institut für Zeitgeschichte in der Rotenhausgasse statt. Der nicht allzu große Raum war oft mit über einem Dutzend Personen eng gefüllt; es gab Würstel und Kaffee, und zum Leidwesen Langbeins, der strikter Nichtraucher war, wurde damals bei Sitzungen auch geraucht. Den inhaltlichen Ton gab das „Dreigestirn Weinzierl-Pelinka-Langbein" vor, das die Perspektiven von Zeitgeschichte und Politikwissenschaft sowie jene des Zeitzeugen harmonisch vereinte. Diese Treffen waren keine lockeren Plauderstunden, das berichten viele Mitglieder der GfpA. Wenn es darum ging, Schwerpunkte, Zielgruppen und Ziele konkreter Aktivitäten festzulegen, gab es immer wieder durchaus hitzige Debatten. Karin Liebhart erinnert sich an die Gesellschaft als eine emotionale, konflikthafte, nicht immer harmonische Gruppe, einen Zirkel von Individualisten mit gemeinsamem Fokus, aber unterschiedlicher Herangehensweise. „Es war schnell klar, dass Hermann Langbein eine zentrale Rolle spielt. Er hatte eine sehr ruhige Art zu reden; was er sagte, hatte Gewicht. Und er verstand es, emotionale Auseinandersetzungen zu schlichten, indem er einfach beim Thema blieb, sehr bestimmt und klar seinen Standpunkt vertrat und dabei ruhig und konsequent blieb. Zum Teil hat er auch widersprochen, aber auf manche Sachen ging er gar nicht erst ein."

Einigen Gesellschaftsmitgliedern war die Ausrichtung der Aktivitäten zu stark auf Auschwitz fokussiert: Sich mit der Aufklärung über Auschwitz zu beschäftigen, erzeuge noch keine mündigen BürgerInnen, die ein „zweites Auschwitz" verhindern könnten. Angelica Bäumer steht zu ihrer damaligen Unzufriedenheit: „Wenn wir nie wieder auch nur die Ansätze von Auschwitz haben wollen, müssen wir schauen: Was passiert denn jetzt, wo sind denn jetzt die Defizite, wo grenzen wir denn jetzt schon wieder aus?" Damit kam sie mit Langbein in Konflikt, für den Auschwitz der Ausgangspunkt jeglicher politischer Aufklärung war.

Die Bandbreite der Themen, mit denen sich Langbein in seinen rund vierzig Beiträgen in den Informationsblättern der GfpA auseinandersetzte, überspannt zwar diese beiden Pole: die starke Thematisierung von Auschwitz einerseits und die kritische Stellungnahme zu aktuellen politischen Entwicklungen andererseits. In seinen Texten spiegeln sich die politischen Vorfälle und Erschütterungen in Österreich und in den Nachbarländern. Mehrheitlich widmete er sich aber der Auschwitz-Thematik.

Unter den zahlreichen Aktivitäten, die von der GfpA ausgingen, waren Hermann Langbein vor allem die jährlich organisierten Fahrten nach Auschwitz ein großes Anliegen. Reinhold Gärtner konzipierte sie als mehrtägige Exkursionen; vorrangig war dabei die Vorbereitung der Teilnehmenden auf die Begegnung mit dem Gedenkort Auschwitz. Dazu gehörte auch das Zusammentreffen mit Zeitzeugen, die über ihre Erfahrungen berichteten und zu vermitteln versuchten, was der Ort Auschwitz für sie bedeutete. Dabei war, so Reinhold Gärtner, der die Fahrten bis 1999 organisierte und betreute, Hermann Langbein stets ein unverzichtbarer Gesprächspartner.[216]

Die geplante Verbindung von künstlerischem und politischem Engagement ist nur ansatzweise geglückt: Die Beteiligung von künstlerischer Seite ließ früh nach, sodass die üblichen intellektuellen Auseinandersetzungs- und Verbreitungsformen überwogen. Die Außenwirkung der GfpA war zu Lebzeiten Langbeins dennoch stark – die Veranstaltungen waren gut besucht, die „Informationen" fanden eine breite interessierte LeserInnenschaft. Die Gesellschaft wurde zu einem wichtigen sozialpolitischen Player und besaß eine unüberhörbare Stimme in der politischen Diskussion. Die Weiterentwicklung von Demokratie und das Auftreten gegen Rechtsextremismus verfolgten damals nur wenige Institutionen als zentrales Anliegen, ausgenommen manches Universitätsinstitut, vor allem aber das Dokumentationsarchiv des österreichischen Widerstandes.

Die GfpA existiert nach wie vor, allerdings haben sich die Rahmenbedingungen und Aktionsmöglichkeiten stark geändert. Eine Vielzahl von Organisationen (NGOs), die zeitgeschichtliches und (sozial)politisches Engagement bündeln, bieten Information und Aufklärung an – und sie alle kämpfen um knapper werdende finanzielle Mittel. Inzwischen wurden die Angebote adaptiert (wie etwa Online-Newsletter statt gedruckter „Informationen"), das Konzept der Auschwitz-Fahrten aktualisiert[217] und die Aktivitäten auf Kleingruppen (Workshops) in Kooperation mit weiteren Partnern fokussiert – und so das Weiterwirken der Gesellschaft, dieser für Langbein so wichtigen Institution, ermöglicht.

Aufklärung über den Genozid an den „Zigeunern" und seine Folgen

Die Unterstützung, die Langbein der Opfergruppe der sogenannten „Zigeuner"[218] zukommen ließ, ist bereits für den Beginn der 1960er Jahre dokumentiert. In einem Brief an Franz Danimann, damals Obmann der Österreichischen Lagergemeinschaft Auschwitz, schrieb er: „Lieber Franz! Unter der vielen Post, die jetzt nach meinem Urlaub auf Behandlung wartet, ist auch der beiliegende Brief [von Johann H.]. Ich schicke ihn gleich an Dich, da Du ihn sicher besser beantworten kannst als ich. Es dürfte sich wohl um einen Zigeuner handeln. Viele Zigeuner aus Rax wenden sich an unsere Lagergemeinschaft (oder an mich, weil ihnen meine Anschrift bekannt ist) um Hilfe und Rat. Auch wenn es sich nicht um Auschwitzer handeln sollte, glaube ich, dass man helfen soll, soweit das möglich ist. Du weißt, dass sich gerade um die Zigeuner niemand uneigennützig kümmert. Bitte lass mich wissen, was Du gemacht hast." Er selbst versuchte ebenfalls, Not zu lindern, wo er nur konnte, etwa indem er Kleiderspenden sammelte und sie an Bedürftige weitergab, unter ihnen viele „Zigeuner", die Auschwitz überlebt hatten.

Als Häftlingsschreiber hatte Hermann Langbein 1944 das Elend der Menschen im „Zigeunerlager" Auschwitz-Birkenau mit eigenen Augen gesehen. Mehrfach verwies er später auf die dort herrschenden katastrophalen Verhältnisse. „Nur Zigeunern bereitete der National-sozialismus das gleiche ‚totale‘ Schicksal wie den Juden."[219] Eine erste und für lange Zeit einzige wissenschaftliche Auseinandersetzung mit der Verfolgung der österreichischen „Zigeuner" leistete Mitte der 1960er Jahre Selma Steinmetz in ihrer Monografie über Österreichs „Zigeuner" im NS-Staat.[220] Zu einer gründlichen und umfassenden Auseinandersetzung mit der nationalsozialistischen Verfolgung dieser Ethnie kam es erst Anfang der 1980er Jahre. Den Anstoß dazu gab Hermann Langbein: In einer Fernsehdiskussion nach der Ausstrahlung des Spielfilms „Holocaust" Anfang 1979 wies er darauf hin, dass über die Vernichtung der „Zigeuner" so gut wie keine Forschungsarbeiten existierten. Erika Thurner, gerade auf der Suche nach einem Thema für ihre zeitgeschichtliche Dissertation, hörte dies und machte sich ans Werk. 1982 stellte sie ihre Arbeit „Die Zigeuner als Opfer der nationalsozialistischen Verfolgung in Österreich" fertig, die sie ein Jahr später publizierte.[221] Zu Beginn ihrer Recherche hatte sie Hermann Langbein kontaktiert und um Unterstützung gebeten. Vermutlich durch einen Hinweis von Erika Weinzierl auf das nunmehr vorliegende Werk ihrer Dissertantin erinnerte er sich an Erika Thurner und lud sie ein, die Errichtung eines Mahnmals für die Opfer des „Zigeunerlagers" Lackenbach im Mittelburgenland zu dokumentieren.

Lackenbach war während der Nazizeit für circa viertausend „Zigeuner" Durchgangsstation zu den Vernichtungslagern; die Auflösung des Lagers Ende März 1945 erlebten nur einige Hundert Häftlinge. Die österreichische Lagergemeinschaft Auschwitz (ÖLGA) hatte sich früh – zunächst ergebnislos – für die Opfer dieses Lagers engagiert, das im Nachkriegsösterreich nicht als Konzentrationslager geführt wurde, weshalb die dortige Haft nicht zu Entschädigungsansprüchen berechtigte. Ein erster – später – Erfolg, der Ermordeten und Überlebenden dieses Lagers zu gedenken, war das Mahnmal, das innerhalb eines Jahres auf Initiative der ÖLGA geschaffen werden konnte. Die Dokumentation dieses Prozesses begründete eine nachhaltige Zusammenarbeit von Erika Thurner und Hermann Langbein.[222] 1985 referierte Thurner auf Einladung Langbeins beim Zeitzeugen-Seminar in Tainach/Tinje (Kärnten) zur nationalsozialistischen Verfolgung der „Zigeuner" und deren Situation nach Kriegsende. Dabei wies sie dezidiert auf die verweigerte „Entschädigung" der Roma hin.

Dies gab den Anstoß, im Sozialministerium wegen der Anliegen der Roma vorzusprechen. In den folgenden Jahren entwickelte sich eine rege Diplomatie, die von der Lagergemeinschaft Auschwitz, der Gesellschaft für politische Aufklärung und der Österreichischen Liga für Menschenrechte gemeinsam getragen wurde. Sie forderten eine Einbeziehung der Roma („Zigeuner") in die Opferfürsorgemaßnahmen, das heißt die Gleichstellung jener in den österreichischen NS-„Zigeunerlagern" Lackenbach und Salzburg-Maxglan Inhaftierten, die noch nicht „entschädigt" worden waren oder nur einen Opferausweis und damit keine Rentenberechtigung[223] erhalten hatten. Die Bemühungen zogen sich bis 1990 hin. In erster Linie ging es um einen Novellierungsvorschlag zum Opferfürsorgegesetz (OFG), der die verfolgten Roma und Sinti als Anspruchsberechtigte einzubeziehen beabsichtigte und auch ihnen Amtsbescheinigungen (statt Opferausweise) ermöglichen sollte.

Ausgerechnet im Gedenkjahr 1988 scheiterte der Beschluss der Novellierung des OFG; vielmehr bot sich Gelegenheit, eine für den Staat günstigere Variante der „Entschädigung" zu beschließen: nämlich eine einmalige „Ehrengabe" an alle unter nationalsozialistischer Herrschaft Verfolgten auszuzahlen, für die ein Betrag von fünfzig Millionen Schilling (3,6 Mio. Euro) zur Verfügung gestellt werden sollte. Nicht nur, dass hier das Anliegen einer Opfergruppe mit einer lediglich auf Symbolwirkung bedachten Einmalzahlung an alle WiderstandskämpferInnen und Opfer des Faschismus beantwortet wurde – der Gesetzgeber nahm auch noch eine Staffelung der „Anspruchsberechtigten" in vier Gruppen vor, deren Angehörige zwischen 5.000 und 2.500 Schilling (gut 360 und 180 Euro) erhalten sollten. Den geringsten Betrag würden demnach abermals jene erhalten, die bislang am wenigsten berücksichtigt worden waren, etwa die ehemals in Lackenbach Inhaftierten.

Dass der Entwurf eines Ehrengaben- und Hilfsfondsgesetzes auf einen Vorschlag der Arbeitsgemeinschaft der KZ-Verbände und Widerstandskämpfer zurückgehe, wie Sozialminister Dallinger in seiner

Antwort auf eine Protestnote von Hermann Langbein hinwies, verringerte die Empörung von Langbein und zahlreicher anderer WiderstandskämpferInnen nicht. Sie kritisierten insbesondere auch, dass um die „Ehrengabe" angesucht werden müsse, was sie als beschämend empfanden, zudem war die Antragstellung in der Praxis mit vielen bürokratischen Problemen behaftet. Zahlreiche WiderstandskämpferInnen wollten dies nicht akzeptieren und verzichteten zugunsten der abermals Diskriminierten auf ihre „Ehrengaben". Sie sendeten über Vermittlung von Langbein das Geld an Bedürftige weiter. Das Begleitschreiben sollten sie, so Langbein, auch an das Sozialministerium schicken, „mit dem Vermerk, dass Du hier einspringst, weil das Ministerium untätig geblieben ist."

Die Bemühungen um Gleichstellung der während der NS-Zeit verfolgten „Zigeuner" mit anderen KZ-Opfern gingen Anfang der 1990er Jahre weiter, jedoch ohne durchgreifenden Erfolg. Vieles blieb weiterhin dem Auslegungsspielraum der Landesbehörden vorbehalten. Dennoch ist das engagierte Bemühen von Minister Dallinger zugunsten der noch nicht entschädigten Roma zu erwähnen. In einem persönlich gehaltenen Brief vom 26. Februar 1988 informierte er Hermann Langbein von der Einrichtung eines „Fonds für hilfsbedürftige Widerstandskämpfer und Opfer der politischen Verfolgung". Über diesen Hilfsfonds sollten die Lackenbach-Überlebenden zumindest in den Kreis der Rentenberechtigten einbezogen werden können. Und: 1995 wurde mit dem „Nationalfonds der Republik Österreich für Opfer des Nationalsozialismus" ein zusätzliches Instrument geschaffen, um bislang „vergessene" Opfergruppen zu berücksichtigen.

Eintreten gegen Rechtsextremismus, Neonazismus und Holocaustleugnung

In seinem Kampf gegen Rechtsextremismus, Neonazismus und Holocaustleugnung setzte Hermann Langbein an vielen verschiedenen Stellen an. Bereits in den frühen 1960er Jahren bemühte er sich (für die Lagergemeinschaft Auschwitz), Rektoren und Dekane österreichischer

Universitäten zur Zusammenarbeit in der antifaschistischen Aufklärung zu gewinnen, nachdem es zu neonazistischen Vorfällen an Universitäten gekommen war; er bewirkte allerdings kaum Einsicht.[224]

Ein wichtiger Schritt, um den Aktivitäten breitere Geltung zu verschaffen, war die Gründung der „Kommission zum Studium des Neofaschismus" im Jahr 1977, die allein schon durch die Internationalität ihrer Mitglieder punktete, wie im vorhergehenden Kapitel deutlich wurde. Anton Pelinka erinnert sich an die Diskussion darüber, ob das Gremium den Begriff Neonazismus oder Neofaschismus im Titel führen sollte. Mit Verweis auf den italienischen Faschismus fiel die Wahl auf den breiter gefassten Begriff – wenngleich Langbein nie verabsäumte, den Unterschied von Faschismus und Nationalsozialismus zu betonen: „Der Faschismus war scheußlich, der Nationalsozialismus war mörderisch."

Langbein scheute auch eine direkte Auseinandersetzung mit den ideologischen Gegnern nicht. Im Nachlass von Langbein ist seine Korrespondenz mit Alfred Speer erhalten, die aus dem Herbst 1978 datiert: Er wollte ihn für einen gemeinsamen Fernsehauftritt zum Thema „Die Gefahren neonazistischer Tendenzen" überzeugen. Speer hatte umgehend zugestimmt – und einige Wochen später, zur großen Enttäuschung Langbeins, einen Rückzieher gemacht. Langbein versuchte, ihm in einem abschließenden Schreiben die Bedeutung eines Gesprächs „von uns beiden, die wir den Nationalsozialismus genauer als alle anderen kennengelernt haben", nahezubringen. „Wenn Sie sich die Reaktion auf eindeutige Worte von Ihnen zu diesem Thema vorstellen, so ist damit auch deren Wirkung auf einen Personenkreis beschrieben, wie sie kein Politiker und kein Überlebender aus dem Kreis der Opfer erzielen kann."

Insbesondere gegen Holocaustleugner richtete sich die Herausgabe des Sammelbands „Nationalsozialistische Massentötungen durch Giftgas". Den Anstoß dazu gab 1981 eine Konferenz auf Einladung der Bundeszentrale für politische Bildung in Bonn, die sich mit den Auswirkungen rechtsextremer Propaganda (Leugnung der Gaskammern in NS-Konzentrationslagern, „Auschwitzlüge" etc.) befasste. Es wurde die Ausarbeitung einer „unanfechtbaren Dokumentation über Massentötungen mittels Giftgas" beschlossen. Die Namen der vierzehn Autorinnen und Autoren des umfangreichen Werkes, das von Hermann Langbein, Eugen Kogon und Adalbert Rückerl herausgegeben wurde, lesen sich wie das „Who's Who?" der KZ-Forschung jener Tage: von Yitzhak Arad (Israel) bis Georges Wellers (Frankreich) reichen die Namen der KZ-Überlebenden, HistorikerInnen, Publizisten und Juristen, die sich in insgesamt vier mehrtägigen Plenartagungen zu Austausch, gegenseitiger Beratung und Kritik trafen. Der Verzicht auf Autorenhonorare sollte den Preis des Buches niedrig und somit auch für die Jugend erschwinglich halten. Schon 1984 erschien eine französischsprachige Übersetzung, die englischsprachige ließ bis 1994 auf sich warten.

Langbein war überzeugt: Nur wer über die Untaten der Vergangenheit Bescheid weiß, kann sich gegenüber ideologischen Verführungen der Gegenwart behaupten. Wer wisse, wohin die extreme Ungleichbewertung von Völkern und die Abwertung der Demokratie geführt haben, sei weniger empfänglich gegenüber den Giften rechtsextremer Ideologien. Daher, so Langbein in einem Interview 1979, gelte es, auf die mit dem Ruf nach einer „starken Hand" verbundene Gefahr hinzuweisen, der man ausgeliefert wäre, sobald sie einmal das Ruder ergreifen würde.

Langbeins Einsatz gegen rechtsextreme und neonazistische Strömungen stieß nicht nur auf Wohlwollen. Er machte sich damit auch Feinde – bei jenen, die sich durch die Thematisierung der nationalsozialistischen Verbrechen an eigene oder familiäre Verstrickungen erinnert fühlten und früh schon einen „Schlussstrich" eingemahnt hatten. Und natürlich bei all denen, die genau diese Vergangenheit wieder zum Leben erwecken wollten. Ein Leserbrief in der freiheitlichen Wochenzeitung „Kärntner Nachrichten" bezeichnete Langbein 1976 als „ersten Kriegsverbrecher". Zahlreiche Reaktionen rechtsextremen Ursprungs riefen seine Fernsehauftritte rund um die Ausstrahlung der Serie „Holocaust" hervor – diese zu beantworten blieb ihm erspart, da sie ihn ja zumeist anonym erreichten. Aber es ist vorstellbar, dass sich Langbein auch mit diesen Personen argumentativ auseinandergesetzt hätte.

Es erreichten ihn sogar deutliche Drohungen, wie folgender Auszug aus einem (orthografisch fehlerhaften) handschriftlichen Schreiben beweist: „Für sie wäre es in Zukunft gesünder zu schweigen und nicht sich ihrer schändlichen Vergangenheit als Verräter des deutschen Volkes zu rühmen. Wären sie doch nur in Auschwitz verreckt (Gaskammern gab es ja bekanntlich keine), sie Dreckschwein, sie ehemaliger Bolschewistenpaktierer. Hochachtungsvoll, Ihr baldiger Tod in der Form eines alten Kämpfers, der sie nur warnen möchte."

Hermann Langbein ließ sich davon nicht entmutigen. Bis zuletzt glaubte er an die Macht der Vernunft, den Geist der Aufklärung und insgesamt wohl auch an das Gute im Menschen. „Aus dem Erleben der Vergangenheit schöpft Hermann Langbein Mut für die Zukunft", titelte die „Dachauer Neueste" am 11. Februar 1981.

Ein Jahrzehnt später schien das aufklärerische Engagement gegen rechtsextreme Auswüchse Früchte zu tragen. Anfang der 1990er Jahre kam es zu klaren Schuldsprüchen; das österreichische Verbotsgesetz wurde im Sinne der Forderungen der Antifaschisten reformiert. Die Medien reagierten mit engagierter Aufmerksamkeit. Hermann Langbein konnte diesen „Klimawandel" in Österreich noch miterleben. Wolfgang Neugebauer resümierend dazu: „Wenn diese Einstellung der Öffentlichkeit von Dauer sein sollte, ist dies nicht zuletzt auf das Wirken von Persönlichkeiten wie Hermann Langbein zurückzuführen."[225]

Im neunten Lebensjahrzehnt

Das neunte Jahrzehnt seines Lebens begann für Hermann Langbein mit einem Festakt, den ihm die Gesellschaft für politische Aufklärung ausrichtete: ein Symposium anlässlich seines achtzigsten Geburtstags am 18. Mai 1992, mit Vorträgen von Erika Weinzierl, Helmut Konrad, Jan Parcer, Władisław Fejkiel, Wolfgang Neugebauer, Anton Pelinka und Leopold Rettinger. Die Vortragenden gingen auf einige seiner Lebensepochen und Arbeitsschwerpunkte ein und würdigten Langbeins herausragende Leistungen. Im Jahr darauf wurden die Referate als Festschrift herausgegeben, die auch das lange Interview enthielt, das Anton Pelinka mit Langbein wenige Monate zuvor geführt hatte.[226] In allen Beiträgen wird Langbeins Engagement in der zeitgeschichtlichen Aufklärung betont, sein Mut in vielen schwierigen Lebenssituationen und sein konsequenter Einsatz für seine Überzeugungen. Vor sich selbst und seinen Liebsten geradestehen zu können, war auch Langbein selbst besonders wichtig. Und so schließt er das Gespräch mit Pelinka: „Das Wichtigste ist mir, dass ich mich vor meinen Kindern nicht genieren muss."

Dass er die achtzig überschritten hatte, hinderte Hermann Langbein keineswegs daran, sein gewohntes Arbeitstempo beizubehalten – so schien es zumindest. Noch für das Jahr 1995 sind zahlreiche Auftritte, Interviews und Zeitzeugengespräche dokumentiert. Im Jänner jährte sich die Befreiung von Auschwitz zum fünfzigsten Mal; diesem Anlass widmeten sich zahlreiche Veranstaltungen, etwa ein zweitägiges Symposium über die „Wahrnehmung von Auschwitz" in Wien. Dabei zog Langbein ein kritisches Resümee für Österreich. Erst in den letzten Jahren und mit der jüngeren Generation sei eine fruchtbare Konfrontation möglich geworden. Langbein war zu einigen Gedenkveranstaltungen in Deutschland geladen, und selbstverständlich nahm er auch an den Gedenkzeremonien in Polen teil. Diese waren allerdings überschattet vom Streit darüber, ob sie eher katholisch oder jüdisch ausgerichtet sein sollten. Anlass für Konflikte lieferte auch der „Aufmarsch der Eitelkeiten", wie die Einladungsliste befürchten ließ: Sie berücksichtigte weniger die Bedeutung der Personen für das Gedenken an und in Auschwitz als vielmehr deren aktuelle mediale Bekanntheit und politische Präsenz. Langbein bedauerte das sehr und hielt mit seiner Kritik nicht hinter dem Berg.

Im September 1995 erschien ein Streitgespräch zwischen Hermann Langbein und Heinz Fischer, damals Präsident des österreichischen Nationalrats, in der Wiener Tageszeitung „Kurier". Thema war die Geste der Republik, NS-Opfern eine symbolische Entschädigung von je 70.000,– Schilling (5.087,– Euro) auszuzahlen – sofern die Betroffenen vorher einen Antrag stellten. Dazu Langbein: „Ich bin nicht betroffen, weil ich nicht ansuchen werde. Ich halte es für untragbar, dass jemand einen Antrag stellen muss ‚Bitte ehrt mich'. Das ist Betteln." Dieser Zeitungsbericht war Langbeins letzter öffentlicher Auftritt. Gut einen Monat später war er tot.

Kein Titel ohne Zwistigkeit

Zu den wichtigsten Hinterlassenschaften Hermann Langbeins gehören die Bücher, die er geschrieben hat. Sie sind nicht nur weltweit in Bibliotheken zu finden – gibt es doch Übersetzungen ins Englische, Französische, Italienische oder Polnische –, sie stellten zum Zeitpunkt ihres Erscheinens oft auch etwas vollkommen Neuartiges dar. Viele der Ankündigungen und Besprechungen seiner Bücher beinhalten das Wort „erstmalig". Langbein schlug im Umgang mit zahlreichen Themen neue Wege ein und brach Tabus; manche Sichtweise erregte heftigen Widerspruch. Einige Auseinandersetzungen wurden nicht nur in Fachzeitschriften oder Zeitungsrezensionen, sondern auch vor Gericht ausgetragen. Die meisten Manuskripte entstanden unter schwierigen Bedingungen, und nicht selten bedurfte es vieler Schreiben, Verhandlungen und Interventionen Langbeins, damit die Publikationen überhaupt zustande kamen.

Von den Hürden im Vorfeld der Veröffentlichung und deren Nachspiel soll hier anhand seines Erstlingswerk „Die Stärkeren" sowie seines Erfolgsbandes „Menschen in Auschwitz" exemplarisch die Rede sein.

„Die Stärkeren": Kommunisten und Sozialisten rivalisieren weiter

Bereits Langbeins erstes Buch „Die Stärkeren", in dem er seine persönlichen Erlebnisse während der Verfolgungszeit in lebhaftem Stil schildert, verursachte größere Aufregungen – noch vor dem geplanten Erscheinen im Jahr 1949. Langbein schrieb im Präsens und benutzte gern Dialoge zur Dramatisierung des Geschehens. Viele der so zitierten ehemaligen Gesprächspartner und Mitstreiter in den Konzentrationslagern lebten zum Zeitpunkt des Erscheinens noch, weshalb der Stern-Verlag, der Parteiverlag der KPÖ, die betreffenden Stellen zur Gegenprüfung weitergab, diese Gepflogenheit allem Anschein nach jedoch nur im Falle kommunistischer Genossen für notwendig hielt.[227]

Franz Olah, ehemaliger Funktionshäftling im KZ Dachau, war zu dieser Zeit bereits mächtiger sozialistischer Gewerkschafter und Funktionär in Wien und für seine antikommunistische Haltung bekannt. Er brachte eine Privatklage wegen Ehrenbeleidigung ein: In zwei Episoden aus der gemeinsamen Haftzeit im KZ Dachau fühlte er sich falsch und ehrenrührig dargestellt. Beide Male ging es um die Zusammenstellung von Transportlisten mit den Nummern von Häftlingen, die das KZ Dachau verlassen sollten, einmal nach Hartheim und ein anderes Mal nach Auschwitz.

Zwar konnte der Originaltext lange nicht veröffentlich werden und galt als „verschollen", sein Inhalt jedoch war bekannt: Unter dem Titel „Olah bleibt hart …", hatte die Volksstimme am 18. September 1949 einen Vorabdruck von „Die Stärkeren" gebracht, und zwar genau jene Stellen, an denen Langbein die Auseinandersetzungen mit den sozialistischen Mithäftlingen in Dachau thematisierte – was dem verantwortlichen Redakteur ebenfalls eine Klage auf Ehrenbeleidigung einbrachte. Die Volksstimme musste in ihrer Ausgabe vom 9. November 1949 den Urteilsspruch abdrucken, aus dem hervorging, dass die Erwähnung, „er [Olah] war mitbeteiligt an der strafweisen Verschickung des Autors [Hermann Langbein] und anderer Häftlinge, die sich zu sehr für die Kranken im Lager eingesetzt hatten, aus Dachau in das Vernichtungslager Auschwitz", hätte unterbleiben müssen.[228]

Die zweite Episode, gegen die 1949 Olah Einspruch erhob und schließlich nicht veröffentlicht werden durfte, betraf die Zusammenstellung eines sogenannten Invalidentransports, der – das wussten die Häftlinge zu diesem Zeitpunkt schon – direkt in den Tod führte. Langbein hatte Olah ersucht, den Namen eines 19-jährigen, bereits wieder genesenen Berliner Juden von der Liste zu nehmen und durch die Nummer eines todkranken, schon in Agonie dahindämmernden Häftlings zu ersetzen. Dies hatte Olah laut Langbein abgelehnt – nicht etwa, weil er den Jungen, Száma Nowak, in den Tod schicken, sondern weil er den Kommunisten diesen Gefallen nicht erweisen wollte.

Die Zusammenstellung der Transportlisten unterlag zwar der SS, doch bediente sie sich immer und überall der Unterstützung der

Häftlingsfunktionäre. Eine Vielzahl von Rettungsaktionen aus den Konzentrationslagern sind bekannt, in denen Häftlinge gefährdetes Leben retteten – wenngleich immer auf Kosten von Leben anderer Häftlinge. Olah bestritt jedoch, als Funktionshäftling einen derartigen Handlungsspielraum gehabt zu haben. Damit stand Aussage gegen Aussage. Das Gericht erkannte die Beschwerde Olahs an, die kritisierten Stellen würden zum Ausdruck bringen, er habe das Recht gehabt, Transportlisten zu ergänzen und sei dabei nicht nach sachlichen Grundsätzen, sondern persönlichen Gründen vorgegangen. Diese Behauptung sei rufschädigend, daher ordnete das Gericht eine Beschlagnahme des Buchs im Stern-Verlag und in der Globus-Druckerei an. Langbein akzeptierte schlussendlich die Erklärung Olahs, an der Zusammenstellung des Transports nach Auschwitz nicht beteiligt gewesen zu sein, woraufhin Olah den Strafantrag zurückzog. „Die Stärkeren" wurde daraufhin neu gedruckt und erschien mit weißen Stellen auf drei Seiten.[229]

Auch die Neuauflage gut drei Jahrzehnte später brachte Langbein unerfreuliche Reaktionen ein, die ihn wiederum zu regem Briefverkehr mit Unterstützern seiner Arbeit nötigten. In der „Neuen Zürcher Zeitung" (NZZ) vertrat Heinz Abosch, Autor und Übersetzer deutsch-jüdischer Herkunft, in einer Rezension vom 3. Februar 1983 die Meinung, das Buch bezeuge Langbeins Hochmut gegenüber den vergasten Juden und „Zigeunern"; im Untertitel des Artikels wurde er gar als Angehöriger der Lagerverwaltung bezeichnet: „Er war besser dran, nicht wegen seines Heroismus, sondern dank Himmlers Auswahlprinzipien." Daraufhin protestierten Franz Danimann und Pepi Meisel in einem Brief an die NZZ im Namen der Österreichischen Lagergemeinschaft Auschwitz. Die NZZ veröffentlichte die Replik jedoch nicht, sodass Langbein den Vorschlag von Shmuel Krakowski, Direktor des Archivs in Yad Vashem, der sich anbot, ebenfalls eine Reaktion an die NZZ zu schicken, dankbar annahm: „Eindringlicher, sachlicher und überzeugender kann man schwer darlegen, wie schief Abosch mit seiner Besprechung liegt", bedankte sich Langbein bei ihm.

Abosch stieß sich wohl an dem David-gegen-Goliath-Mythos, der „Die Stärkeren" auch in der Ausgabe von 1983 noch über weite Strecken durchzieht[230]: eine kleine Gruppe schlauer und kämpferischer kommunistischer Häftlingsfunktionäre gegen die übermächtige, aber geistig und vor allem moralisch unterlegene SS – eine Perspektive, die sich bereits im Titel des Buches andeutet. Zwar thematisiert Langbein immer wieder den millionenfachen Judenmord, seine Erschütterung beim Besuch des „Zigeunerlagers", die unerbittliche Todesmaschinerie. Dennoch stellt das Buch im Stil eines Abenteuerromans[231] die Geschichte des kommunistischen Widerstands in den Lagern in den Mittelpunkt. Dass ihn seine von Beginn an privilegierte Position vorab vom Schicksal eines „Muselmannes" verschonte, dass sie ihm bestimmte Einblicke gewährte, hatte Langbein selbst nie verschwiegen. Vielmehr hat er diese Tatsache in „Die Stärkeren" thematisiert und seine ambivalente Rolle – einerseits hilfloser Augenzeuge, andererseits um Änderung bemühter Widerstandskämpfer – durchaus hinterfragt. Hingegen unterblieb eine kritische Anmerkung darüber, allein den kommunistischen Widerstand gewürdigt zu haben. Es fehlt auch ein Hinweis darauf, dass eine Hilfe für die Genossen – und sie waren in erster Linie die Begünstigten – naturgemäß auf Kosten anderer Häftlinge ging.

Im Vor- und Nachwort zur Neuauflage verwies Langbein auf seine den Stil des Textes prägende Funktion in der Kommunistischen Partei, die er ja beim Verfassen des Originalmanuskripts noch innehatte.[232] Dies mögen viele als nicht ausreichende Distanz zu manchen KP-Traditionen empfunden haben, etwa auch jener – wie Stengel kritisch anmerkt –, die Judenvernichtung und den Antisemitismus eher als Randerscheinungen des Nationalsozialismus zu interpretieren und ihre Thematisierung in den Nachkriegsjahrzehnten möglichst zu vermeiden. Die zahlreichen Bemühungen Langbeins, Auschwitz als Kulminationspunkt der nationalsozialistischen Verbrechen und als Sinnbild für den Holocaust im Bewusstsein der ÖsterreicherInnen und Deutschen zu verankern, verstärken den Eindruck, dass er bei der Neuauflage zu wenig in das drei Jahrzehnte alte Manuskript eingegriffen hatte.

„Menschen in Auschwitz": Schwieriger Beginn

Die Entstehungsgeschichte von „Menschen in Auschwitz" verweist in vielfacher Hinsicht auf die schwierige Lage, in der sich Hermann Langbein in den 1960er Jahren befand. Nachdem er aus sämtlichen von der KP besetzten Funktionen ausgeschlossen bzw. ausgeschieden war, stand er sozial isoliert und nahezu mittellos da. In dieser Situation half ihm der damalige österreichische Justizminister Christian Broda (SPÖ), selbst wegen kommunistischer Betätigung 1934 und 1943 einige Monate in Haft gewesen, indem er ihm einen Kontakt zum gewerkschaftseigenen Europa-Verlag herstellte und ihn dort als Autor empfahl. Der Verlag machte Langbein denn auch tatsächlich das Angebot, eine größer angelegte Publikation über Auschwitz zu verwirklichen. Ein Förderpreis des Theodor-Körner-Stiftungsfonds zur Förderung von Wissenschaft und Kunst, der Hermann Langbein für sein Vorhaben „Dokumentation über das KZ Auschwitz" verliehen wurde, geht vermutlich ebenfalls auf Brodas Empfehlungen zurück. Zehntausend Schilling waren für die Familie Langbein eine Menge Geld. Doch der Kontakt zu Christian Broda bedeutete Langbein offenbar auch menschlich sehr viel: Wenn er mit einem Freifahrtschein zur Arbeitslosen-Stelle fuhr, legte er mitunter einen Zwischenstopp ein, um Broda im Justizpalast einen Besuch abzustatten.

Hety Schmitt-Maass, in den 1960er Jahren im Pressereferat des Hessischen Kultusministers tätig, war die umtriebige Vorkämpferin einer kleinen Gruppe, die sich um ein Einkommen für Langbein bemühte. Schmitt-Maass wandte sich an Joseph Buttinger, ehemals Vorsitzender der Revolutionären Sozialisten und bedeutender Repräsentant der Auslandsvertretung der österreichischen Sozialisten. Von ihm erhoffte sie Unterstützung für ein Stipendium, damit Langbein nun sein Buch „Menschen in Auschwitz" schreiben könne. Von Buttinger mag – aufgrund der eigenen Erfahrungen[233] – Verständnis für Langbeins Situation zu erwarten sein. Er und seine Frau Muriel Gardiner hatten in den USA die New Land Foundation[234] gegründet. Es entspann sich ein reger Briefverkehr zwischen Wiesbaden, Wien, Jerusalem und New York; Yad Vashem, die Hessische Landeszentrale für politische Bildung, Eigen Kogon in Darmstadt unterstützten die zähen Bemühungen, für Langbein ein Stipendium als Vorschusshonorar für das geplante Auschwitz-Werk zu organisieren.

Als Buttinger endlich die frohe Nachricht über die positive Erledigung des Stipendienantrags kundtun konnte, reagierte Langbein ungewohnt überschwänglich: „Ich danke Ihnen jetzt viel. Noch nie hatte ich so günstige Bedingungen für eine Arbeit. Allerdings fühlte ich auch noch nie die Verantwortung so schwer; habe ich sie nun doch auch Ihnen gegenüber zu tragen. Wie vor jeder neuen Arbeit (bisher stecke ich erst in den Vorarbeiten, Sichten der Fachliteratur etc.) habe ich zuerst Angst und Beklemmung. Wenn ich (von Frankfurt zurück) wieder zu Hause bin, will ich mir einen Arbeitsplan aufstellen; denn mich freut besonders, dass ich diesmal nicht unter Zeitdruck stehe – und das soll so bleiben." Schließlich musste noch der Europa-Verlag versichern, dass er das Buch „Menschen in Auschwitz" in ähnlicher Ausstattung zu publizieren gedachte wie „Der Auschwitz-Prozeß – Eine Dokumentation".[235] Das Zwei-Jahres-Stipendium in der Höhe von 10.000 Dollar sollte für eine Weile die größten finanziellen Sorgen der Langbeins lindern. 1968 wurde das Stipendium noch einmal um ein Jahr verlängert.

„Jetzt kann ich schreiben!"

Nachdem die finanzielle Lebensgrundlage halbwegs gesichert schien, ließ auch Langbeins psychische Kondition ein erneutes Eintauchen in die „Hölle Auschwitz" zu. Vor dem Auschwitz-Prozess, so bekannte Langbein in späteren Jahren, wäre es ihm gar nicht möglich gewesen, ein Werk wie „Menschen in Auschwitz" zu verfassen; es hätte ihm die nötige emotionale Distanz gefehlt. So publizierte er zwischenzeitlich – wiederum im Europa-Verlag – andere Arbeiten wie „Im Namen des Deutschen Volkes" (Zwischenbilanz der Prozesse wegen nationalsozialistischer Verbrechen), „… wir haben es getan. Selbstporträts in Tagebüchern und Briefen 1939–1945" (Täterberichte) und die zweibändige Dokumentation des Frankfurter Auschwitz-Prozesses.

Erst die im wahrsten Sinne des Wortes hautnahe Begegnung mit zahlreichen SS-Schergen vor und während des Auschwitz-Prozesses befähigte Hermann Langbein, diese Art von Literatur zu schreiben. Entscheidend war das Zusammentreffen mit dem SS-Mann Josef Klehr, jenem Mann, der in Auschwitz Hunderte Menschen, oft aus eigenem Antrieb, mit Phenol-Spritzen ins Herz getötet hatte. Nach Klehrs Verhaftung im Jahre 1960 ersuchte die ermittelnde Staatsanwaltschaft Langbein um eine Gegenüberstellung mit Klehr, damit eine Untersuchungshaft verhängt werden konnte. Langbein kam der Bitte nach. Daraufhin erschien ihm Klehr im Traum und Erinnerungen an seine Begegnung mit ihm in Auschwitz, als er an Typhus erkrankt im Krankenbau lag, wurden wieder lebendig. Die langen, intensiven Monate des Auschwitz-Prozesses wandelten dieses angstgeprägte Bild von Klehr grundlegend: „Am Ende des Prozesses war der Klehr für mich ein alter Verbrecher, der sich sehr ungeschickt verteidigt, und nicht mehr die Persönlichkeit, die er in Auschwitz war. Als mir das zu Bewusstsein kam, da habe ich gesagt: Jetzt kann ich schreiben", so erzählte Langbein es Anton Pelinka.

Diese Entdämonisierung der Täter schlug sich auch im Titel nieder: Langbein unterschied nicht in „Teufel und Verdammte", wie Benedikt Kautsky seine bereits 1945 geschriebenen Lagererfahrungen überschrieb, sondern berichtete von Menschen in Auschwitz, zu denen er auch die SS-Leute zählte. Zudem richtete er auch auf die ehemaligen Häftlinge einen differenzierten Blick. Dies brachte ihm viel Kritik ein, insbesondere von Überlebenden.

Viel Wind um eine Passage

Auch dieses Buch zog eine Klage nach sich, die an einem israelischen Gericht zur Verhandlung kam. Auf besondere Empfindsamkeiten bei ehemaligen Auschwitz-Häftlingen stieß eine Passage über Angehörige des Sonderkommandos: Langbein zitierte Yehuda Bacon, der als 14-Jähriger einem Rollwagenkommando angehört hatte, das im Winter auch in die Krematorien kam. Mitglieder des Sonderkommandos, so heißt es an dieser Stelle, hätten „dem halben Kind erzählt, ‚dass eine Frau, die drei Minuten tot ist, so wie eine lebendige ist‘ – sie haben sich an Leichen vergangen."[236] Was hier berichtet wird, beruht auf einer Aussage Yehuda Bacons gegenüber Yad Vashem im Jahr 1959. Diese wenigen Zeilen in Langbeins Werk veranlassten drei persönlich genannte Überlebende und das israelische Auschwitz Komitee, die Gedenkstätte Yad Vashem sowie das israelische Ministerium für Erziehung und Kultur zu verklagen. Die genannten Institutionen wurden aufgefordert, die Anschuldigungen gegen Angehörige des Sonderkommandos untersuchen zu lassen und, sollte dabei festgestellt werden, dass Bacons Behauptungen nicht den Tatsachen entsprachen, eine Richtigstellung von ihm zu fordern.

Diese 1984 eingebrachte Klage, anfangs Langbein selbst angedroht, kam auf Betreiben Erich Kulkas[237] zustande. Ihn erboste insbesondere, die seiner Meinung nach „infame Lüge" Langbeins auch in der Neuauflage von 1980 abgedruckt zu finden. Er hatte bereits nach der Erstauflage protestiert und einige Hebel in Bewegung gesetzt, damit der Inhalt dieser Passage widerrufen werde; erfolglos. Langbein bat jedoch seinen Freund Bacon, der sich im April 1973 in den USA aufhielt, er möge für die historische Wahrheit seine Erinnerung nochmals befragen. Drei Jahre später spielte Bacon den Ball an Yad Vashem weiter: Er bedauerte, dass eine Publikation einen bestimmten Teil seiner Zeugenaussage vom 13. Februar 1959 enthalte und dass damit den Überlebenden des Sonderkommandos großes Leid zugefügt worden sei; es sei die Pflicht eines Archivs, Zitate, die auf Material aus seinem Bestand beruhen, vor Erscheinen zu überprüfen. In seinem Fall habe er zu Beginn der Zeugenaussage ausdrücklich erklärt, dass er alles aus der Sicht eines Knaben im Pubertätsalter berichtet habe. Er ersuche daher das Archiv von Yad Vashem, „künftighin bei meiner Zeugenaussage die wissenschaftlich und menschlich verpflichtende Vorsicht walten zu lassen." Bacon nahm also seine Aussage nicht zurück, bedauerte aber ihre Veröffentlichung.

Somit setzte sich der Konflikt über Jahre fort. Im Nachlass Hermann Langbeins sind große Teile des Schriftverkehrs erhalten, der sich rund um diesen Zwist entwickelte. Er lässt erkennen, dass Langbein von Beginn an mit der Unterstützung Yad Vashems rechnen konnte und dass Kollegen mehrfach versucht hatten, Kulka von der Aussichtslosigkeit seines Vorhabens zu überzeugen. Maßlos empört hatten Bacon die „eingeschriebenen Drohbriefe von unserem

Auschwitz Komitee", wie er Langbein mitteilte. Verglichen damit sei der an Langbein gerichtete Drohbrief ein Liebesbrief.

George Wellers, in Paris lebender ehemaliger Auschwitz-Häftling, übte besonders scharfe Kritik an der Sichtweise Kulkas, ein durchaus mögliches Vorkommnis gleich als Verleumdung des gesamten Sonderkommandos zu interpretieren, sowie daran, dass er zur Verteidigung seiner Ansicht zahlreiche Unwahrheiten in die Welt setzte. So behauptete Kulka in seinem Schreiben, dass der politische Widerstand in Auschwitz zwei Aufstandsversuche des Sonderkommandos vereitelt hätte, die Sonderkommando-Häftlinge jedoch „die Einzigen waren, die unter Millionen von Häftlingen die SS bekämpft und das Krematorium zerstört haben."[238] Wellers legte in einem Brief an Kulka dar, welche zahlreichen Irrtümer allein diese Aussage beinhalte.

Schließlich kam der Fall vor ein rabbinisches Ehrengericht, das Langbein für schuldig befand und verurteilte.[239] Dies veranlasste Langbein, in den weiteren Neuauflagen (ab 1987) den betreffenden Satz über die Schändung der Frauen streichen zu lassen, freilich ohne an irgendeiner Stelle im Buch auf diesen Umstand und die vorhergehenden Auseinandersetzungen einzugehen. Ein Vorwort oder Ähnliches gibt es nicht, die „Rechtfertigung des Autors" ist dieselbe wie bereits 1972. Aus heutiger Perspektive lässt sich anmerken, dass sich Yehuda Bacon vermutlich richtig an das Gehörte erinnert hat, die Aussage selbst aber weder von ihm noch von den späteren Streitparteien richtig interpretiert wurde. Selbst wenn in Auschwitz alles möglich war – wie Langbein selbst immer wieder betonte –, so scheint dies als reale Tat doch unwahrscheinlich. Vielmehr wäre diese Passage als eine geschmacklose und sexistische Bemerkung von Männern zu lesen gewesen, die tagtäglich in unerträglicher Weise mit dem Töten von Menschen konfrontiert waren.

Noch vor der Klage durch Kulka et al. war im November 1980 in der hebräischsprachigen Zeitschrift „Yalkut Morshet" eine Besprechung zu „Menschen in Auschwitz" erschienen. Der Autor Yehuda Büchler ging – trotz seiner Würdigung des Gesamtwerkes – mit Langbein hart ins Gericht. Die Betonung des politischen Widerstands im Lager, das intensive Eingehen auf SS-Täter sowie die seines Erachtens einseitige Darstellung von Standortarzt Wirths empfand Büchler als falsche Gewichtungen. Er sprach dem Autor die Fähigkeit ab, als einstiger Vertreter der „Oberschicht der Lagerprominenz" die Lage der jüdischen Häftlinge in ihrer Gesamtheit wirklich begriffen zu haben. Weiterhin sah er die Massenvernichtung der Juden deutlich zu wenig thematisiert und vermeinte „in der Art und Weise, in der Langbein über die Juden schreibt, manchmal eine gewisse Überheblichkeit zu erkennen." Besondere Kritik äußerte er daran, dass Langbein Bacon zitiert und auch Verhältnisse von SS-Angehörigen mit jüdischen Frauen erwähnt hatte. In beiden Fällen versuchte er, diese Behauptungen zu widerlegen – seine Ausführungen sind beispielhaft für die jahrzehntelange und noch heute vorherrschende Tabuisierung sexualisierter Gewalt im Konzentrationslager, unabhängig davon, ob sie von der SS oder von Mithäftlingen ausging.[240]

Langbein legte großen Wert auf eine möglichst differenzierte Darstellung der „Menschen in Auschwitz". Dazu gehörte eben auch die Thematisierung menschlicher Schwächen – sowohl der SS-Leute als auch der Häftlinge. Eine einseitige Darstellung mit Rücksicht auf eventuelle Empfindlichkeiten lehnte er entschieden ab. Dies hielt er auch Beschuldigungen entgegen, die ihm sein Freund Władisław Fejkiel kundtat, nachdem „Menschen in Auschwitz" 1994 ins Polnische übersetzt worden war. In dem Schreiben Fejkiels war von „antipolnischen Akzenten" die Rede. Langbein vermutete, dass sich diese Vorhaltung auf die Beschreibung des polnischen Häftlingsarztes Dr. Dering bezog, dessen – willfährige – Beteiligung an den Versuchen in Block 10 er in seinem Buch kritisierte. Als Erwiderung auf Fejkiels Schreiben erklärte Langbein abschließend: „Mir ist bekannt, dass es Bestrebungen gab und gibt, Derings antisemitisches Verhalten – bekanntlich waren alle ‚Kaninchen' Juden – zu übersehen. Ich habe mich in meinen Publikationen bemüht, der historischen Wahrheit möglichst nahe zu kommen. Ich schrieb nicht *propolnisch*, wenn ich zum Beispiel über Fejkiel positiv schrieb – und das nicht aus persönlicher Freundschaft; und ich habe sicher nicht *antipolnisch* geschrieben, wenn ich über Dering kritisch berichtete – und auch das nicht aus persönlichen Gefühlen." Die Gedenkstätte Auschwitz-Bir-

Schutzumschlag von „Menschen in Auschwitz", Erstausgabe 1972

kenau, die die polnische Übersetzung herausgeben wollte, schickte Jan Parcer nach Wien, um mit Langbein eine einvernehmliche Lösung zu finden; der jedoch weigerte sich, auch nur eine seiner Aussagen zurückzunehmen. Nach obiger Erklärung erschien das Buch wie geplant.

Das Urteil der Kritik

„Menschen in Auschwitz" wurde mehrheitlich anerkennend bis euphorisch rezensiert. Robert M. Kempner urteilte in der „Jüdischen Rundschau Maccabi", „niemals zuvor sind Widerstandshandlungen der Opfer, in deren Mitte Langbein stand, die Bewacher selbst, der Kommandant und seine SS-Henker, die Ärzte und ihr Verhalten so eingehend analysiert worden wie in diesem Buch, einem Standardwerk." H. G. Adler bescheinigte seinem Freund, auf den sechshundert „langen, doch keineswegs zu langen Seiten seines Buches" sei kein falscher Ton auch nur auf eine Seite geraten. „Frei von Selbstmitleid, Sentimentalität, Klischierung von Leid und Verbrechen, immer nur um die Wahrheit bemüht, wird die Auschwitzer Wirklichkeit entworfen, wie Menschen sie dort geschaffen und erduldet haben."

Vor allem die nicht chronologische, sondern themenzentrierte Struktur, in der Langbein die weit über 340 Quellen verarbeitet und in drei großen Abschnitten (Die Gefangenen – Die Bewacher – Nachher) dargestellt hatte, fand großen Anklang. „Menschen in Auschwitz" verwebt die Lagererfahrungen vieler Hundert ehemaliger Häftlinge zu einer sozialpsychologischen Studie. Sie analysiert Motive und Handlungsspielraum sowohl der Bewacher als auch der Gefangenen. Einzelne Kapitelüberschriften lauten: Der Muselmann – Der Häftling und der Tod – Musik und Spiele – Jüdische Lagerprominenz – Die in Auschwitz geboren wurden – Menschen, nicht Teufel – Sexualität – Reaktionen der menschlichen Natur – Zivilisten in Auschwitz; um nur einige zu nennen.

Mehrfach hervorgehoben wurde sein Bemühen, der Dämonisierung der Täter zu widerstehen und damit zu verdeutlichen, dass die Gefahr, in unmenschlichen Zeiten unmenschlich zu handeln, uns

alle betrifft. „Langbein weist nach, dass die SS-Leute, die den indus-
trialisierten Massenmord vollführten, weder Dämonen noch Ver-
rückte, sondern gewöhnliche Menschen waren und dass diese Massenmörder in ihrem Privatleben heute wieder biedere Kleinbürger
sind.“ Josef Hindels, von dem diese Zeilen stammen, betont zudem
die differenzierte Darstellung der Häftlinge und greift ein Beispiel
auf, das Langbein wichtig war: Um Hannah Arendts These zu widerlegen, die SS habe ihre Opfer durch Einbindung in die Verbrechen zu
absolut fragwürdigen und zweideutigen Entscheidungen gezwungen,
führte Langbein zahlreiche Situationen an, in denen Häftlinge sich
mutig entschlossen hatten, ihrem Gewissen zu folgen und anders zu
handeln.[241] Franz Danimann verwies auf das große Anliegen, das
Langbein mit seinem Buch verband: dass es helfen möge, die gesellschaftlichen und politischen Strukturen zu erkennen, die Auschwitz
überhaupt erst ermöglicht hatten.

Noch Jahrzehnte später erinnern sich InterviewpartnerInnen daran, wie es ihnen erging, als sie „Menschen in Auschwitz“ lasen: Kurt
Scholz, ehemaliger Wiener Stadtschulrat, erzählt von der „großen Erschütterung“, die er empfand, er „war diese drei Wochen ein anderer
Mensch“. Lotte Brainin, selbst Auschwitz-Überlebende, spricht von
der „Offenbarung“, die ihr dieses Buch brachte: Erstmalig wurde ein
umfassendes Bild davon geliefert, „wie es wirklich war“. Auch Gerhard Botz hebt als Historiker die „großartige geistige Ordnungs- und
Strukturierungsleistung“ hervor, „nicht im Sinne einer Theorie, aber
er [Langbein] muss unglaubliche Mengen von Detailwissen aus den
Prozessen, aus seiner Erfahrung strukturiert haben, und zwar in einer
Weise, die heute noch im Erinnerungsdiskurs mustergültig erscheint“.
In seinem Vorwort zur englischsprachigen Ausgabe 2004 zollte Henry Friedlander seinem ehemaligen Mithäftling Langbein Anerkennung – vor allem aus der Sicht des Historikers – für die wissenschaftliche Qualität von „Menschen in Auschwitz“ und für die Aktualität,
die Langbeins Analysen auch noch in unseren Tagen besitzen: „As a
fellow historian, I also can attest to the accuracy of his interpretation,
which I share. I do not believe that one can explain Auschwitz as a
horrible chapter in Jewish history alone; an explanation also must
take into full account Gypsies and other victims. In the larger con-

text, Auschwitz epitomized a total negation of the values of Western civilization. Langbein's skilled mixture of personal observations and historical knowledge makes his book unique among Holocaust memoirs.[242] I am therefore very happy that an English-language translation of *Menschen in Auschwitz* finally is being published. All those, especially students, interested in the dark planet that was Auschwitz will profit from reading *People in Auschwitz*."[243]

Schreiben bis zum letzten Tag

Rund sechs Jahre hatte Hermann Langbein an „Menschen in Auschwitz" geschrieben. Die unüberschaubare Anzahl und Vielfalt der Quellen – Zeugenaussagen, Interviews, SS-Dokumente, Beobachtungen des Frankfurter Auschwitz-Prozesses, weiterführende Recherchen, Briefe von seinen ehemaligen Mithäftlingen und vieles mehr – lassen den enormen Arbeitsaufwand erahnen, der schließlich zu Langbeins bekanntestem Werk führte. Zudem zogen Änderungen an einem nahezu fertigen Manuskript, die sich heute mit wenigen Mausklicks erledigen lassen, damals eine Lawine weiterer notwendiger Änderungen nach sich, was teilweise nur durch handschriftliche Korrektur oder Ergänzung zu bewerkstelligen war. Im Nachlass finden sich mehrere Manuskript-Versionen.[244]

Für die Veröffentlichung von „Menschen in Auschwitz" musste Langbein um Spenden ansuchen.[245] Den Erfolg dieser Mühen belegen die insgesamt fünf deutschsprachigen Neuauflagen (zwei davon Taschenbuch-Ausgaben) sowie deren zahlreiche Besprechungen in nahezu allen namhaften Zeitungen und vielen Fachzeitschriften sowie die Übersetzungen ins Französische, Italienische, Polnische und Englische. Viele der oben geschilderten Anschuldigungen gegen Langbein waren nicht an die Öffentlichkeit gelangt, sondern verbreiteten sich nur in bestimmten Kreisen durch Briefe, Telefonate und sonstige Nachrichten, oft von Dritten übermittelt. Dennoch benötigte es eine „dicke Haut", um derartige Bezichtigungen wegstecken zu können.

Zumal es nicht nur um diese Bücher Querelen gab: Auch das Werk „Auschwitz – Zeugnisse und Berichte", das Langbein gemein-

(noch vor Kriegsbeginn-gegründet/ Auch Neuengamme ist schon Ende 1938 als KZ entstanden, anfangs allerdings noch als Nebenlager von Sachsenhausen. Erst ab Juni 1940 wurde es als selbständiges KZ geführt. Eine ähnliche Entstehungsgeschichte ist später bei anderen Lagern zu beobachten.

Das erste Konzentrationslager war Dachau, das für die zentrale Verwaltung der KZ's stets das Musterlager blieb. Ravensbrück war das erste Lager für Frauen, Mauthausen das erste, welches in einem besetzten Land errichtet wurde. Die Entstehungsgeschichte von Sachsenhausen muss hier kurz erwähnt werden, weil sie/für Probleme, die mit dem Widerstand in diesem Lager in Verbindung stehen, von Bedeutung war wurde.

Als dieses Lager aufgebaut werden sollte/ wurden im Sommer 1936 Gefangene aus dem KZ Esterwegen, das in der Folge aufgelöst wurde, dorthin überstellt. Sie setzten sich etwa zu gleichen Teilen aus Politischen und Kriminellen zusammen, die bereits/in dem Moorlager "Solidarität mitbekommen" hatten, wie Harry Naujoks sagt, der als späterer politischer Lagerältester in Sachsenhausen die Verhältnisse gut kannte./Heinz Junge spricht sogar von einer "guten Zusammenarbeit" zwischen Roten und Grünen. Als Bestätigung dafür dient die Tatsache, dass - als die Lagerführung im November 1942 18 deutsche mit rotem Winkel strafweise in das KZ Flossenbürg überstellte mit dem Hinweis, sie seien dort "fertigzumachen" - die Häftlinge, die damals in Flossenbürg in Schlüsselpositionen waren, diese 18 schützten. Sie waren Grüne, die früher aus Sachsenhausen dorthin zum Lageraufbau überstellt worden waren, und diese strafweise überstellten Roten von dort kannten. "Die Hilfe der Grünen - die die 18 fertigzumachen - war ganz ungewöhnlich", stellt Naujoks fest, der mit dieser Gruppe nach Flossenbürg überstellt worden. Der Schutz war wirkungsvoll: 16 von den 18 sind am Leben geblieben./Franz Ahrens zitiert den Ausspruch des Lagerältesten von Flossenbürg, eines Gentleman-Ganoven: "Ihr habt uns in Sachsenhausen als Kameraden behandelt, das tun wir hier auch, verlasst euch darauf." Das soll nicht heißen, dass es nicht auch in Sachsenhausen scharfe Gegensätze zwischen Roten und Grünen gegeben hätte - manche beschrieben von harte Kämpfe dieser beiden Gruppen; aber dennoch hat das aus Esterwegen herrührende Verhältnis zwischen den Politischen und Kriminellen, die sich all die Jahre schon kannten, eine Atmosphäre geschaffen, die in keinem anderen KZ ähnlich beschrieben wird.

Wie die Zahl der Konzentrationslager, die unmittelbar, bevor Hitler seinen Krieg begann, neu gegründet wurde, beweist, hat sich die zentrale Verwaltung aller KZ's auf diesen Krieg in ihrer Weise vorbereitet. Und in den eroberten Ländern Lager errichtet: Am 20. Mai 1940 ...

Manuskriptseite Hermann Langbein. Ohne PC zog jede Änderung großen Aufwand nach sich.

sam mit H. G. Adler und Ella Lingens herausgegeben hatte (Erstausgabe 1962), konnte erst nach langwierigem Schlagabtausch mit dem

IAK veröffentlicht werden – das Komitee beanspruchte die Vertragsrechte gegenüber dem Verlag, da Langbein die ersten Verhandlungen ja noch als Generalsekretär des IAK geführt hatte.[246] Das Buch zeigt eindrucksvoll Auschwitz als Vernichtungsort des europäischen Judentums – eine Gewichtung, die bis dahin selten der Fall war, vielmehr war der Terror gegenüber dem politischen Widerstand im Zentrum der Thematisierung von Auschwitz gestanden.[247]

Zu den Vorarbeiten des Buches „Nationalsozialistische Massentötungen durch Giftgas" ist eine umfangreiche Korrespondenz erhalten, nicht nur zwischen den drei Herausgebern – Langbein, Eugen Kogon und Adalbert Rückerl – und dem Fischer-Verlag, sondern vor allem mit den Beitragenden, die sich auf mindestens fünf Konferenzen zu Beratungen getroffen hatten.[248] Rechtzeitig zur Frankfurter Buchmesse 1983 kam das Buch auf den Markt. Bei der Wiener Pressekonferenz im Dezember desselben Jahres herrschte großer Andrang.

„… nicht wie die Schafe zur Schlachtbank, Widerstand in den nationalsozialistischen Konzentrationslagern 1938–1945", 1980 im Fischer Taschenbuch Verlag veröffentlicht, gilt als weiteres herausragendes Werk Hermann Langbeins. Sieben Jahre Arbeit investierte er in die Recherche und Aufbereitung der Fakten. Deutlich wird in dem Buch die Bandbreite des Widerstands, die von tröstenden Worten für einen verzweifelten Mithäftling bis hin zu bewaffneten Aufständen in den Vernichtungslagern reichte. Langbein zeichnet mit Akribie den Einfallsreichtum der Häftlinge nach und vermittelt eindrucksvoll, welchen Gefahren sie sich aussetzten, um Menschlichkeit, Selbstbehauptung und Solidarität zu leben. Im Schlusswort gibt er auch über seine eigene Widerstandstätigkeit Auskunft[249] – mit klarem Hinweis darauf, dass selbst den besten Plänen, dem größten Mut und höchster Risikobereitschaft nur dann Erfolg beschieden war, wenn eine Reihe glücklicher Zufälle ins Spiel kam. Er betonte auch, welches Glück es für einen Häftling darstellte, einen Ansatz von Handlungsspielraum zu erkennen, bevor ihn die Willkür der SS und die Lageratmosphäre psychisch zerbrechen und physisch zerstören konnten.[250] Der einzelne Häftling konnte nur selten die Vielzahl an Komponenten beeinflussen, die über die Überlebensbedingungen entschieden und darüber, ob man zu den „Untergegangenen" oder zu den „Geretteten" gehörte, wie Primo Levi unterschieden hatte. Nicht alle Buchprojekte vermochte Langbein umzusetzen. Eine Autobiografie, die er zu seinem sechzigsten Geburtstag geplant hatte und für die bereits ein detailliertes Exposé vorlag, blieb als Idee im Nachlass erhalten. Es gibt keine Hinweise darauf, woran die Verwirklichung scheiterte und ob Langbein die Arbeit in den folgenden zwei Jahrzehnten nochmals aufzunehmen gedachte. Aus einem Brief Langbeins an Eugeniusz Niedojadło geht hervor, dass er die Neuauflage von „Die Stärkeren", versehen mit einem Vor- und Nachwort, als Ersatz für eine Autobiografie ansah.

Sein letztes Projekt, eine Dokumentation zu „Österreicher in Auschwitz", das er mit der Lagergemeinschaft Auschwitz in Angriff genommen hatte und das in einigen Teilen bereits zum nahezu fertigen Manuskript gediehen war, wurde durch das plötzliche Ableben Hermann Langbeins nicht realisiert. Die Arbeit sollte – nach einer knappen Einleitung zur Geschichte des Konzentrations- und Vernichtungslagers Auschwitz – einen Abschnitt zu den ersten Österreichern im Lager enthalten sowie weitere zum Antisemitismus in Österreich, zur Verfolgung und Ermordung der Sinti und Roma, zu Österreichern bei Widerstandsakten der Auschwitzer Gefangenen und schließlich zu den Österreichern in der Bewachungsmannschaft von Auschwitz. Langbeins letzte Korrespondenz zu diesem Projekt an eine nicht näher benannte „liebe Kollegin" datiert vom 5. Oktober 1995.[251] Angelika Klampfl erinnert sich, dass sie mit Barbara Pilz und Susanne Kowarc umfangreiche Recherchen zu Porträts von ÖsterreicherInnen in Auschwitz durchgeführt hat.

Alle Bücher von Hermann Langbein waren schwere Geburten, sie hatten viele Hindernisse zu überwinden. In Hinblick auf diese Hürden und die oft schweren Arbeitsbedingungen ist der Umfang seiner schriftstellerischen Tätigkeit beeindruckend. Dank dieses publizistischen Engagements wurde Hermann Langbein in Bezug auf die Aufarbeitung des Holocaust zu einer nicht wegzudenkenden intellektuellen Größe.

Hilfeleistung für Auschwitz-Überlebende in aller Welt

Gegenseitige Hilfe und Unterstützung waren den ehemaligen Auschwitz-Häftlingen wichtig. Schon bald nach dem Ende der nationalsozialistischen Diktatur trafen sie sich in kleinen informellen Gruppen und tauschten Informationen aus: wer kennt wen, wer ist zurückgekehrt, wer wird noch vermisst, wer weiß über wessen Schicksal zu berichten? In den Lagergemeinschaften, die in den Folgejahren gegründet wurden, im KZ-Verband, in den jüdischen Opferverbänden und in den länderübergreifenden internationalen Dachverbänden von Verfolgtenorganisationen versuchten die Überlebenden, sich gegenseitig unter die Arme zu greifen, sowohl im nationalen wie im internationalen Rahmen. Oft konnten sie nur unter ihresgleichen damit rechnen, wirklich verstanden zu werden und Anteilnahme sowie Unterstützung zu bekommen.

Hermann Langbein war nicht nur in der Verfolgung der NS-Täter eine zentrale Figur, er spielte auch in der Unterstützung der Opfer eine wichtige Rolle. Als ehemaliger Generalsekretär des IAK und durch seine spätere Tätigkeit für das CIC verfügte er über Kontakte zu Auschwitz-Überlebenden in aller Welt. In seinen Funktionen bereits früh für Entschädigungsfragen zuständig, kannte er die Schicksale und Notlagen zahlreicher ehemaliger Häftlinge und wusste um deren ökonomische und gesundheitliche Bedürfnisse. Die Berichterstattung über den Frankfurter Auschwitz-Prozess – sei es im monatlich erscheinenden Bulletin des CIC, sei es in der zweibändigen Dokumentation – steigerte abermals Langbeins Bekanntheitsgrad im Kreise ehemaliger Häftlinge. Mit vielen von ihnen korrespondierte er, um sie zu Zeugenaussagen gegen die Mörder von Auschwitz zu gewinnen – ein mühsames Unterfangen.

So wundert es nicht, dass sich im Nachlass Hunderte Schreiben finden, in denen Langbein um Unterstützung jeglicher Art ersucht wird. Tochter Lisa erinnert sich, dass es Zeiten gab, in denen der Briefträger mit einem Elektroauto vorfuhr und Jutesäcke voller Post ablud.

In Zusammenarbeit mit anderen Opferverbänden organisierte Langbein Hilfsaktionen, insbesondere für Kameraden aus osteuropäischen Ländern. Nach den politischen Umwälzungen 1956 fuhren zwei Transporte der FIR mit Lebensmittelpaketen und, auf ausdrücklichen Wunsch der ungarischen Kameraden, mit Seife, nach Ungarn. Die österreichische Lagergemeinschaft Auschwitz bemühte sich jahrelang, polnische Tbc-Häftlinge zu Erholungswochen nach Österreich einzuladen, was schließlich auch gelang. Nach dem Prager Frühling startete Langbein über das CIC eine Hilfsaktion für die tschechoslowakischen Freunde. Möglich wurden die Hilfsmaßnahmen in erster Linie über Spendenaufrufe in den jeweiligen Vereinsmedien. Die staatlichen Behörden in den osteuropäischen Ländern freuten sich vermutlich kaum über die Hilfe aus dem kapitalistischen Westen, die noch dazu von einem ehemaligen Kommunisten federführend organisiert wurde. Die Begünstigten selbst reagierten jedoch mit großer Dankbarkeit auf die dringend benötigten Hilfspakete.

Familie Wirths leistet Abbitte

Dank privater Spenden war es Langbein möglich, in einzelnen Notfällen auch über die kollektiven Aktionen hinaus zu helfen. Regelmäßige Zuwendungen erhielt er beispielsweise von der Familie des ehemaligen Auschwitzer SS-Standortarztes Eduard Wirths. Spätestens seit Anfang der 1960er Jahre unterhielt Langbein mit dessen Vater und Bruder, Albert und Helmut Wirths, regelmäßigen Briefkontakt; er besuchte die Familie auch mehrfach – beide Seiten schätzten diese Verbindung sehr. Langbein hatte sein Buch „Die Stärkeren" nach Würzburg geschickt. Helmut Wirths, wie sein Bruder Arzt von Beruf, reagierte darauf in einem sechsseitigen Brief. Darin wird deutlich, wie schwer es ihm fiel, sein Bild des liebevollen, gläubigen, nach ethischen Grundsätzen handelnden Menschen mit jenem des Massenmörders in Einklang zu bringen.[252] Helmut Wirths schilderte in seinem Brief an Langbein die letzten Monate von Eduard Wirths' Leben, das dieser in britischer Gefangenschaft im September 1945 durch Selbstmord beendet hatte. Die in seiner 21-seitigen Verteidigungsschrift noch anklingende Zuversicht, sein Verhalten in Auschwitz werde in der Öffentlichkeit auf Verständnis stoßen, schwand dahin, als ihm der Brite Colonel Draper mitteilte, er habe sich als ehemaliger leitender Arzt in Auschwitz für den Tod von vier Millionen Menschen zu verantworten. Zwar hatte Wirths zahlreiche Maßnahmen durchgesetzt, die den Lageralltag der Häftlinge im Stammlager verbesserten, seine Verstrickung in die Massenvernichtung in Auschwitz und seine aktive Beteiligung daran – er sorgte für den reibungslosen Ablauf bei den Selektionen in Birkenau und tat selbst Dienst an der Rampe – wogen jedoch erdrückend schwer.

Das gute persönliche Verhältnis zu Langbein und dessen stets differenzierte Darstellung von Eduard Wirths – er stellte ihn nie mit den Massenmördern von Auschwitz auf eine Stufe – mögen die Familie veranlasst haben, regelmäßig Geldbeträge nach Wien zu schicken. Dies taten sie wohl auch, um Abbitte für die von einem Mitglied ihrer Familie auf sich geladene Schuld zu leisten. Albert Wirths betonte, das Geld stehe Langbein frei zur Verfügung, er könne es auch für seine eigenen Bedürfnisse einsetzen. Dennoch schickte Langbein regelmäßig Abrechnungen über die Verwendung des Geldes, das die Empfänger auf ausdrücklichen Wunsch der Familie anonym erreichen sollte. Die Beträge gingen vorzugsweise an Bedürftige in Polen, in der Tschechoslowakei und in Rumänien, aber auch nach Deutschland und Österreich. Einmal gingen „zwei Knabenhosen an Schap" nach Prag, „Hefte an Strij" nach Polen oder ein „Lebensmittelpaket an Seweryn" nach Warschau. Langbein überwies in dringenden Fällen auch Geld für Medikamente.

Wie bitter nötig die Hilfe oft war, zeigt ein Brief von Otto Fränkel aus Deutschland: „Das Geld kam gerade, als wir nichts mehr im Haus hatten. Ich bin zur Zeit schwer krank und meine Frau wurde am Montag angefahren und liegt mit schweren Verletzungen darnieder. Auswandern (nach Israel) kann ich nicht mehr, da ich schwer krank bin und es bei mir nicht mehr lange geht. Wenn Sie nicht geholfen hätten, säßen wir böse da, aber so hat Gott ein Türlein aufgetan. Ich bitte Sie, sagen Sie dem Spender herzlichen Dank." Langbein tat dies und sandte den Brief an Albert Wirths weiter.

Auch Rechnungen über Porto, Übersetzungsarbeiten, Karteimaterial und die Anfertigung von Kopien bezahlte Langbein von den Spenden der Familie Wirths. Bis zum Jänner 1966, dem Datum des letzten erhalten gebliebenen Briefes, hatte Helmut Wirths monatlich 100 D-Mark überwiesen, Vater Albert in größeren Abständen höhere Geldbeträge.

Langbeins Freunde in Polen

Besonders umfangreich war Langbeins Briefverkehr mit polnischen Häftlingen – sieben Aktenordner füllten sich damit im Laufe der Jahrzehnte. Im Jahre 1966 vermerkte er zu den Postausgaben des CIC, der größte Teil betreffe Korrespondenz nach Deutschland, an zweiter Stelle stehe Polen. Immer wieder fragten ehemalige Häftlinge nach Entschädigungszahlungen deutscher Betriebe für geleistete Zwangsarbeit. Langbein musste meist abschlägig antworten, bemühte sich aber, Unterstützung aus anderen Quellen in Aussicht zu stellen, etwa vom Maximilian-Kolbe-Werk. Zugleich war er darauf bedacht, keine falschen Hoffnungen zu wecken. Immer wieder musste er auch eingestehen, insbesondere in den siebziger Jahren, dass das CIC leider keine eigenen Geldmittel besitze, um von sich aus zu helfen. „Sie wissen ja aus unserem Bulletin, dass uns selbst für die notwendigsten Ausgaben die Mittel fehlen", ließ er Antragsteller wie Czesław Gaszyński wissen. In zahlreichen Bittschreiben wurde nach Waren aus Österreich gefragt, wie Zitronen, Uhrenbatterien, Medikamenten oder Sanostol. Der Tonfall war stets warm und herzlich. Sprach ein „neuer Bittsteller" ihn mit „Sie" an, pochte Langbein sofort auf das „Auschwitzer Du".

Lange Zeit dominierte in den Schreiben die Bitte um Unterstützung in Entschädigungsangelegenheiten. Diese Hilfe zu leisten, fiel Langbein oft nicht leicht. Wieder und wieder verfasste er Anleitungen und Hinweise zum Ausfüllen der Fragebögen, etwa dass sie vom Antragsteller selbst (und nicht vom CIC) mit Kugelschreiber (und keinesfalls mit Bleistift) auszufüllen sowie eigenhändig zu unterschreiben seien; dass diese Unterschrift offiziell beglaubigt werden müsse, dass selbstverständlich auf alle Fragen am Formular Antwort zu geben sei. Ohne die Mitarbeit des Antragstellers und ohne konkrete Angaben, so teilte Langbein immer wieder mit, sei er außerstande zu helfen – seine Verärgerung darüber, dass dies offenbar von manchen erwartet wurde, ließ er nur vage zwischen den Zeilen anklingen.

Die polnischen Freunde schätzten besonders das Bulletin des CIC, das ihnen wertvolle Informationen über Anspruchsberechtigungen, Täterverfolgung und Prozessfortschritte lieferte. Immer wieder ergaben sich neuerliche Anfragen an Langbein und neue Unterstützungsaufgaben für ihn. Den polnischen Freunden war es unangenehm, aufgrund der Devisenbestimmungen und mangelnder Finanzen die Unkosten für die Übersendung der Bulletins nicht begleichen zu können. So erhielt Langbein hölzerne Zierteller mit seiner Häftlingsnummer und einige Werke polnischer Literatur – vielen war es ein Bedürfnis, sich zu revanchieren und ihre Dankbarkeit zu zeigen.

Verbunden für alle Zeit

Mit vielen ehemaligen Auschwitz-Kameraden tauschte Hermann Langbein sich über Neuigkeiten in ihrem Netzwerk aus, so auch in seinem Brief an Jósef Szerman vom 27. Februar 1972 in Bezug auf Karl Lill, der ihm immer sehr wichtig war: „Lill ist der Alte: Ein wunderbarer Mensch, der eine verbogene Perspektive hat, weil er in der DDR lebt und nicht jede Wahrheit sehen will – sonst könnte er vielleicht nicht weiter dort existieren. Dabei hält er keinesfalls den Mund (ihm wurde, so wie den anderen Zeugen aus der DDR und Polen, nahegelegt, in Wien keinen Kontakt mit mir aufzunehmen, er hat jedoch sofort erklärt, dass er mit mir sprechen wird). Wegen der antisemitischen Vorkommnisse in Polen ist er entsetzt, nur findet er dafür keine Erklärung."

Wie sehr er mit seinen polnischen Weggefährten mitfühlte, zeigen Briefe Langbeins aus den frühen 1980er Jahren, in denen sich die politischen Spannungen in Polen bedrohlich zuspitzten. Als im Dezember 1981 – zur Bekämpfung der weiterhin erstarkenden Gewerkschaftsbewegung „Solidarność" – das Kriegsrecht verhängt wurde, sorgte Langbein sich sehr um das Schicksal seiner Freunde. Mit großer Erleichterung reagierte er auf ein Schreiben seines Kameraden Jósef Kret, das ihn aus der Schweiz erreichte, dort wusste er ihn in Sicherheit: „Natürlich dachten und denken wir alle Tage an Polen und unsere polnischen Freunde; und dabei immer auch an Dich. Wie schlimm muss diese Zeit doch für alle sein. Wie vieles haben alle bereits mitmachen müssen und nun dazu auch noch das! Ich habe noch nie so deutlich gefühlt, wie viel mich dank meiner Freunde mit Eurem Land verbindet wie in diesen Wochen."

Besonders am Herzen lagen Hermann Langbein in späteren Jahren die sogenannten „Neuemigranten", die in westeuropäischen Städten Zuflucht gefunden hatten: jüdische Flüchtlinge, die ihre polnische Heimat nach der staatlich gelenkten antisemitischen Hetzkampagne 1968 verlassen hatten, sowie Flüchtlinge aus der ČSSR, für die nach dem Prager Frühling und dem Einmarsch der Warschauer-Pakt-Truppen im Sommer 1968 in ihrem Land kein Bleiben mehr war. Bereits wenige Wochen später, Anfang September, als Delegationen des CIC und der UIRD in Dachau einer Denkmalenthüllung beiwohnten, beschlossen sie einmütig einen Aufruf zur Solidarität mit den Vertriebenen, die jetzt gezwungen waren, sich in einem fremden Land eine neue Existenz aufzubauen. „Sie mögen erfahren, dass die Solidarität, welche die Häftlinge der nationalsozialistischen Konzentrationslager verbunden hat, lebendig geblieben ist. Herzlich dargebotene Hilfe von Menschen, die heute selbst in Sicherheit leben, möge ihnen die ersten Schritte in ihrem neuen Lebensabschnitt erleichtern. Die wirksamste Hilfe ist eine schnelle!", so Langbein im CIC-Bulletin vom September 1968.

Das CIC richtete einen Hilfsfonds ein und bat immer wieder um Spenden; Langbein selbst bot sich als Anlaufstelle für alle geflüchteten ehemaligen KZ-Häftlinge in Wien an. Im März 1969 reiste er zu einer von ihm arrangierten Besprechung mit Neuemigranten nach Zürich, „um ihre Wünsche und Probleme kennenzulernen und sie von den Aktionen unseres Comités zu informieren". Mit ehemaligen Mithäftlingen, die in der Tschechoslowakei geblieben waren, korrespondierte Langbein nach der Niederschlagung des Prager Frühlings besonders rege. Immer wieder drückte er sein Mitgefühl und sein Verständnis für ihre schwierige Situation aus.²⁵³ Die Neuemigranten fanden in der BRD, in der Schweiz, in den USA, in Israel und Schweden eine zweite Heimat; das CIC unterstützte sie mit Spenden.

Mit den Jahren wurde die Korrespondenz spärlicher, stattdessen häufte sich der Austausch von Todesmeldungen. Immer öfter war der Verlust von Freunden zu betrauern. In einem Brief an Jan Parcer schrieb Hermann Langbein am 18. Juli 1987: „Ich freue mich auf die Ruhe. Und werde endlich das letzte Buch von meinem Freund Primo Levi lesen können, den ich noch im vergangenen November bei einer Tagung in Turin wiedergesehen habe, keinerlei Anzeichen einer Depression feststellen konnte, und der nun im April seinem – wirklich wertvollen – Leben ein Ende gesetzt hat."

Zur Feier seines achtzigsten Geburtstages im Mai 1992 konnte Hermann Langbein aus diesem Kreis nur Władisław Fejkiel begrüßen. Weiterhin war er mit ehemals engen Gefährten in Kontakt, auch – oder erst recht – nachdem sie mit seiner Meinung nach ungerechtfertigten Anschuldigungen konfrontiert worden waren.

Smoleń war 1990, nach dem Zusammenbruch des KP-Regimes, als Direktor der Gedenkstätte Auschwitz entlassen worden; eine Gruppe von MitarbeiterInnen hatte ihm vorgeworfen, er sei unbeweglich und dem alten System zu sehr verhaftet. In einem Schreiben an Janusz Młynarski bedauert Langbein die Entlassung: „Was mit Smoleń geschehen ist, hat mich recht unangenehm berührt. Mir ist bewusst, dass er als Direktor eines amtlichen Museums es nicht immer leicht haben konnte (vor allem in den bösen Jahren 1967/68). Aber als die hässlichen Aktionen gegen mich gestartet wurden, um mich als Generalsekretär des IAK loszuwerden, nachdem ich mit der KPÖ gebrochen hatte, da hat er sich von diesen Aktionen ferngehalten – bei kritischen Sitzungen hat er sich als ‚krank‘ entschuldigen lassen."

Ähnlich positiv äußerte er sich gegenüber Młynarski im September 1995 – einen Monat vor seinem Tod – zu seinem ehemaligen Kampfgefährten in Auschwitz, Jósef Cyrankiewicz. Gleichzeitig kritisierte er jene Polen, die nun versuchten, Cyrankiewicz' Leistungen in Auschwitz schlecht zu reden, wohl wegen dessen Amtsführung als

Hermann Langbein während der Dreharbeiten zu „Pasaremos" in Spanien, 1986

Ministerpräsident in der kommunistischen Ära. Langbein hingegen würdigte ihn als mutigen und solidarischen Widerstandskämpfer.

Hermann Langbein verfolgte bis in seine letzten Lebenstage interessiert und engagiert die Lebenswege seiner Freunde in aller Welt. Er ließ die Fäden nicht abreißen, die sie miteinander verbanden. Dennoch blieb er Realist, was die Basis für das Zusammengehörigkeitsgefühl der „Auschwitzer" anbelangt, wie er in einem Brief an Jósef Szerman in Malmö vom 27. Februar 1972 bereits seinen Standpunkt betonte: „Ich wehre mich gegen die nachträgliche Beschönigung, dass die Kameradschaft im KZ eine so felsenfeste und unzerbrechliche gewesen wäre. Ich habe manche hässliche Intrige im Lager nicht vergessen. Im Nachhinein ist man gerne bereit, das zu verdrängen und die Kameradschaft zu glorifizieren!"

Familienleben – im Schatten von Auschwitz

Hermann und Loisi

Als Hermann Langbein Ende der 1940er Jahre als Parteiinstruktor nach Klagenfurt geschickt wurde, lernte er dort die um dreizehn Jahre jüngere Aloisia Turko kennen. Loisi entstammte einer assimilierten slowenischen Familie. Durch ihren Vater war sie mit der KP in Berührung gekommen. Loisi erinnerte sich später, welch große Aufregung in der Kärntner Landesleitung herrschte, als es hieß, Hermann Langbein werde das Ruder übernehmen. „Langbein hatte den Ruf, sehr streng und sehr hart zu sein. Mir war es unverständlich, wie sich ein Kommunist vor einem anderen fürchten konnte." Sie verweigerte von Beginn an jede Unterwürfigkeit, die ihr auch in allen anderen Lebenssituationen fremd war. Loisi war eine emanzipierte, intelligente und wissbegierige junge Frau – obendrein hübsch, natürlich und aufgeweckt –, die etwas aus ihrem Leben machen wollte. Bald nach dem Krieg begann sie bei der Kärntner KP-Zeitung „Der Volkswille" zu arbeiten, zuerst als Schreibkraft und bald als Lokalredakteurin. Erfreut nahm sie das Angebot an, in Wien die Journalistenschule der KPÖ zu besuchen. Nach ihrer Rückkehr nach Kärnten rückte sie in die politische Redaktion auf.

In dieser Zeit erwarb Loisi den Führerschein, um mobiler zu sein, und schaffte sich ein kleines Motorrad an, eine Puch 125. Eines Tages nahm der neue Parteiinstruktor zu ihrem Erstaunen die Einladung an, am Sozius mitzufahren. Noch mehr wunderte sich Loisi, als Hermann sie wenig später unvermittelt fragte, ob sie es nicht miteinander versuchen sollten. „Ich fiel aus allen Wolken. Wieso gerade ich? Mir war ja bekannt, dass viele Mädchen und junge Frauen Hermann herumkriegen wollten. Ganz aufgelöst und auch ratlos stieg ich aufs Motorrad und fuhr zur [Tante] Leni nach Bach, um mich mit ihr zu beraten, ob ich das Wagnis eingehen sollte. Mir war eine Ehe nicht gerade das Wichtigste im Leben." Loisi wagte den Sprung ins Eheleben, der Mitte der 1950er Jahre auch eine Übersiedlung nach Wien mit sich brachte. „Am nächsten Tag musste Hermann im Parteiauf-

Loisi Turko und Hermann Langbein, Hochzeitsfoto 1950

trag nach Salzburg. Das war kein schöner Beginn." Loisi blieb, auf sich allein gestellt, in Wien zurück. „Mein Heimweh nach Kärnten war grenzenlos."

Als wenige Jahre später die Kinder kamen, zog Hermanns Bruder Otto aus dem gemeinsamen Reihenhaus im Weigandhof aus, das den Langbeins die Schwester ihrer Mutter hinterlassen hatte; Loisi war überzeugt, dass Otto sie als Eindringling und „Landpomeranze" betrachtete. Erst später kehrte er wieder in die Siedlung am Wasserturm in ein nur einige Gehminuten entferntes Reihenhaus zurück. Gelegentliche Spannungen zwischen Loisi und Otto hielten zeitlebens an. Für die Kinder war der Onkel in unmittelbarer Nachbarschaft eine große Freude. Zu Weihnachten fiel ihnen die Aufgabe zu, ihn zur abendlichen Familienfeier zu holen. Onkel Otto war auch in späteren Jahren selbstverständlicher Gast bei den Mittagessen, zu denen sich die Familie einmal wöchentlich am Samstag traf.

Die Kinder und Freunde der Familie vermuten heute, dass Loisi Schwierigkeiten mit Ottos Homosexualität hatte. Sein Lebensgefährte Günter wurde zunächst als Ottos „Adoptivsohn" in die Familie eingeführt, später hat Otto ihn tatsächlich adoptiert. Mit Günter kam Loisi sehr gut aus, wie aus ihren Lebenserinnerungen hervorgeht. Möglicherweise hinterließen in Loisis Beziehung zu Otto die Kränkungen der ersten Monate doch tiefere Spuren als angenommen. Loisi, so vermutet ihr Sohn, war zudem von Beginn an eifersüchtig auf Otto, der seinerseits seinen Platz im Leben von Hermann behaupten wollte, „es war ein ständiges Gerangel um den Vater, beide haben sich belauert und misstraut".

In Wien nahm die frisch verheiratete Loisi Langbein eine Stelle bei der Radio Verkehrs AG (RAVAG) an. Sie hatte anfangs für die „Russische Stunde" die Sendungen zu vergeben, später wechselte sie zur „Stimme der Frau".

In der Parteikantine hörte Loisi von einer bevorstehenden Strafversetzung ihres Mannes nach Ungarn. Als sie Hermann mit dieser Nachricht konfrontierte, brauste er auf: „Hör auf mit deinen Latrinengerüchten!", schrie er sie an. Doch bald darauf, 1953, bekam er tatsächlich den Parteiauftrag, nach Budapest zu fahren. Seine Frau, bereits Mutter der einjährigen Lisa und erneut schwanger, folgte ihm einige Wochen später, Otto begleitete sie noch bis zum Grenzort Hegyeshalom. „Dort wartete Hermann, ganz mager und heruntergekommen. Er hatte kein Geld, sich zu verpflegen." Lisa reagierte auf die veränderte Umgebung und die gespannte Atmosphäre, die das Jahr der Langbeins in Budapest kennzeichnete, mit Nahrungsverweigerung. Irgendwann blieb nur noch der Weg ins Spital, sonst wäre sie ausgetrocknet. Dazu Loisi: „Hermann bringt sie nach einigen Tagen nach Hause zurück. Wir mussten alle Türen offen lassen, so geschockt war die Kleine. Ich gab es auf, an eine Arbeit im Rundfunk zu denken. Ich war damit beschäftigt, Reis und Karotten zu suchen."

Nach der schweren Geburt von Kurt wurde das Leben nicht leichter. Einziger Lichtblick war die Putzfrau Gisi-Néni (ungarisch für Tante Gisi), die eine gute Hand für Kinder hatte und auch von Lisa gleich ins Herz geschlossen wurde. Leichte Entspannung deutete sich an. Doch was die Familie rundum von der „Volksdemokratie" mitbekam, wirkte ungemein ernüchternd: die Armut der Bevölkerung, die Klassenunterschiede, die harte Zensur in der Rundfunkredaktion, in der Hermann einen aussichtslosen Kampf gegen Lüge, Beschönigung und Verleumdung führte. Loisis Konsequenz: „Es war klar: Ich wollte nichts wie weg aus Ungarn. Dann wurde es immer bunter. Niemand traute sich mehr, mit uns zu sprechen. Wir wurden gemieden, als hätten wir die Pest im Leibe. Mit einem Kleinkind, einem Baby, einem Betterl und Gepäck fuhren wir allein zum Flughafen."

Loisi ging mit Hermann zeitlebens durch dick und dünn. Das Jahr in Budapest war nur der Auftakt schwerer Zeiten. Die Entfremdung von der Partei bewegte Loisi 1957 zum Austritt, Hermann wurde im Herbst 1958 ausgeschlossen. Daraufhin waren beide arbeitslos, mussten „stempeln" gehen, also um Arbeitslosengeld ansuchen. Dennoch blieb der Weigandhof als gastfreundliches Haus bekannt. Niemand ging heim, ohne Schmalzbrot, ein Stück Zwetschkenfleck oder Apfelstrudel gegessen zu haben. Loisi entwickelte sich zur Meisterin der Mangelwirtschaft. Sie nahm es keineswegs unkommentiert hin, dass Hermann ihr diese Rolle aufdrängte, doch sie stellte sich den Herausforderungen. Was Hermann an Kühle und Distanz ausstrahlte, machte Loisi mit ihrer quirligen und offenen Art wieder wett.

Die beiden galten weithin als ungleiches Paar, das gerade deswegen so gut zusammenpasste. So beschrieb Hety Schmitt-Maass die beiden in einem Brief Mitte der 1960er Jahre als „ulkiges Gespann, das vorzüglich funktioniert! Ich weiß nicht, was in den Jahren nach dem KZ, in all der Not und Entbehrung, aus diesem Mann und seiner Familie geworden wäre ohne eine so ‚echte' und wackere Frau; auf ihre Art ist sie nicht zu übertreffen. Was mir an ihr besonders gefällt, ist ihre unverbildete Gescheitheit und ihre Natürlichkeit. Und es hat mir imponiert zu bemerken: Es kommt ihm kein Mensch ins Haus, der nicht diese Frau akzeptiert, so wie sie ist!"

Auschwitz im Weigandhof

Unübersehbar hatte sich Auschwitz in dem kleinen Siedlungshaus im Weigandhof breitgemacht. Die Aufklärung über die Verbrechen von Auschwitz, die Ahndung der Straftaten und die Entschädigung der Opfer – Hermann Langbeins Lebensthemen bestimmten das Familienleben, nicht zuletzt auch aufgrund der Wohnverhältnisse der Langbeins. Das bescheidene, einstöckige Einfamilienhaus am Wienerberg diente von Beginn an als Wohn- und Arbeitsstätte in einem, eine räumliche Trennung war auf den knapp 70 Quadratmetern schlichtweg nicht möglich.

Machte sich Hermann Langbein in der Früh an die Arbeit, wurde die Tür zum „Büro" im ersten Stock, das mit seinem Klappbett nachts zum Schlafzimmer der Eltern wurde, geschlossen. Bis zum Mittagessen ließ er sich nicht mehr blicken. Nach einer kurzen Pause war abermals Büroarbeit angesagt. Anders sah der Alltag aus, wenn es Besuch im Hause Langbein gab, und das geschah oft. Die Kinder erinnern sich an zahlreiche Personen, die bei ihrem Vater vorstellig wurden: ehemalige KameradInnen sowie ForscherInnen, ProfessorInnen, StudentInnen, LehrerInnen. Sie alle verband das Interesse an Auschwitz. Sämtliche Besucher mussten von Lisa und Kurt begrüßt werden, darauf legte der Vater großen Wert, erst dann durften sich die Kinder aus dem Staub machen.

Eine für die Familie besonders belastende Phase begann mit den Auschwitz-Prozessen. Bereits zuvor war der Vater viel unterwegs gewesen, in Deutschland, Polen, Israel. Doch nun, insbesondere ab März 1964, nachdem Hermann Langbein vom Zeugen- in den Beobachterstatus gewechselt hatte, lebte er nahezu ausschließlich in Frankfurt. Wenige Male reiste Loisi in den folgenden eineinhalb Jahren mit den Kindern dorthin. Die seltenen Besuche des Vaters in Wien – zwei Wochen Weihnachtsurlaub ermöglichten das längste Zusammensein – empfanden sie als unvergessliche Höhepunkte. Sohn Kurt erinnert sich: „Wenn er kam, wussten wir genau: Das muss sein Flugzeug sein, das gerade über den Wasserturm fliegt. Er hat dann immer versucht, auf der rechten Seite einen Sitz zu nehmen, und wir haben jedes Mal ein Leintuch aufgespannt, damit er unseren Garten erkennen kann. Natürlich hat er immer behauptet, er hätte es gesehen."

Das Thema Auschwitz mit all seinen Schrecken war trotz Hermanns Abwesenheit im Weigandhof präsenter denn je: Täglich schickte der Vater seine Tonbandaufnahmen, Berichte und Kommentare zum Prozessgeschehen an seine Frau, sie tippte alles in mühsamer, stundenlanger Arbeit ab – ohne Loisi Langbein gäbe es diese

Prozessdokumentation nicht. Kopfhörer hatte sie keine, und so spielte sie die Bänder immer wieder im Beisein der Kinder ab: In den Wintermonaten gab es nur einen geheizten Raum, das Wohnzimmer. Lisa und Kurt, gerade einmal elf bzw. zwölf Jahre alt, lauschten, gewollt oder ungewollt, den Schilderungen der entsetzlichen Verbrechen, die zudem in der Ichform und mit der Stimme des Vaters ertönten. „Das hat eine gewisse Wirkung auf sie gehabt", versuchte Langbein im Gespräch mit Anton Pelinka die Vor- und Nachteile dieser Situation abzuwägen, „die wir nicht vermeiden konnten, außer wir hätten die Dokumentation aufgegeben. Und das hat natürlich auch eine positive Wirkung: dass die Kinder sehr genau wissen, was Auschwitz ist. Andererseits: in dem Alter muss man das noch nicht unbedingt wissen". Neben den Auschwitz-Erzählungen verbreiteten Drohanrufe und -briefe Angst im Weigandhof. Loisi nahm die Kinder mit zu sich ins Bett, unterm Kopfpolster eine Schreckschusspistole und neben dem Bett einen Vorschlaghammer – die Kinder fürchteten weniger mögliche Eindringlinge, „vielmehr, dass die Mama in ihrer Panik einen solchen umbringen könnte", so Lisa rückblickend.

Langbeins Tonbandaufzeichnungen schlossen meist mit privaten Worten und Grüßen an die Familie – ein schwacher Trost in einer für alle entbehrungsreichen Zeit. Dass Hermann Langbein als Prozessbeobachter so viel Zeit in Frankfurt zubrachte, war ohnehin nur möglich, weil er privat wohnen konnte, bei Hedwig Urbann, zu der nicht nur er, sondern auch Loisi und die Kinder eine tiefe Freundschaft entwickelten. Als der Prozess endlich zu Ende war, holte die Familie den Vater in Frankfurt ab. Sie trafen auf einen völlig erschöpften Mann, den abermals starkes Asthma plagte. Zu Hause gingen die Strapazen weiter: Loisi und Hermann arbeiteten auf Hochtouren, um die Dokumentation so früh wie möglich zur Publikationsreife zu bringen.

Wie lebte man früher eine Fernbeziehung – ohne E-Mail, Skype und günstige Telefontarife? Man schrieb sich Briefe. „Meine Eltern", erinnert sich Lisa Langbein, „praktizierten etwas, das heute in der Form nicht mehr vorstellbar ist: Bei jeder Trennung, egal in welcher Länge, haben sie sich täglich geschrieben. Täglich! Die Mama, die grundsätzlich eifersüchtig war, hat einmal gesagt: ‚Jetzt muss ich mich scheiden lassen.' Ich habe gefragt: ‚Und warum?' – ‚Der Hermann hat mir drei Tage nicht geschrieben!' Am nächsten Tag sind vier Briefe im Postkasten gelegen."

Der Familienmensch Hermann Langbein

Langbeins große Liebe galt seinen Kindern. „Er hat uns nicht geliebt, er hat uns abgöttisch geliebt", erinnert sich Lisa. Auch Maria Fürst, die das Heranwachsen der Langbein-Kinder miterlebte, meint im Interview: „Der Hermann war in seine Kinder blind vernarrt, mehr, als jede Mutter es nur sein kann!" Für ihn waren sie ein Wunder und ein spätes Geschenk, das er, schon über vierzig Jahre alt, mit Freude und Dankbarkeit empfangen hatte.

Natürlich nahm er das Vatersein, so wie alles andere, sehr ernst. Langbein war konsequent und streng, jedoch nicht autoritär. Was er in den Schulen und Vortragssälen predigte, lebte er auch daheim: Jede Anweisung, jede Anforderung an die Kinder musste nachvollziehbar und begründbar sein, blinder Gehorsam war ihm ein Gräuel. Gleichzeitig versuchte er, seine hohen moralischen Ansprüche an seine Kinder weiterzugeben. Er musste gar nicht laut werden, ein maßregelnder Blick tat bereits seine Wirkung. Langbein verlangte von den Kindern Disziplin und, als sie alt genug waren, auch einen Beitrag zum Familieneinkommen: Das Begabtenstipendium von Lisa kam in die Haushaltskassa, ohne jede Diskussion. Andererseits stand Hermann bedingungslos hinter seinen Kindern. Als er in die Schule zitiert wurde, weil Kurt mehrmals Unterschriften gefälscht hatte, behauptete er ohne Zögern, selbstverständlich seien das alles seine Unterschriften – die Rüge für Kurt kam erst daheim: wenigstens um bessere Fälschungen hätte er sich bemühen können. Aus heutiger Sicht betrachtet Kurt das Verhalten seines Vaters als bemerkenswerten Beweis für das Vertrauen in seine Kinder, ein Vertrauen, das dem Nachwuchs viel Raum zur freien Entwicklung ließ.

Unausweichlich wurden Lisa und Kurt mit der KP-Vergangenheit ihres Vaters konfrontiert; dafür sorgte die Umgebung. Die Kinder wurden als „Kummerlkinder" behandelt – so wurden die Sprösslinge von kommunistischen Eltern auf Wienerisch genannt. Ereignete sich ein negativer Vorfall in der Schule, waren sie die ersten Verdächtigen. Schmierereien an der Schulwand? Das kann nur Kurt Langbein gewesen sein! Als eine Schulfreundin abgängig war, kam die Polizei in den Weigandhof, um den Sohn des Ex-KPlers zum Verhör abzuholen. Die Polizei musste warten, bis Hermann Langbein rasiert und ausgehfertig war – um nichts in der Welt hätte er seinen Sohn allein auf die Wachstube gehen lassen.

So abgöttisch Hermann Langbein seine Kinder liebte – eine gewisse Distanz ließ sich dennoch nie überwinden. Erst als Erwachsenem wurde Kurt, mittlerweile selbst Vater, die Emotionsverweigerung im Elternhaus bewusst. Die Mutter habe selbst große Schwierigkeiten gehabt, Gefühle zu zeigen oder Gefühlsregungen zuzulassen, und habe sich immer wieder in den Alkohol geflüchtet. Obwohl Hermann Langbein, das bescheinigen viele seiner Weggefährten, sich im Zusammensein mit seinen Kindern noch am ehesten öffnen konnte, blieb er ein enorm verschlossener Mensch. Die Kinder sehen darin unverkennbar Spuren der langen Zeit, die er im KZ verbrachte. Kurt macht diesen Charakterzug an zwei Ursachen fest, die denselben Ausgangspunkt, nämlich Auschwitz, haben. Zum einen habe sein Vater in relativ jungen Jahren lernen müssen, seine Emotionen komplett auszuschalten und rein mit Intelligenz und nach Kalkül zu agieren. Zum anderen habe ihm Auschwitz das Urvertrauen in die Menschheit genommen, was zur Folge hatte, dass er extrem empfindlich und verletzlich wurde und jede unstimmige Interaktion nicht als Missverständnis, sondern als gegen ihn gerichtete Bosheit interpretierte. „Du bist umringt von Menschen, die dir Böses wollen. Sie verletzten dich, aber du darfst es auf keinen Fall zeigen. Du brauchst eine perfekte Maske und du darfst dich in keiner Sekunde gehen lassen, sonst bist du sofort weg. Und das macht dann dieses von uns allen empfundene Überkalkulierte, Perfekte aus, wo keine Zwischentöne erlaubt sind. Es muss alles klar und unzweideutig sein", so reflektiert Kurt die psychische Konstitution seines Vaters. Als Erwachsener sieht Kurt Spuren dieser Verhaltensweisen auch in sich selbst, Erkenntnisse, die sich in einem intensiven Reflexionsprozess eingestellt haben.

Als Erstgeborene, da sind sich die Geschwister einig, hatte es Lisa schwerer. An sie wurden von Anfang an höhere Erwartungen gestellt als an den jüngeren Bruder. Kurt meint heute auch, dass er als Bub beim Vater immer mehr zählte, bezüglich der Geschlechterrollen dachte Hermann Langbein traditionell. Es fiel ihm oft gar nicht auf, dass er die Frauen in seinem Umfeld – seine Gattin Loisi eingeschlossen – weniger wertschätzend behandelte als die Männer. Viele lange Jahre sah sich Loisi an Küche und Kinder gebunden und damit in eine klassische Rolle gedrängt, die sie als junge Frau nie angestrebt hatte. Sie war es, die die Familie mit den spärlichen Mitteln zusammenhalten und den schweren Alltag bewältigen musste, während das offizielle Familienoberhaupt sich ganz seiner Berufung widmete. Diese enorme Belastung führte wohl auch dazu, dass Loisi immer wieder bei Alkohol und Essen Zuflucht suchte. Somit waren Hermann und sie ein ungleiches Paar – er kontrolliert, hager und abstinent; sie emotional, zunehmend beleibt und vergleichsweise unbeherrscht. Kein Wunder, dass zwischen ihnen immer wieder Spannungen aufkamen – die allerdings nur innerhalb der Familie bemerkbar waren, nach außen galten die beiden stets als „perfektes“, wenn auch ungleiches Paar.

Familie Langbein 1955/56, von links: Bruder Otto, Kinder Kurt und Lisa, Loisi, Hermann Langbein und Cousine Emma Plank

277

Sobald etwas mehr Geld im Haus war, ging Hermann mit den Kindern einkaufen. „Ich bin so reich wie ein Scheich", war dann sein Motto, und so bekam Lisa eben den teuersten Anorak, wenn der ihr am besten stand. Oder man unternahm aufwändige Urlaubsreisen: Kurt erinnert sich, dass die Tranchen des Buttinger-Stipendiums vor allem in Urlaube geflossen sind, einen am Meer und einen in der Schweiz – der Vater wollte immer schon in die Schweizer Berge, zum Matterhorn und auf die Gletscher des Aletschhornes. Das Haus bekam eine Zentralheizung und eine Außenverkleidung – und schon war das Geld wieder weg. „Aber das hat alles nichts ausgemacht. Wichtig war nur vorübergehend ein pralles Leben." Kurt erinnert sich mit Bewunderung an seines Vaters leichtfüßigen Umgang mit Geld: „Es war wirklich Mangelware, aber wenn es einmal da war, hat man es ausgegeben. Dann war High Life."

Ansparen und Reserven anlegen, davon hielt Hermann Langbein nichts. Die Großzügigkeit zeigte sich ebenso in der Küche – es wurde immer gut und reichlich gekocht – als auch in der Ausbildung der Kinder. Trotz knappem Haushaltsbudget war es eine Selbstverständlichkeit, dass die Kinder aufs Gymnasium gingen und die Matura ablegten. Ihr Studium indes konnten die Eltern erst mitfinanzieren, als Hermann Langbein mit 65 Jahren eine Pension ausbezahlt bekam; eine vergleichsweise bescheidene Summe, doch seit der KP-Zeit war nicht mehr so viel Geld im Haus gewesen. Endlich wieder „reich wie ein Scheich", wollte er, dass sich Lisa und Kurt nun ganz dem Studium ihrer Wahl widmen konnten, bis dahin hatten sie selbst für ihren Lebensunterhalt sorgen müssen. Nach einigen Jahren Soziologiestudium, die mehr von Politik als vom Unibetrieb geprägt waren, entschied sich Lisa jedoch für einen „ordentlichen Brotberuf" und wurde Krankenschwester. Kurt hatte nach seinem Soziologiestudium beim ORF Fuß gefasst und eine Laufbahn als Journalist gestartet. Der Vater verfolgte die Karriere des Sohnes und jeden Konflikt, den er ausfocht, sehr genau – dies legt die umfangreiche Sammlung an entsprechenden Zeitungsausschnitten im Nachlass nahe.

Beide Kinder tragen das Engagement ihrer Eltern auf eigene Art weiter. Lisa ging mit „Ärzte ohne Grenzen" nach Afghanistan und Äthiopien; jahrzehntelang war sie in der Gewerkschaft engagiert.

Kurt hat mit seinen frühen journalistischen Arbeiten zu Missständen in der Psychiatrie, in Kinderheimen und Haftanstalten die Auseinandersetzung des Vaters mit totalitären Systemen fortgesetzt. Wenngleich die Eltern die ideologische Entwicklung ihrer Kinder nicht forcierten, so registrierten sie sicher mit Wohlwollen, dass sich beide am linken Rand des politischen Spektrums engagierten. Dass weder Lisa noch Kurt einer politischen Partei beitraten, werden die Eltern in Anbetracht ihrer eigenen Erfahrungen sicher begrüßt haben.

Hermann Langbein war stolz auf seine Kinder. In einem Brief an einen ehemaligen Auschwitz-Gefährten schrieb er im März 1984: „Du fragst, wie es uns hier geht. Nun, meine Frau hat es sicher nicht leicht, da sie mein Leben teilt. Meine Kinder haben sich so entwickelt, wie ich es mir gewünscht habe: Sie haben Berufe gewählt (sie Krankenschwester, er Journalist beim Fernsehen), die es möglich machen, zu helfen, etwas zu verändern."

Hermann ließ sich wenig anmerken, doch Loisi litt sichtlich, als die Kinder das Elternhaus verließen. Das taten sie noch dazu gleichzeitig, indem sie Anfang der 1970er Jahre gemeinsam in eine Wohngemeinschaft zogen, in die legendäre Soziologen-WG im Ledererhof im 1. Wiener Gemeindebezirk. Kurt erinnert sich: „Ich glaube, es hat den beiden ziemlich weh getan, so schnell, so ansatzlos von den Kindern verlassen zu werden. Das war aber von unserer Empfindung her keine Aktion gegen sie, in keiner Weise, sondern für uns." Die Eltern hätten diese abrupte Veränderung der Lebensumstände aber, „wie alle anderen Tragödien, schweigend ertragen und nichts gesagt", so Kurt weiter.

Loisi fühlte sich auf sich allein zurückgeworfen, verlassen, aufs Abstellgleis verfrachtet. In dieser Phase, erinnern sich einige Freundinnen, stellte sie ihr ganzes Leben in Frage, auch ihr Eheleben mit Hermann: Sie sei doch nur die Mutter seiner Kinder und Sekretärin seiner wissenschaftlichen Arbeiten gewesen und habe, wie Loisi selbst festhielt, ihr Leben „in der Küche zerkocht". Lange angestaute Frustration und Wut entluden sich. In ihrem Schmerz suchte sie sich eine Beschäftigung auswärts, arbeitete etwa für die Gewerkschaftliche Einheit (GE), um etwas selbstbestimmter leben zu können. Und sie erfüllte sich den Jugendtraum von einem eigenen Auto. So war es auch leichter, mit Hermann zu reisen, der keinen Führerschein besaß. Die gemeinsamen Touren durch halb Österreich, einmal sogar nach Spanien, brachten die beiden Eheleute einander wieder näher.

Die Langbeins auf Reisen

Bei der ersten Reise in der Großgruppe war Loisi nicht die Chauffeurin, sondern nur Mitreisende: Die Freunde der Kinder gingen von Anfang an im Weigandhof ein und aus, und schließlich brachen Jung und Alt auch zu gemeinsamen Urlauben auf. Mit einem uralten VW-Bus, Teil des Gemeinschaftseigentums der WG-Mitglieder, ging es 1973 zuerst nach Italien, bis Neapel hinunter, später (mit einem etwas zuverlässigeren Gefährt) über Frankreich nach Spanien, Portugal und Marokko. Hermann nahm seine erweiterte Familie – sie waren mindestens zu acht – mit auf Spurensuche an die Orte, die er als Interbrigadist gesehen hatte; er zeigte ihnen die Schauplätze der Ebro-Schlacht und reiste mit ihnen nach Le Vernet. Es war eine Abenteuerreise, über die Loisi notierte: „Ich stecke in einer Schlosserhose und koche auf einem kleinen Gaskocher Berge von Nudeln und Reis. Wir müssen sparen, Lisl ist eine strenge Finanzministerin. Hermann und ich schlafen im Bus, die Jungen mit Freunden in Zelten."

Die nächste große Familienfahrt führte nach Auschwitz. Fast dreißig Jahre alt waren die Kinder inzwischen. Ihnen und seiner Frau wollte Hermann Langbein den Ort zeigen, der sein Leben entscheidend geprägt hatte. Die politische Lage in Polen hatte sich kurz zuvor, im Frühjahr 1981, zugespitzt, man befürchtete gar einen militärischen Einmarsch der „Bruderstaaten". Die Familie entschloss sich dennoch, die Reise zu wagen. Dreißig Jahre lang hatte Auschwitz ihr Leben und ihren Alltag bestimmt, Loisi und die Kinder kannten es – und kannten es doch nicht. In ihren Erinnerungen widmete Loisi dieser Reise mehrere Seiten und schloss mit dem Nachsatz: „Ich hätte Auschwitz doch viel früher sehen müssen. Vielleicht hätte Hermann es mit mir dann etwas leichter gehabt."

Außer Loisi und den Kindern waren diesmal auch Otto Langbein und sein Freund Günter sowie weitere gute FreundInnen von Lisa und Kurt mit dabei; insgesamt waren sie zu zwölft. Gleich beim Eingang zeigte Hermann ihnen seine frühere Arbeitsstätte, das SS-Revier, das sich außerhalb des Lagers in unmittelbarer Nachbarschaft zum „Alten Krematorium" und zur Gaskammer des Stammlagers befand. „Mir nimmt es momentan den Atem", schreibt Loisi, „nur wenige Meter zwischen Haus und Gaskammer! Wie kann ein Mensch verkraften, zu wissen, was wenige Meter nebenan in den Gaskammern geschieht, ohne helfen zu können? Ohne schreien und toben zu können, nach außen ruhig maschinschreiben zu müssen ..."

Ehemalige Auschwitzkameraden von Hermann kamen, um ihn und die Gäste zu begrüßen: Eduard (Edek) Pyś, Tadeusz Szymanski, Tadeusz Paczula. Abends saß man beisammen und tauschte Erinnerungen aus. Die jungen Leute wurden im ehemaligen SS-Revier untergebracht, das zum Gästehaus umfunktioniert worden war. Hermann und Loisi sowie Otto und Günter wollten die polnischen Kollegen eine besondere Ehre erweisen, indem sie sie in der ehemaligen Kommandantur einquartierten – eine für Loisi zweifelhafte Ehre, die sie keinen Schlaf finden ließ.

Am nächsten Tag führten Hermann und Edek Pyś die Gruppe durchs Lager: zum Bunker, zur Schwarzen Wand, in die als Museum hergerichteten Blöcke. Nachmittags besichtigten sie Birkenau. Lisa wurde spätestens jetzt bewusst: „Ich bin in Auschwitz aufgewachsen. Der Papa hat der Mama diktiert und ich hab' daneben gespielt. Als wir in Auschwitz waren, habe ich alles wiedererkannt." Lisa erinnert sich vor allem daran, dass aus halb Polen Leute kamen und ihren Vater küssten, „so viel geküsst worden ist mein Vater sonst überhaupt nie. In Birkenau hat es geblasen und gezogen, und da sagt der Papa: ‚Aber weißt du, hier ist es viel zu kalt, gemma heim ins Stammlager.' Das hat sich mir eingegraben." Ähnlich erging es Kurt, als er Jahrzehnte später einen Mitschnitt der Zeugenaussage seines Vaters im Frankfurter Auschwitz-Prozess hörte: „Als ich die gehört habe, hatte ich das Gefühl, ich kenne das alles im Wortlaut. Ich wusste alles, obwohl er niemals mit mir darüber geredet hat."

Tatsächlich erzählte der Vater den Kindern nie direkt etwas über Auschwitz und sonstige Verbrechen. Was sie wussten, hatten sie aufgeschnappt, mitgehört, nebenbei erfahren. Obwohl nicht darüber gesprochen wurde, war es dennoch ständig zu spüren – ein belastendes Schweigen, wie sich Kurt erinnert: „Auschwitz – das Thema war dermaßen präsent, und gleichzeitig wollte er uns heraushalten, auch aus seinen eigenen Schwierigkeiten und kleinen Tragödien und Niederlagen. Das waren ja alles Sachen, die auf ihm lasteten. Er hat erkennbar keinen Weg gefunden, damit produktiv und offen umzugehen. Ich glaube aber auch, dass es extrem schwer gewesen wäre. Wie soll man mit seinem eigenen Kind für dieses Thema eine adäquate Umgangsform finden? Wahrscheinlich wäre es gescheiter gewesen, einfach immer wieder darüber zu reden, auch in der ganzen Unfassbarkeit. Weil es damit ein geteiltes Thema gewesen wäre und kein irgendwo extern lastendes. Dann hätten wir uns wahrscheinlich ein bisschen leichter getan. Aber ich kann verstehen, dass er versucht hat, es von uns fernzuhalten. Ich verurteile es nicht."

Er wollte noch so viel sagen

Hermann Langbein war 83 Jahre alt, als er starb. Niemand hätte einen Monat zuvor vermutet, dass er dem Tod so nahe war. Am wenigsten er selbst – in einem Brief an Stanisław Kaminski Ende September 1995 erläuterte er noch seine Reisepläne. Im Oktober wollte er nach Deutschland. Dabei war er zu diesem Zeitpunkt bereits unheilbar an Darmkrebs erkrankt. Bis zum Jahresende fanden sich noch Termine auf seinem Stehkalender: in Weimar, Bozen, Salzburg und Vorarlberg, das zentrale Zeitzeugenseminar, einen Schulbesuch und eine Lesung in Potsdam im Dezember 1995. Stattdessen mussten dort Nachrufe verlesen werden.

Loisi hatte ab 1992 das Kränkeln ihres Mannes beobachtet, über das vermutlich nicht geredet wurde. Man tat, als wäre nichts, erst recht nach außen. Die Entfernung der vergrößerten Prostata 1994 verlief komplikationslos, Hermann erholte sich gut. Er musste zwar einen Dauerkatheter tragen, doch der hinderte ihn nicht daran, von einer Konferenz zur nächsten zu fliegen – gegen den Willen von Loisi, die sich große Sorgen machte. Deutliche Zeichen für ein Schwinden der

Kräfte machten sich im Sommerurlaub 1995 bemerkbar. Die üblichen Spaziergänge des passionierten Wanderers fielen erstaunlich kurz aus, und, so erinnert sich Lisa: Die Eltern stritten, was sonst eher selten vorkam. Vermutlich war Hermann Langbein schon schwer krank, Loisi wusste es instinktiv und wehrte sich dagegen. Sie hatte große Angst, ihren Mann zu verlieren. Als Hermann Langbein sich endlich seinen Kindern anvertraute, war es nahezu zu spät: akuter Darmverschluss. Er musste dringend operiert werden. Die schockierende Erkenntnis während des Eingriffs: Der Bauchraum war bereits voller Metastasen. Die Ärzte prophezeiten eine maximal verbleibende Lebenszeit von vierzehn Tagen, allerdings zunächst nur gegenüber seiner Familie. Eine Woche später, am 24. Oktober 1995, war Hermann Langbein tot.

„Es war immer ein Dienstag – Dienstag Operation, Dienstag Tod, Dienstag Verabschiedung – eine Zeit lang hab' ich keine Dienstage mehr gemocht", erinnert sich Tochter Lisa. Bei der Trauerfeier für Hermann Langbein spielte eine Roma-Musikkapelle auf – für viele Teilnehmende ein außergewöhnliches, berührendes Erlebnis. Aus aller Welt kamen Beileidsbekundungen, die der Familie nur schwer über den Verlust hinweghelfen konnten.

Besonders Loisi litt unter dem endgültigen Abschied von ihrem Gatten. 45 Lebensjahre hatten sie miteinander überstanden, waren durch schwere Zeiten gegangen, hatten auch viel Glück miteinander geteilt. Nach Hermanns Tod erlitt Loisi einen vollständigen Zusammenbruch, der die Kinder nun um ihre Mutter bangen ließ. Nur langsam erholte sie sich. „Ich empfinde mein Leben als ‚Urlaub im Licht'", konnte sie einige Monate später aufatmen. Lisa hatte ihr einen alten Computer besorgt, auf dem sie schreiben lernte; sie nutzte ihn, um im Oktober 1997 ihre Lebenserinnerungen schriftlich festzuhalten. Mit offenen Worten machte sie darin aus ihrem Schmerz und ihrer vorübergehenden Selbstaufgabe nach Hermanns Tod keinen Hehl.

Zur Überraschung der Kinder entschied sie anschließend, zurück nach Kärnten zu gehen – in Wien war sie nie wirklich heimisch geworden. Sie zog nach Klagenfurt, in die unmittelbare Nachbarschaft ihres früheren Elternhauses. Dort lebte sie einige Jahre, kontaktfreudig und durchaus zufrieden – bis sich, zunächst schleichend, eine Demenzkrankheit einstellte. Nach acht Jahren holten Kurt und Lisa die Mutter nach Wien zurück, um sie besser betreuen zu können. Loisi Langbein lebt heute in einer Wohngruppe für Demenzkranke in Wien-Erdberg. Die Familienbande sind nach wie vor stark; Lisa besucht ihre Mutter nahezu täglich.

Die Krankheit hat im fortgeschrittenen Stadium nun auch das Sprachzentrum angegriffen. Seit Beginn 2010 schweigt Loisi Langbein. Offen bleibt, ob die Worte, die man an sie richtet, in ihr Bewusstsein dringen.

Zeitlebens konsequent

Der Tod Hermann Langbeins rief weltweit mediales Echo hervor. „The Washington Post", „The New York Times", „El País", „The Jerusalem Post", die bedeutenden bundesdeutschen Zeitungen bis hin zur heimischen Presse, sie alle gedachten der Persönlichkeit Hermann Langbein in Todesanzeigen bzw. Nachrufen. Die Familie nahm Telegramme und Beileidsbriefe aus der ganzen Welt entgegen: von nationalen Überlebenden-Vereinigungen, von der Israelitischen Kultusgemeinde Österreichs, von Simon Wiesenthal, vom Dokumentationsarchiv des österreichischen Widerstandes. Auch das offizielle Österreich, von der Stadt Wien bis zum Bundeskanzler und Bundespräsidenten, kondolierte der Familie. Und natürlich zahlreiche ehemalige Auschwitz-Kameraden wie Yehuda Bacon aus Israel, Leo Eittinger aus Norwegen, Rudolf Vrba aus Kanada, Tadeusz Paczula aus Polen, um nur einige zu nennen. Yehuda Bacon, der hier stellvertretend für viele zu Wort kommen soll, schrieb der Witwe Loisi Langbein: „Ich fühle mit Ihnen – seine Freundschaft, sein Gerechtigkeitssinn, seine Hingabe, seine Zivilcourage, seine Reinheit und Wahrheit waren mir zum Vorbild."

Trotz Langbeins Bekanntheit in aller Welt fanden sich in den Nachrufen der heimischen Presse zahlreiche Fehler, die wiederum von Ausblendung und Verdrehung der Tatsachen, aber auch von Ignoranz zeugen. So war etwa von der „am Unterarm eintätowierten Auschwitznummer" die Rede – Langbein wurde aber in Auschwitz als „arischer" reichsdeutscher Häftling geführt, damit war eine Tätowierung ausgeschlossen. Dass er in einem Nachruf als „der christliche Linksdemokrat" bezeichnet wurde, erregte Widerspruch bei seinen ehemaligen Genossen. Als „pietätlos" bezeichnete Bruno Furch, bis zu seinem Lebensende überzeugter Kommunist, den Umstand, „dass wichtigste Abschnitte seines politischen Lebens verschwiegen werden", nämlich Langbeins nahezu drei Jahrzehnte während Zugehörigkeit zur kommunistischen Gesinnungsgemeinschaft, und vor allem sein Engagement für die KPÖ, die ihn nach seiner Rückkehr aus den KZs „als hervorragenden Kommunisten schätzte" und ihm deshalb die Leitung der Zentralen Parteischule überantwortete. Man erinnere sich der massiven Kritik Furchs am KP-Abtrünnigen Langbein zu dessen Lebzeiten – jetzt wurde er von den Kommunisten als einer der ihren betrauert. Auch Hans Landauer, Kamerad bei den Internationalen Brigaden in Spanien, kritisierte die seiner Meinung nach von der „sozialdemokratischen Presse" lancierte Verleugnung jener kommunistischen Gesinnung, die Langbein in den Konzentrationslagern die Kraft zum Widerstand gegeben hatte.

Seine Angehörigen trösteten sich damit, dass Hermann Langbein noch miterleben konnte, was sein hartnäckiges Engagement bewirkte und wie es gewürdigt wurde. Im Dankesschreiben der Familie Langbein für die Anteilnahme hieß es: „Wir haben am 13. November Hermanns Urne am Matzleinsdorfer Friedhof in Wien beerdigt. Sein Leben hat auf dieser Welt Spuren hinterlassen und wir hoffen, dass sein Werk fortgesetzt wird. Unser Trost muss sein, dass ihm die letzten Jahre Anerkennung gebracht haben und er erleben konnte, dass er vielen Menschen etwas bedeutet hat."

Wer ein einziges Leben rettet …

… rettet die ganze Welt: Mit diesen Worten beginnt der Text der Ehrenurkunde, die „die Gerechten unter den Völkern" erhalten. Es war die größte und für Langbein sicherlich bedeutendste Auszeichnung, am 4. April 1967 als einer der Ersten in den Kreis der „Gerechten" aufgenommen zu werden. Mit diesem Titel ehrt der Staat Israel in der Holocaust-Gedenkstätte Yad Vashem nichtjüdische Menschen, die während des Nationalsozialismus unter Einsatz ihres Lebens Jüdinnen und Juden vor dem sicheren Tod retteten. Mitte der 1960er Jahre wurde diese Ehrung noch selten vorgenommen.[254] Seinen Baum in der „Allee der Gerechten" im Garten von Yad Vashem wollte Langbein nicht allein setzen; er bat seine Freunde Erich Kulka und Israel Gutman, ihm dabei zu helfen.[255] Die „Medaille der Gerechten" und die Ehrenurkunde nahm er Anfang 1968 in Wien entgegen, und zwar aus den Händen des israelischen Botschafters Zeev Shek, selbst Überlebender nationalsozialistischer Konzentrationslager. In seiner

Zu Ehren Hermann Langbeins wird in der „Allee der Gerechten" in Yad Vashem
(Jerusalem) ein Baum gepflanzt; April 1968 (vorne links Langbein)

Ansprache betonte Shek, Langbein habe damals nicht vergessen, „was
Charakter, Wahrheit, Menschlichkeit und Pflicht" seien.[256] Der Präsident der österreichischen Widerstandsbewegung, Franz Sobek, bezeugte die Hilfe, die Langbein anderen Häftlingen im KZ Dachau
hatte zuteilwerden lassen.[257]

Konsequent war Hermann Langbein auch bei der Ablehnung von
Ehrungen: Selbstverständlich zeigte er sich 1987 erfreut von der
Nachricht, dass ihm das österreichische Wissenschaftsministerium
das Ehrenkreuz für Wissenschaft und Kunst Erster Klasse für seine
Verdienste „auf dem Gebiet der Zeitgeschichte" verleihen wollte. Als
er aber erfuhr, dass die Urkunde die Unterschrift von Bundespräsident Kurt Waldheim tragen würde, lehnte er die Ehrung ab. Kurt
Waldheim hatte im Präsidentschaftswahlkampf 1986 mit Nachdruck
wiederholt, er habe als Offizier der von Hitler kommandierten Wehrmacht nur seine „soldatische Pflicht" erfüllt. Langbein machte in seinem Schreiben an das Bundesministerium deutlich, wer seiner Meinung nach in der NS-Zeit tatsächlich seine Pflicht erfüllt habe: jene
nämlich, „die sich nach Kräften bemüht hatten, sich dem Dienst der

von Hitler befehligten Militärmaschinerie zu entziehen. Sie suchten Wege, die Niederlage des nationalsozialistischen Regimes zu beschleunigen, einige hatten den Mut, die verhasste Uniform abzulegen und sich Partisanengruppen anzuschließen; ein Franz Jägerstätter setzte sein Leben ein, weil er nicht ein Rädchen in der Mordmaschinerie werden wollte." Er selbst stehe „uneingeschränkt auf der Seite derer, die durch die zitierte Äußerung von Dr. Waldheim als ‚Pflichtvergessene' diskriminiert wurden". Für diese Haltung bekam Langbein anerkennende Worte im KollegInnenkreis, auch von denjenigen, die ihm nicht freundschaftlich verbunden waren, jedoch sein Anliegen der politischen Aufklärung teilten. So schrieb etwa Herbert Steiner: „Lieber Hermann! Ich möchte Dir persönlich sehr herzlich gratulieren und auch meine Solidarität übermitteln. Ich glaube, dass Deine Haltung zur beabsichtigten Auszeichnung durch den Bundespräsidenten eine wichtige Ermunterung für alle Freiheitskämpfer darstellt."

1994, der Bundespräsident hieß nun Thomas Klestil und der Wissenschaftsminister Erhard Busek, stimmte Langbein zu, als ihm der Berufstitel Professor verliehen werden sollte.[258]

Erinnerungen an eine außergewöhnliche Persönlichkeit

Menschen wie Hermann Langbein, die nicht in der anonymen Masse verschwinden, sondern aus ihr hervortreten, schaffen Reibungspunkte. Weil sie der Durchschnittlichkeit der anderen den Spiegel vorhalten, weil sie in jeder Situation einen klaren Standpunkt und große Entschiedenheit an den Tag legen und damit wehtun können – nicht nur anderen, sondern auch sich selbst. Hermann Langbein war – in jeder Hinsicht – kein weicher Mensch: Er hatte, obwohl stets höflich und zurückhaltend, seine Ecken und Kanten. Daran konnte sich, wer wollte, vortrefflich reiben.

Dazu lud auch die ihm allseits nachgesagte Strenge ein, mit der er Disziplin, Moral und Integrität einforderte – von seinem Umfeld, vor

Schriftzug von Hermann Langbein auf der „Allee der Gerechten" im Frühjahr 2011 entlang der Ringstraße in Wien, initiiert von „A letter to the stars"

allem aber von sich selbst. Die abwertende Bezeichnung „Berufs-auschwitzer", die auf sein Engagement in der Verfolgung der NS-Täter zurückging, wurde später auch gern von ehemaligen Kameraden benutzt, die sich von ihm abgewandt hatten; sie ist als herbe Kritik zu lesen. Die Aussage hingegen, Langbein habe Auschwitz nie verlassen, ist zutreffend: Den Rest seines Lebens hat er der Aufklärung über diesen Schreckensort gewidmet. Allerdings suggerieren diese Worte eine Distanzlosigkeit und Unfähigkeit zur Reflexion, ein Gefangensein in der Vergangenheit, wovon wahrlich keine Rede sein kann.

„Hermann, der Göttliche" – auch das ist zu hören, wenn Weggefährten Langbeins nach dessen Auftreten und Erscheinung gefragt werden. Dieses Bild beschreibt die moralische Autorität, die er ausstrahlte und die er – sich seiner Wirkung bewusst – in die Waagschale warf, um seine Anliegen durchzusetzen. Es verrät auch, dass ihm seine Art, die eigene Meinung und die eigenen Vorstellungen durchzusetzen, von einigen als „Unfehlbarkeitsanspruch" ausgelegt wurde. Attribute wie „unheimlich dominant" und „sehr eitel" untermalen diese Sichtweise. Die Ernsthaftigkeit, mit der er all seine Lebensthemen behandelte, ließ Langbein frei von jeglicher Selbstironie erscheinen – auch dies nahmen manche als Indiz dafür, wie sehr er von sich eingenommen war. Kritik an seinem Verhalten konnte er nach Einschätzung vieler nicht akzeptieren.

All diese Zuschreibungen charakterisieren zweifellos einzelne Facetten der komplexen Persönlichkeit Hermann Langbeins. Er war in der Tat kein einfacher Mensch. Was immer wieder in den Gesprächen über Langbein erwähnt wurde, war seine durchgängige Distanziertheit. Viele fühlten sich davon verunsichert. Manch einer hoffte auf Zeichen der Freundschaft und Vertrautheit – und erfuhr doch nur kühlen Respekt und Sachlichkeit. Andere suchten offene Herzlichkeit und Vertraulichkeit – und mussten sich mit einer stets höflichen und niemals überschwänglichen Reaktion begnügen. „Kühl, präzise und distanziert" – so beschreibt Kurt Scholz die Persönlichkeit Hermann Langbeins.

Ein böses oder negatives Wort über andere – Neonazis ausgenommen – war aus Langbeins Mund nie zu hören, selbst über jene nicht, die seine Demontage in der KPÖ betrieben hatten. Zumindest nicht in der Öffentlichkeit; im privaten Kreis konnte er gewisse Eitelkeiten oder Fälle von Vorteilnahme schon einmal kommentieren.

Mehrfach kam in den Interviews die Rede auf Langbeins Art, die ZeitzeugInnen-ReferentInnen-Seminare zu führen. Er wollte die Heterogenität der Erzählungen der Überlebenden über ihre KZ-Erfahrungen zunehmend angleichen, so der Zeithistoriker Gerhard Botz, der diese Standardisierung jedoch als problematisch erachtete. Auch Karl Brousek, Historiker und Medienpädagoge im Unterrichtsministerium, erinnert sich an die Dominanz Langbeins und an das „strenge Briefing in den Zeitzeugen-Seminaren. Da ist es schon darum gegangen, dass der Hermann Langbein den Leuten vorgeschrieben hat, was sie sagen sollen, wie sie auftreten sollen. Aus seiner Sicht verständlich – mir hat es nur mäßig gefallen."

Karl Brousek verband mit Langbein eine intensive Arbeitsgemeinschaft an mehreren Projekten, in der sie die Videoreihe „Ich war im

KZ", gemeinsam mit Hans Prammer geschnitten haben. Ein weiteres Projekt war der Film „Pasaremos" über Österreicher im Spanischen Bürgerkrieg, für den sie das Drehbuch gemeinsam schrieben und anschließend in Spanien umsetzten. Eine bleibende Erinnerung: „Wenn sich der Hermann etwas eingebildet hat, dann war es schwer, ihn davon abzubringen." Das betraf manchmal auch Bereiche, die nicht sein Fachgebiet waren, etwa die filmische Umsetzung einer Geschichte. „Ich kann mich an ein Streitgespräch erinnern, wo ich sagen musste: ‚Wir machen keine Diashow, wir machen einen Film. Bitte nimm das zur Kenntnis.'"

Entschieden zeigte sich Langbein, wenn es um die Beurteilung des moralischen Verhaltens im KZ ging. Das führte zu lebenslanger Animosität, etwa gegenüber Heinz Dürmayer, ehemals Lagerältester in Auschwitz; oder dazu, dass er eine Zeitzeugin wie Margareta Glas-Larsson lange Zeit nicht gelten ließ, der sexuelle Beziehungen als Überlebensstrategie (Sex für Brot) mit Häftlingen, aber auch zu SS-Männern nachgesagt wurden (was nicht belegt ist).

In seiner unbequemen Art blieb er trotzdem immer sachlich und respektvoll. Wolfgang Neugebauer betont im Interview: „Langbeins Kritik war zwar scharf und kompromisslos, aber niemals gehässig. Es ist ihm immer um die Sache gegangen und nicht darum, die Leute herunterzumachen oder persönlich zu diffamieren."[259]

Auch seine Kritiker hoben Langbeins großes Engagement in der Aufklärung über Auschwitz hervor, und immer wurde Auschwitz als Erklärung für die schwierigen Aspekte seiner Persönlichkeit herangezogen. Vielfach äußerten seine Weggefährten Kritik erst auf Nachfrage, um die problematischen Facetten der Langbeinschen Persönlichkeit dann sogleich mit Auschwitz zu erklären. Dass ihn das Vernichtungslager – auch im negativen Sinn – formte, erscheint logisch. Jahrelang dem Morden zusehen zu müssen, sich keine Regung anmerken zu lassen und dennoch Energie und Moral zum Widerstand aufzubringen, das verlangt Härte, Selbstdisziplin und permanente Unterdrückung von Gefühlen.

Kurz nach der Rückkehr aus der Gefangenschaft muss diese Prägung besonders deutlich spürbar gewesen sein. Mehrfach kolportiert wurde eine Begebenheit, die sich nach einem Vortrag Langbeins über

Auschwitz noch im Jahr 1945 zugetragen hat und deren wahrscheinlicher Hergang folgender war: Nach dem Vortrag kam eine junge Frau auf ihn zu und erkundigte sich nach dem Schicksal von Rudi Friemel. Ohne sich auch nur im Geringsten auf sie einzustellen, gab Langbein wahrheitsgemäß die Auskunft, Friemel sei Ende Dezember 1944 am Appellplatz gehenkt worden. Die Frau brach schockiert zusammen; Langbein wurde angeherrscht, wie er nur so brutal sein könne. Darauf soll er, wie Erich Hackl die Episode beschreibt, erwidert haben: „Wer in Auschwitz war, hat für den Rest seines Lebens eine Hornhaut auf der Seele."[260]

Diese Metapher gebrauchte Langbein bis zu seinem Lebensende: Um sich in Auschwitz vom Leid ringsum nicht auffressen zu lassen, musste man sich mit einem Schutzpanzer umgeben. Gleichwohl sah er dies nicht unbedingt als Schwäche, vielmehr verwies er auf die andere Seite der Medaille: die Stärke, die aus dieser Selbstbeherrschung erwuchs, die ihn „ausdauernd, fordernd, hartnäckig, verlangend und zäh in der Durchsetzung" werden ließ, wie Kurt Scholz formulierte. Schon die Selbstzeugnisse aus Spanien, so merkte Helmut Konrad an, würden „verdeutlichen, welch starke Persönlichkeit Hermann Langbein in seinen jungen Jahren bereits war".[261]

So korrekt, ernsthaft, kühl und unnahbar Langbein auch wirkte, gab es in seiner komplexen Persönlichkeit doch auch eine andere, selten aufleuchtende Facette. Im Kreise der engsten MitstreiterInnen und ehemaligen Auschwitz-Kameraden, etwa bei den Autofahrten nach Lackenbach im Burgenland, an die sich Erika Thurner erinnert, war er, wenn es sich anbot, um einen Scherz nicht verlegen. Dem Humor und der Lockerheit eines Kurt Hacker oder Fritz Kleinmann konnte selbst er sich nicht entziehen. Sibylle Goldmann, mit Langbein einige Jahre im Internationalen Auschwitz-Rat aktiv, erinnert sich an ihn als einen Charismatiker, der „in letzter Zeit viel gelacht hat, Geschichten erzählt, in sich hineingeschmunzelt hat – ein großer, großartiger Mensch!"

Momente, in denen Langbein „aus der Rolle" fiel, waren die Ausnahme. Außerhalb des Familienkreises zeigte er nur selten Emotionalität, wie etwa 1989 in Innsbruck bei der Eröffnung der Ausstellung „Kunst zum Überleben – gezeichnet in Auschwitz". Als er über seinen Freund, den Künstler Zbyszek Raynoch sprach, der ihn in Auschwitz porträtiert und am Ende des gescheiterten Fluchtversuchs Gift genommen hatte, stiegen Langbein, dem sonst so beherrschten Redner, Tränen in die Augen. In Madrid nach den Dreharbeiten zu „Pasaremos", erzählte er Karl Brousek, wie es war, neuneinhalb Wochen im Bunker eingesperrt zu sein, immer wieder die Erschießungen vor der Schwarzen Wand mitanzuhören und sich zu fragen, wann man selbst an die Reihe kommen würde. Es war dies einer der seltenen Momente, in denen Hermann Langbein über seine eigene Angst sprach.

Im Laufe der Jahrzehnte wurde Langbein im Umgang mit seiner Umgebung toleranter. Maria Fürst erwähnt, „er habe sich bemüht, sich zu öffnen, was ihm aber selten gelang. Offene Herzlichkeit konnte er nur seinen Kindern gegenüber zeigen". Später kam eine gewisse Altersmilde dazu, die ihn in manchen Situationen nachgiebiger stimmte. Insbesondere in den Begegnungen mit der jungen Generation setzte er all seinen Charme ein und überzeugte durch sein Charisma. Als „großartigen Redner vor Jugendlichen" würdigte ihn auch Rudi Gelbard, selbst Verfolgter des NS-Regimes und Theresienstadt-Überlebender. Langbein habe es verstanden, sie zu kritischem Denken zu ermutigen. „Mit seinem messerscharfen Geist und seiner Logik ist er sehr schnell auf den Punkt gekommen", dennoch sei er im Umgang verbindlich geblieben, das habe die Jugend für Langbein eingenommen.

Man war auch nicht einfach per Du mit Hermann Langbein, nur weil man dasselbe Anliegen vertrat – das verbat die natürliche Autorität, die er ausstrahlte. Von anderen erwartete er nicht weniger als von sich selbst; entsprach man dem, konnte man auf sein Wohlwollen zählen, „Herzlichkeit wäre zu viel gesagt. Und es war klar, dass alles, was abgesprochen wurde, eingehalten werden musste", erinnert sich Karin Liebhart der Zusammenarbeit mit Hermann Langbein. Das „Du" mit Langbein musste man sich erarbeiten, und wenn es so weit war, wurde dieser Vertrauensbeweis entsprechend zelebriert: Langbein, an sich Abstinenzler, lud auf einen Schnaps ein, wie sich Reinhold Gärtner erinnert. „Ein förmliches Zeremoniell geradezu; aber es war spürbar: es kommt vom Herzen." Jan Parcer erzählt im Interview: „1991 habe ich an einem Dokumentarfilm mitgearbeitet über die Geschichte von Auschwitz, dieser Film wurde dem Rat der Gedenkstätte vorgeführt. Anschließend kam Hermann Langbein zu mir und sagte: ‚Wir haben uns kennengelernt 1981, jetzt haben wir 1991 – ich bin der Hermann.' Seit der Zeit waren wir per Du. Das war für mich nichts weniger als eine weitere Verpflichtung."

Für sein Leben mag gelten, was Langbein selbst als Begründung für den Einsatz bei den Internationalen Brigaden in Spanien in „Die Stärkeren" anführte: „Das natürliche menschliche Gefühl, wenn irgend möglich nicht tatenlos zuschauen zu müssen, wenn Unrecht geschieht, war die stärkste Triebkraft." Oder, wie er wenige Monate vor seinem Tod in einem Interview zusammenfasste: „Auschwitz war meine große Zeit." Damit meinte er die dort empfundene Verantwortung als privilegierter Funktionshäftling, die in seinem späteren Leben kein Äquivalent fand – und die er doch ständig gegenüber den Ermordeten in Auschwitz verspürte.

Viele „rassisch" Verfolgte plagten sich mit der Frage nach der Überlebensschuld. Warum hatten gerade sie überlebt, wo doch die Mutter, der beste Freund, der geliebte Sohn ins Gas gehen mussten? Per Zufall waren sie in eine jüdische Familie hineingeboren worden und wurden so zu Opfern des NS-Terrors. Hermann Langbein musste die todbringende Konsequenz dieses „Zufalls" jahrelang mitansehen. Und mehr noch: Es hätte auch ihn treffen können. Nach nationalsozialistischer Rassengesetzgebung war er „Halbjude" – ein Umstand, dem nur durch glückliche Fügung in Dachau keine Beachtung geschenkt worden war. In Auschwitz erlebte er tagtäglich, wie es seinem Vater ergangen wäre, hätte er die NS-Zeit erlebt. Ob Langbein jemals dazu recherchiert hat, wie viele Menschen aus der großen Herkunftsfamilie seines Vaters sich unter den Ermordeten befanden, ist nicht bekannt.

Auf Statussymbole legte Langbein keinerlei Wert. Seine Familie konnte er mit seiner Bescheidenheit in materiellen Belangen zur Verzweiflung bringen: „Da schreibt er jahrelang an einem Buch, akribisch, mit unzähligen Details und allem Einsatz. Und gibt es dann praktisch um eine Nullsumme her, damit es billiger wird, weil die

Leute es ja lesen sollen. Es war sinnlos, mit ihm darüber zu reden", erzählt Tochter Lisa. Im Nachlass finden sich Belege dafür, dass er vielfach seine eigenen Buchexemplare verborgte, der Kaufpreis seiner Bücher bei ihm oft nur in Raten beglichen wurde. Den Mittellosen, vor allem in osteuropäischen Ländern, gab er viele an ihn selbst gerichtete Spenden weiter. Das trug dazu bei, dass Langbein auf keine berufliche „Karriere" im klassischen Sinne verweisen konnte und stets in bescheidenen Verhältnissen lebte. Doch gerade damit vermochte er sich vielleicht das Verständnis für Menschen in Not und Bedrängnis zu erhalten.

Angesichts seiner vielfältigen Leistungen verwundert es nicht, dass Langbein in der Gedenkstätte Auschwitz, deren Gestaltung und Erhalt ihm immer ein großes Anliegen waren, große Verehrung genoss. Bereits bei der Eröffnung der Österreich-Ausstellung im Museum Auschwitz 1978 wurde deutlich, welch hohes Ansehen er bei den MitarbeiterInnen der Gedenkstätte hatte, erinnert sich Wolfgang Neugebauer: „Ich war überrascht, trat doch das kommunistische Regime Polens ihm feindlich gegenüber. Aber an Ort und Stelle war das nicht der Fall." Jerzy Debski, seit einigen Jahrzehnten Mitarbeiter der Gedenkstätte, erinnert sich mit großem Respekt gegenüber der Kompetenz Langbeins über die gute Zusammenarbeit. Auch mit der Gedenkstätte Dachau stand Langbein in regem Austausch, benützte einerseits deren Archive und überließ ihr andererseits umfangreiche Materialien, die er über Dachau zusammengetragen hatte.

Was bleibt von Hermann Langbein?

Die vielen Stimmen zu Hermann Langbein ergeben das Bild einer faszinierenden Persönlichkeit. Doch was bleibt jenseits individueller Erinnerungen? Hat er Spuren hinterlassen, die auch von Menschen verfolgt werden können, die ihm nie begegnet sind?

Eine Zeit lang schien es, als würde Langbeins Lebenswerk in Vergessenheit geraten. Nur ein kleiner Kreis bemühte sich, die Erinnerung an ihn aufrechtzuerhalten, etwa indem die Nachrufe in einem Sammelband publiziert wurden, mit verschiedenen Symposien und einer Zusammenstellung der von ihm erzählten KZ-Erlebnisse zum zehnten Todestag. Als die Flut an Kondolenzschreiben abgeebbt war, konnte man den Eindruck gewinnen, das offizielle Österreich sei zum Teil erleichtert darüber, vom ewigen Querkopf Langbein nicht mehr ermahnt zu werden. Diesen Eindruck bekamen jedenfalls manche InterviewpartnerInnen. Mittlerweile mehren sich aber die Arbeiten über das Wirken Hermann Langbeins.[262]

Seine Analyse „Menschen in Auschwitz" über die Binnenstruktur eines Konzentrations- und Vernichtungslagers prägte nachhaltig das Wissen um die Komplexität dieser Todesfabrik. Die zeitgeschichtliche Forschung wird weiterhin darauf Bezug nehmen. Auch die frühe Einbeziehung der Jüdinnen und Juden in den Erinnerungsdiskurs und das Bemühen um das Gedenken an die Opfergruppe der „Zigeuner" ist ein Verdienst Hermann Langbeins mit Langzeitwirkung. Die Aktion Zeitzeugen in Schulen ist seit drei Jahrzehnten aus der politischen Bildung in Österreich nicht mehr wegzudenken.

Hermann Langbein war, wie man heute sagen würde, ein Multiplikator: Mit zahlreichen Menschen interagierend, war er maßgeblich daran beteiligt, dass die Auseinandersetzung mit dem Nationalsozialismus Eingang in die Universitäten, in den Zeitgeschichteunterricht, in die politische Bildung und nicht zuletzt auch in das Bewusstsein der österreichischen Gesellschaft gefunden hat. Mit seinem Appell an die Jugend hat er einen wichtigen Beitrag zur Festigung der Demokratie geleistet. Seine Aufforderung, zu hinterfragen und Verantwortung zu übernehmen statt blind zu gehorchen, hat Tausende SchülerInnen erreicht. Für Simon Wiesenthal war dies das Wesentliche. Im Kondolenzschreiben an die Familie würdigt er das Wirken seines Freundes: „Seine Tätigkeit als Journalist und als Zeitzeuge in Schulen wird noch lange positive Auswirkungen zeigen, seine geschriebenen und gesprochenen Worte sind Samenkörner des Guten, die in den Lesern oder den jugendlichen Zuhörern sicher aufgehen werden. Er hat Toleranz und Verständnis gesät – dafür danke ich ihm und werde ihn nie vergessen."

Viele InterviewpartnerInnen hoben hervor, dass Hermann Langbein sie nachhaltig in ihrem beruflichen Leben beeinflusst hat. Gerhard

Botz zitiert eine Aussage Langbeins, die für ihn als jungen Wissenschafter Mitte der 1970er Jahre entscheidend war: „Alles ist möglich gewesen in Auschwitz. Es gibt nichts, was es nicht hätte geben können." Langbein habe nicht monokausal argumentiert; es gab für ihn kein Schwarz-Weiß, sondern immer ein Sowohl-als-auch; stets versuchte er, die Fakten in ihrer Vielschichtigkeit darzustellen. Dieses Credo öffne den Blick und verhindere allzu einfache und plakative Erklärungen. Johann Danner, Eisenbahner aus Oberösterreich, den sein großes Interesse an Zeitgeschichte zur Bekanntschaft mit Hermann Langbein führte, erinnert sich an dessen „Rüge", als er die SS-Mörder als Bestien bezeichnete: „Da ist er ziemlich heftig geworden. ‚Das waren Menschen wie du und ich, nur eben mit einer bestimmten Ideologie. Bestien sind wilde Tiere', hat er gesagt, ‚und das waren sie nicht.'"

In Anton Pelinkas Lebenserinnerungen ist Hermann Langbein einer der drei Widmungsträger des Buches. Pelinka würdigt Langbeins intellektuelle Brillanz und berufliche Erfolge, die immer wieder mit berührender Bescheidenheit verbunden waren: nie stellte er sich selbst in den Mittelpunkt, immer nur seine Botschaft. Und Pelinka weiter: „Sein Leben und Schreiben und Reden hat mir immer wieder gezeigt, dass eine konsequente Ethik einen ungebrochenen Optimismus möglich macht – allen Enttäuschungen zum Trotz."[263]

Oftmals waren es kleine Anmerkungen Hermann Langbeins, die große Wirkung erzielten. Die Journalistin Burgl Czeitschner erinnert sich an eine Sitzung der Gesellschaft für politische Aufklärung Anfang der 1980er Jahre: „Er hat vom KZ erzählt, wie der Alltag war, und dabei etwas erwähnt, das mich seitdem begleitet, bis heute. Vor allem als Journalistin, beim Formulieren von Texten, habe ich es ständig im Kopf. Langbein sagte: ‚Das ganze KZ war ein einziges Grauen. Man muss nicht noch dazusagen, dass es furchtbar war.' Er meinte: Man braucht keine Eigenschaftswörter, es reicht ein Substantiv."

Trotz seiner Strenge wirkte Langbein auf viele Menschen nicht abschreckend, sondern als Vorbild. Johann Danner empfand es so: „Ich habe mir von Hermann mitgenommen, dass man mit Konsequenz einiges erreichen kann im Leben und dass sich, ganz gleich in welcher Lebenslage, ein gewinnendes Lächeln lohnt. Für mich war das Lächeln Langbeins prägend, ich empfand es als Kraftquelle. Zudem hat er mir vermittelt: Wenn du selbst nichts tust – auf die anderen brauchst du dich nicht verlassen, *du* musst etwas tun. Diese Entschlossenheit, nie aufzugeben, sich aus Prinzip nicht alles gefallen zu lassen, sich zu wehren, das hat mir imponiert."

Wenn Jan Parcer davon spricht, wie stark Langbein ihn persönlich beeinflusst hat, wird seine Bewunderung für ihn deutlich: „Er war für mich eine Legende. Ich wäre sicher ein anderer Mensch geworden, wenn ich ihn nicht kennengelernt hätte. Es gab verschiedene Situationen in meinem Leben, in denen ich nicht wusste, wie ich mich entscheiden sollte, und da hab' ich mir gedacht: Wie würde sich Hermann verhalten? Das hat mir geholfen, eine Entscheidung zu treffen."

Langbeins persönliche Lebensbilanz

Anton Pelinka bat Hermann Langbein am Ende des Interviews mit ihm, kurz vor seinem achtzigsten Geburtstag, um eine Zwischenbilanz. Darauf entgegnete Langbein: „Ich möchte nicht von Zwischenbilanz reden. Ich bin in einem Alter, wo man Bilanz zieht. Solange es noch geht, mache ich selbstverständlich weiter. Vor allem will ich die Diskussion mit jungen Menschen fortführen; dabei setze ich meine Energie am nützlichsten ein, denke ich. Am wichtigsten scheint es mir, seinem Leben einen Sinn zu geben und nicht nur auf das Geld zu schauen. Ich traue mich zu sagen, dass ich meinem Leben einen gewissen Sinn gegeben habe. Dieses hätte besser oder jenes hätte anders sein können, aber insgesamt behaupte ich: Ich brauche nichts auszustreichen aus meinem Leben. Die Linie, die ich in meinem Leben sehe, die kann ich verantworten."

Der letzte Satz in diesem langen Interview galt seinen Kindern: „Das Wichtigste ist mir, und das sage ich auch immer jungen Menschen, dass ich mich vor meinen Kindern nicht genieren muss. Ich traue mich, mit meinen Kindern, wenn es sie interessiert, über meine Vergangenheit zu reden, und ohne dass sie mir viel sagen, spüre ich,

Das Grab Hermann Langbeins am Matzleinsdorfer Friedhof ziert die Ehrenmedaille aus Yad Vashem.

dass sie meine Haltung akzeptieren. Sie hatten ja keine leichte Zeit, in ihrer Jugend gab es nicht die Wohlstandsatmosphäre, die ihre Mitschüler und Freunde erlebten. Sie haben mir das nie vorgeworfen, bis heute nicht. Ich spüre irgendwie, dass sie nicht ganz unzufrieden mit ihrem Vater sind. Und das bedeutet mir sehr viel."

Hermann Langbein hat Außergewöhnliches geleistet – und dabei sein Ziel nie aus den Augen verloren: eine gerechtere und wahrhaft demokratische Gesellschaft zu schaffen. So ist der spontanen Antwort von Jan Parcer zuzustimmen, der auf die Frage, was von Hermann Langbein bleibt, antwortet: „Das hängt allein von uns ab!"

Endnoten

1   Bund-Verlag: Köln 1982. „Pasaremos" – „Wir werden durchkommen" – lautete die Losung der Internationalen Brigaden. Sie war eine Abwandlung des Kampfspruches der republikanischen Spanier beim Ansturm von Francos Armeen auf Madrid im Herbst 1936: „No pasarán!" – „Sie werden nicht durchkommen." Langbeins Exposé zu einer Autobiografie ist zu entnehmen, dass er im Abschnitt Spanien seine Erlebnisse auf Grundlage der Briefe zu schildern beabsichtigte. Die Zitate von Hermann Langbein und der Ablauf der Ereignisse sind, wenn nicht anders angegeben, dem Buch „Pasaremos" entnommen. Zu den geschichtlichen Ereignissen und allgemein zu den österreichischen Interbrigadisten vgl. Landauer/Hackl, Lexikon der österreichischen Spanienkämpfer; Hackl, Album Gurs; Dokumentationsarchiv des Österreichischen Widerstands (Hg.), Für Spaniens Freiheit.

2   Vgl. Landauer/Hackl, Lexikon Spanienkämpfer, 23. Der XI. Brigade gehörten weiters skandinavische und holländische Interbrigadisten an.

3   Landauer/Hackl, Lexikon Spanienkämpfer, 26.

4   Anton Pelinka führte Anfang 1992 mit Hermann Langbein ein ausführliches Interview, das in der Festschrift zum 80. Geburtstag von Langbein publiziert wurde (vgl. Pelinka/Weinzierl, Hermann Langbein). Der vorliegenden Biografie diente dieses Gespräch mehrfach als Quelle (zitiert als: Anton Pelinka, Ein Gespräch mit Hermann Langbein).

5   Landauer/Hackl, Lexikon Spanienkämpfer, 30.

6   Landauer/Hackl, Lexikon Spanienkämpfer, 31.

7   Diese folgenden Ausführungen beruhen im Wesentlichen auf: Hans Landauer: Ende und Anfang; Erich Hackl: Ein Album und seine Geschichte; Langbein: Die Stärkeren, 16ff.

8   Das dritte „Camp d'accueil", Barcarès, hatte als ehemaliges Kriegsgefangenenlager aus dem Ersten Weltkrieg gemauerte Baracken.

9   Vgl. Hackl/Landauer, Album Gurs, 25.

10 Vgl. Hackl, Ein Album und seine Geschichte, 9.

11 Landauer, Ende und Anfang, 21.

12 Im Album Gurs (Seite 29) ist auf einem Foto die fast fertig gestellte Nachbildung des Wiener Riesenrads zu sehen.

13 Spira, Kommunismus adieu, 45.

14 Der deutsch-sowjetische Nichtangriffspakt vom 23. August 1939 beendete die britisch-französischen Bestrebungen, die Sowjetunion in eine „große Allianz" gegen Hitler einzubinden. Deutschland und die Sowjetunion sagten sich darin wechselseitige Neutralität zu, auch im Falle eines Angriffs auf einen Drittstaat. Damit war die große Hoffnung der kommunistischen Genossen,

Stalin werde Hitler in seine Schranken weisen, zerbrochen. Ein geheimes Zusatzprotokoll des Paktes regelte die Aufteilung Polens zwischen dem Deutschen Reich und der Sowjetunion.

[15] Vgl. http://www.campduvernet.eu/accueilA.htm; http://www.ariege.com/histoire/levernet/index.html; ab 1942, Hermann Langbein war schon längst in Dachau und später in Auschwitz, wurden viele Menschen jüdischer Herkunft in Le Vernet inhaftiert und von der Vichy-Regierung kontinuierlich ans Deutsche Reich ausgeliefert: Am 8. August 1942 verließ der erste Transport Le Vernet Richtung Auschwitz, dem noch zahlreiche bis Mai 1944 folgten. Insgesamt waren in Le Vernet im Laufe der Jahre 40.000 Menschen aus 58 Nationen, hauptsächlich Männer, aber auch Frauen und Kinder festgehalten worden.

[16] Arthur Koestler: Als Zeuge der Zeit. Das Abenteuer meines Lebens. Bern/München: Scherz 1983.

[17] Vgl. die Zitate auf http://golm.rz.uni-potsdam.de/Seghers/frankreich/DasLager.htm

[18] In vielen Unterlagen findet sich zur Inhaftierungszeit Langbeins in Le Vernet die vage Angabe April 1940 bis April 1941. Eine namentliche Liste von österreichischen Staatsangehörigen, die in den Jahren 1939 bis 1943 im Lager Vernet inhaftiert waren, nennt jedoch als Überstellungsdatum aus Gurs den 5. Juni 1940 und hält für den 23. April 1941 fest: Remis aux Autorités Allemandes.

[19] Im Nachhinein zeigte sich, dass nach Landung der Alliierten in Afrika jene österreichischen Spanienkämpfer, die von Gurs oder Le Vernet zum Bahnbau in die Sahara deportiert worden waren, befreit wurden und die meisten von ihnen anschließend den Weg in die Sowjetunion suchten. (Vgl. Langbein, Die Stärkeren, 280)

[20] Erst mit dem Überfall auf die Sowjetunion kam die Diktion vom „großen vaterländischen Krieg" auf.

[21] Vgl. DÖW, Für Spaniens Freiheit, Bild 71.

[22] Gut achtzig österreichische Interbrigadisten waren zuvor schon auf unterschiedlichen Wegen, teilweise über Wien, nach Dachau gekommen. Langbein gehörte dem Transport mit der größten geschlossenen Gruppe an Spanienkämpfern an, ein knappes Dutzend folgte später. Nach Dachau wurden gut 90 Prozent der österreichischen Spanienkämpfer geschickt, die anderen nach Mauthausen oder Groß-Rosen, zwei Lager mit weitaus geringeren Überlebenschancen als in Dachau. Landauer/Hackl, Lexikon Spanienkämpfer, 39.

[23] Später, in Auschwitz, wäre ihm dieser Vermerk beinahe zum Verhängnis geworden, als er in den Bunker, das Lagergefängnis, verfrachtet und sein Akt diesmal genauer studiert wurde. Doch abermals blieb der Eintrag ohne Folgen. Vgl. Anton Pelinka, Ein Gespräch mit Hermann Langbein, 47.

[24] Vgl. Landauer/Hackl, Lexikon Spanienkämpfer, 44.

[25] Das gegenteilige Bild zeichnete Franz Olah in seinen Lebenserinnerungen: Die Dominanz der Kommunisten und wie sie die Sozialdemokraten aus den

wichtigen Funktionen zu drängen versuchten. (Olah, Die Erinnerungen, insb. 82ff.)

[26] Verfolgte anderer Haftkategorien – erkennbar immer an der Farbe des „Winkels", der auf der Häftlingskleidung angebrachten symbolischen Kennzeichnung, bei Angehörigen anderer Nationen zusätzlich mit dem Anfangsbuchstaben ihres Herkunftslandes versehen – hatten nahezu keine Chance, in bedeutende Funktionen im Verwaltungsapparat aufzusteigen. Vgl. Sofsky, Ordnung des Terrors, 137ff; Langbein, Menschen in Auschwitz, 26ff und 169ff.

[27] Vgl. Distel, Dachau Stammlager, 261; Zámečník, Erinnerungen an das „Revier", 128f und 132f.

[28] Er verweigerte aber, eine Ehrenerklärung abzugeben. Bei der Neuauflage 1982 trat man an Langbein heran, die Gespräche in die Publikation aufzunehmen. Von Olah war keine Klage mehr zu befürchten: in der Nachkriegszeit mächtiger Mann innerhalb der SPÖ, war er zu dieser Zeit bereits sämtlicher Funktionen entledigt, aus der Partei ausgeschlossen und auch aufgrund Fehlverhaltens gerichtlich verurteilt worden. Langbein lehnte eine Veröffentlichung der Dachau-Auseinandersetzungen – gerade unter diesen Umständen – ab. Der im KPÖ-Archiv erhalten gebliebene Gerichtsbeschluss (1 U 210/49) vom 8.10.1949 belegt die Beeinflussung der Transportliste nach Auschwitz als einen Gegenstand der Klage. (siehe dazu ausführlicher im Kapitel: Kein Titel ohne Zwistigkeit)

[29] Vgl. im Folgenden: Website der Gedenkstätte Auschwitz www.auschwitz.org; Benz/Distel, Ort des Terrors, Band 2; Website des Deutschen Historischen Museums www.dhm.de/; Hamburger Institut für Sozialforschung (Hg.): 200 Tage und 1 Jahrhundert, Website zum Auschwitz-Prozess: saalbau.com/auschwitz-prozess/.

[30] Im Auftrag der kommunistischen Partei war Burger im November 1938 aus Frankreich nach Österreich zurückgekehrt, um die Leitung der illegalen Jugendorganisation zu übernehmen. Die Gestapo hatte ihn aufgespürt, ins Gefängnis Stein und von dort nach nahezu drei Jahren Haft nach Auschwitz überstellt.

[31] Block 24 wurde später, ab Oktober 1943, im 1. Stock zum Häftlingsbordell umgewandelt. Die zuvor dort untergebrachten Männer wurden auf Block 15 verlegt. (Sommer, Das KZ-Bordell, 131)

[32] Ab 1938 hatte die Inspektion der Konzentrationslager, Amtsgruppe D des SS-Wirtschafts- und Verwaltungshauptamtes (WVHA), ihren Sitz in Oranienburg nahe Berlin. Ihr gehörten vier Ämter an, Amt D III war zuständig für Sanitätswesen und Lagerhygiene und wurde von SS-Obersturmbannführer (später Standartenführer) Dr. Enno Lolling geleitet. Lolling war damit direkter Vorgesetzter von Wirths.

[33] 1942 waren im Lagerkomplex Auschwitz insgesamt 89.500 Häftlinge registriert, davon 61.500 Männer und 28.000 Frauen (vgl. http://en.auschwitz.org. pl: Number of prisoners registered by year).

³⁴ So erging es einem Kameraden des SS-Revier-Kommandos von Langbein: Einen Tag, nachdem er beim Beobachten der Tötungsaktion im „Alten Krematorium" überrascht worden war, kam dessen Todesmeldung herein. Todesursache: Lungenentzündung. Vgl. Langbein, Die Stärkeren, 117f; Langbein, Hannover-Bericht, 18.

³⁵ Langbein, Die Stärkeren, 114; vgl. Hörfunkbeitrag von Fritz Pesata, Ö1, am 25.1.1985: Pressekonferenz der ÖLGA anlässlich 40. Jahrestages der Befreiung von Auschwitz, Hermann Langbein spricht als Obmann [sic!] der ÖLGA. (Langbein war nicht Obmann, sondern Vorstandsmitglied der Lagergemeinschaft.)

³⁶ Ausführlich zur Charakteristik des „Muselmanns": Langbein, Menschen in Auschwitz, Abschnitt: Der Muselmann, 111-128. Die Bezeichnung Muselmann verbreitete sich von Auschwitz aus in andere Lager; während Langbeins Zeit in Dachau wurden die völlig heruntergekommenen Häftlinge in bayrischer Mundart „Kretiner" genannt. In Auschwitz galten auch die weiblichen Verlorenen als Muselmänner, während sich im Frauen-Konzentrationslager Ravensbrück der Begriff „Schmuckstücke" eingebürgert hatte.

³⁷ Zwischen Februar 1943 und Juli 1944 wurden über 23.000 Roma und Sinti – Männer, Frauen und Kinder – aus halb Europa nach Auschwitz deportiert; geschätzte 20.000 starben an den Haftfolgen oder wurden in den Gaskammern ermordet. (Vgl. http://en.auschwitz.org.pl)

³⁸ Falk Pingel, Häftlinge unter SS-Herrschaft, 180, beziffert die „Oberschicht" der Häftlinge in einem KZ auf ca. zehn Prozent aller Häftlinge.

³⁹ Langbein, Menschen in Auschwitz, 161.

⁴⁰ Essensdiebstahl war ein weiteres häufig begangenes Verbrechen unter den Funktionshäftlingen, das insbesondere die jüdischen Häftlinge betraf. In den Augen vieler waren sie ohnehin dem Tod geweiht – wozu noch Essen an sie verschwenden? (Vgl. Langbein, Die Stärkeren, 126ff; Menschen in Auschwitz, 118 (Das Brot der Sterbenden))

⁴¹ Zuständig für diese Plakatzeichnungen war der Pole Zbigniew Raynoch, Zbyszek genannt, den Karl Lill ins Kommando SS-Revier gebracht hatte. Von Beruf war er Bildhauer, im SS-Revier nun für schöne Zeichnungen und Dokumente in Schönschrift zuständig. Zbyszek wurde ein verlässliches Mitglied der internationalen Widerstandsgruppe.

⁴² Davon erzählte Langbein in allen seinen drei persönlichen Berichten, in „Die Stärkeren", im Hannover-Bericht wie auch in seiner Zeugenaussage beim Frankfurter Auschwitz-Prozess.

⁴³ Ab Frühjahr 1943 war Klehr als Leiter des Desinfektionskommandos in Birkenau eingesetzt.

⁴⁴ Jakob Kozelczuk, Kalfaktor der SS im Strafblock; er musste die Häftlinge für die Vernehmungen vorbereiten, auch immer wieder Prügelstrafen an ihnen exerzieren, sie vor dem Erschießen entkleiden; gleichzeitig zeigte er sich soli-

darisch mit den Todgeweihten, verschaffte ihnen zusätzliche Nahrung, schmuggelte Nachrichten, Kleidung, Medikamente, Zigaretten, Decken. Immer wieder wurde er dabei selbst ertappt und bestraft, die Lager-Gestapo wollte und konnte auf seine Dienste jedoch nicht verzichten. Jakob Kozelczuk überlebte und wanderte nach Israel aus.

45 Lokmanis war der Deckname von Alfred Klahr, Jahrgang 1904, österreichischer Kommunist und Jude. Klahr war durch seine Thesen über die Entwicklung einer eigenständigen österreichischen Nation, bereits 1937 im KPÖ-Organ „Weg und Ziel" in Prag veröffentlicht, bekannt geworden. In Auschwitz verfasste er abermals eine Abhandlung darüber; sie konnte hinausgeschmuggelt werden und blieb erhalten. Die nationale Frage spielte eine wichtige Rolle in der theoretischen Unterstützung des kommunistischen Widerstands gegen das nationalsozialistische Deutschland.

46 Als Kommandanten wurden im November 1943 eingesetzt: Arthur Liebehenschel für Auschwitz I, Friedrich Hartjenstein für Auschwitz II und Heinrich Schwarz für Auschwitz III.

47 Langbein wies später immer wieder darauf hin, dass nicht alle „grünen" Häftlinge brutal, sadistisch und de facto „kriminell" waren. Als Beispiele nannte er Otto Küsel, mit dem er später Briefverkehr pflegte, und den Häftling Adolf Rögner. Beide gehörten zu jenen dreißig als kriminell kategorisierten Häftlingen, die – noch vor dem ersten Polentransport – bei der Eröffnung des Lagers Auschwitz aus Sachsenhausen überstellt worden waren, um in Auschwitz die wesentlichen Funktionen zu besetzen.

48 Bereits 1941 hatte die SS unter Heinrich Himmler nach Verfahren der medikamentösen Sterilisation gesucht, die es ermöglichen würden, Frauen massenweise, schnell, ohne hohe Kosten und ohne ihr Wissen unfruchtbar zu machen. Belegt sind Zwangssterilisationen mittels Bestrahlungen, Einspritzverfahren und operativer Eingriffe. Die Opfer waren größtenteils Roma- und Sinti-Frauen sowie Jüdinnen, darunter auch Kinder, bis hin zu erst Achtjährigen. Die Eingriffe geschahen ohne Narkose, viele überlebten diese unvorstellbaren Qualen nicht. Langbein berichtete, dass viele Jüdinnen aus Griechenland unter den Opfern waren. (Vgl. Langbein, Die Stärkeren, 197)

49 Dering wurde im Frühjahr/Sommer 1944 aus Auschwitz entlassen und anschließend an der Klinik Claubergs in Königshütte dienstverpflichtet (vgl. Schreiben Danimann vom 14.6.62, in Nachlass HL, Ordner 2; Lifton, Ärzte im Dritten Reich, 283ff.); nach dem Krieg nach Großbritannien emigriert, erhob er 1964 vor einem Londoner Gericht eine Beleidigungsklage gegen den Schriftsteller Leon Uris, der in seinem Buch „Exodus" Dering in 17.000 Fällen Operationen ohne Narkose, vornehmlich Sterilisationen, vorwarf. Dering plädierte auf Befehlsnotstand. Das Gericht konnte ihm lediglich 130 eigene Eingriffe nachweisen, gab Dering formell recht, sprach ihn aber moralisch schuldig. Uris musste symbolisch 2,5 Pfennig Schadenersatz leisten, Dering hingegen den größten Teil der Verfahrenskosten von damals umgerechnet 269 000 Mark tragen. (Vgl. Der Spiegel, 20/1964 und 30/1965)

50 Maria Stromberger ließ sich Anfang Oktober 1942 nach Auschwitz versetzen, nachdem sie im Krankenhaus in Königshütte zwei ehemalige Auschwitz-Häftlinge im Fieberwahn über ihre Lagerzeit hatte reden hören. Sie wollte selbst vor Ort sein und – als überzeugte Katholikin – Gutes tun. (Vgl. Walser, Der Engel von Auschwitz; Andreas Eder, Zum Gedenken an den „Engel von Auschwitz"; Materialien des DÖW 5798)

51 Durch eine gefälschte Diagnose Wirths' Anfang Jänner 1945 konnte sie gerade noch dem Zugriff der politischen Abteilung entkommen.

52 Der DÖW-Akt 5798 enthält eine 14-seitige Erklärung von Eduard Pyś (gegeben am 12.9.1960 in Rzeszow), der ab Juni 1940 in Auschwitz und daher mit der niedrigen Häftlingsnummer 379 versehen war. Ab Jahresende 1940 arbeitete er im SS-Revier, zuerst als Reiniger und ab 1943 in der „Diätküche", dort in engem Kontakt mit Maria Stromberger. Pyś schildert neben ihrem mutigen Einsatz für die Häftlinge auch seine eigene Widerstandsleistung, zu der ihn Zbyszek aufgefordert hatte. Gemeinsam mit ihm und anderen wollte er im Oktober 1944 flüchten, fand sich aber am falschen Treffpunkt ein, was ihm das Leben rettete. Auch ein Ausschnitt einer Vernehmung von Maria Stromberger im Prozess gegen Rudolf Höß in Krakau 1947 findet sich in diesem Akt, in dem sie ebenfalls vom Alltag im SS-Revier und von den Widerstandshandlungen der dort Beschäftigten berichtet.

53 Die Prozentzahlen belaufen sich auf durchschnittlich 13,8 Prozent in den ersten Monaten 1942, erreichten im Februar 1943 mit 25,5 Prozent den höchsten Wert der gesamten Periode, bis ab Mai 1943 eine spürbare Verringerung mit nur 5,2 Prozent eintrat. Die Todesrate blieb das restliche Jahr über relativ niedrig, ab Dezember 1943 lag sie wieder um die 10 Prozent.

54 Vgl. im Folgenden auch Hermann Langbein in: Franz Richard Reiter: Harret aus – Österreich wird wieder frei. Folge 4: Radio als Waffe 1938-1945, ORF, 22.10.1985, ORF-Archiv, Dok.Nr. 011 632.

55 Nach dem Überfall Hitlerdeutschlands auf Polen im September 1939 geriet Polen unter deutsche und sowjetische Besatzung, Regierung und Oberkommando der Truppen flohen. Für die noch im September gegründete Exilregierung, deren Sitz anfangs in Frankreich, ab 1940 in London lag, galten der Kampf gegen das Deutsche Reich und die Befreiung Polens als oberste Ziele. Sie koordinierte den Widerstand in Polen, zwischen ihm und der Exilregierung herrschte reger Nachrichtenaustausch.

56 Vgl. im Folgenden die Internetseite von Gedenkstätte und Museum Auschwitz: http://auschwitz.org.

57 Vgl. http://burgenland-roma.at/

58 Köper, Hermann Langbein, 37.

59 Der organisierte Widerstand sandte vor Beginn der großen Vernichtungsaktion – über die Vorbereitungen informiert – eine Warnung nach Ungarn. Sie wurde allerdings nicht ernst genommen. (Langbein, Die Kampfgruppe Auschwitz, 235)

⁶⁰ Die Nummernserie A-1 bis A-20.000 wurde von Mai bis August 1944 vergeben, anschließend eine Nummernserie B-1 bis B-14.897 (Vergabezeitraum: Juli bis Dezember 1944); Frauen erhielten eine extra Nummernserie, ebenso wie die „Zigeuner" und sowjetische Kriegsgefangene (vgl. http://saalbau.com/ auschwitz-prozess/ Glossar: Häftlingsnummer)

⁶¹ Der erste Ungarn-Transport mit 1.888 Menschen erreichte Auschwitz im April 1944, zwei kleinere Transporte mit 131 und 152 Personen trafen im August und Oktober ein. Die große Mordaktion fand in nur zweieinhalb Monaten statt. (Vgl. Verena Walter in Benz/Distel 2007, 142)

⁶² Dennoch konnte die Kampfgruppe Auschwitz über Wirths bewirken, dass von den 1.100 selektierten Juden 800 Menschen zumindest vorübergehend gerettet wurden (vgl. Parcer, Langbein in Auschwitz, 25). Langbein erfuhr erst viele Jahre später, dass sein Gespräch mit dem Standortarzt erfolgreich war.

⁶³ Langbein beschrieb Baer als von ähnlicher Einstellung wie Höß, nur dadurch gemildert, dass Baer faul war. Einige Verbesserungen aus Sicht der Häftlinge machte Baer rückgängig; so hievte er wieder berüchtigte Kriminelle in führende Positionen, wie etwa den ehemaligen Lagerältesten von Majdanek, dem die Funktion des zweiten Lagerältesten zuteil wurde. (Langbein, Zeugenaussage, Frankfurt, 30) Majdanek war im Juli 1944 evakuiert worden; der Großteil der Häftlinge wurde ermordet, der Rest – vor allem Deutsche – nach Auschwitz getrieben.

⁶⁴ Dürmayer, ehemaliger Spanienkämpfer, war im Jänner 1944 vom KZ Flossenbürg nach Auschwitz gekommen und dort ab August 1944 Lagerältester.

⁶⁵ Langbein, Die Kampfgruppe Auschwitz, 232.

⁶⁶ Meisel, Spanienkämpfer und im französischen Widerstand aktiv, kam als französischer Zivilarbeiter getarnt Anfang 1943 nach Wien zurück, wo er Mitte Mai verhaftet wurde. Da die Gestapo-Gefängnisse in Wien überfüllt waren, wie Meisel in seiner Autobiografie schreibt, wurden die wichtigsten Leute in Konzentrationslager abgeschoben. (Vgl. Meisel, „Jetzt haben wir Ihnen, Meisel!", 136ff.)

⁶⁷ So erzählte Langbein im Interview Carmen Köper. (Vgl. Köper, Hermann Langbein, 39; Langbein, Die Stärkeren, 260)

⁶⁸ Köper, Hermann Langbein, 36 und 41.

⁶⁹ Köper, Hermann Langbein, 41.

⁷⁰ Zwangsarbeiter und Häftlinge aus Auschwitz stellten in den Borgward-Werken mehr als 40 Prozent der 8.000 Beschäftigten.

⁷¹ Köper, Hermann Langbein, 42f.

⁷² Ein Teil der KZ-Häftlinge wurde ins Stammlager Neuengamme gebracht, eine andere Gruppe ins Außenlager Lerbeck in Porta Westfalica. Die Gedenkstätte Neuengamme gibt als Räumungstag den 12. Oktober an, den Tag des Bombardements.

73   Hier sind jene KZ-Gefangenen gemeint, die zum Bau des sogenannten „Frie-
      senwalls" eingesetzt waren, der den gesamten norddeutschen Küstenbereich
      von den Niederlanden bis zur dänischen Grenze gegen eine Landung der Al-
      liierten schützen sollte.

74   Die in Baracken auf einem nicht mehr genutzten Wehrmachtsgelände unter-
      gebrachten Häftlinge wurden zunächst zu Bau- und Umbauarbeiten inner-
      halb des Werksgeländes eingesetzt; später verrichteten sie Arbeiten im Repa-
      raturbetrieb. 100 bis 120 Tote des Lagers wurden auf dem Friedhof Lerbeck
      bestattet.

75   SAW: Sonderabteilung Wehrmacht. Im KZ Neuengamme waren etwa hun-
      dert SAW-Häftlinge inhaftiert. Diese ehemaligen Wehrmachtsangehörigen
      hatten sich besonders schlechter „Führung" schuldig gemacht. Zunächst in
      Sonderabteilungen und Straflagern der Wehrmacht interniert, wurden sie
      schließlich ins KZ eingeliefert.

76   In verschiedenen Transporten gelangten die Häftlinge des Außenlagers Ler-
      beck in das Auffanglager Wöbbelin, wo sie Mitte April 1945 eintrafen. Am 2.
      Mai 1945 wurden sie dort von US-amerikanischen Truppen befreit.

77   Orth, Das System der Konzentrationslager, 335.

78   Dass Langbein mit einem weiteren Häftling die Flucht plante und dies auch
      gelang, blieb in seinen ersten Berichten unerwähnt. Erst in späteren Publika-
      tionen und Interviews erinnerte er sich an Hans Biederen. Über dessen weite-
      res Schicksal ist nichts bekannt.

79   Köper, Hermann Langbein, 44.

80   Vgl. zum Ablauf der geplanten Flucht und deren Scheitern: Świebocki, Fluch-
      ten aus dem KL Auschwitz, 358f.

81   Abgedruckt in Hackl: Die Hochzeit von Auschwitz, 142ff.

82   http://www.kz-gedenkstaette-neuengamme.de

83   Vgl. Grete Salus: Niemand, nichts - ein Jude: Theresienstadt, Auschwitz,
      Oederan, Darmstädter Blätter 1981.

84   ZK – Zentralkomitee. In kommunistischen Parteien das formal oberste Ent-
      scheidungsgremium.

85   Nach Kriegsende wurde Österreich von den vier Alliierten Siegermächten
      Frankreich, Großbritannien, USA und Sowjetunion in vier Besatzungszonen
      geteilt, Wien wurde in vier Besatzungssektoren geteilt und gemeinsam ver-
      waltet.

86   Böröcz, Kampf um Boden und Freiheit, 197f.

87   Hermann Langbein: Die Stärkeren. Ein Bericht aus Auschwitz und anderen
      Konzentrationslagern. Wien: Stern Verlag 1949. Das Buch, in kleiner Auflage
      publiziert, war schnell vergriffen, wurde jedoch erst 1982 vom Kölner Bund-
      Verlag wieder aufgelegt. Für diese Neuauflage verfasste Hermann Langbein
      ein Vorwort wie auch ein neues Schlusskapitel, in denen er unter anderem

über seine KPÖ-Zeit reflektierte. Einen unveränderten Nachdruck dieser Ausgabe ermöglichte Franz Richard Reiter 2008 in seinem Wiener Elephant Verlag. Im Folgenden wird aus der Ausgabe 2008 zitiert.

88 Dies ergibt sich aus der überproportionalen Stärke des kommunistischen Widerstands während der NS-Zeit: Etwa 60 Prozent der vom nationalsozialistischen Volksgerichtshof und den Oberlandesgerichten Wien und Graz verurteilten ÖsterreicherInnen waren dem kommunistischen Widerstand zuzurechnen, 75 Prozent errechnen sich, wird nur der politische Widerstand berücksichtigt, an die neunzig Prozent der illegalen Druckwerke dieser Zeit waren kommunistischer Provenienz. (Neugebauer, Der österreichische Widerstand, 68f)

89 Der Unabhängigkeitserklärung vom 27. April 1945 ließ Karl Renner eine Präambel voranstellen, in der er in Verkürzung des Gesamtinhalts der Moskauer Deklaration der Alliierten Mächte Österreich ausschließlich als Opfer NS-Deutschlands zeichnete. (Vgl. Baier, Das kurze Jahrhundert, 100)

90 Dies galt für das Dreiergespann Koplenig, Fürnberg, Honner, das bereits in der Zwischenkriegszeit die KP geführt hatte und nach 1945 zwanzig Jahre und darüber hinaus an der Spitze der Partei stand. Auch führende KPÖ-Intellektuelle kehrten aus dem Exil zurück: Ernst Fischer aus Moskau, Leopold Spira aus Großbritannien.

91 In Langbeins Nachlass befinden sich einige Erinnerungsstücke aus dieser Zeit, die zeigen, wie sehr seine MitarbeiterInnen ihn schätzten. (Nachlass HL, Karton 301)

92 Seine Partei-Aktivitäten nach seiner Zeit als Instruktor bei Bezirksorganisationen in Niederösterreich 1951 bis zur Abreise nach Budapest 1953 ließen sich nicht eruieren.

93 Die erste Ausgabe der Österreichischen Zeitung erschien am 15. April 1945, noch vor der Unabhängigkeitserklärung Österreichs und der Kapitulation Hitlerdeutschlands. Die sowjetische Besatzungsmacht bestellte als Eigentümer die Chefredaktion und Ressortleitungen. Nach dem Abschluss des Staatsvertrags wurde die Zeitung Ende Juli 1955 eingestellt.

94 Der USIA-Konzern (Abkürzung der russischen Bezeichnung *Verwaltung des sowjetischen Eigentums in Österreich*) bestand aus mehr als 300 Unternehmen, die von der Sowjetunion in der sowjetischen Besatzungszone in Österreich als Eigentum des deutschen Reiches beschlagnahmt wurden.

95 FIR: Die Fédération Internationale des Résistants (Internationale Föderation der Widerstandskämpfer) ist eine kommunistisch dominierte Organisation ehemaliger WiderstandskämpferInnen, Deportierter und Internierter. Ab Mai 1951 befand ihr Sitz sich in Wien.

96 Pelinka, Langbein und die KPÖ, 34.

97 Maria Fürst bezeichnete im Interview Friedl Fürnberg, der sich stets undurchsichtig und unergründlich gegeben haben soll, als „graue Eminenz" der Partei.

98   Spira, Kommunismus adieu, 65.

99   Vgl. Mugrauer, Erschütterung, 257–297.

100   Zum 20. Parteitag der KPdSU waren aus Österreich der Parteiführer Koplenig sowie die beiden ZK-Sekretäre Fürnberg und Honner angereist. Die Parteien der Volksdemokratien und einige westeuropäische KPs wurden nach der Chruschtschow-Rede mündlich über deren Inhalt informiert. Erst Ende Juni konnten sie in der sowjetischen Botschaft in Wien den Bericht im Wortlaut einsehen, mit der Auflage, ihn vertraulich zu behandeln. Dem kamen sie auch weitgehend nach – trotz des Unmuts unter den Mitgliedern der KPÖ, die Aufklärung verlangten, jedoch vergeblich. Ein Grund für die Zurückhaltung der Partei-Obersten war sicher auch, dass sie zur Zeit der kritisierten Ereignisse selbst in Moskau gelebt hatten, also nicht völlig unwissend geblieben sein konnten. (Vgl. Mugrauer, Erschütterung, 261ff)

101   Weitere prominente KPÖ-Mitglieder, die daraufhin die Partei verließen, waren der ehemalige Nationalratsabgeordnete Viktor Elser, der Niederösterreicher Laurenz Genner, Hans-Eberhard Goldschmidt, Hans Grümm, Genia Lande, Mira Lobe, Johann Muschik, Herta Singer-Blaukopf und Ferdinand Wernigg. (Vgl. Mugrauer, Erschütterung, 283) Laut Spira verlor die Partei nach dem Aufstand in Ungarn etwa ein Drittel ihrer Mitglieder (Spira, Kommunismus adieu, 75), es dürften jedoch lediglich gut 10 Prozent gewesen sein. (Vgl. Mugrauer, Erschütterung, 283)

102   Imre Nagy (1896–1958) ließ sich noch in der Nacht vom 23. Oktober, dem Beginn der Erhebungen, an die Spitze einer Reformregierung stellen; Ende Oktober bildete er eine Koalitionsregierung im Sinne der Aufständischen. Nach der Niederschlagung des Aufstands wenige Tage später suchte er in der jugoslawischen Botschaft Zuflucht. Trotz gegenteiliger Versprechen wurde er von den Sowjets verhaftet, nach Rumänien verschleppt und in einem Geheimprozess zum Tode verurteilt. Oberst Pál Máleter war zur Niederschlagung der Volkserhebung nach Budapest entsandt worden, solidarisierte sich jedoch mit den Aufständischen. Von der neuen Regierung zum General befördert, leitete er die ungarische Delegation bei den Verhandlungen mit den Sowjets; dabei wurde er festgenommen. Zusammen mit Nagy fand er am 16. Juni 1958 in Budapest den Tod durch Erhängen. Im Herbst 1989 hob der Oberste Gerichtshof Ungarns die Unrechtsurteile auf.

103   Zu dieser Gruppe gehörten u.a. Franz Danimann, Auschwitz-Überlebender, und Leopold Hrdlicka, Gewerkschaftsfunktionär und Vater des Bildhauers Alfred Hrdlicka.

104   Rajk László (1909–1949), Ungarn, nach einem Schauprozess während der stalinistischen Säuberungen hingerichtet, nach der Entstalinisierung unter Chruschtschow 1956 rehabilitiert.

105   Lauscher, Obmann der Wiener Organisation, verfügte über eine große moralische und politische Autorität und Integrität. Deshalb schien er im bedeutenden Fall Langbein besonders geeignet, die „Parteilinie" zu kommunizieren.

106 Vgl. Spira, Das Jahrhundert der Widersprüche, 156ff.

107 Die finanzierenden Organisationen waren die FIR und der polnische Verfolg-
ten-Verband ZBoWiD.

108 Spira, Kommunismus adieu, 70.

109 Protokoll des 6. ZK-Plenums der KPÖ am 11./12.3.1948, Beilage 8, S. 3, ZPA
der KPÖ; Dank an Manfred Mugrauer für den Hinweis auf dieses Protokoll.

110 Pelinka, Langbein und die KPÖ, 37.

111 Langbein, Die Stärkeren, 286.

112 Pelinka, Langbein und die KPÖ, 39.

113 Der volle Titel lautete: „Geschichte der Kommunistischen Partei der Sowjetunion (Bolschewiki). Kurzer Lehrgang", 1938 in russischer Sprache erschienen, 1939 erstmals in Deutsch. Französische Freunde hatten den Genossen
die Neuigkeit ins Lager Gurs geschickt. (Langbein, Die Stärkeren, 29)

114 Nach anfänglich scharfer Verurteilung des Einmarsches von Truppen der
Warschauer Pakt-Staaten in die ČSSR beugte sich die KPÖ der von Moskau
vorgegebenen Linie; daraufhin traten viele Parteimitglieder aus. (Vgl. Baier,
Das kurze Jahrhundert, 153ff.)

115 Langbein, Menschen in Auschwitz, 286f; der Europa-Verlag ignorierte die
mehrmaligen Schreiben Dürmayers.

116 Vgl. etwa für Österreich: Amesberger / Lercher: Lebendiges Gedächtnis, 35f.

117 Vielfach waren politisch Verfolgte jüdischer Herkunft bzw. als „Jude" oder
„Jüdin" verfolgte Menschen auch politisch im Widerstand aktiv. Sie verstanden sich selbst in erster Linie als politisch verfolgte AntifaschistInnen und
waren später auch Mitglieder in den politischen Gremien. Die SS kategori-
sierte jedoch primär nach rassenideologischen Anschauungen, die wesentlich
die Überlebenschancen im Konzentrationslager bestimmten.

118 Vgl. Stengel: Auschwitz zwischen Ost und West, 180.

119 Vgl. Stengel: Auschwitz zwischen Ost und West, 180.

120 Bailer/Perz/Uhl, Neugestaltung, 10.

121 Vgl. Stengel: Auschwitz zwischen Ost und West, 176f.

122 Hoffmann, Das Gedächtnis der Dinge, 25ff.

123 Im Komitee vertreten waren Nils Bohr, Max Born, Pablo Casals, Königin-
mutter Elisabeth von Belgien, Velibor Gligoric, Leopold Infeld, Tadeusz Ko-
tarbinski, Frantisek Langer, Carlo Levi, Francois Mauriac, Dimitrij Schosta-
kowitsch, Antek Zuckerman und Arnold Zweig.

124 Dafür hatte Langbein noch einmal die Seite in die Schreibmaschine einge-
spannt – der Durchschlag ist kräftiger und die Zeilen sind verrückt. Die
nachträgliche Ergänzung ist auch stilistisch zu bemerken – es muss ihn große
Überwindung gekostet haben, seiner Enttäuschung über das Verhalten seiner
früheren Freunde Ausdruck zu verleihen: „Es ist interessant, wenn man aus

der Auschwitz-Literatur feststellen kann, dass Hołuj und Langbein in der Leitung der internationalen Widerstandsbewegung in Auschwitz seinerzeit zusammengearbeitet haben. Hołuj hat das auch in seinem Buch ,Koniec naszego śwista' erwähnt, in dem Langbein unter dem Decknamen ,Victor' geschildert wird. Derselben Leitung gehörte auch der jetzige polnische Ministerpräsident Cyrankiewicz an, dem Langbein in Auschwitz das Leben gerettet hat, wie aus Publikationen bekannt geworden ist." (Langbein: Das Internationale Auschwitz Komitee, Manuskript aus 1962, 7; Nachlass HL, Ordner 6.)

[125] Aufgrund der hohen Opferzahl, der Bedeutung des polnischen Widerstands und der geografischen Lage von Auschwitz kam Polen eine besondere Stellung im IAK zu.

[126] In Westdeutschland war die Vertretung von Auschwitz-Überlebenden in drei konkurrierende Gruppen gespalten, daher nahm keine deutsche Delegation teil.

[127] Dieser Schritt musste schlussendlich im Juli 1961 getan werden, obwohl die Verhandlungen nicht zu Ende geführt worden waren.

[128] Die Creditanstalt, so Langbein, war anständig genug, ihm das mitzuteilen und dem Ansuchen nicht nachzukommen (Pelinka, Ein Gespräch mit Hermann Langbein, 99).

[129] In der Resolution des IAK heißt es unter anderem: „Die Leitung hebt hervor, dass es ein Verbrechen wäre, der von Hitlergenerälen kommandierten Bundeswehr Kernwaffen zur Verfügung zu stellen, Generälen, deren revanchistische und revisionistische Tendenzen öffentlich und zynisch verkündet werden." Und abschließend: „Die ehemaligen Auschwitz-Häftlinge, die den präzedenzlosen Massenmorden entgangen sind, sind verpflichtet, die öffentliche Meinung der Welt vor einer neuen Ausrottung zu warnen und zu alarmieren."

[130] Heinz Brandt war 1958 aus der DDR in die BRD geflohen; 1961 wurde er aus Westberlin in den Osten entführt.

[131] Vgl. zu diesem langwierigen Konflikt ausführlich Stengel, Auschwitz zwischen Ost und West, 184–191.

[132] Paczula und Langbein blieben Freunde bis zu Langbeins Tod.

[133] Vgl. Neugebauer, Langbein und NS-Prozesse, 30f.

[134] Die UIRD (Union Internationale de la Résistance et de la Déportation) und die FIR (Fédération Internationale des Résistants) waren die beiden großen, weltweit agierenden Dachorganisationen, die Interessen von NS-Verfolgten vertreten und zahlreiche Verbände unter sich vereinen.

[135] Aktuell ist die Neugestaltung der Österreich-Ausstellung im Museum in Auschwitz im Gange.

[136] Pelinka, Hermann Langbein – der „Vater" der österreichischen Zeitzeugen, 199.

[137] Die "großen" Nachkriegsprozesse in den 1940er Jahren fanden – aufgrund alliierter Abkommen – in jenen Ländern statt, in denen die Straftaten begangen wurden. Schauplatz der ersten Auschwitz-Prozesse war daher Polen, nachdem die alliierten Westmächte SS-Angehörige an polnische Behörden überstellt hatten; berühmte Beispiele hierfür sind der Krakauer Prozess gegen den Lagerkommandanten Rudolf Höß, der 1947 zum Tode verurteilt und am ehemaligen Appellplatz von Auschwitz gehenkt wurde; sowie ein weiterer Prozess in Krakau 1947 gegen 40 SS-Angehörige, von denen 23 zum Tode verurteilt wurden. In Prozessen von Militärgerichten der West-Alliierten auf deutschem Boden gegen SS-Personal von Dachau, Mauthausen, Neuengamme, Natzweiler und Ravensbrück befanden sich unter den Verurteilten auch Personen, die sich zuvor in Auschwitz schwerer Verbrechen schuldig gemacht hatten. Erst mit der Gründung der Bundesrepublik Deutschland 1949 ging die Verfolgung von ehemaligen SS-Angehörigen des Konzentrationslagers Auschwitz auf die Gerichtsbarkeit von Deutschland über. (vgl. Lasik, Nachkriegsprozesse) Österreich war bereits ab 1945 für die Verfolgung der NS-Verbrechen österreichischer Staatsbürger selbst zuständig. Die Verfahrensweisen dafür wurden im Kriegsverbrechergesetz vom 26. Juni 1945 festgelegt. Für die Ahndung der NS-Verbrechen wurden eigene Gerichte, die Volksgerichte, eingesetzt. Bis zu ihrer Abschaffung 1955 wurden 43 Todesurteile gesprochen, von denen 30 vollstreckt wurden. (vgl. zur österreichischen Nachkriegsjustiz Kuretsidis-Haider/Garscha, Keine „Abrechnung"; Kuretsidis-Haider, Strafrechtliche Verfolgung) Der erste österreichische Auschwitz-Prozess fand allerdings erst in den 1970er Jahren statt.

[138] Vgl. hier auch Lasik 1997, 456.

[139] In einem Brief vom 1. Oktober 1959 an Simon Wiesenthal hatte Langbein Aktivitäten und Aufenthaltsorte Mengeles in der Zeit von 1945 bis 1959 aufgelistet, darunter dessen Adresse in Argentinien 1954 und jene von 1959, zum Zeitpunkt des gegen Mengele ergangenen Haftbefehls des Amtsgerichts Freiburg/Breisgau; von deutscher Seite sei bereits ein Auslieferungsantrag gestellt. Ob Mengele am 25. Februar 1959, dem Tag des Haftbefehls, noch in Argentinien weilte, ist fraglich. Nachträglich ließ sich eruieren, dass er sich aufgrund der internationalen Suche nach NS-Verbrechern gezwungen sah, Argentinien zu verlassen und nach Paraguay zu übersiedeln, dessen Staatsbürger er noch 1959 wurde.

[140] Vgl. Inhaltsverzeichnis der CIC Bulletins der Jahre 1964–1970, in denen das Thema Mengele-Suche nicht aufscheint.

[141] Im Sommer 1960 wechselte Mengele abermals das Land und tauchte in der Nähe von São Paulo in Brasilien unter. Dort starb er 1979 an einem Schlaganfall, was die Familie Mengele geheim halten konnte; sie ließ ihn unter dem Namen Wolfgang Gerhard in Embu (Brasilien) begraben. Deutschland erneuerte seinen Haftbefehl 1982. Die Entdeckung des Grabes Mengeles, die Exhumierung des Skeletts 1985 und schließlich eine DNA-Analyse 1992 be-

seitigten letzte Zweifel an der Identität Mengeles. (vgl. zur Biografie Mengeles die Internetseite des Deutschen Historischen Museums, www.dhm.de)

142 Vgl. Der Spiegel 24/2006.

143 Vgl. Liane Dirks: Und die Liebe?, frag ich sie.

144 Vgl. „Eingriffe auf höchster Ebene", von Liane Dirks, Frankfurter Rundschau, 19. Juni 2006.

145 Von April bis Dezember 1961 wurde Eichmann in Jerusalem der Prozess gemacht. Er bekannte sich im Sinne der Anklage als nicht schuldig und berief sich auf Befehle von Vorgesetzten. Die erste und zweite Instanz sprachen das Todesurteil über ihn, das am 1. Juni 1962 vollstreckt wurde.

146 Drei kleinere Nachprozesse folgten 1965–1966, 1967–1968 und 1973–1976.

147 Vgl. Fritz-Bauer-Institut, Das Ende des Schweigens.

148 Oswald Kaduk wurde im Juli 1959 verhaftet.

149 Vgl. Heinz Düx, In memoriam Hermann Langbein, 8.

150 Jan Sehn (1909–1965) hatte im Verfahren gegen den Lagerkommandanten Höß 1946 in Polen die gerichtliche Voruntersuchung geführt. Langbein und Sehn kannten sich spätestens seit dem Prozess gegen Höß, in dem Langbein im Frühjahr 1947 aussagte.

151 Der Hauptangeklagte Richard Baer, letzter Kommandant von Auschwitz, war Mitte 1963 in Untersuchungshaft gestorben – viele der weiteren Angeklagten nutzten später diesen Umstand, um ihre Verantwortung zu verschleiern oder abzuwälzen. Das Verfahren gegen Hans Nierzwicki, Sanitätsdienstgrad in Auschwitz, wurde aus Krankheitsgründen zurückgestellt. Ein Amtsarzt hatte ihm eine Tuberkuloseerkrankung und damit Ansteckungsgefahr bescheinigt. (vgl. Langbein, Auschwitz-Prozeß, 33f.)

152 Historiker vom Institut für Zeitgeschichte in München referierten über „Organisation von SS und Polizei unter nationalsozialistischer Herrschaft" (Dr. Hans Buchheim), über „Nationalsozialistische Judenpolitik unter besonderer Berücksichtigung der Judenverfolgung" (Dr. Helmut Krausnick) und über „Nationalsozialistische Polenpolitik" sowie den „Aufbau der Konzentrationslager" (beide Themen: Dr. Martin Broszat)

153 In diesem Punkt weichen die späteren Angaben von den in Langbeins Prozessdokumentation wiedergegebenen Zahlen ab. In den Angaben des Fritz-Bauer-Instituts (vgl. die homepage saalbau.com/auschwitz-prozess/der-auschwitz-prozess/zeugen), wonach insgesamt 360 Zeugen vernommen wurden, darunter 211 Auschwitz-Überlebende und 54 vormalige Angehörige der Lager-SS, dürften nur jene gezählt worden sein, die in Frankfurt selbst anwesend waren.

154 Vgl. ausführlich: Langbein, Der Auschwitz-Prozeß, 867ff.

155 Vgl. Fritz-Bauer-Institut, Das Ende des Schweigens.

156 Ulla Wirth, Zum Gedenken an Hermann Langbein, 13.

157 Ausführlich dazu: Werner Renz, Opfer und Täter.

158 Genauer dazu siehe Kapitel: Familienleben – im Schatten von Auschwitz.

159 Langbein, Der Auschwitz-Prozeß, 16.

160 Düx, In memoriam Hermann Langbein, 10.

161 Langbein, Prozeß-Dokumentation, 36f.

162 Mit Hedwig Urbann entwickelte sich eine innige Freundschaft, die bis zu ihrem Tod Anfang der 1980er Jahre anhielt und die ganze Familie Langbein einbezog. Viele persönliche Schilderungen füllen die zahlreichen Briefe von Wien nach Frankfurt, die nach Hedwig Urbanns Tod nach Wien retour gesandt wurden. Tochter Lisa hat sie aufgehoben.

163 Düx, In memoriam Hermann Langbein, 9.

164 Langbein, Der Auschwitz-Prozeß, 852–859.

165 Dagi Knellessen, Zur Bedeutung der Opfer-Zeugen im ersten Frankfurter Auschwitz Prozess (1963–1965), vgl. http://lernen-aus-der-geschichte.de/ Lernen-und-Lehren (pdf-download).

166 Düx, In memoriam Hermann Langbein, 12.

167 Langbein beobachtete die Prozesse auch in anderen Ländern: Eine neunseitige Inhaltsübersicht der Bulletins des CIC 1964-1970 zeigt die Bandbreite der Berichterstattung zu den NS-Prozessen, die Langbein verfolgte, analysierte und kommentierte. Die folgenden Ausführungen beruhen im Wesentlichen auf Loitfellner, Auschwitzverfahren in Österreich.

168 Loitfellner, Auschwitz-Verfahren in Österreich, 185.

169 Vgl. Neugebauer, Langbein und NS-Prozesse, 29.

170 Siehe dazu Blank, Gefährdung von Menschenleben, der die Rolle Langbeins und Wiesenthals in den beiden Fällen Rajakowitsch und Novak hervorhebt. Für eine kompakte Zusammenfassung der Urteile von Geschworenengerichten vergleiche www.nachkriegsjustiz.at.

171 Vgl. Blank, Gefährdung von Menschenleben, 200ff.

172 Vgl. die Internetseite der DÖW-Ausstellung: www.doew.at/ausstellung, Themenbereich Geschworenenprozesse.

173 Vgl. Perz, Der österreichische Anteil an den NS-Verbrechen, 231.

174 Lasik, Nachkriegsprozesse, 450.

175 So Langbeins Annahme. Studien zeigen, dass die zweite Generation – vielfach im Schweigen der Elterngeneration aufgewachsen – sich ebenfalls sehr schwer tat, die jüngste Vergangenheit aufzuarbeiten. Erst die nächste Generation, die heute lebenden Enkelkinder, kann sich den Erfahrungen der Großelterngeneration stellen, wenngleich auch hier oft Tabus nur schwer aufgebrochen werden können und Verklärungen der Herkunftsfamilien stattfinden. (vgl. Welzer et al., „Opa war kein Nazi"; Botz, Schweigen und Reden einer Generation; Reiter, Die Generation danach; Rosenthal, Erlebte und erzählte Lebensgeschichte).

[176] Rettinger, Langbein und Politische Bildung, 43.

[177] Langbein, Auschwitz und die junge Generation, 53.

[178] Langbein in Horsky, Sucht euch nicht den leichteren Weg, 42.

[179] Taras Borodajkewycz verbreitete in den 1960er Jahren als Professor an der Hochschule für Welthandel in Wien unverhohlen rechtsextreme Ansichten; Studenten veröffentlichten Mitschriften seiner Vorlesungen. Bei einer Demonstration gegen ihn kam es zu Zusammenstößen mit Teilnehmenden der vom RFS (Ring Freiheitlicher Studenten) organisierten Gegendemonstration. Dabei fügte ein Mitglied des RFS dem ehemaligen kommunistischen Widerstandskämpfer Ernst Kirchweger schwere Verletzungen zu, an denen dieser wenige Tage später, am 2. April 1964, starb.

[180] Vgl. zu den genannten Aktionen Amesberger/Lercher, Lebendiges Gedächtnis, 47–56.

[181] Zit. nach Rettinger, Langbein und Politische Bildung, 40.

[182] Rettinger, Langbein und Politische Bildung, 41.

[183] Die weiteren Mitglieder: Pierre Grégoire für Luxemburg, Eugen Kogon und Susanne Miller für die BRD, Henri Michel und Roland Teyssandier für Frankreich.

[184] Steffek, „Reden wir nicht mehr davon ...", 56–66; Interview Kurt Scholz, 20.9.2011.

[185] Vgl. GZ 33.464/6-19a/78 – Wiederverlautbarung mit GZ 33.466/103-V/4a/94 (Politische Bildung in den Schulen, Grundsatzerlass zum Unterrichtsprinzip) und GZ 33.466/0130-I/9a/2009: Historisch-politische Bildung: Informationen und Empfehlungen für die Auseinandersetzung mit Nationalsozialismus und Holocaust sowie Diskriminierung und Rechtsextremismus in der Gegenwart – Erlass.

[186] Langbein, Zeitzeugen in Schulen, 54.

[187] Vgl. Arbeitsgemeinschaft Österreichischer Lagergemeinschaften: Dokumentation zum ersten Generationenforum im Oktober 2010, Wien: Eigenverlag (Download: www.oelg.at).

[188] Später mit „Ideologie und Wirklichkeit des Nationalsozialismus" betitelt.

[189] Johannes Schwantner ist Direktor der Berufsschule für Gastgewerbe in Wien. Frühzeitig in der Gewerkschaftsbewegung und im Bund sozialdemokratischer Freiheitskämpfer engagiert, nach dem Tod Langbeins wurde er Hauptorganisator des Seminars.

[190] Das Seminar 1996 war bereits vor Langbeins Tod gefährdet. Im April des Vorjahres richtete er ein Schreiben an alle Landesschuldirektoren und Pädagogischen Institute und bat um Unterstützung zur Abwendung der ministeriellen Pläne, das Seminar nur noch Wiener Berufsschullehrern zugänglich zu machen, was über kurz oder lang dessen Ende bedeutet hätte. (vgl. Nachlass HL, 291a) Umso beachtenswerter ist die Leistung von Johannes Schwantner,

die Seminare ohne den sie prägenden Protagonisten am Leben erhalten zu haben.

191 Rettinger, Langbein und Politische Bildung, 44.

192 Langbein, Zeitzeugen in Schulen, 55.

193 Vgl. Fuchs, Referentenvermittlungsdienst zur Zeitgeschichte. Im Herbst 1995 sah sich Unterrichtsministerin Gehrer veranlasst, zur besseren Verteilung der Vorträge, wie es offiziell hieß, einen Verteilungsschlüssel und damit de facto eine Begrenzung für die ZeitzeugInnenbesuche in Schulen festzusetzen: Bis zu 15 Klassen in der Schule war ein Vortrag eines Zeitzeugen/einer Zeitzeugin pro Schuljahr möglich; bei 16 bis 30 Klassen: zwei Vorträge pro Schuljahr, bei über 31 Klassen: drei Vorträge pro Schuljahr (GZ 28.432/352-V/4a/1995).

194 In den Jahren 1986/87 und 1987/88 verrechnete Langbein dem Unterrichtsministerium 112 bzw. 128,5 Besuchsstunden. In den Schuljahren 1991/92 und 1992/93 verbrachte er etwa 120 Stunden in österreichischen Schulen.

195 Nicht alle Schulbesuche der ZeitzeugInnen wurden gegenüber dem Ministerium abgerechnet, d.h. Reisekosten rückerstattet und eine geringe Aufwandsentschädigung bzw. ein Honorar ausbezahlt. Oft geschah dies aus Unkenntnis, oft vermutlich auch aus „Ehrgefühl". Andere wiederum spendeten ihr Honorar an einschlägige Projekte und Institutionen. Rosa Jochmann beispielsweise, Ravensbrück-Überlebende und spätere SPÖ-Politikerin, die bekanntermaßen sehr viel in Schulen ging und erzählte, fehlt in den Abrechnungsstatistiken bis auf eine einmalige Erwähnung. Ich danke Andrea Steffek und Eduard Fuchs für zur Verfügung gestellte Daten und Berechnungen.

196 Die Aufnahmen waren möglich, weil polnische Zivilarbeiter den in einem Teekessel eingebauten Fotoapparat ins Lager schmuggeln konnten.

197 Den Text zum Begleitheft verfasste ebenfalls Hermann Langbein, vgl. Nachlass HL, 291a.

198 Langbein, Zeitzeugen in Schulen.

199 Langbein, Zeitzeugen im Unterricht, 57.

200 Langbein, Zeitzeugen im Unterricht, 57.

201 Die Themen lauten: Nationalsozialistische Konzentrationslager; Menschen als Versuchskaninchen; Die Häftlinge; Die Bewacher; „Rückkehr unerwünscht" – Die Gaskammern; Widerstand; 1945. Das Ende?

202 Vgl. BMUKS (Hg.): Ich war im KZ. Vier Überlebende berichten.

203 Dieser Band enthält eine Sammlung der Gespräche und Diskussionen zwischen SchülerInnen und den ZeitzeugInnen Hermann Langbein, Fritz Kleinmann, Ella Lingens, Ferdinand Berger, Anni und Heinrich Sussmann und Hilde Zimmermann. Für weitere Sammlungen von Gesprächen und Interviews mit ZeitzeugInnen vergleiche die Internetseite www.erinnern.at.

204 Vgl. Tonbandprotokoll der Veranstaltung der Schülervertretung der Berufsbildenden Schulen in Ennepetal am 7. Februar 1987 mit Hermann Langbein:

Auschwitz – Symbol für die Verbrechen des Nationalsozialismus. Was ist geschehen? Wieso konnte es geschehen? Leben im KZ und danach. Dank an Brigitte Diersch für den Hinweis auf die zahlreichen Besuche Langbeins in ihrer Schule und die Broschüre, die sie mit ihren SchülerInnen erstellt hat.

[205] Zu den Büchern und Beiträgen Hermann Langbeins in Sammelbänden, Fachzeitschriften und Informationsreihen vgl. die Werkschau im Anhang sowie das Kapitel „Kein Titel ohne Zwistigkeit."

[206] Dieser Beitrag dürfte Teilergebnis der Zusammenarbeit Langbeins mit H.G. Adler sein, die Katharina Stengel erwähnt: eine knapp dreistündige Sendung über Auschwitz für den WDR, die von verschiedenen Sendeanstalten in der BRD und vom österreichischen Rundfunk ausgestrahlt wurde. (Stengel, Auschwitz zwischen Ost und West, 192)

[207] Diese fünf Österreicher waren: Chorherr Roman Scholz von Klosterneuburg, der eine Widerstandsgruppe führte und für den Glauben an die Heimat sein Leben lassen musste; Dr. Otto Haas (hingerichtet 1943), ebenfalls Leiter einer Widerstandsgruppe, nach ihm ist der Haas-Hof im 20. Wiener Gemeindebezirk benannt; Ernst Burger (in Auschwitz hingerichtet am 30.12.1944), Leiter der Widerstandsbewegung „Kampfgruppe Auschwitz"; Feldwebel Anton Schmidt, der im Glauben an die Menschlichkeit und an ein wahres Österreichertum in Vilna ermordet wurde; und Major Karl Biedermann (hingerichtet 1945), der, zusammen mit seinen Militärkameraden Huth und Raschke, Wien zu retten versuchte.

[208] Langbein wirkte noch in den Club 2-Diskussionen „Befehlsnotstand" (1982), „Shoa" (1986) und „Auschwitz – Die Entlarvung der Leugner" (1992) mit.

[209] Vgl. dazu die Ausführungen im Schlusskapitel.

[210] Vgl. hier und im Folgenden Deutsches Rundfunkarchiv; Sendung des NDR vom 11.12.1964. (In Österreich wurde die Verjährungsfrist von NS-Mordtaten 1965 aufgehoben, in Deutschland 1965 angehoben und erst 1979 endgültig aufgehoben. (vgl. Wirth, Christian Broda, 277ff.)

[211] Sendung vom 3.4.1962 im Hessischen Rundfunk. Die fünf Überlebenden waren: Elisabeth Guttenberger, Werner Krumme, Isak Merkur-Fendel, Erwin Scherschel und Hermann Langbein.

[212] Vgl. Justiz und Zeitgeschichte. Symposium Wien, 22.–23. Oktober 1976; Weinzierl, Erika et al. (Hg.), Justiz und Zeitgeschichte, Symposionsbeiträge 1976–1993.

[213] Weinzierl, Hermann Langbein – Zeitzeuge in Wort und Schrift, 224.

[214] Vgl. „Politische Aufklärung", o.J., in: Österreichische Nationalbibliothek, Zeitschriftenabteilung. Die Gründungsmitglieder der Gesellschaft waren: Elisabeth Aichberger, Peter Dusek, Paul Flora, Claus Gatterer, Franz Küberl, Hermann Langbein, Bernd Marin, Anton Pelinka, Lukas Resetarits, Kurt Scholz, Gustav Spann, Herbert Steiner, Hans Strotzka und Erika Weinzierl. Weitere frühe Mitglieder: Wolfgang Neugebauer, Karl R. Stadler; Andreas

Maislinger, Erika Thurner, Reinhold Gärtner, Elisabeth Morawek, Friedrun Huemer, Karin Liebhart, Robert Streibel, Charlotte Teuber, Josef Weidenholzer, Brigitte Bailer-Galanda.

215 Für die operativen Arbeiten waren in Innsbruck anfangs Andreas Maislinger und ab 1985 Reinhold Gärtner zuständig; nach Burgl Czeitschner und Andreas Pribersky führt Karin Liebhart seit 1988 das Wiener Sekretariat.

216 Weitere regelmäßige TeilnehmerInnen der Vorbereitungstage waren Willi Gugig, Fritz Kleinmann und Regine Chum; „Gina" Chum begleitete die Gruppe auch nach Auschwitz-Birkenau.

217 Derzeit verantwortlich für die Betreuung und Durchführung der Auschwitz-Fahrten: Karin Liebhart.

218 Roma ist die politisch korrekte Sammelbezeichnung für die gesamte Gruppe dieser sehr heterogenen Ethnie. Für Deutschland und Österreich bietet sich die Verwendung der beiden Eigenbezeichnungen Sinti und Roma an. Für die Zeit der NS-Verfolgung kann auf den negativ konnotierten Fremdbegriff „Zigeuner" nicht verzichtet werden. Zudem ist zu bedenken, dass Ablehnung und kritischer Umgang mit der diskriminierenden Fremdbezeichnung – zugunsten der in den Roma-Binnengesellschaften gebräuchlichen Eigennamen – gesellschaftlichen Entwicklungs- und Bewusstseinsprozessen unterworfen sind.

219 Langbein, Menschen in Auschwitz, 29.

220 Selma Steinmetz: Österreichs Zigeuner im NS-Staat. Daneben gab es eine Handvoll volkskundlicher bzw. historischer studentischer Arbeiten, z.B. Claudia Mayerhofer: Die Zigeuner im Burgenland, Hausarbeit an der Universität Wien 1979 und Elisabeth Toni Spira: Ausgestoßen: Zigeuner in Österreich, Wien 1979.

221 Thurner, Nationalsozialismus und Zigeuner in Österreich.

222 Thurner, Kurzgeschichte des nationalsozialistischen Zigeunerlagers in Lackenbach.

223 Ansprüche auf Versorgungsleistungen nach dem ASVG.

224 Vgl. das Antwortschreiben von DDr. Franz Arnold, Rektor der Universität Wien, an die ÖLGA vom 8.2.1962: „Was bedeutet ein Dutzend verführter junger Leute einstweilen, wenn man bedenkt, dass die Wiener Universität 15.724 Hörer zählt?" (Nachlass HL, Ordner 6)

225 Neugebauer, Langbein und NS-Prozesse, 35.

226 Der Band ist seit vielen Jahren vergriffen.

227 Aus einem Schreiben des Verlags an Langbein vom 2.9.1949 geht hervor, dass die Genossen Heinrich Dürmayer, Josef Meisel, Josef Lauscher und Leopold Spira um Zustimmung zu den sie betreffenden Passagen gebeten wurden. (Archiv des Globus-Verlags, Verlagsakt Hermann Langbein: Die Stärkeren, ZPA der KPÖ)

228 Wörtlich hieß es an dieser Stelle im Originalmanuskript: „Zimmermann und Olah haben alle, die ihnen irgendwie unbequem sind, abgeschoben."

229 Die kommunistische Presse bekundete ihre Empörung darüber in einer Rezension in „Weg und Ziel", März 1950: „Es ist für die heutigen Verhältnisse in Österreich charakteristisch, dass er [Olah] wirklich eine Konfiskation durchsetzen konnte, so dass das Buch mit Auslassung einiger Sätze neu gedruckt werden musste, was sein Erscheinen um mehrere Monate hinausgezögert hat."

230 Vgl. Stengel, Hermann Langbein und die politischen Häftlinge, 108ff.

231 Vgl. Stengel, Hermann Langbein und die politischen Häftlinge, 108.

232 Diese Passagen, in denen der kommunistische Propaganda-Jargon allzu deutlich durchschlägt, hätten ursprünglich noch weit mehr Seiten des Buches gefüllt. Georg Knepler, renommierter Musikwissenschafter, 1949 Gründer der Musikhochschule in Berlin und Kulturreferent der KPÖ, war vom Verlag um ein Urteil über das Erstmanuskript nach „rein literarischen Gesichtspunkten" gebeten worden. Er empfahl massive Streichungen, gerade zum Thema Kommunismus: „Was der Kommunismus bedeutet, wie ein Kommunist arbeitet etc., das kommt weit stärker aus dem heraus, was zwischen den Zeilen steht und wie gesagt, aus den Handlungen Hermanns, besonders in Auschwitz. Ich würde aus dem Auschwitzer Kapitel so gut wie nichts, aus dem Kapitel über Dachau ein gutes Viertel, aus dem ersten Kapitel ein gutes Drittel erbarmungslos streichen. Dann kann es ein wertvoller Beitrag zu unserer Literatur werden, nicht nur rein politisch gesehen, und würde sicher auch auf Nicht-Kommunisten Eindruck machen." (Gutachten von Georg Knepler, ohne Datum, Archiv des Globus-Verlags, Verlagsakt Hermann Langbein: Die Stärkeren, ZPA der KPÖ)

233 Buttinger war nach dem Zweiten Weltkrieg persona non grata in der SPÖ, ungeachtet seiner Verdienste. Vgl. sein Buch „Das Ende der Massenpartei – am Beispiel Österreichs", 1972.

234 Die seit 1941 bestehende New Land Foundation fördert Projekte in aller Welt, die positiven sozialen Wandel anstreben, und zwar in Themenfeldern wie Umwelt, Bürgerrechte, Frieden bis hin zu Leadership Development (http://rlch.org/funding/new-land-foundation).

235 Den voraussichtlichen Umfang des neuen Werks schätzte Langbein im Herbst 1966 auf 300 bis 400, „keinesfalls mehr als 450 Seiten". Letztendlich wurden es 600 Seiten.

236 Langbein, Menschen in Auschwitz, 227.

237 Hermann Langbein stand zwischen 1955 und 1966 in regem Briefverkehr mit Erich Kulka und Ota Kraus, den damals noch in der ČSSR wohnenden Autoren von „Die Todesfabrik"; der Ton war immer angeregt und herzlich. Kulka und Kraus hatten Mitte der 1950er Jahre versucht, einen tschechischen Verlag für die Publikation von Langbeins „Die Stärkeren" zu finden. Auch die Aufregungen um Langbeins Vorwort zu „Die Todesfabrik" in Ostdeutschland, woraufhin ein größerer Teil der ersten Auflage zurückgezogen werden

musste, ließen ihren Austausch über die juristische und historische Aufarbeitung der NS-Verbrechen nicht abreißen. (vgl. Nachlass HL, Ordner 41)

[238] Die Aufforderung eines Rechtsanwalts an Langbein, sich zu den erhobenen Vorwürfen zu äußern, die zitierte Anklageschrift und die Antwort Wellers' an Kulka sind ebenfalls erhalten. (Nachlass HL, Karton 282)

[239] Ich danke Gideon Greif für den Hinweis auf den Ausgang dieses Konflikts.

[240] Vgl. Amesberger/Auer/Halbmayr, Sexualisierte Gewalt, 93ff.; Jaiser, Repräsentationen, 123ff.; Shik, Weibliche Erfahrungen, 110ff.

[241] Langbein, Menschen in Auschwitz, 246.

[242] Allerdings reicht „Menschen in Auschwitz" weit über die Gattung eines Memoirs, also einer biografischen Denkschrift, hinaus.

[243] Henry Friedlander, Vorwort zu „People in Auschwitz", 2004, p. xvi. Weitere Reaktionen auf die englischsprachige Ausgabe (Klappentext): "This is a scrupulously scholarly achievement and will become a classic of Holocaust history." (Jewish Book World); "First published in German more than 30 years ago, this modestly titled memoir provides a unique account of the Third Reich's most notorious death camp. … in weaving together these uncomfortable truths with the most comprehensive analysis of any survivor memoir, Langbein's *People in Auschwitz* represents an indispensable addition to English-language literature on the Holocaust." (German Studies Review)

[244] Vgl. Nachlass HL, Kartons 172 bis 190 sowie 252.

[245] Vgl. exemplarisch das Schreiben von Herbert Steiner an Langbein vom 22.12.1971, in dem er die Übersendung von 200,- Schilling ankündigt, damit die Buchherausgabe möglich wird. (Nachlass HL, Ordner 2).

[246] Vgl. dazu detailliert Stengel, Auschwitz zwischen Ost und West, 184ff.

[247] Stengel, Auschwitz zwischen Ost und West, 194.

[248] Vgl. Korrespondenz in Nachlass HL, Karton 294: Briefe.

[249] In seinem Beitrag über die Kampfgruppe Auschwitz im Band „Auschwitz – Zeugnisse und Berichte" wird nicht deutlich, dass er selbst zur Leitung der Kampfgruppe gehörte – ein für Langbein typisches Bemühen um Abstrahierung und Distanz.

[250] Langbein, … nicht wie die Schafe, 412.

[251] Vgl. Schreiben Langbeins und Manuskriptteile in: Nachlass HL, Karton 245. Siehe Korrespondenzen zum Projekt mit dem DÖW in Nachlass HL, Ordner 2. Aus einem Brief Langbeins an Dagmar Ostermann vom 7. November 1994 geht hervor, dass die Publikation bereits mit dem Löcker-Verlag für den 50. Jahrestag der Befreiung von Auschwitz Ende Jänner 1995 geplant war.

[252] Vgl. zur komplex-widersprüchlichen Persönlichkeit Wirths' Langbein: Menschen in Auschwitz, 411–432; Sauer, Eduard Wirths; Völklein, Medizin in Auschwitz.

[253] Vgl. etwa Briefwechsel Langbein mit Emil Panovec bis zu dessen Tod 1980.

254 Die ersten Auszeichnungen in Yad Vashem erfolgten 1963. Mittlerweile ist die Zahl der Gerechten auf nahezu 23.800 Männer und Frauen weltweit angewachsen, darunter 86 ÖsterreicherInnen. (Stand 1. Jänner 2011, vgl. http://www1.yadvashem.org/yv/en/righteous/) Vor Langbein wurde nur acht von ihnen die Ehre zuteil.

255 Vgl. Ansprache von Aryeh Tartakower und Dankesworte von Hermann Langbein in: Jewish Resistance during the Holocaust. Proceedings of the Conference on Manifestations of Jewish Resistance, Jerusalem, April 7-11, 1968, Jerusalem: Yad Vashem 1971, darin: Tree planting ceremony at the 'Avenue of the Just' in Honour of Hermann Langbein (403–406).

256 Zit. nach: „Medaille der Gerechten" für Österreicher, Wiener Zeitung, 23.3.1968.

257 Weitere Ehrungen folgten: 1988 erhielt Langbein den Preis der Stadt Wien für Publizistik, 1993 wurde ihm die Ehrenmedaille der Bundeshauptstadt in Gold verliehen. Die Stadt Frankfurt am Main überreichte ihm 1994 die Johanna-Kirchner-Medaille – eine Auszeichnung, die den Namen der im Juni 1944 hingerichteten Frankfurter Widerstandskämpferin trägt.

Der polnische Staatsrat verlieh den ehemaligen KZ-Häftlingen Franz Danimann, Hermann Langbein sowie posthum Otto Wolken, Ernst Burger, Rudi Friemel und Ludwig Vesely 1989 das Auschwitzkreuz – eine Auszeichnung für besondere Verdienste im Widerstandskampf. (Die Lagergemeinschaft Auschwitz vermisste in der Reihe der Geehrten den Namen Alfred Klahr. Polen reagierte und holte die Ehrung Klars wenige Monate später nach; vgl. Auschwitz Information Nr. 6 und Nr. 7, September und Dezember 1989).

258 Als posthume Ehrungen sind zu nennen: ein Ehrengrab der Stadt Wien (darauf die Plakette der Yad Vashem-Auszeichnung); eine im Jahr 2001 enthüllte Gedenktafel im Bundesgymnasium Wien G 19, das Döblinger Gymnasium in der Gymnasiumstraße, die an den ehemaligen Schüler Hermann Langbein erinnert; seit September 2003 trägt eine kleine Straße im 22. Wiener Gemeindebezirk die Bezeichnung „Hermann-Langbein-Weg". Allerdings wird die schlichte Erläuterung „Schriftsteller" unter dem Namenszug am Straßenschild dem Einsatz Langbeins gegen Diktatur und Barbarei keinesfalls gerecht.

259 Das galt für seine massive Kritik am Ablauf und der späteren Einstellung der NS-Prozesse in Österreich, woran ihn auch seine persönliche Freundschaft zu Justizminister Christian Broda nicht hinderte; für seine Beanstandung der halbherzigen Verfolgung rechtsextremer und neonazistischer Wiedergänger; für seine Empörung über den wenig ehrenhaften Umgang des offiziellen Österreichs mit den Verfolgten des NS-Regimes; für sein Aufzeigen der anhaltenden Diskriminierung der Roma und Sinti – über Österreichs Grenzen hinaus (gerade auch in den osteuropäischen Ländern).

260 Hackl, Hochzeit in Auschwitz, 184.

261 Konrad, Langbein und der spanische Bürgerkrieg, 20.

262 Vgl. hier insbesondere die Arbeiten von Katharina Stengel und Werner Renz am Fritz-Bauer-Institut in Frankfurt oder die Veranstaltungen der Gesellschaft für politische Aufklärung.

263 Pelinka, Windstille, 12.

Verzeichnis der Abkürzungen

BMUKK	Bundesministerium für Unterricht, Kunst und Kultur (Österreich)
BMUKS	Bundesministerium für Unterricht, Kunst und Sport (Österreich)
CIC	Comité International des Camps
DÖW	Dokumentationsarchiv des österreichischen Widerstands
FIR	Fédération Internationale des Résistants / Internationale Vereinigung der Widerstandskämpfer
FPÖ	Freiheitliche Partei Österreichs
GfpA	Gesellschaft für politische Aufklärung
HKB	Häftlingskrankenbau in Auschwitz
HL	Hermann Langbein
IAK	Internationales Auschwitz Komitee
KPÖ	Kommunistische Partei Österreichs
KZ	Konzentrationslager
ÖLGA	Österreichische Lagergemeinschaft Auschwitz
ORF	Österreichischer Rundfunk
ÖStA	Österreichisches Staatsarchiv
OStA	Oberstaatsanwalt
ÖVP	Österreichische Volkspartei
ÖZ	Österreichische Zeitung
POUM	Partido Obrero de Unificación Marxista (revolutionär-marxistische Arbeiterpartei, Spanien)
RAVAG	Radio Verkehrs AG, österreichische Rundfunkgesellschaft bis zur Gründung des ORF im Jahr 1958
SOWIDOK	Sozialwissenschaftliche Dokumentation der Arbeiterkammer Wien
SPÖ	Sozialdemokratische Partei Österreichs
UIRD	Union International de la Résistance et de la Deportation / Internationale Union demokratischer Widerstandskämpfer
ZBoWiD	Związek Bojowników o Wolność i Demokrację / Verband der Kämpfer für Freiheit und Demokratie (Polen)
ZK	Zentralkomitee (der KPÖ)
ZPA	Zentrales Parteiarchiv (der KPÖ)

Quellen

Der vollständige Beleg für „Nachlass HL" lautet jeweils: Österreichisches Staatsarchiv (ÖStA/AVA), Nachlass Hermann Langbein, Depot E/1797.

„Erinnere Dich gerne an die erste legale Parteischule in Österreich ‚Ernst Burger', Wien, Juni–Juli 1945, Deine Genossen, Dankesschreiben an Langbein (mit 36 Unterschriften), Privatarchiv Lisa Langbein.

„Kabale und Liebe", Programmzettel und Einladung zur Aufführung der „Deutschen Spielschar" 5.4.1930, Privatarchiv Lisa Langbein.

„Pension Schöller", Programmzettel, Dossier Hermann Langbein, Spanienarchiv im DÖW.

„Sehr verehrtes Verräterschwein!" Anonymes Schreiben an Langbein, o.J., Nachlass HL, Karton 290.

Abosch, Heinz, „Auschwitz als Erbauung? Neu aufgelegter Bericht eines Kommunisten aus der Lagerverwaltung", Neue Zürcher Zeitung, 3.2.1983.

Adler, H.G., Rezension zu „Menschen in Auschwitz", in: Domino, Zürich, Nr. 107, November 1972, Nachlass HL, Karton 282.

Adler, H.G., Schreiben an Langbein, 3.3.1961, Nachlass HL, Karton 294.

Adler, H.G., Schreiben an Robert Waitz, 19.9.1961, Nachlass HL, Karton 294.

Arbeiter Zeitung, „Niedertracht ohne Beispiel. KZ.ler-Schicksal als kommunistischer Wahlschlager", 20.9.1949.

Bacon, Yehuda, Kondolenzschreiben an Loisi Langbein, Jerusalem, Mai 1996, Privatarchiv Lisa Langbein.

Bacon, Yehuda, Schreiben an J. Kermisz, Archivdirektor von Yad Vashem, 16.5.1976, Nachlass HL, Ordner 51.

Bacon, Yehuda, Schreiben an Langbein, 6.6.1976, Nachlass HL, Ordner 51.

Beschluss in der Strafsache 1 U 210/49, Franz Olah gegen Hermann Langbein, Mappe Langbein/Die Stärkeren, Zentrales Parteiarchiv der KPÖ.

Bezirksgericht Margareten, Entlassungsschein für Hermann Langbein, ausgestellt von der Aufnahmekanzlei des Bezirksgerichts vom 18.9.1937, Nachlass HL, Karton 252.

Brainin, Lotte, an Josef Meisel, Wien, 12.6.1989, Privatarchiv Lotte und Hugo Brainin sowie Nachlass HL, Karton 256.

Büchler, Yehuda, Buchbesprechung zu „Menschen in Auschwitz", in: Yalkut Moreshet, Heft November 1980, 171–181, (deutsche Übersetzung), Nachlass HL, Karton 282.

Bundes-Polizeidirektion Wien, Bericht an die Staatsanwaltschaft Wien I betreffend das Verfahren gegen Margarete Wetzelsberger, Isidor Brumberg, Robert Dolezal, Dr. Otto Langbein und Hermann Langbein. Pr.Zl. IV-9986/7/1936. Wien, 17.2.1937, Dokument 6001, DÖW.

Buttinger, Joseph, Brief an Langbein, 17.10.68, DÖW 18907: Buttinger Material.

CIC-Bulletin Nr. 26, 16.9.1968, Nachlass HL, Ordner 66.

CIC-Bulletin Nr. 33, 12.1.1970, Nachlass HL, Ordner 66.

CIC-Bulletin, Inhaltsverzeichnis der Nummern 1 bis 38, Nachlass HL, Karton 301.

Dallinger, Alfred, Brief an Langbein, 26.2.1988, Privatarchiv Erika Thurner.

Danimann, Franz / Meisel, Josef, Brief an die Neue Zürcher Zeitung, 19.2.1983, Nachlass HL, Karton 282.

Danimann, Franz, Rezension zu „Menschen in Auschwitz", in: Arbeit&Wirtschaft, Heft 6/1973, Nachlass HL, 282.

Danimann, Franz, Schreiben an das IAK, 18.6.1959, Nachlass HL, Ordner 2.

Danimann, Franz, Schreiben an die Kameraden der LG Auschwitz, ca. August 1960, Nachlass HL, Ordner 2.

Der Standard, Auschwitz: Ende der Verdrängung, 21.1.1995, SOWIDOK, AK Wien.

Distel, Barbara, Chronist des Schreckens, Zum Tod von Hermann Langbein. Nachruf in: Süddeutsche Zeitung, 28./29.10.1995, Privatarchiv Lotte und Hugo Brainin.

Doering, Karol, Schreiben an Langbein, 2.11.1965, Nachlass HL, Ordner 30.

Dossier Hermann Langbein, Spanienarchiv im DÖW.

Drygalski, Bolesław, Schreiben an Langbein, 30.5.1966, Nachlass HL, Ordner 30.

Dürmayer, Heinrich, Schreiben an den Europa-Verlag, 14. November 1972, 15.6.1973; Schreiben des Europa-Verlags an Hermann Langbein, 19.6.1973, Nachlass HL, Karton 294.

Feidl, Julius, Brief aus Gurs an Johann Eichinger (in der UdSSR), in: DÖW: Für Spaniens Freiheit, 309.

Furch, Bruno, Rezension zu „Menschen in Auschwitz", Volksstimme, 29.10.1972.

GfpA, Brief an Minister Dallinger (Soziales), in Kopie an Minister Lacina (Finanzen), Innsbruck/Wien, 5.10.1987, Privatarchiv Erika Thurner.

HEUTE [Österr. Printmedium], Ein Revisionist musste gehen. Krach im Internationalen Auschwitzkomitee – Österreicher protestieren. 23.9.1961, Nachlass HL, Karton 294.

Hindels, Josef, Rezension zu „Menschen in Auschwitz", in: Die Zukunft/Wien, Heft 6, März 1973, Nachlass HL, Karton 282.

Hołuj, Tadek, Schreiben an die ÖLGA, 10.9.1960, Nachlass HL, Karton 294.

IAK: Statut des Internationalen Auschwitz Komitees, wiedergegeben in: Vorschlag des Büros des Internationalen Auschwitz Komitees zur Abänderung der Statuten des IAK, Mai 1960, Nachlass HL, Karton 256.

IAK-Information 1958/8.

IAK-Resolution, Warschau, 20.7.1961, Nachlass HL, Karton 294.

IAK-Rundschreiben vom 6.2.1960, Nachlass HL, Karton 109.

Kärnten Nachrichten, Leserbrief „Zauberwort Auschwitz", Jänner 1976.

Kempner, Robert M.W., Rezension zu „Menschen in Auschwitz", Jüdische Rundschau Maccabi, 23.11.1972, Nachlass HL, Karton 282.

Kirchengast, Josef, Keine Absolution: Europas Christen können sich nicht an Auschwitz vorbeistehlen, Der Standard, 27.1.1995, SOWIDOK, AK Wien.

Klagsschrift an den Obersten Gerichtshof beim Verwaltungsgerichtshof in Jerusalem, 1984, Abschrift im Nachlass HL, Karton 282.

Knepler, Georg, Gutachten [Stellungnahme zu Langbeins Erstmanuskript „Die Stärkeren"], ohne Datum, Archiv des Globus-Verlags, Verlagsakt Hermann Langbein: Die Stärkeren, Zentrales Parteiarchiv der KPÖ.

Kröner, Johann, Rückzug zu neuen Kämpfen, Manuskript, o.J., Blatt IV, Dossier Hermann Langbein, Spanienarchiv im DÖW.

Kulka, Erich, Schreiben an George Wellers, o.D., Nachlass HL, Karton 282.

Kurier, Eine Geste für die NS-Opfer, 25.9.1995, Dossier Hermann Langbein, Spanienarchiv im DÖW.

Landauer, Hans, Am Dienstag, den 24. Oktober 1995, verstarb Professor Hermann Langbein, in: SPANIEN HEUTE, Nr. 4/1995, Dossier Hermann Langbein, Spanienarchiv im DÖW.

Langbein in Radio und TV: Deutsches Rundfunkarchiv Frankfurt, Sendung des NDR vom 11.12.1964; Hessischer Rundfunk, Sendungen vom 3.4.1962, 25.5.1966, 30.3.1967, 22.11.1967, 28.3.1969.

Langbein, Loisi, Erinnerungen ohne Datum, 1925–1995, Privatarchiv Lisa Langbein.

Le Vernet: Namentliche Liste von österreichischen Staatsangehörigen, die in den Jahren 1939 bis 1943 im Lager Vernet inhaftiert waren, Copy of Doc. No. 5166106#1, ITS Arolsen.

Lingens, Ella (Obfrau der ÖLGA), Schreiben an das IAK-GS in Warschau, 31.5.1961, Nachlass HL, Karton 294.

Neugebauer, Wolfgang, Ein gewisser Sinn im Leben. Zum Tod des ehemaligen KZ-Häftlings und Widerstandskämpfers Hermann Langbein, in: Falter, Wiener Stadtzeitung, Nr. 44/1995, Privatarchiv Lotte und Hugo Brainin.

Neugebauer, Wolfgang, Schreiben an Langbein, 25.2.1995, Nachlass HL, Ordner 2.

Neuwirth, Dietmar, Trotz allem war er Optimist. Hermann Langbein, Publizist und ehemaliger Auschwitz-Häftling, ist tot, Die Presse, 28.10.1995, SOWI-DOK, AK Wien.

Olah, Franz, Entgegnung, Volksstimme, 5.11.1949.

ÖLGA, Beschlussprotokoll vom 14.6.1960, Nachlass HL, Ordner 1.

ÖLGA, Protokoll der Leitungssitzung vom 29.5.1961, Nachlass HL, Ordner 1.

ÖLGA, Schreiben an Langbein, 26.11.1963, Nachlass HL, Ordner 256, sowie Privatarchiv Lotte und Hugo Brainin.

ÖLGA, Schreiben an Langbein, 30.9.1960, Nachlass HL, Ordner 1.

ÖLGA, Schreiben der Leitung an das Generalsekretariat des IAK, 15.10.1968, Nachlass HL, Karton 256.

ORF-Hörfunkarchiv, Sendebeiträge vom 25.1.1985 und 7.7.1987.

Paczula, Tadeusz, Schreiben an Langbein, 28.9.1962, Nachlass HL, Ordner 33.

Philipp, Wilhelm und Walter, Schreiben der Rechtsanwälte Wilhelm und Peter Philipp an Langbein, 7.11.1984, Nachlass HL, Ordner 5.

Protokoll des 6. ZK-Plenums der KPÖ am 11./12.3.1948, Beilagen 12a und 8 Zentrales Parteiarchiv der KPÖ.

Protokoll Nr. 60 der Sitzung des politischen Sekretariats am 23.12.1947, Zentrales Parteiarchiv der KPÖ.

Rausch, Felix, Schreiben an Tadek Hołuj, 8.7.1959, Nachlass HL, Ordner 5.

Resolution der Kommission für Verwertung der Dokumente, einstimmig angenommen auf der Tagung des Internationalen Auschwitz Komitees am 30.1.1957, Nachlass HL, Karton 286.

Revierpfleger: Liste der nach dem Konzentrationslager Auschwitz überstellten Revierpfleger, Dachau, den 19.2.42; ITS Foto-Archiv, Nachlass HL, Karton 286.

Schmitt-Maass, Hety, Brief an Joseph Buttinger, 5.5.1966, DÖW 18907: Buttinger Material.

Schmitt-Maass, Hety, Handschriftliche Notiz, o.D., DÖW 18907: Buttinger Material.

Schmitt-Maass, Hety, Schreiben an Joseph Buttinger, 19.9.1947, in: 18880/16, Buttinger Material (DÖW)

Schmuggler-Affäre: Zeitungsberichte zur Schmuggler-Affäre, Schreiben Meisel und Stellungnahme Ruzicka, Erklärung Langbein (Mai bis November 1957), Zentrales Parteiarchiv der KPÖ.

Schüle, Erwin, OStA, Schreiben an Langbein, 3.2.1959, zit. in: Langbein, Prozess-Dokumentation, 28.

Spangethal, Max, Yad Vashem, Brief an Langbein, 8.8.1966, DÖW 18907: Buttinger Material.

Staatliches Museum Auschwitz-Birkenau, Auschwitz-Birkenau. Vergangenheit und Gegenwart, Deutsche Fassung 2010, 23. (pdf-download)

Steiner, Herbert, Schreiben an Langbein, 22.12.1971, Nachlass HL, Ordner 2.

Steiner, Herbert, Schreiben an Langbein, 7.1.1988, 50120, Korr. Steiner NLa3, DÖW.

Stromberger, Marie: Materialien des DÖW 5798, Dokumente über die Tätigkeit der österreichischen Krankenschwester Marie Stromberger im KZ Auschwitz (Hilfe für Häftlinge), 1942–1945. Protokoll der Zeugenaussage von Marie Stromberger im Prozeß gegen den Kommandanten von Auschwitz, Höß. Erklärung von Edward Pys, ehemaliger Häftling in Auschwitz, über das Leben in Auschwitz und über die Hilfe der Marie Stromberger, 7.10.1960 und 12.9.1960.

Theodor Körner-Fonds, Benachrichtigung über die Bewilligung des Förderpreises von 10.000 Schilling, 9.4.1962, Nachlass HL, Ordner 4.

Toch, Ernst, Schreiben an Langbein, 25.3.1975, Nachlass HL, Ordner 1.

Volksstimme, „Olah bleibt hart …", 18.9.1949.

Volksstimme, 15.3.1972.

Wellers, George, Schreiben an Erich Kulka, 20.9.1985, Nachlass HL, Karton 282.

Wiedemann, Charlotte, „Hornhaut auf der Seele", Die Woche, 20.1.1995, Nachlass HL, Karton 290.

Wiener Zeitung, Chronist des Horrors von Auschwitz. Hermann Langbein 83jährig in Wien gestorben, 26.10.1995, Privatarchiv Lotte und Hugo Brainin.

Wiesenthal, Simon, Kondolenzschreiben an die Familie Langbein, Wien, 6.11.1995, Privatarchiv Lisa Langbein.

Wiesenthal, Simon, Memorandum zur Frage der Notwendigkeit einer Schaffung eines freien Internationalen Auschwitz Komitees, Manuskript o.J., Nachlass HL, Ordner 6.

Wiesenthal, Simon, Schreiben an Langbein, 27.9.1960, Nachlass HL, Ordner 6.

Wiesenthal, Simon, Schreiben an Robert Waitz, 1967, Nachlass HL, Ordner 6.

Wirths, Eduard, Zeugenaussage des Dr.Wirths, in: Aus dem Prozess gegen den SS Arzt Prof. Dr. Clauberg, Kiel 1955, 21 Blatt, Dokument 2152, DÖW.

Wolf, Heinz, OStA, Schreiben an Langbein, 12.12.1959, zit. in Langbein, Prozess-Dokumentation, 31f.

Wolken, Felix, Schreiben für die ÖLGA an Generalsekretär Hołuj in Warschau, 17.12.1960, Nachlass HL, Ordner 1.

Zentrale Schiedskommission der KPÖ, Schreiben vom 6. September 1958, Zentrales Parteiarchiv der KPÖ.

Zimmermann, Hilde, Brief an Frau Fröhlich, 29.6.1988, Nachlass HL, Ordner 6.

Verzeichnis der Interviews

Interview mit Angelica Bäumer, 19.8.2011.

Interview mit Lotte und Hugo Brainin, 16.8.2011.

Interview mit Gerhard Botz, 11.11.2011.

Interview mit Karl Brousek, 4.11.2011.

Interview mit Burgl Czeitschner, 22.8.2011.

Interview mit Johann Danner, 14.10.2011.

Interview mit Jerzy Debski, geführt von Karin Liebhart, 22.11.2011.

Interview mit Maria Fürst, 5.7.2011.

Interview mit Reinhold Gärtner, 19.9.2011

Interview mit Rudolf Gelbard, 14.10.2011.

Telefonat mit Sibylle Goldmann (Frankfurt), 31.8.2011.

Interview mit Trude Hacker, 15.9.2011.

Interview mit Erich Hackl, 13.9.2011.

Interview mit Michael John, 7.6.2011.

Telefonat mit Robert Kanfer, 25.9.2011.

Telefonate mit Angelika Klampfl, August und September 2011.

Interview mit Hans Landauer, geführt von Erich Hackl, 31.8.2011.

Interviews mit Lisa Langbein, 13.6.2011, 17.6.2011 und 30.9.2011.

Interviews mit Kurt Langbein, 6.2.2011 und 10.11.2011.

Interview mit Karin Liebhart, 9.8.2011.

Interview mit Elisabeth Morawek, 8.8.2011.

Interview mit Wolfgang Neugebauer, 9.9.2011.

Interview mit Jan Parcer, geführt von Karin Liebhart, 22.11.2011.

Interview mit Anton Pelinka, 22.8.2011.

Interview mit Kurt Scholz, 20.9.2011.

Interview mit Johannes Schwantner, 4.7.2011.

Interview mit Erika Thurner, 25.7.2011.

Literatur von Hermann Langbein

Publikationen und editierte Bücher von Hermann Langbein, chronologisch

Die Stärkeren. Ein Bericht aus Auschwitz und anderen Konzentrationslagern, Wien: Stern Verlag 1949.

Neuauflage: Köln: Bund Verlag 1982 [um ein Vor- und Nachwort erweitert, teilweise verändert]

Neuauflage: Wien: EPHELANT Verlag 2008 [unveränderter Nachdruck der 2. Auflage, hg. von Franz Richard Reiter]

Auschwitz – Zeugnisse und Berichte. Hrsg. gemeinsam mit H.G. Adler und Ella Lingens-Reiner, Köln-Frankfurt/Main: Europäische Verlagsanstalt, 1962.

Neuauflage: Köln-Frankfurt/Main: Europäische Verlagsanstalt (2. überarb. Aufl.) 1979.

Neuauflage: Frankfurt/Main: Athenäum (3. überarb. Aufl.) 1984.

Neuauflage: Köln-Frankfurt/Main: Europäische Verlagsanstalt (4. Aufl.) 1988.

Neuauflage: Hamburg: Europäische Verlagsanstalt (5. Aufl.) 1994.

Neuauflage: Hamburg: Europäische Verlagsanstalt (6. Aufl.) 1995.

Im Namen des deutschen Volkes. Zwischenbilanz der Prozesse wegen nationalsozialistischer Verbrechen, Wien: Europa Verlag 1963.

...wir haben es getan. Selbstporträts in Tagebüchern und Briefen 1939–1945, Wien: Europa Verlag, 1964.

Der Auschwitz-Prozeß. Eine Dokumentation, 2 Bände, Wien: Europa Verlag 1965.

Neuauflage: Der Auschwitz-Prozeß. Eine Dokumentation, 2 Bände, Verlag Neue Kritik / Büchergilde Gutenberg: Frankfurt/Main, 1995.

Auschwitz und die junge Generation, Wien: Europa Verlag 1967.

Menschen in Auschwitz, Wien: Europa Verlag 1972.

Französische Übersetzung: Hommes et femmes à Auschwitz. Paris: Fayard 1975, [Taschenbuchauflagen: 1979 und 1998, weiters publiziert von: Paris: Union générale d'éditions: 1994; weitere Taschenbuch-Neuauflage: Paris_ Tallandier 2011]

Neuauflage: Frankfurt/Main: Ullstein Taschenbuch Verlag 1980.

Italienische Übersetzung: Uomini ad Auschwitz. Storia del più famigerato campo di sterminio nazista. [Mit einem Vorwort von Primo Levi], Milano: Mursia 1984.

Neuauflagen: Wien: Europa Verlag 1987, 1995 und 1999.

Polnische Übersetzung: Ludzie w Auschwitz. [Mit Vorwörtern von Hermann Langbein, Israel Gutman und Władysław Fejkiel] Panstwowe: Muzeum Oświęcim-Brzezinka, 1994.

Englische Übersetzung: People in Auschwitz. [Mit einem Vorwort von Henry Friedlander] Chapel Hill & London: University of North Carolina Press, 2004.

... nicht wie die Schafe zur Schlachtbank. Widerstand in den nationalsozialistischen Konzentrationslagern 1938–1945. Frankfurt/Main: Fischer Taschenbuch Verlag 1980.

Englische Übersetzung: Against All Hope: Resistance in the Nazi Concentration Camps 1938–1945, New York: Paragon House 1994; Paperback by Continuum International Publishing Group, 1996.

Pasaremos (Wir werden durchkommen). Briefe aus dem spanischen Bürgerkrieg, Köln: Bund Verlag 1982.

Nationalsozialistische Massentötungen durch Giftgas – eine Dokumentation; gemeinsam mit Eugen Kogon und Adalbert Rückerl (Hg.), Erstausgabe: Frankfurt/Main: Fischer Verlag 1983.

Neuauflage: Frankfurt/Main: Fischer Taschenbuch Verlag 1986.

Französische Übersetzung: Les chambres à gaz, secret d'Etat, Paris: Minuit 1984.

Englische Übersetzung: Nazi Mass Murder. A Documentary History of the Use of Poison Gas. New Haven and London: Yale Univerity Press 1994.

Biedermann und Schreibtischtäter – Materialien zur deutschen Täter-Biographie – Beiträge zur nationalsozialistischen Gesundheits- und Sozialpolitik 4, gemeinsam mit Aly Götz / Peter Chroust / H.D. Heilmann, Berlin: Rotbuch 1987.

Beiträge von Hermann Langbein, chronologisch

Bericht über die nationalsozialistischen Konzentrationslager („Hannover-Bericht"), 22.–25.4.1945, Hannover [Kopie in: Nachlass HL, Ordner 269]

Professoren, Doktoren, Schulräte ..., in: Frankfurter Hefte, 16. Jg., Heft 1, 1961, 4–6.

Auschwitz. Topographie eines Vernichtungslagers, gemeinsam mit H.G. Adler, Manuskript der Sendung vom 28. Oktober 1961, Köln: Westdeutscher Rundfunk. Hauptabteilung Politik 1961, 86 Seiten.

Die Kampfgruppe Auschwitz, in: Hermann Langbein / H.G. Adler / Ella Lingens-Reiner (Hg.): Auschwitz – Zeugnisse und Berichte. Europa Verlag: 1962. [zitierte Ausgabe: Hamburg: Europäische Verlagsanstalt 1995, 227–238]

Probleme des Auschwitz-Prozesses, in: Hessische Blätter für Volksbildung, 14. Jg. Heft 1, 1964, 25–36.

Vernehmung des Zeugen Hermann Langbein, 24. Verhandlungstag, 6.3.1964, in: Fritz Bauer Institut / Staatliches Museum Auschwitz-Birkenau (Hg.): Der Auschwitz-Prozess. Tonbandmitschnitte, Protokolle und Dokumente. DVD-ROM. 2., durchgesehene und verbesserte Auflage. Berlin: Directmedia 2005.

Auschwitz vor Gericht, in: Arbeit und Wirtschaft, Mai 1964.

Zwischenbilanz zum Auschwitz-Prozeß: Das Mosaik des Grauens, in: das beste aus gestern und heute, Nr. 6., 1964, 159–162.

Wer redet, geht durch den Kamin. Häftling Nr. 60 355 in Auschwitz, Der Spiegel, 12/1964 (www.spiegel.de)

Gerichte ohne Echo, in: Jediot Yad Vashem Nr. 36, Juni 1966, 22–26 (im Original auf Hebräisch).

Stimmen der Bevölkerung zum Auschwitz-Prozeß: Protokoll eines Referates, in: Hessische Blätter für Volksbildung, 16. Jg., Heft 4, 1966, 323–327.

Will man eine illegale Amnestie durchführen?, in: Freiheit und Recht, 12. Jg., Nr. 3, 1966, 6–7.

Deutschlands junge Generation. Hoffnung und Gefährdung, in: Arbeit und Wirtschaft, hrsg. von österr. Arbeiterkammertag und österr. Gewerkschaftsbund, Heft 5, 1966, 22–26.

Keine Entschädigung für Zwangsarbeit?, in: Frankfurter Hefte, 22. Jg. Heft 3, 1967, 179–186.

Eine Verpflichtung, aus der wir noch nicht entlassen sind, in: Frankfurter Hefte, 27. Jg., Heft 2, 1972, 79–81.

Überblick über neonazistische Literatur, in: Zeitgeschichte, Jg. 2, 9/10. Heft, 1975, 236–242.

Ist Auschwitz nur ein Problem für Deutsche? Betrachtungen zum 30. Jahrestag der Befreiung der Vernichtungslager, in: Die Zukunft, Heft 1/2, 1975, 26–28.

Auschwitz – bereits eine historische Episode?, in: Frankfurter Hefte, 30. Jg. Heft 1, 1975, 7–8.

Genocid im 20. Jahrhundert. Protokoll einer Podiumsdiskussion, in: Frankfurter Hefte, 31. Jg., Heft 5 1976, 21–34.

Offengebliebene Probleme der Wiedergutmachung, in: Frankfurter Hefte, 31. Jg., Heft 4, 1976, 61–64.

Vom unbeachteten Majdanek-Prozeß, in: Frankfurter Hefte, 32. Jg., Heft 1, 1977, 7–9.

Aufklärung gegen die rechtsradikale Propaganda, in: Frankfurter Hefte, 32. Jg., Heft 7, 1977, 7–9.

Die justizielle Behandlung der NS-Verbrechen, in: Frankfurter Hefte, 34. Jg., Heft 1, 1979, 23–28.

Dialog mit der jungen Generation, in: Tribüne, 18. Jg., Heft 70, 1979, 56–62.

Holocaust, in: Geigges, Anita / Bernhard W. Wette / Bonilla, Kristina: Zigeuner heute : Verfolgung und Diskriminierung in der BRD; eine Anklageschrift. Bornheim-Merten : Lamuv-Verlag 1979, 296–309.

NS-Prozesse in den siebziger Jahren, in: Redaktion Kritische Justiz (Hg.): Der Unrechts-Staat. Recht und Justiz im Nationalsozialismus, Frankfurt/Main 1979. 158–163

Dem brutalsten Terror zum Trotz, Widerstand in den nationalsozialistischen Konzentrationslagern, in: Elisabeth Reisch (Hg.): TRIBÜNE. Zeitschrift zum Verständnis des Judentums. 23. Jg., Heft 91, Frankfurt/Main 1984. 31–40.

Die Zeit drängt, in: Jörn-Erik Gutheil et al. (Hg.): Einer muß überleben. Gespräche mit Auschwitzhäftlingen 40 Jahre danach, Düsseldorf 1984, 21–35.

Auschwitz. The History and Characteristics of the Concentration and Extermination Camp, in: The Nazi Concentration Camps: Structure and Aims – The Image of the Prisoner – The Jews in the Camps. Proceedings of the Fourth Yad Vashem International Historical Confernce Jerusalem, January 1980. Jerusalem 1984, 273–289.

Konzentrations- und Vernichtungslager Auschwitz-Birkenau: Geschichte und Charakteristika, in: Nazi Konzentrationslager: Vorträge und Diskussionen im 4. internationalen Kongress der Holocaustforscher (Jerusalem: Yad Vashem, 1984), 217–231.

Überlebende aus den Konzentrationslagern des Nationalsozialismus sprechen mit Schülern, in: Zeitgeschichte, 12, Jg., Heft 2, 1984/85, 52–57.

Ich war im KZ. Vier Überlebende berichten. 7-teilige Videoreihe mit Vlasta Kladivová, Fritz Kleinmann, Hans Maršálek und Hermann Langbein. Hg.: SHB-Medienzentrum des BMUKS, Wien 1985.

Widerstand von Franzosen und Österreichern in nationalsozialistischen Konzentrationslagern, in: Austriaca. Cahiers universitaires d'information sur l'Autriche, 1986.

Arbeit im KZ-System, in: Dachauer Hefte. Studien und Dokumente zur Geschichte der nationalsozialistischen Konzentrationslager, 2. Jg., Heft 2: Sklavenarbeit im KZ. 1986, 3–12. [erschienen auch in der englischsprachigen Ausgabe der

Dachauer Hefte: Work in the Concentration Camp System, Dachau Review I (1988), 106–116, sowie in der französischen Ausgabe: Le travail dans le système des camps de concentration, Les Cahiers de Dachau (1991), 142–153.]

Dem brutalsten Terror zum Trotz. Widerstand in den Konzentrationslagern, in: Albrecht, Richard (Hg.): Widerstand und Exil: 1933–1945. Frankfurt: Campus 1986, 159–168.

Reden wir nicht mehr davon. Ein Gespräch mit Hermann Langbein. Von Karl M. Brousek, in: SHB – Sehen. Hören. Bilden, Beiträge zur Medienpädagogik, Wien 1986, 139, 116–119.

Darf man vergessen?, in: Anton Pelinka / Erika Weinzierl: Das große Tabu. Österreichs Umgang mit seiner Vergangenheit; [Erstauflage: Österr. Staatsdruckerei: Wien 1987. 8–16], 2. Auflage: Verlag Österreich. Wien 1997, 8–12.

Pasaremos – Wir werden durchkommen. Österreicher im Spanischen Bürgerkrieg. Hg.: SHB-Medienzentrum des BMUKS, VHS, Wien 1987; [Neuauflage als DVD: Medienservice des Bundesministeriums für Bildung, Wissenschaft und Kultur, Wien 2008].

Wie kann man das Grauen vermitteln? Erfahrungen eines Zeitzeugen, in: Niemals vergessen! Seit 10 Jahren berichten Zeitzeugen an unseren Schulen, AZ-Thema, Wien, 1987, II–III.

„… organisierte Fluchten haben sich folgendermaßen abgespielt…" Interview mit Hermann Langbein über Widerstand in nationalsozialistischen Konzentrationslagern, in: Hannes Hofbauer / Andrea Komlosy: Das andere Österreich: Vom Aufbegehren der kleinen Leute. Geschichten aus vier Jahrhunderten, Wien: Promedia 1987, 182–192.

Sucht euch nicht den leichteren Weg, in: Monika Horsky (Hg.): Man muß darüber reden. Schüler fragen KZ-Häftlinge, Wien 1988. 11–42.

Symbol für die Verbrechen des Nationalsozialismus – Auschwitz. Ennepetal, 1988.

Ideologie und Praxis des Nationalsozialismus. 16.–20. Mai 1988, Tagungsmaterialien, Linz 1988.

Dem brutalen Terror zum Trotz. Widerstand in den Konzentrationslagern, in: Bundeszentrale für politische Bildung (Hg.): Widerstand und Exil 1933–1945. Bonn 1989, 159–168.

Entschädigung für KZ-Häftlinge? Ein Erfahrungsbericht, in: Ludolf Herbst (Hg.): Wiedergutmachung in der Bundesrepublik Deutschland. München: Oldenbourg 1989 (Schriftenreihe der Vierteljahrshefte für Zeitgeschichte; Sondernummer), 327–339.

Menschenversuche in Dachau und Auschwitz. Beobachtungen und Betrachtungen eines Zeitzeugen, in: Rappel, 45. Jg., Heft 3–4, 1990, 115–130.

Die Organisation der Massentötungen aus „rassischen" Gründen – das System der nationalsozialistischen Konzentrationslager, in: Rappel, 45. Jg., Heft 9–10, 1990, 815–826.

Überlebende von Auschwitz sind Seismografen, in: Informationen der Gesellschaft für politische Aufklärung, Nr. 24, 1990, 2–3.

Zur Diskussion über die Zahl der Opfer von Auschwitz, in: Informationen der Gesellschaft für politische Aufklärung, Nr. 26, 1990, 1–3.

Auschwitz nahm vor 50 Jahren seinen Anfang, in: Mitteilungsblatt der Lagergemeinschaft Auschwitz / Freundeskreis der Auschwitzer, Nr. 18 1990, 19–21.

Asyl in Österreich, in: Informationen der Gesellschaft für politische Aufklärung, Nr. 28, 1990, 1–2.

Verfolgung von NS-Verbrechen, in: Informationen der Gesellschaft für politische Aufklärung, Nr. 29, 1991, 8.

Die Wannsee-Konferenz vor 50 Jahren – Nicht nur ein historisches Datum, in: Informationen der Gesellschaft für politische Aufklärung, Nr. 31, 1991, 6–7.

Diskussion über die Zahl der Opfer: Trotz allem: Auschwitz bleibt Inbegriff der Vernichtung, in: Tribüne, 30. Jg. Heft 117, 1991, 38–46.

Meine Rückkehr aus den nationalsozialistischen Lagern. 9-seitiges Manuskript, Nov. 1991 [in Nachlass HL, Karton 178].

Auschwitz – Fragen und Antworten, in: Informationen der Gesellschaft für politische Aufklärung, Nr. 32, 1992, 6–8.

Die Gedenkstätte Auschwitz-Birkenau, in: Informationen der Gesellschaft für politische Aufklärung, Nr. 33, 1992, 9–10.

Diskussion über KZ-Gedenkstätten, in: Informationen der Gesellschaft für politische Aufklärung, Nr. 34, 1992, 1–3.

Um die Zukunft der Gedenkstätte Auschwitz/Birkenau, in: Informationen der Gesellschaft für politische Aufklärung, Nr. 36, 1993, 5–6.

Zur Mittäterschaft der Österreicher, in: Ferdinand Kaiser (Hg.): Täter – Mitläufer – Opfer. Sechzehn Reden über Österreich 1977–1992. Thaur 1993. 83–86.

Die Gedenkstätte Auschwitz-Birkenau, in: Rappel, 48. Jg., Heft 1, 1993, 69–70.

Ein Gespräch mit Hermann Langbein, in: Hermann Langbein – Zum 80. Geburtstag. Festschrift. Hg. von Anton Pelinka und Erika Weinzierl in Zusammenarbeit mit der Gesellschaft für politische Aufklärung, Wien 1993, 45–113.

Geschichte und Zukunft der Gedenkstätten, in: Edgar Bamberger (Hg.): Der Völkermord an den Sinti und Roma in der Gedenkstättenarbeit, Heidelberg 1994, 31–38.

Auschwitz ohne Zeitzeugen? Die künftige Funktion der Gedenkstätte Auschwitz, in: Peter Gerlich (Hg): Bewältigen oder bewahren. Dilemmas des mitteleuropäischen Wandels. Österreichische Gesellschaft für mitteleuropäische Studien, Wien: Österreichische Gesellschaft für mitteleuropäische Studien-Verlag, 1994, 199–202.

Vor 50 Jahren: 7. Oktober 1944, Aufstand des Sonderkommandos in Auschwitz, in: Rappel, 49. Jg., Heft 4, 1994, 583–586; ebenso in: Informationen der Gesellschaft für politische Aufklärung, Nr. 42, 1994, 7–8.

Ein halbes Jahrhundert nach Auschwitz, in: Informationen der Gesellschaft für politische Aufklärung, Nr. 43, 1994, 2–4.

Die Gedenkstätte Auschwitz-Birkenau, in: Informationen der Gesellschaft für politische Aufklärung, Nr. 43, 1994, 4–5.

The Auschwitz-Underground, in: Yisrael Gutman / Michael Berenbaum (Hg.): Anatomy of the Auschwitz Death-Camp, Bloomington 1994, 458–502.

Erfahrung der Diskussion als Zeitzeuge in Schulen, in: Bulletin trimestriel de la Fondation Auschwitz, Heft 49, 1995, 67–70.

SS-Ärzte im KL Auschwitz, in: Staatliches Museum Auschwitz-Birkenau (Hg.): Sterbebücher von Auschwitz. Fragmente. Band I: Berichte. München et al. 1995, 67–84.

Auschwitz und die nachher Geborenen. Ansprache des ehemaligen Auschwitz-Häftlings Hermann Langbein, in: Die Befreiung des Konzentrationslagers Auschwitz vor 50 Jahren. Eine Gedenkveranstaltung des Landtages Nordrhein-Westfalen am 25. Januar 1995, Düsseldorf 1995, o. Paginierung [4 Seiten].

Das System der nationalsozialistischen Konzentrationslager: Schlussfolgerungen für die Nachgeborenen. Vortrag am 23. Juni 1995 bei einer Tagung in Dachau, Abschrift einer Tonbandaufzeichnung o. Paginierung [4 Seiten].

Zur Funktion der KZ-Gedenkstätten: Plädoyer eines Überlebenden, in: Dachauer Hefte, 11. Jg., Heft 11: Orte der Erinnerung 1945 bis 1995, 1995, 11–18.

Ein halbes Jahrhundert nach Auschwitz, in: Die Alternative, Die Monatszeitschrift der Unabhängigen GewerkschafterInnen, 2/95, 3–5.

50 Jahre danach, in: Informationen der Gesellschaft für politische Aufklärung, Nr. 45, 1995, 6–7.

Auschwitz III – Monowitz. (Abschrift des Vortrags), in: Stephan Steiner (Hg.): Jean Améry (Hans Maier). Mit einem biographischen Bildessay und einer Bibliographie. Basel u.a.: Stroemfeld 1996, 25–31.

Unterlagen zu meinem Diskussionsbeitrag „Internationale Organisationen der Überlebenden der nationalsozialistischen Konzentrationslager ab 1954 bis heute – vor allem Auschwitz betreffend", in: Bulletin trimestriel de la Fondation Auschwitz, Heft 52, Bruxelles 1996, 7–12.

Hermann Langbein – Zum 10. Todestag von Hermann Langbein. Gestaltung: Karl Brousek, DVD, Wien 2005.

Beiträge über Hermann Langbein, chronologisch

Bronowski, Alexander: Es waren so wenige. Retter im Holocaust, Stuttgart: Quell-Verlag 1991; [original in hebräisch: (They Were Few), 1989 by Beit Lochamei Haghetaot, aus dem Hebräischen übersetzt von Zeev Eshkolot; darin über Hermann Langbein auf den Seiten 94–99].

Weinzierl, Erika: Hermann Langbein, in: Pelinka / Weinzierl / GfpA (Hg.): Hermann Langbein – zum 80. Geburtstag. Festschrift, Wien: Braumüller-Verlag, 1993, 9–12.

Konrad, Helmut: Langbein und der spanische Bürgerkrieg, in: Pelinka / Weinzierl / GfpA (Hg.): Hermann Langbein – zum 80. Geburtstag. Festschrift, Wien: Braumüller Verlag, 1993, 13–20.

Parcer, Jan: Langbein in Auschwitz, in: Pelinka / Weinzierl / GfpA (Hg.): Hermann Langbein – zum 80. Geburtstag. Festschrift, Wien: Braumüller Verlag, 1993, 21–25.

Fejkiel, Władisław: Langbein in Auschwitz, in: Pelinka / Weinzierl / GfpA (Hg.): Hermann Langbein – zum 80. Geburtstag. Festschrift, Wien: Braumüller Verlag, 1993, 26–27.

Neugebauer, Wolfgang: Langbein und NS-Prozesse, in: Pelinka / Weinzierl / GfpA (Hg.): Hermann Langbein – zum 80. Geburtstag. Festschrift, Wien: Braumüller Verlag, 1993, 28–35.

Pelinka, Anton: Langbein und die KPÖ, in: Pelinka / Weinzierl / GfpA (Hg.): Hermann Langbein – zum 80. Geburtstag. Festschrift, Wien: Braumüller Verlag, 1993, 36–39.

Rettinger, Leopold: Langbein und Politische Bildung, in: Pelinka / Weinzierl / GfpA (Hg.): Hermann Langbein – zum 80. Geburtstag. Festschrift, Wien: Braumüller Verlag, 1993, 40–44.

Pelinka, Anton: Ein Gespräch mit Hermann Langbein, in: Pelinka / Weinzierl / GfpA (Hg.): Hermann Langbein – zum 80. Geburtstag. Festschrift, Wien: Braumüller Verlag, 1993, 46–113.

Pelinka, Anton / Weinzierl, Erika / Gesellschaft für politische Aufklärung (Hg.): Hermann Langbein – zum 80. Geburtstag. Festschrift, Wien: Braumüller Verlag 1993. (mit Beiträgen von E. Weinzierl, H. Konrad, Jan Parcer/Wladyslaw Fejkiel: Langbein in Auschwitz, A. Pelinka, W. Neugebauer, L. Rettinger; Pelinka/Langbein-Gespräch), vergriffen.

Skorus, Jacek: Ja, Hermann Langbein [dt: Ich, Hermann Langbein], 32 Min., unter Mitarbeit von Jan Parcer und Halina Jastrzębska, Telewizja Katowice, 1994.

Distel, Barbara: Hermann Langbein in memoriam, in: Dachauer Hefte: Konzentrationslager, 12. Jg., Heft 12, 1996, 3–9.

Verein „Gegen Vergessen – Für Demokratie" (Hg.): Die Zeugen sterben aus. In Memoriam Hermann Langbein. Nachrufe, Bonn 1996.

Fritz Bauer Institut (Hg.): Hermann Langbein. Das 51. Jahr... Mit Beiträgen von Heinz Düx, Ulla Wirth, Werner Renz. Materialien Nr. 15, Frankfurt 1996.

Düx, Heinz: In memoriam Hermann Langbein, in: Fritz Bauer-Institut (Hg.): Hermann Langbein. Das 51. Jahr. Materialien Nr. 15, Frankfurt 1996, 7–12.

Wirth, Ulla: Zum Gedenken an Hermann Langbein, in: Fritz Bauer-Institut (Hg.): Hermann Langbein. Das 51. Jahr. Materialien Nr. 15, Frankfurt 1996, 13–15.

Weinzierl, Erika: Hermann Langbein – Zeitzeuge in Wort und Schrift, in: Claudia Fröhlich / Michael Kohlstruck (Hg.): Engagierte Demokraten – Vergangenheitspolitik in kritischer Absicht. Münster 1999. (Porträtsammlung), 224–236.

Pelinka, Anton: Hermann Langbein – der „Vater" der österreichischen Zeitzeugen, in: Martin Horváth (Hg.): Jenseits des Schlussstrichs. Gedenkdienst im Diskurs über Österreichs nationalsozialistische Vergangenheit. Wien: Löcker 2002, 197–200.

Renz, Werner: Opfer und Täter: Zeugen der Schoah. Der Tonbandmitschnitt des 1. Frankfurter Auschwitz-Prozesses als Geschichtsquelle. In memoriam Hermann Langbein (1912–1995), pdf-download, Fritz-Bauer-Institut: Frankfurt 2002.

Robusch, Kerstin: „Die Antwort darauf ist Menschlichkeit". Hermann Langbein – eine biographische Skizze, in: Andrea Löw/Kerstin Robusch, Stefanie Walter (Hg.): Deutsche – Juden – Polen. Geschichte einer wechselvollen Beziehung im 20. Jahrhundert. Frankfurt / New York 2004, 181–197.

Friedlander, Henry: Foreword to „People in Auschwitz", in: Hermann Langbein: People in Auschwitz, Chapel Hill & London: University of North Carolina Press 2004.

Renz, Werner: Hermann Langbein und der Frankfurter Auschwitz-Prozeß, Vortragsmanuskript 2005.

Irmer, Thomas: „Ihr langes Schweigen ist sicherlich tiefe Resignation..." Norbert Wollheim, Edmund Bartl, Hermann Langbein und die Auseinandersetzung um Entschädigung für NS-Zwangsarbeit nach 1945, in: Katharina Stengel/ Werner Konitzer (Hg.): Opfer als Akteure. Interventionen ehemaliger NS-Verfolgter in der Nachkriegszeit. Jahrbuch 2008 des Fritz Bauer Instituts zur Geschichte und Wirkung des Holocaust. Frankfurt/New York: Campus 2008, 87–105.

Köper, Carmen Renate: Hermann Langbein. Schreiben um zu überleben, in: dieselbe: Zwischen Emigration und KZ. Fünf Leben. Hermann Langbein; Viktor Matejka; Bernhard Littwack; Karl Paryla; Trude Simonsohn, Wien: Edition Steinbauer 2008, 15–55.

Stengel, Katharina: Hermann Langbein und die politischen Häftlinge im Kampf um die Erinnerung an Auschwitz, in: Dachauer Hefte, Studien und Dokumente zur Geschichte der nationalsozialistischen Konzentrationslager, 25. Jg., Heft 25: Die Zukunft der Erinnerung, 2009, 98–118.

Literaturverzeichnis

Amesberger, Helga / Lercher, Kerstin: Lebendiges Gedächtnis. Die Geschichte der österreichischen Lagergemeinschaft Ravensbrück, Wien: Mandelbaum 2008.

Amesberger, Helga / Auer, Katrin / Halbmayr, Brigitte: Sexualisierte Gewalt. Weibliche Erfahrungen in NS-Konzentrationslagern, Wien: Mandelbaum 2004.

Baier, Walter: Das kurze Jahrhundert. Kommunismus in Österreich. KPÖ 1918 bis 2008, Wien: Edition Steinbauer 2009.

Bailer, Brigitte / Perz, Bertrand / Uhl, Heidemarie: Neugestaltung der Österreichischen Gedenkstätte im Staatlichen Museum Auschwitz-Birkenau. Projektendbericht, Wien 2008.

Benz, Wolfgang / Distel, Barbara: Der Ort des Terrors (2): Geschichte der nationalsozialistischen Konzentrationslager. Band 2: Frühe Lager, Dachau, Emslandlager, München: Beck 2005.

Benz, Wolfgang / Distel, Barbara: Der Ort des Terrors (5): Geschichte der nationalsozialistischen Konzentrationslager. Band 5: Hinzert, Auschwitz, Neuengamme, München: Beck 2007.

Blank, Bernhard: „Gefährdung von Menschenleben durch den Eisenbahntransport nach Auschwitz": Die österreichische Justiz und die Geschworenenprozesse gegen die Eichmann-Gehilfen FRANZ NOVAK und ERICH RAJAKOWITSCH von 1961 bis 1987, Diplomarbeit an der Universität Wien, Wien 2010.

Böröcz, Vinzenz: Kampf um Boden und Freiheit. Wo das Land den Esterházys gehörte, Wien: Globus 1995.

Botz, Gerhard (Hg.): Schweigen und Reden einer Generation. Erinnerungsgespräche mit Opfern, Tätern und Mitläufern des Nationalsozialismus, Wien: Mandelbaum 2005.

Dirks, Liane: Und die Liebe?, frag ich sie, Köln: Kiepenheuer & Witsch 2006.

Distel, Barbara: Dachau Stammlager, in: Wolfgang Benz / Barbara Distel: Der Ort des Terrors: Geschichte der nationalsozialistischen Konzentrationslager. Band 2: Frühe Lager, Dachau, Emslandlager. München: Beck 2005.

Dokumentationsarchiv des österreichischen Widerstands (Hg.): Für Spaniens Freiheit. Österreicher an der Seite der Spanischen Republik 1936–1939. Eine Dokumentation, Wien: Österreichischer Bundesverlag 1986.

Eder, Andreas: Maria Stromberger (1898–1957). Zum Gedenken an den „Engel von Auschwitz", Reihe: 1938–1945. Widerstand und Verfolgung in Bregenz. Projekt „Carl Lampert erinnern" (AG Bregenz), Bregenz 2007.

Fritz-Bauer-Institut: „Das Ende des Schweigens." Der Frankfurter Auschwitzprozess 1963–65. Kurzgeschichte des Auschwitz-Prozesses. (pdf-download von hronline.de: Begleitmaterialien)

Fuchs, Eduard: „Referentenvermittlungsdienst zur Zeitgeschichte 1977/78 – 1992/93", (Materialien des BMUKK), Wien 1994.

Hackl, Erich / Landauer, Hans: Album Gurs: ein Fundstück aus dem österreichischen Widerstand, Wien/München: Deuticke 2000.

Hackl, Erich: Ein Album und seine Geschichte, in: Hackl, Erich / Hans Landauer: Album Gurs: ein Fundstück aus dem österreichischen Widerstand, Wien/ München: Deuticke 2000, 5–18.

Hackl, Erich: Die Hochzeit von Auschwitz. Eine Begebenheit, Zürich: Diogenes 2002.

Hoffmann, Detlef: Das Gedächtnis der Dinge, in: ders. (Hg.): Das Gedächntnis der Dinge. KZ-Relikte und KZ-Denkmäler 1945–1995, Frankfurt am Main/ New York: Campus 1998, 6–35.

Institut für Sozialforschung (Hg.): 200 Tage und 1 Jahrhundert, Gewalt und Destruktivität im Spiegel des Jahres 1945, Hamburg: Hamburger Edition 1995.

Jaiser, Constanze: Repräsentationen von Sexualität und Gewalt in Zeugnissen jüdischer und nichtjüdischer Überlebender, in: Gisela Bock (Hg.): Genozid und Geschlecht. Jüdische Frauen im nationalsozialistischen Lagersystem, Frankfurt am Main/New York: Campus 2005, 123.148.

Justiz und Zeitgeschichte. Symposium Wien, 22.–23. Oktober 1976, Sammlung der Beiträge (von Rudolf G. Ardelt, Gerhard Botz, Herbert Dachs u. a.) und anschließenden Diskussionen, Wien: 1976.

Kuretsidis-Haider, Claudia / Garscha, Winfried R. (Hg.): Keine „Abrechnung". NS-Verbrechen, Justiz und Gesellschaft in Europa nach 1945, Leipzig/Wien: Akademische Verlagsanstalt 1998.

Kuretsidis-Haider, Claudia: Die strafrechtliche Verfolgung von NS-Verbrechen durch die österreichische Justiz, in: Jürgen Finger / Sven Keller (Hg.): Vom Recht zur Geschichte, Göttingen: Vandenhoeck & Ruprecht 2009, 74–83.

Kraus, Ota / Kulka, Erich: Die Todesfabrik Auschwitz, Berlin: Dietz 1991 [Erstauflage: Kongreß Verlag 1957].

Landauer, Hans: Ende und Anfang, in: Hackl, Erich / Hans Landauer: Album Gurs: ein Fundstück aus dem österreichischen Widerstand, Wien/München: Deuticke 2000, 19–21.

Landauer, Hans / Hackl, Erich: Lexikon der österreichischen Spanienkämpfer 1936–1939 / 2., erweiterte und verbesserte Auflage, Wien: Verlag der Theodor Kramer Gesellschaft 2008.

Lasik, Aleksander: Nachkriegsprozesse gegen die SS-Besatzung des KL Auschwitz, in: Staatliches Museum Auschwitz-Birkenau (Hg.): Auschwitz – Nationalsozialistisches Vernichtungslager, Auschwitz/ Oświęcim 1997, 448–463.

Levi, Primo: Die Untergegangenen und die Geretteten, München: Hanser 1990.

Lifton, Robert Jay: Ärzte im Dritten Reich, Stuttgart: Klett-Cotta 1996.

Loitfellner, Sabine: Auschwitz-Verfahren in Österreich. Hintergründe und Ursachen eines Scheiterns, in: Thomas Albrich / Winfried R. Garscha / Martin F. Polaschek (Hg.): Holocaust und Kriegsverbrechen vor Gericht. Der Fall Österreich, Innsbruck/Wien/Bozen: Studien Verlag 2006, 183–197.

Meisel, Josef: „Jetzt haben wir Ihnen, Meisel!" Kampf, Widerstand und Verfolgung eines österreichischen Antifaschisten (1911–1945), Wien: Verlag für Gesellschaftskritik 1985.

Meisel, Josef: Die Mauer im Kopf. Erinnerungen eines ausgeschlossenen Kommunisten 1945–1970, Wien: Verlag für Gesellschaftskritik 1986.

Mugrauer, Manfred: Zwischen Erschütterung, neuer Offenheit und „Normalisierung": Die KPÖ, der 20. Parteitag der KPdSU und die Ungarn-Krise 1956, in: Wolfgang Mueller, / Michael Portmann (Hg.): Osteuropa vom Weltkrieg zur Wende, Wien: Verlag der Österreichischen Akademie der Wissenschaften 2007 (Zentraleuropa-Studien), 257–297.

Neugebauer, Wolfgang: Der österreichische Widerstand 1938–1945, Wien: Edition Steinbauer 2008.

Neugebauer, Wolfgang: Widerstand in Österreich – ein Überblick, in: Stefan Karner / Karl Duffek (Hg.): Widerstand in Österreich 1938–1945. Die Beiträge der Parlaments-Enquete 2005, Graz/Wien: Verein zur Förderung der Forschung von Folgen nach Konflikten und Kriegen 2007, 27–35.

Olah, Franz: Die Erinnerungen, Wien: Amalthea 1995.

Orth, Karin: Das System der Konzentrationslager. Eine politische Organisationsgeschichte, Hamburg: Hamburger Edition 1999.

Perz, Bertrand: Der österreichische Anteil an den NS-Verbrechen: Anmerkungen zur Debatte, in: Helmut Kramer / Karin Liebhart (Hg.): Österreichische Nation – Kultur – Exil und Widerstand, Münster: LIT-Verlag 2006, 223–234.

Pelinka, Anton: Windstille. Klagen über Österreich, Wien: Braumüller 2009.

Pingel, Falk: Häftlinge unter SS-Herrschaft. Widerstand, Selbstbehauptung und Vernichtung im Konzentrationslager, Hamburg: Hoffmann und Campe 1978.

Reiter, Margit: Die Generation danach. Der Nationalsozialismus im Familiengedächtnis, Innsbruck/Wien/Bozen: Studienverlag 2006.

Rosenthal, Gabriele: Erlebte und erzählte Lebensgeschichte, Frankfurt/Main: Campus 1995.

Salus, Grete: Niemand, nichts – ein Jude: Theresienstadt, Auschwitz, Oederan, Darmstadt: Darmstädter Blätter 1981.

Sauer, Timo: Eduard Wirths (1909–1945). SS-Sturmbannführer, Standortarzt von Auschwitz, www.zukunft-braucht-erinnerung.de

Shik, Na'ama: Weibliche Erfahrungen in Auschwitz-Birkenau, in: Gisela Bock (Hg.): Genozid und Geschlecht. Jüdische Frauen im nationalsozialistischen Lagersystem, Frankfurt am Main/New York: Campus 2005, 103–122.

Sofsky, Wolfgang: Ordnung des Terrors, Frankfurt am Main: Fischer Taschenbuch Verlag 1999.

Sommer, Robert: Das KZ-Bordell. Sexuelle Zwangsarbeit in nationalsozialistischen Konzentrationslagern, Paderborn/München/Wien/Zürich: Ferdinand Schöningh 2010.

Spira, Leopold: Kommunismus adieu. Eine ideologische Biographie, Wien/Zürich: Europa Verlag 1992.

Spira, Leopold: Das Jahrhundert der Widersprüche: eine wiener-jüdische Familienchronik, Wien/Köln/Weimar: Böhlau 1996.

Steffek, Andrea: „Reden wir nicht mehr davon ..." Die Vermittlung von Zeitgeschichte durch Gespräche mit Zeitzeuginnen und Zeitzeugen des Nationalsozialismus. Dissertation an der Alpen-Adria-Universität Klagenfurt, Oktober 2010 (unveröffentlicht).

Steinmetz, Selma: Österreichs Zigeuner im NS-Staat, Monographien zur Zeitgeschichte, Schriftenreihe des Dokumentationsarchivs des österreichischen Widerstandes, Wien/Frankfurt/Zürich: Europa Verlag 1966.

Stengel, Katharina: Auschwitz zwischen Ost und West. Das Internationale Auschwitz Komitee und die Entstehungsgeschichte des Sammelbandes *Auschwitz. Zeugnisse und Berichte*, in: Katharina Stengel/Werner Konitzer (Hg.): Opfer als Akteure. Interventionen ehemaliger NS-Verfolgter in der Nachkriegszeit. Jahrbuch 2008 des Fritz Bauer Instituts zur Geschichte und Wirkung des Holocaust, Frankfurt/New York: Campus 2008, 174–196.

Świebocki, Henryk: Fluchten aus dem KL Auschwitz, in: Staatliches Museum Auschwitz-Birkenau (Hg.): Auschwitz. Nationalsozialistisches Konzentrationslager, Auschwitz/Oświęcim 1997, 349–360.

Thurner, Erika: Nationalsozialismus und Zigeuner in Österreich, Wien/Salzburg: Geyer 1983.

Thurner, Erika: Kurzgeschichte des nationalsozialistischen Zigeunerlagers in Lackenbach (1940 bis 1945), Eisenstadt 1984. [Mit einem Vorwort von Hermann Langbein]

Völklein, Ulrich: Medizin in Auschwitz: Der „schöne Satan" Josef Mengele und der „Märchenprinz" Eduard Wirths, pdf-download, o.J., www.lbihs.at.

Walser, Harald: „Der Engel von Auschwitz". Zum Wirken der Krankenschwester Maria Stromberger, in: Montfort – Vierteljahresschrift für Geschichte und Gegenwart Vorarlbergs, Jg. 40, 1988, Heft 1, 70–78.

Welzer, Harald / Moller, Sabine / Tschuggnall, Karoline: „Opa war kein Nazi." Nationalsozialismus und Holocaust im Familiengedächtnis, Frankfurt/Main: Fischer Taschenbuch Verlag, 2002.

Wirth, Maria: Christian Broda. Eine politische Biographie. Göttingen: V & R Unipress, Vienna University Press 2011.

Yad Vashem (ed.): Jewish Resistance During the Holocaust. Proceedings of the conference on manifestations of Jewish Resistance. Jerusalem April 7–11, 1968, Jerusalem 1971.

Zámečník, Stanislav: Erinnerungen an das „Revier" im Konzentrationslager Dachau, in: Dachauer Hefte, Band 4, 1988, 128–143.

Walter, Verena: Die Massendeportationen europäischer Juden nach Auschwitz, in: Wolfgang Benz / Barbara Distel: Der Ort des Terrors (5): Geschichte der nationalsozialistischen Konzentrationslager. Band 5: Hinzert, Auschwitz, Neuengamme, München: Beck 2007, 140–156.

Weinzierl, Erika / Ratkolb, Oliver / Ardelt, Rudolf G. / Mattl, Siegfried (Hg.): Justiz und Zeitgeschichte, Symposionsbeiträge 1976–1993. 2 Bände, Wien: Jugend & Volk, 1995.

Websites

burgenland-roma.at (Roma 2000)

saalbau.com/auschwitz-prozess (Der Frankfurter Auschwitz-Prozess im Haus Gallus (1964–1965))

www.auschwitz.org (Gedenkstätte und Museum Auschwitz-Birkenau)

www.dhm.de (Deutsches Historisches Museum)

www.doew.at (Dokumentationsarchiv des österreichischen Widerstands)

www.kz-gedenkstaette-dachau.de (KZ-Gedenkstätte Dachau)

www.kz-gedenkstaette-neuengamme.de (KZ-Gedenkstätte Neuengamme)

www.nachkriegsjustiz.at (Forschungsstelle Nachkriegsjustiz)

Tabellarischer Lebenslauf Hermann Langbein

1912   am 18. Mai in Wien als Sohn von Margarete und Arthur Langbein und zweiter von zwei Brüdern geboren

1918   Volksschule in Galileigasse (9. Bezirk) und Gymnasium in Gymnasiumstraße 83 (19. Bezirk)

1924   Tod der Mutter

1931   Matura, Anstellung als Eleve am Deutschen Volkstheater

1933   Jänner, Beitritt zur KPÖ

1934   April, Tod des Vaters

1935   rund um den 12. Februar erste Verhaftung

1938   22. März: Flucht aus Österreich, über die Schweiz nach Paris
11. April: Ankunft in Spanien bei den Internationalen Brigaden

1939   in den französischen Lagern Saint Cyprien, Gurs und Le Vernet

1941   1. Mai: Ankunft im KZ Dachau

1942   21. August: Überstellung nach Auschwitz
ab September: Häftlingsschreiber bei Standortarzt Dr. Eduard Wirths
Erkrankung an Bauchtyphus

1943   Mai: Gründung der „Kampfgruppe Auschwitz"; national-polnische Widerstandsgruppe und Gruppe um den Österreicher Ernst Burger schließen sich zusammen
Ende August: Neuneinhalb Wochen im Bunker

1944   August: Überstellung nach Neuengamme

1945   11. April: Flucht aus einem Evakuierungstransport in Salzwedel
Erster detaillierter Bericht (25 Seiten) über die nationalsozialistischen Konzentrationslager, 22.–25. April in Hannover
18. Mai: Rückkehr nach Wien
19. Mai: Vorsprache in KPÖ-Zentrale
Leitung der Parteischule bis Herbst 1947

1948   Oktober: am zweiten Parteitag nach Kriegsende zum Mitglied des Zentralkomitees der KPÖ gewählt
Herbst: als Parteiinstruktor in Oberösterreich, in den Folgejahren in Kärnten, Salzburg, Vorarlberg und Niederösterreich

1949   *Die Stärkeren. Ein Bericht aus Auschwitz und anderen Konzentrationslagern (Wien: Stern Verlag)* erscheint

1950   8. Dezember: Heirat mit Aloisia Turko

1951   erste Konflikte mit Parteiführung, keine Wiederwahl ins ZK

1952   Geburt von Tochter Lisa

1953	Übersiedlung nach Budapest, Arbeit beim Rundfunk (Österreich-Sendungen)
	Geburt von Sohn Kurt
1954	Rückkehr nach Wien
	Redakteur bei der „Österreichischen Zeitung"
	Sekretär des KZ-Verbandes
	Gründung des Internationalen Auschwitz Komitees (IAK) in Wien, Ernennung zum Generalsekretär
1955	Strafanzeige des IAK gegen SS-Arzt Carl Clauberg
1956	Strafanzeige gegen SS-Arzt Josef Mengele
	statt Sekretär des KZ-Verbands: leitender Redakteur des Neuen Mahnrufs
1957	Bruder Otto und Ehefrau Aloisia treten aus KPÖ aus
1958	Strafanzeige des IAK gegen Wilhelm Boger
	September: Ausschluss aus der KPÖ
	Ende aller KP-nahen Funktionen in Österreich (KZ-Verband, Neuer Mahnruf)
1960	Verlust des IAK-Generalsekretariats, Langbein bleibt Bevollmächtigter für Entschädigungsverhandlungen und für Zusammenarbeit mit der Justiz in der Täterverfolgung
1961	August: nach langjähriger Auseinandersetzung endgültiger Bruch mit dem IAK; Langbein ohne Einkünfte
1962	*Auschwitz – Zeugnisse und Berichte (Köln-Frankfurt/Main: Europäische Verlagsanstalt)* erscheint, gemeinsam herausgegeben mit H.G. Adler und Ella Lingens-Reiner
1963	Jänner: Gründung des Comité International des Camps (CIC), Langbein wird dessen Sekretär in Wien
	Dezember: der erste Frankfurter Auschwitzprozess beginnt – Urteile im August 1965
	Im Namen des deutschen Volkes. Zwischenbilanz der Prozesse wegen nationalsozialistischer Verbrechen (Wien: Europa Verlag) erscheint.
1964	*... wir haben es getan. Selbstporträts in Tagebüchern und Briefen 1939–1945. (Wien: Europa Verlag)*
1965	*Der Auschwitz-Prozeß. Eine Dokumentation* erscheint in zwei Bänden *(Wien: Europa Verlag)*
1967	Langbein wird von Israel als ein „Gerechter unter den Völkern" geehrt (Baumpflanzung und Dekretübergabe Frühjahr 1968)
	Auschwitz und die junge Generation (Wien: Europa Verlag)
1972	Österreichische Auschwitz-Prozesse
	Menschen in Auschwitz (Wien: Europa Verlag) erscheint

1977	„Internationale Konferenz gegen Neonazismus und zur Immunisierung der Jugend" in Wien (Veranstaltung des CIC und der österreichischen Widerstandsbewegung) Gründung der Kommission zum Studium des Neofaschismus
1978	Grundsatz-Erlass „Politische Bildung in den Schulen" -> Initiative zur Aktion „Zeitzeugen in Schulen" Eröffnung der Österreich-Ausstellung in der Gedenkstätte Auschwitz-Birkenau
1980	*... nicht wie die Schafe zur Schlachtbank. Widerstand in den nationalsozialistischen Konzentrationslagern 1938–1945. (Frankfurt/Main: Fischer Taschenbuch Verlag).* Erstes Symposium zu „Ideologie und Praxis des Nationalsozialismus"
1981	Familienfahrt nach Auschwitz
1982	Gründungsmitglied der „Gesellschaft für politische Aufklärung" *Pasaremos (Wir werden durchkommen). Briefe aus dem spanischen Bürgerkrieg (Köln: Bund Verlag)*
1983	*Nationalsozialistische Massentötungen durch Giftgas – eine Dokumentation; gemeinsam mit Eugen Kogon und Adalbert Rückerl (Hg.), (Frankfurt/Main: Fischer Verlag)*
1984	erstes Seminar für ZeitzeugInnen
1987	*Biedermann und Schreibtischtäter – Materialien zur deutschen Täter-Biographie, gemeinsam mit Götz Aly, Peter Chroust und H.D. Heilmann (Berlin: Rotbuch)*
1988	Preis der Stadt Wien für Publizistik Tod von Bruder Otto
1989	Verleihung des Auschwitz-Kreuzes
1991	Berufung in den Internationalen Auschwitz Rat
1992	Symposium und Festschrift zum 80. Geburtstag
1993	Ehrenmedaille der Bundeshauptstadt Wien in Gold
1994	Verleihung des Professorentitels durch den Bundesminister für Wissenschaft und Forschung in Wien Johanna-Kirchner-Medaille der Stadt Frankfurt
1995	24. Oktober – Todestag

Danksagung

Vielen Menschen schulde ich Dank.

Allen voran den Kindern Hermann Langbeins, Lisa und Kurt Langbein, die mir als Biografin vom ersten Kennenlernen an mit Wohlwollen und Offenheit begegnet sind. Beide haben für mich ihren Privatfundus geöffnet; von Lisa stammen zahlreiche der abgedruckten Familienfotos, ich konnte sie sogar zu Loisi Langbein begleiten.

Große Unterstützung erfuhr ich auch von den aktiven Mitgliedern der Gesellschaft für politische Aufklärung: Karin Liebhart hat das Projekt von Beginn an ideell mitgetragen und es als Anliegen der „Gesellschaft" betrachtet. Die „Gesellschaft" finanzierte zudem Gerlinde Schmid, die mich in der Aufarbeitung des umfangreichen Nachlasses von Hermann Langbein unterstützte. Erika Thurner hatte die Idee zum Projekt „politische Biografie". Reinhold Gärtner danke ich für die Anregung zum Buchtitel. Den ProjektleiterInnen Anton Pelinka und Erika Thurner sei für ihr kontinuierliches Interesse am Gelingen dieses Buches gedankt.

Ein großer Dank gilt meiner Lektorin Kristine Gerber (Conlexis Biographien) und zahlreichen weiteren Personen, darunter einige InterviewpartnerInnen, die mich weit über das Notwendige hinaus unterstützt haben. Besonders jenen KollegInnen bin ich zu Dank verpflichtet, die einzelne Kapitel auf inhaltliche Richtigkeit prüften. Mein Dank gilt auch den Transkribentinnen und jenen Personen, die mir aufwändige Recherchearbeit abgenommen haben. Ich danke ihnen allen, die mich immer wieder ermutigt haben, an ein Gelingen des Projekts zu glauben.

Namentlich sind dies:

Helga Amesberger, Angelica Bäumer, Gerhard Botz, Lotte Brainin, Hugo Brainin, Karl Brousek, Burgl Czeitschner, Johann Danner, Jerzy Debski, Brigitte Diersch, Barbara Distel, Gideon Greif, Irene Filip, Eduard Fuchs, Maria Fürst, Reinhold Gärtner, Rudi Gelbard, Sibylle Goldmann, Trude Hacker, Alois Halbmayr, Erich Hackl, Johanna Halbmayr, Michael John, Kobi Kabalek, Günter Kaindlstorfer, Matthias Kaltenbrunner, Robert Kanfer, Angelika Klampfl, Hans Landauer, Manfred Mugrauer, Elisabeth Morawek, Wolfgang Neugebauer, Jan Parcer, Werner Renz, Christine Schindler, Kurt Scholz, Johannes Schwantner, Andrea Steffek, Katharina Stengel, Traude Tauber und Katharina Zehetner.

Ich danke den Fördergebern: Bundesministerium für Wissenschaft und Forschung, Nationalfonds der Republik Österreich für Opfer des Nationalsozialismus, Zukunftsfonds der Republik Österreich, Gesellschaft für politische Aufklärung; den Archiven: Dokumentationsarchiv des österreichischen Widerstands (DÖW), ITS Arolsen, Österreichisches Staatsarchiv, SOWIDOK der AK Wien, Holocaust Gedenkstätte Yad Vashem, Staatliche Gedenkstätte und Museum Auschwitz-Birkenau, Zentrales Parteiarchiv der KPÖ; last but not least dem Institut für Konfliktforschung und dem Verlag Braumüller.

Register